宇佐美 洋［編］

「評価」を持って街に出よう

「教えたこと・学んだことの評価」
という発想を超えて

くろしお出版

まえがきに代えて
―本書タイトルについてのFAQ―

Q1.　学術書にはあり得ない変なタイトルの書籍です。「評価」を持って街に出る，とはどういうことですか？

　ここでいうカッコつきの「評価」とは，

　　ひとの心の中に存在する，「評価」という営為に関する一切合切

を表しています。それは具体的には，自分の周囲のものをついつい「評価」してしまうという「心の指向性」であり，評価を行う際に準拠する個人的「価値観」であり，そうした価値観に基づいて行ってしまっている評価の「結果」であり，自分の人生の中で，評価をしたりされたりした「経験の束」であり，さらにいうと，自分の評価と他者の評価との「食い違い・すれ違い」でもあります。

　ひとはそういうややこしいものを，意識する・しないにかかわらず，心の中に確かに持ってしまっています。まず，自分の中にあるそういったややこしいものに目を向け，その上で，多様な価値観が渦巻く「街」に出ていくことにより，多くの新しい気付きが得られることでしょう。

　執筆者一同のそうした思いを，このタイトルは表現しています。

Q2.　このタイトルは寺山修司のパクリですか？

　確かに寺山修司には，『書を捨てよ，町へ出よう』という，本書とタイトルが酷似した評論集があります。これを「パクリ」とも言いますが，一方で日本には「本歌取り」という文学的技法があり，むしろこちらだと思っていただければ。

　寺山も，「書物は不要だ」と言いたかった訳ではないでしょう。書を読んで様々なことを考え，心の中にどうしようもなく残った一切合切を抱え，その上で町へと出て新しい経験をしていくことを促したものと考えられ，この点で本書のコンセプトとも相通ずるものがあります。また編者としては，はなはだ僭越なことながら，旧来の評価観や，「言語教育」という分野の枠を踏み越えていこうとする「心意気」の点で寺山にあやかりたいと考え，このタイトルを使わせてもらうこととしました。

Q3. 寺山修司の元本では，「町」「へ」出よう，となっていますが？

そうなのです。本歌取りであれば，元本の表記を尊重すべきでは，という考え方もあり，ここはやや迷ったところでした。

しかしながら前述の通り，ここでいう「マチ」とは，あらかじめ評価の基準が決められた「教室」という狭い場所とは異なり，何が起こるか分からない場所——厳しいこともあるかもしれないけれど，自分を変えてくれるような新しい発見やしみじみとした喜びとも出会える，「可能性」をはらんだ世界——を指しています。このことを表現するのに，「町」だといまひとつ華が足りない感じがしてしまいます。そこで今回は，迷った末「街」の方の表記を取ることにしました。

また助詞を「へ」とすると，「に」より方向性が明確になって，「出て行くこと」そのものに焦点が当たりすぎるような感じがしてしまいます。教室から外に出て，そこでいろいろ考えたことを踏まえ，また教室に戻ってくることもあっていいわけで，「出て行くこと」そのものが大切，というわけではないのです。

タイトルを「街」「に」出よう，としたことの背後には，いちおうそういうちょっとした理由があるのでした（一説に，「編者が元本のタイトルをいいかげんに覚えており，十分な確認をしなかっただけ」とも言われていますが）。

さあみなさん，タイトルについての様々な疑念は解消していただけましたでしょうか？ 「評価」を抱えて「街」に向かい，そしてまたもとの場所に戻ってくる小旅行の中で，多くの気付きを得ていっていただければ幸いです。

2015 年 11 月
宇佐美 洋

目　次

まえがきに代えて .... *i*

序章
人間探求のための「評価」，という新しい視点 *1*

宇佐美 洋

第1部　評価の背後にある多様な観点

第1章
話し合いの評価の観点とそれに影響を与える相互行為 *18*
── 留学生と日本人学生による話し合いの分析から ──

森本 郁代・水上 悦雄・栁田 直美

第2章
パフォーマンス評価はなぜばらつくのか？ *34*
── アカデミック・ライティング評価における評価者の「型」──

田中 真理

第3章
グループによるライティング評価における個人評価点の統一パターン *54*

阿部 新・田中 真理

第2部　評価価値観の形成と変容

第4章
ある成人韓国人の価値観に影響を与えた日本での経験 *72*
── 評価のあり方の変遷に注目して ──

李 奎台

第5章
留学生が意味づけた「日本語」とその変容プロセスに関する考察 *87*

道端 輝子

第6章
外国人とのやりとりの経験は日本人の言語使用の意識を変えるか *107*
―― 中高年の日本人男性を対象に ――

野原 ゆかり

第7章
「よい話し合い」のイメージはどのように形成されるか *123*
―― リーダーのイメージ形成に注目して ――

文野 峯子

第3部 「評価」を「学び」につなげる

第8章
学習につながる自己評価 *140*
―― 「生活のための日本語」教育の可能性 ――

金田 智子

第9章
場面に重点を置いたコミュニケーション教育において
評価の多様性に注目する意義 *155*

田所 希佳子

第10章
多様な価値観を理解する教育実践 *171*
―― 職場での協働を目指して ――

近藤 彩

第 11 章
学生の評価観を理解する 188
—— 日本語学校でのナラティブ的探究から ——

工藤 育子

第 12 章
教師教育における評価活動を通した学び 204
—— 模擬授業時の相互評価に見られる多様な評価の観点とその拡がり ——

林 さと子・八木 公子

第 13 章
学習者によるアノテーションを用いた協調学習過程観察支援システムの設計
.... 222

山口 昌也・大塚 裕子・北村 雅則

第 4 部　評価表現の集約による行動規準の探索

第 14 章
小学生の話し合い活動に対する評価基準策定のための評価表現の帰納的探索
.... 240

森 篤嗣

第 15 章
価値観をあぶりだす道具としての評価表現 255

佐野 大樹

第 16 章
日本語音声教育の方向性の探索 270
—— 音声教育に対する日本語教師のビリーフの自由回答をデータとして ——

阿部 新・嵐 洋子・須藤 潤

第 17 章
非母語話者は母語話者の「説明」をどのように評価するか 291
——「やさしい日本語会話」の評価観点の抽出——
柳田 直美

第 18 章
講義における一般語の語義説明に対する日本語学習者の評価 305
——理工系専門講義における「わかりやすい日本語」を探る——
俵山 雄司

第 5 部　「言語そのものに対する評価」がもたらすもの

第 19 章
母語に対する評価の諸相 322
——在日パキスタン人の言語使用意識調査を手がかりに——
福永 由佳

第 20 章
首都圏在住者の方言話者への評価意識 337
鑓水 兼貴・三井 はるみ

索引 354
執筆者一覧 359

序章

人間探求のための「評価」,という新しい視点

宇佐美 洋

1. はじめに：「評価」をめぐる前提を，ちょっとだけひねってみる

　ひとが「評価」について語るとき「されるとき」も「するとき」も，そこには常にある種の「割り切れなさ」，のようなものがついて回る。「自分はこのような評価をされていていいはずがない」(あるいは逆に，「このような評価をしていていいはずがない」)という不全感がある一方で，「社会生活を営んでいくにあたり，『評価』は避けて通れない」という常識も理解はできる。ひとは，こうした不全感と常識との間で，割り切れなさを感じながら，何とか折り合いをつけて生きている。

　ある者は既存の評価システムを受け入れ，その中でできるだけ高い評価が得られるよう努力するかもしれない(本質論はさておき，「形として高い評価が得られればよいのだから」と，いわゆる「点数稼ぎ」に走る者もいるかもしれない)。また既存の評価システムに合わせた行動をとることをどうしても潔しとせず，低い評価を甘んじて(あるいは昂然として)受け入れる者もいるかもしれない。

　一方で，評価システムを少しでも「ましなもの」にしようという様々な工夫の試みも確かに存在した。例えば李編(2015)には，「よいテスト」を作るためになされてきた様々な配慮や努力の跡が紹介されている。これまでの言語教育分野における「評価」の研究とは，そのような試みが主流であったと言える。

　しかし当然のことながら，万人にとって「よい」評価システムを構築するということは極めて困難であり，どのような試みにも，必ず何がしかの不全感はついて回る(もしかすると，原理的に不可能なことなのかもしれない)。評価とは，受け入れるにせよ背を向けるにせよ，あるいは改善しようと前向きな姿勢で向き合うにせよ，何かしら「居心地の悪さ」を感じさせずにはいられない

もののようである。

　しかしそのような「居心地の悪さ」は，評価という行為のごく一部の側面しか見ていないこと，もっと言ってしまえば，評価とは「必要悪」である，というとらえ方から抜け出せていないからこそ生まれてくるのではないだろうか。いくら「必要」であっても「悪」は「悪」。「仕方がないからやる」という心持ちでいては，どうにも意気が上がらない。

　従来「評価」について言及されるとき，それは，「安定しているべきもの」，つまり，だれが評価者となっても常に同じ結果が出るようなものであるべきだ，ということが前提となっていたように思われる。評価の結果によって，被評価者の人生が大きく左右されることを考えれば，客観性・公平性が担保されねばならないことは当然の要請であっただろう。

　しかし，その前提をちょっとだけ留保してみよう。「評価の結果やプロセスが，評価者によって大きく異なることはあり得る」。あるいは，「同一の評価者が同一の評価対象に向き合う場合でも，ほんのちょっとの条件が変わるだけで，評価のプロセスも結果も大きく変わり得る」――日常生活の中では，ごく当たり前に起こり得ることであろう。いや，教育現場でもこういうことは自然に起こっている（学習者の日本語作文に対する採点結果が教師の間で大きくずれ，調整に苦労することは日常茶飯事であろう）。それが，本当にいけないことなのか？　常に排除されなければならないようなことなのか？

　そんなことはないであろう。評価者が変わると，なぜ評価の結果やプロセスが変わるのか，同じ評価者でも常に同じような評価を下すわけでないのはなぜなのか，何を要因として評価はばらついたりゆらいだりするのか。また，異なったやり方で評価を行う人々同士が出会ったとき，何が起こるのか，そのような人々同士が良好な人間関係を築いていくためには何が必要なのか――。「評価は～でなければならない」という発想をほんのちょっと脇に追いやるだけで，実に豊かな課題が次々と生まれてくる。そしてそれらの課題群は，単に「どう評価すればよいか」という技術論ではなく，評価主体である「人間とは何か」，またその人間は「どのように生きていくのがよいか」という本質論へとつながっていく。こちらのほうが，頭の使い方としてはるかに興味深く，意義深いことなのではないか？

　もちろん，「どう評価すればよいか」という技術論が不要になるわけではない。社会生活の中で，「安定した評価」が要請される場面は決してなくならないであろう。ただそうした技術論について議論する際も，「評価主体である人

間とはどのようなものか」という本質論を通過していたほうが，はるかに深い議論が可能となることは間違いない。

　本書では「評価」という概念を，従来の言語教育分野での評価研究とはやや異なる切り口でとらえることで，「人間探求のための評価研究」という新しい研究のあり方を提案していくことを目的とする。

2. 本書での「評価」という概念
2.1 評価を，「価値観に基づく判断」として広くとらえる

　本書では「評価」という概念を，基本的には宇佐美(2014)が提案する以下の定義に準拠して[1]とらえることとする。

> 主体がもつ内的・暗黙的な価値観に基づいて，対象についての情報を収集し，主体なりの解釈を行ったうえで，価値判断を行うまでの一連の認知プロセス。またその結果として得られる判断

　要するに評価とは「価値観に基づく判断」であり，価値観の相違によって判断も，それに先立つ情報収集や解釈のありようも変わってくることになる。またここで言う評価の「対象」には，評価者の外に存在する森羅万象だけでなく，評価者自身に関わることがらも含まれている(つまり「自己評価」も含まれる)。

　教育分野における評価は，「評価対象の能力や学習の成果」を対象に行われることが多いが，本書における評価はさらに広い範囲を対象として行われる(もちろん，「評価対象の能力や学習の成果」が評価の対象となることもあり得る)。また，評価の際に準拠すべき価値観[2]は明示的な形で示されることもあるが，本書で扱う評価における価値観は，多くの場合評価者本人も明示的には意識していないことが多い。

---

[1] 本書は多数の研究者によって執筆されているため，必ずしもすべての論文において厳密な意味でこの定義が採用されているわけではないが，各筆者には基本的コンセプトとしてこの定義を尊重しつつ論文を執筆するよう要請している。

[2] なおここで言う「価値観」とは，「観点：評価の際何を見るか」および「判断様態：その観点をどう見るか」の選好性の束に，「世界ビリーフ：世界について知っていることや信じていること」を併せたもの，と定義できる。「世界ビリーフ」だけを「狭義の価値観」として区別することも可能であろう。

2.2 いったん「教室」という場所から離れて「評価」を考える

評価を上記のような定義によってとらえるなら，評価が行われる場は当然教育の場だけに限らない。評価のエキスパートではない，市井の一般人も，自分の周囲にあるあらゆるヒトやモノやコトを評価し，また他者からも評価されながら毎日を過ごしている。

「評価」という語が抜きがたくまとってしまっている暗い印象を払拭するためには，評価者と被評価者の間の権力関係に絡めとられてしまっている場を離れ，個人の日常的な生活の中での自由闊達な判断として「評価」をとらえ直す必要がある。本書のタイトル「「評価」を持って街に出よう」は，このことを象徴的に表現するために採用されたものである。

もちろんこのことは，教育の場における評価をまったく扱わない，ということではない。教室の外の世界において，他者や自らを評価し，また他者から評価されることによって，ひとは多くのことに気づき，学ぶことができる。そうした「日常生活における，評価を通じての学び」のあり方をとらえ，それを教室内での活動の中に取り入れ，そこから新しい形の学びを得ていくこと[3]は十分考えられることである（本書の第3部では，「教室の中に戻ってきた評価」を扱うことになる）。

2.3 「評価の多様性」を認め，そこに積極的な価値を見出す

従来の評価研究では，評価の結果が一貫性を備えたものであることを当然の前提とし，いかにして評価のばらつきやゆらぎを減らすか，ということを主たる課題としていた。具体的には，評価対象が備えている様々な特性を切り分け，それぞれの特性にどのような手順でアクセスし，どのような操作を加えれば安定した評価結果が得られるかを探っていた。

本書においては前述の通り，「評価のばらつき・ゆらぎ」を当然の前提として認めつつ，評価のばらつきやゆらぎの実態を虚心坦懐にとらえ，またなぜそのようなばらつきやゆらぎが起こるのかについて考察を行う。さらに，そうしたばらつき・ゆらぎを「不安定性」というようなマイナスの存在としてはとらえず，むしろ「多様性」というプラスの存在としてとらえ，その中から豊かな果実を見つけ出していくことを目指す。

---

[3] こうした教育の進め方は，1人ひとりの多様な学びのあり方を活かし，より深い学びにつなげていこうとする「協調学習」等とも軌を一にするものと言える。

いうまでもなく人間社会とは，様々な価値観が交錯する場である。個々人が大切に思っていること，関心を持っていることは，同じ日本人同士であってもそれぞれに違う。ましてやグローバル化の進展により，多様な言語・文化を背景に持つ人々が共生していかねばならない現代社会においてはなおさらのことである。

　かつて，個人が持つ価値観の間にそう大きな差異がなかった時代であれば，多少の小異には目をつぶり，大同に合わせるを求めるのでもよかったかもしれない。しかし現代のように，価値観の差異が決して無視できないほど大きいものになってしまった時代においては，特定の価値観に対しアプリオリに特権的な地位を持たせ，他の価値観をすりつぶしていくというようなことは事実上不可能であり，また許されてはならない。まずは，自分と異なるやり方で「評価」を行う人がいる，ということを認め，その評価をとりあえずは尊重することが第一歩。そのうえで，なぜそうした評価の不一致が起こるのか，評価の不一致の背後にはどのような価値観の差異が存在するのか，ということをともに考え，価値観は違ってもそれぞれが納得して共生していけるような枠組みを創出していくことが求められる。それを行っていくのは，実際問題として極めて困難なことではあろう。しかしそれが可能となった社会とは，ひとつの価値観によってのみ塗りつぶされた社会より，個々の人間にとってはるかに生きやすいものであろうことは間違いない。私たちは，いかに困難であろうとも，そうした新しい枠組みを創出していくことを目指したいと考える。

2.4 「理解」と「産出」をつなぐ要としての「評価」

　近年日本語教育分野においては，現実のコミュニケーション場面における母語話者および非母語話者の言語運用の実態を観察することから，伝統的な日本語学の枠組みに基づく「日本語文法」とは別に，新たに日本語を習得しようとする非母語話者の立場に立った「教育のための文法」，つまり「日本語教育文法」を確立しようとする動き[4]が見られる。

　現実のコミュニケーション場面における言語運用の実態に向き合うことで，従来の「無目的な文法」を脱却し，「学ぶものの立場に立った文法」「目的達成のための文法」を新たに構築していこうとしている点は極めて意義深い。しかしながらここで行われているのは，言語技能を伝統的な「聞く」「話す」

---

[4] 野田編(2012)をはじめとする一連の研究等がその典型例として挙げられる。

「読む」「書く」の4技能に分断し，それぞれ別々に有効な「教育文法」を構築しようとする試みである。

「理解」と「産出」はかなり異なるプロセスをたどる行為であるため，これらは別々に扱ったほうがよい，という主張は首肯できないわけではない。しかしながら現実のコミュニケーション活動の中で，「理解」と「産出」とはお互い無関係に連鎖しているわけではない。われわれは，外界から収集した情報をまずは理解し，それに解釈，評価を加えたうえで，次に自分がどのような言語表現を産出するのか，どのような言語行動をとるのか，ということを決定している。また，いったん自分が産出した言語表現・言語行動を，あたかも他者であるかのように受け入れ，解釈・評価を行ったうえで次の表現・行動のあり方を選ぶ，ということも行っている。つまり「解釈・評価」とは，「理解」と「産出」をつなぐ要の位置にある重要な認知活動と考えられる。

コミュニケーション活動における「理解」および「産出」とは，実はひとりの人間が外界と接する際の「インターフェース」の部分にしかすぎず，この部分だけを取り出してトレーニングしようとする発想は，「コミュニケーション研究」としては限界あるものと言わざるを得ない。コミュニケーションを，生きた人間が行う主体的な活動としてとらえるならば，「理解」と「産出」をつなぐ「解釈・評価」の部分こそが着目されなければならない。

3. 筆者（宇佐美洋）のこれまでの評価研究

本論の筆者（宇佐美洋）は，2006年以降国立国語研究所において[5]，上記のような考え方に沿った「新しい評価研究」を独自に進めてきた。そして2012年末ごろまでに行ってきた研究を取りまとめ，2014年には『「非母語話者の日本語」は，どのように評価されているか—評価プロセスの多様性をとらえることの意義—』を刊行した。この書籍は，筆者の評価研究の第1段階を集大成したものとして位置づけられる。以下，この書籍の概要を簡単に紹介する。

3.1 宇佐美（2014）概要

この書籍で筆者は，日本語母語話者が日本語非母語話者の書きことばを評価する際のプロセスの多様性を丹念に読み解くとともに，その多様性の中に普

---

[5] 2006年から2009年は，独立行政法人国立国語研究所日本語教育基盤情報センター評価基準グループの研究として，また2010年以降は，人間文化研究機構国立国語研究所日本語教育研究・情報センターの共同研究プロジェクトとして実施。

遍性を見出していくという試みを行った。

　まず、日本語非母語話者が日本人に向けて書いた「謝罪文[6]」を10編選び、それを日本語母語話者に読んでもらって、「自分にとっていちばんいいと思われる文章」から「いちばんよくないと思われる文章」まで順位づけ（1位～10位）を依頼した。そして、どういう理由でそのような順位づけを行ったのかを、量的・質的手法によって分析していった（まず、日本語母語話者155名を対象に質問紙調査を行い、その結果に統計的処理を施すことで、評価傾向が偏らないように12名の調査対象者を選定し、その12名に対しインタビューによる質的調査を行った）。

　その結果、それぞれの調査協力者が謝罪文評価の際に用いていた観点や評価に到るまでのプロセスは、予想通り極めて多様であることが確認されたが、しかし無限に多様、というわけではなかった。謝罪文を評価する際に用いられる観点は多様であっても有限であり、また最終的な評価に到るまでのプロセスにも、論理的に規定される一定の手順が見出された。論理的に順序づけられた評価の各行程の中で、どの評価観点を、どういう優先順位で選定してくるかによって、評価の多様性は生まれてくることが確認された。

　筆者は、評価プロセスの普遍性と多様性をともに説明するための理論的モデルとして、「評価プロセスモデル[7]」を構築した。そしてこうした評価プロセスの普遍性と多様性について自ら振り返るための手段として「評価プロセス内省のためのワークショップ」の開催手法も併せて提案した。

3.2　宇佐美（2014）の限界

　しかしながら、筆者がこの書籍で実施できたことは極めて限られており、今後に残された課題は多かった。

　残された課題の第1は、「評価対象」の狭さについてであった。

　宇佐美（2014）が評価対象として取り上げたのは、「日本語非母語話者が日本語で書いた謝罪文」にしかすぎなかった。それ以外の機能を持った文章はまったく扱われてはいないし、文章の執筆者も非母語話者のみに限られていた。さらには、そもそも話しことばの評価については一切言及されていなかった。もっともこの書籍では、考察の対象をいたずらに広げることはせず、限られた

---

[6]　ゴミの出し方に関する日本人側からのクレームの手紙に対し、謝罪の返事として書かれたもの。
[7]　この「評価プロセスモデル」の概要は、宇佐美（2013）で簡潔に紹介されている。

対象について確実な理論構築を行うことを目指していたのであったが，上述のような形で一応の理論構築が行われた次の段階としては，考察の対象もさらに拡張していくことが必要である。

第2の課題は，「評価者」と「被評価者」との関係が，「母語話者」と「非母語話者」に固定されていたことである。

筆者はかねてより，「評価」という行為は相互的行為としてとらえるべきであり，権力を持つ者がそうでない者の能力を一方的に査定するようなものとしてのみとらえていてはならない，という主張をしていた。しかしながら宇佐美(2014)においては，母語話者が，非母語話者の日本語運用を一方的に評価する例しか扱っていなかった。このままの状態でとどまっていては，「母語話者を，日本語運用の評価者として特権化してしまっている」と批判されても反論は難しい。現実の言語使用の場面においては，「母語話者」が「非母語話者」によって評価されることもあり得ること，対等な人間同士の関係性に着目するなら，評価者・被評価者の様々な組み合わせについて考察を進めていくことが必要である。

第3の課題は，個人の評価価値観を「変動するもの」としてはとらえていなかったことである。

評価価値観とはある程度の一貫性を持つものであり，同一の評価者であれば，異なる評価対象に接したときでも，同じような観点を，同じような手順で使って評価を行っていくものと考えられる。しかし，個人の評価価値観は固定しており，まったく変動しない，ということではないだろう。おそらくは，人生の中で様々な人と出会い，様々な価値観に接し，あるいは様々な経験を積んでいくことで，価値観は少しずつ，あるいは劇的に変わり得る。評価に関するわれわれの一連の研究が，異なる評価価値観を持つもの同士が共生していくことの可能性を探るものであるとするならば，評価価値観の変容や自己調整，といったことも研究の対象として取り上げられなければならない。

4. 評価研究の新しい発展
4.1 拡大した研究体制

筆者の提唱する評価研究の新しい理念は，年を追うごとに，所内外の多くの研究者から理解，賛同を得られるようになっていった。2006年の発足時には，国語研究所内の常勤研究員2名，および非常勤研究員若干名によって始められたごく小規模の研究プロジェクトであったが，年々この評価研究に参加す

る共同研究員の数は増加していき，2014年度には所内外の共同研究員・非常勤研究員等も加え，総勢20名前後の研究者による共同研究の体制が整った。さらに，日本学術振興会の科研費[8]を取得することによって，少数の研究者では扱いきれなかったより広い研究範囲をカバーすることが可能となり，宇佐美(2014)で積み残した課題に取り組むことも可能となっていった。それだけでなく，1人ひとりの共同研究者が持ち出す新しい発想に刺激され，評価研究の枠組み自体も，新しい方向性を目指し拡張していくこととなった。

本書は，宇佐美(2014)以降，さらに充実・発展を遂げてきた私たちの評価研究の成果を取りまとめ，世に問うことを目的として企画されたものである。

4.2 編集方針

本書の構成案を固めていくにあたっては，研究代表者(宇佐美)が一方的に方針を決め，研究メンバーを各部に割り当てていく，というようなやり方はとらないこととした。代表者は本論の第2節に挙げたような「大枠」のみを示したうえで，そのゆるやかな枠の下，研究メンバーに各自の発意に基づき，研究計画を提示するよう依頼した。企画会議においてはそれらの研究計画をお互いに読み，話し合う中で相互の関連性を見出していき，ボトムアップ的に以下5つのグループへとまとめ上げ，これを本書を構成する「部」とした。

以下，各部のコンセプトを示す(このコンセプトも，各グループ内の合議によって決定していったものである)。

第1部：評価の背後にある多様な観点

この部は，「評価の多様性をとらえる」という，本評価研究開始時からのコンセプトを，さらに多様な対象について掘り下げていくものである。

第1部には，以下3編の論文が収録される。

　森本郁代・水上悦雄・栁田直美　話し合いの評価の観点とそれに影響を与える相互行為―留学生と日本人学生による話し合いの分析から―
　田中真理　パフォーマンス評価はなぜばらつくのか？―アカデミック・ラ

---

[8] 「学習者の日本語運用に対する日本人評価の類型化・モデル化に関する研究」(2010〜2012年度，基盤研究(B)，研究課題番号：22320099)および「言語運用に対する個人の評価価値観の形成とその変容に関する研究」(2013〜2015年度，基盤研究(B)，研究課題番号：25284098)。ともに研究代表者は宇佐美洋。

イティング評価における評価者の「型」―
阿部新・田中真理　グループによるライティング評価における個人評価点の統一パターン

　森本・水上・栁田論文は，「複数の人間同士の話し合い」を評価の場として設定し，そこに見られる「相互行為」が評価観点にどのような影響を与えているかを動的に読み解いていこうとしている。
　一方で田中論文では，アカデミック・ライティング評価において，評価のばらつきが生じる理由を探るとともに，評価のあり方を3つの観点から見た「型」によってとらえていくという試みを行っている。
　また阿部・田中論文では，ライティング評価のワークショップにおいて，異なる評価結果を出した複数の評価者同士が話し合い，相互交渉の中で「グループとしての評価結果」を決めていくプロセスの解明を目指して，統一のパターンの整理を行っている。

第2部：評価価値観の形成と変容

　この部では，個人の評価価値観が，どのような人生経験を経ることによって変容し得るのか，過去におけるどのような経験によって現在の価値観が形成されてきたのか，というようなことを論じる。
　第2部に収録されるのは以下の4論文である。

　李奎台　ある成人韓国人の価値観に影響を与えた日本での経験―評価のあり方の変遷に注目して―
　道端輝子　留学生が意味づけた「日本語」とその変容プロセスに関する考察
　野原ゆかり　外国人とのやりとりの経験は日本人の言語使用の意識を変えるか―中高年の日本人男性を対象に―
　文野峯子　「よい話し合い」のイメージはどのように形成されるか―リーダーのイメージ形成に注目して―

　李論文，道端論文ではともに，母国を離れ日本社会で生活する母語話者を，時間をかけて丹念に追いかけた縦断研究を行っている。日本で様々な経験を積み，社会と自分との関係をとらえ直すことによって，ものの見方・とらえ方（＝価値観）は変容し，それに伴って自己評価も変化する，というプロセスを

示している。

　野原論文では，4名の日本人男性に，初対面の外国人とのロールプレイを一定の間隔を置いて継続的に体験してもらい，そのことによって言語使用の意識がどのように変わっていくかを追っている。

　一方で文野論文は，何をもって「よい話し合い」と考えるか，という評価の基準が，過去の「心が揺さぶられる体験」によって形成・確認・修正されてきたことをインタビュー（PAC分析）によって示している。

　いずれの論文も，価値観を「変容する可能性のあるもの」ととらえ，そうした変容が何をきっかけにもたらされるのかを読み解こうとするものである。こうした試みにより，自らの価値観を振り返り，価値観の調整を行っていくにはどのような教育的働きかけが有効か，ということを考える手がかりが得られるものと期待される。

第3部：「評価」を「学び」につなげる

　従来学習者とは，教師から一方的に評価される存在であったが，実際には学習者も，教室内の他者や自己に対し自発的に評価を行いつつ学習を進めており，また支援者側も，自らの支援活動に対する自己評価は不可欠である。教育活動の中に「評価」という活動を取り入れ，そこに焦点を当てることで，学習者・支援者双方がどのような学びを得ていく可能性があるのかを論じる。

　第3部には以下6編の論文が掲載される。

　　金田智子　学習につながる自己評価─「生活のための日本語」教育の可能
　　　　　　性─
　　田所希佳子　場面に重点を置いたコミュニケーション教育において評価の多
　　　　　　　様性に注目する意義
　　近藤彩　多様な価値観を理解する教育実践─職場での協働を目指して─
　　工藤育子　学生の評価観を理解する─日本語学校でのナラティブ的探究か
　　　　　　ら─
　　林さと子・八木公子　教師教育における評価活動を通した学び─模擬授業
　　　　　　　　　　時の相互評価に見られる多様な評価の観点とその拡がり─
　　山口昌也・大塚裕子・北村雅則　学習者によるアノテーションを用いた協調
　　　　　　　　　　　　学習過程観察支援システムの設計

金田論文では，地域日本語教育の学習活動の中に「自己評価」を取り入れることがどのような意義を持ち得るかを，理論的背景も含め詳細に論じている。

　田所論文ではコミュニケーション教育のひとつのあり方として，「母語話者・学習者間の初対面対話」の映像および「会話後のフォローアップインタビューに見られた相互の当事者評価」の文字化資料を第三者に見せることで，多様な価値観への気づきをうながすという実践を紹介している。

　工藤論文ではもっとストレートに，日本語学習者に対し「評価とは何だと思うか？」という問いを投げかけ，語ってもらっている。そこから，個々の学習者が「評価」について持つ様々な思いを読み解くとともに，教師としては「評価」をどうとらえるべきかについての考察を行っている。

　一方で近藤論文は，「企業における評価」を取り上げる。グローバル展開を行った日本企業では，人事評価をめぐり，日本人社員と外国人社員との間に齟齬が起こりがちである。本論文では，人事担当者に対する研修を実施することで，受講者の価値観がどう変容するかを探っている。

　林・八木論文では，「日本語教授法」受講学生の模擬授業時のコメントの分析を通して，教師教育における相互評価活動による学びの可能性を探っている。

　山口・大塚・北村論文は，学習参加者（あるいは観察者）が協調学習のプロセスに対して行う評価を，即時的アノテーションとして記録していくためのツールについて述べたものである。こうしたツールの活用は，協調学習プロセスの分析を容易にするだけでなく，学習参加者が自らの評価活動をより自覚的に振り返ることを可能とするものである。

　本書のタイトルは「「評価」を持って街に出よう」というものであるが，街，すなわち教室以外の世界で行われている多様な評価活動をとらえたうえで，それをもう一度教室内に持ち帰って新たな学びの可能性を探ることも必要である。第3部ではそのようなことを目的としている。

　ここまで述べてきた第1部から第3部までの論考は，研究代表者（宇佐美洋）の当初からの研究の枠組み（「評価の共時的多様性」「価値観の通時的変容」「新しい評価概念の教育への応用」）に沿いつつ，それぞれの研究者の関心に基づき，より多様な対象に向けて研究を発展させてきたものであったと言える。

　しかしこの共同プロジェクトに参画する研究者が増えてくると，宇佐美が提唱する「評価」の新しい概念と基本の部分では重なりつつ，しかし宇佐美が提示する上記の研究枠組みには必ずしもうまく収まらない研究計画も提案されるようになっていった。

本書ではそういう計画も排除せず，評価研究の新しい可能性を示すものとして，むしろ研究の枠組みのほうを拡張していくこととした。その結果，第4部「評価表現の集約による行動規準の探索」，および第5部「「言語そのものに対する評価」がもたらすもの」が設定されることとなった。

第4部：評価表現の集約による評価規準の探索

　従来多くの評価規準（目指すべきもの）は，ある人の——多くの場合は権力を持つ者の——価値観に基づいて作られ，その規準から評価のための基準（判断のためのよりどころ）も作成されてきた。明示的な基準に基づく評価は，客観的な手順であるように見えながら，実はある特定の価値観だけに特権的な地位を認める行為であるということができる。

　一方，種々のデータ活用が可能となっている現在では，これとはまったく異なる手順で評価規準を作っていく道が開けている。つまり，個人によって紡がれる評価表現を量的に集約することで，帰納的に評価規準を形成していく，というやり方である。これは，特定の価値観に基づいて規準を「作る」のでなく，いわば人間集団の集合知から規準を「見つけ出してくる」ことであると言える。

　第4部では，以下5編の論文を収録する。

森篤嗣　小学生の話し合い活動に対する評価基準策定のための評価表現の帰納的探索
佐野大樹　価値観をあぶりだす道具としての評価表現
阿部新・嵐洋子・須藤潤　日本語音声教育の方向性の探索—音声教育に対する日本語教師のビリーフの自由回答をデータとして—
栁田直美　非母語話者は母語話者の「説明」をどのように評価するか—「やさしい日本語会話」の評価観点の抽出—
俵山雄司　講義における一般語の語義説明に対する日本語学習者の評価—理工系専門講義における「わかりやすい日本語」を探る—

　まず佐野論文では，評価者の価値観は，物事について語る際の「評価表現」として現れる，という考え方に基づき，大量の言語データに含まれる評価表現の出現パターンを専門分野ごとに分析することで，それぞれの専門分野において重視されている価値観をあぶりだす試みを行っている。

森論文は，小学校教員志望者20名が，「小学生の話し合い活動で『気になった部分』」について書いたコメント(評価表現)を量的に分析することで，「よい話し合い」についての評価基準を策定していく可能性について論じている。

　阿部・嵐・須藤論文は，日本語教師が音声指導の目標や内容などについて自由に記述した内容を，テキストマイニングの手法によって分析することにより，日本語教師が音声指導について持っているビリーフ(価値観)を読み解き，そこから今後の音声教育に対する指針を導き出している。

　柳田論文，俵山論文はともに，日本語母語話者が行う「説明」をテーマとしている。柳田は主として，日本語教師ではない一般の母語話者が非母語話者に向けて行う説明，俵山は理工系専門講義における説明を非母語話者に聞かせ，その「分かりやすさ」についてインタビューを行い，そこに見られる評価表現から「説明の分かりやすさ」を評価するための指標を作成しようとしている。これらは，非母語話者側からの評価表現を手がかりにすることで，母語話者側により分かりやすい日本語表現を求めていくための研究と言える。

第5部：「言語そのものに対する評価」がもたらすもの

　評価の対象となるのは，個人の言語表現や言語行動，あるいは個人の態度・人格だけではない。言語レパートリー(方言・言語)そのものも評価の対象となり，そうした評価の結果がレパートリーの選択や使い分けなどの言語行動，さらには，あるレパートリーを選択している人に対する評価などにもつながっている。

　現代では，ひとつの社会の中において，またひとりの人間の内部においても多様な言語レパートリーが当然のように共存し，ひとはそれらの相互作用の中に絡めとられつつ，一方ではそれらを資源として活用しながら生きている(尾辻, 2015；佐藤, 2015)。この部では，言語レパートリーに対する評価が，言語行動に与える影響のあり方について論じる。

　第5部には以下の2編の論文が収録されている。

　　福永由佳　母語に対する評価の諸相—在日パキスタン人の言語使用意識調
　　　　　　査を手がかりに—
　　鑓水兼貴・三井はるみ　首都圏在住者の方言話者への評価意識

　福永論文は，多言語使用者である在日パキスタン人たちが，自分が使用す

る各種言語（ウルドゥー語，英語，「母語」等）についてどのような評価を行っているかをインタビューによって探り，特権的な地位を持たされている従来の「母語」観に疑念を投げかけている。

鑓水・三井論文は，首都圏で生活する若年層が「方言」に対しどのような評価意識を持っているかを質問紙によって調査し，首都圏南部と北部とで方言に対する評価意識に違いがあること，またそうした意識の違いを，方言に対する接触頻度の違いによって説明することを試みている。

5．さいごに

本書においては「評価」という概念を，「権力を持つ者から持たない者へと向けられる一方的査定」としてではなく，「人間が生きていく中で日々行っている，自由闊達な判断行為」としてとらえ直す，という新しい理念を提唱するとともに，こうした理念に基づいて行われた様々な研究を紹介している。

グローバル化が進み，またテクノロジーが長足の進歩を遂げつつある現代社会において，「言語教育」のあり方もまた大きく変わっていかざるを得ない。ひとつの言語だけを対象化・固定化して学ぶこと，あるいは特定の言語技能のみを他から分断してトレーニングすることの必要性は，もちろん今後もなくなることはない。しかしそうしたトレーニングだけが，「言語教育」において特権的な地位を占めていた時代はすでに終わっている。「評価」について問い直すことは，言語教育そのものについて，また，ひととひととがつながるコミュニケーションのあり方そのものについて問い直すことにほかならないのである。

参考文献

宇佐美洋（2013）「言語運用評価プロセスの多様性と普遍性をとらえる」『国語研プロジェクトレビュー』3(3)，125-132．<http://www.ninjal.ac.jp/publication/review/0303>（2015年10月30日）

宇佐美洋（2014）『「非母語話者の日本語」は，どのように評価されているか―評価プロセスの多様性をとらえることの意義―』ココ出版

尾辻恵美（2015）「「多」言語共生の時代における言語教育とは？―トランスリンガルの時代にむけて―」国立国語研究所日本語教育研究・情報センターシンポジウム「多文化共生社会における日本語教育研究―言語習得・コミュニケーション・社会参加―」予稿集，4-23．

佐藤慎司（2015）「社会・コミュニティ参加をめざすことばの教育とメトロリンガル・アプローチ―複言語・複文化主義をこえて―」『リテラシーズ』16，1-11．<http://literacies.9640.jp/vol16.html#sato>

野田尚史（編）（2012）『日本語教育のためのコミュニケーション研究』くろしお出版

李在鎬（編）（2015）『日本語教育のための言語テストガイドブック』くろしお出版

第 **1** 部

評価の背後にある多様な観点

第1章 話し合いの評価の観点とそれに影響を与える相互行為
留学生と日本人学生による話し合いの分析から

森本 郁代・水上 悦雄・栁田 直美

1. はじめに

　学校や職場，家族など身近な人々との話し合いや，自治会など地域の共同体における話し合いなど，私たちは，他者との話し合いを通して物事を決める場面を日常的に経験する。他方，近年，住民参加型の政策決定や裁判員制度の施行による国民の司法参加など，これまで行政や専門家に任されてきた領域に，話し合いを通して市民が社会的意思決定に参加する機会も増えつつある。こうした話し合いに参加する人々は，互いに初対面であることも多く，異なる意見や価値観を持つ人々や，母語・母文化を異にする人々を含むさまざまな社会的・文化的背景を持つ人々の間での合意形成を行わなければならない局面も増えてきている。このような話し合いの場合，多くの困難や障害が起こりうることは想像に難くない。

　こうした状況に対応していくために，これからのコミュニケーション教育に求められるのは対話能力の育成である。対話能力とは，異なる意見，価値観を持つ人と出会い，相互理解を達成しつつ，合意できない場合は合意できないままに協働の可能性を探り，実践する能力を指す（日本学術会議, 2010）。日本の社会構造の変化や多文化化の進行，世界規模のグローバル化の進展に伴い，対話能力が必要とされる場は増え，かつ広がっており，対話能力育成は喫緊の課題であるといえる。

　一方，日本語教育においては，「会話力アップを目指す／コミュニケーション能力を育成する」といった学習目標が掲げられていても，「対話」への関心はあまり見られない（嶋田, 2012）。平田（2012）によれば，「会話」が，価値観や生活習慣なども近い，親しい人同士のおしゃべりであるのに対し，「対話」は，あまり親しくない人同士の価値や情報の交換，あるいは親しい人同士でも価値観が異なるときに起こる価値のすり合わせであるという。日本語教育にお

いても，価値のすり合わせを伴うコミュニケーション活動を実践する対話能力の育成はもっと目指されるべきであろう。

　以上の問題意識から，筆者らは対話や話し合いの力を高める教育・学習プログラムの開発と実践を行ってきた(大塚・森本編, 2011；森本・大塚編, 2012)。プログラムの開発には，話し合いを評価する観点を明らかにし，それを教育実践に応用する必要がある。そのため，日本語母語話者同士の話し合い，日本語学習者同士の話し合いに対して，日本語母語話者及び学習者がどのような観点から評価するのかを分析してきた(鈴木・水上・森本・大塚・柏岡, 2008；森本・水上・栁田, 2013 など)。これらの研究を踏まえ，本章では，日本語母語話者と日本語学習者がともに参加する話し合いに対して，母語話者と学習者がどのような観点から評価を行っているのかを明らかにする。

　日本語教育の分野において，日本語学習者の言語運用に対する一般の日本語母語話者の評価について，さまざまな研究がなされており(田中・坪根・初鹿野, 1998；渡辺, 2005；宇佐美・森・吉田, 2009；宇佐美, 2010)，必ずしも母語話者／学習者といった属性では括れない，多様な評価の観点の存在が指摘されてきている(宇佐美, 2010)。こうした研究の多くは，母語話者及び学習者が持つ評価の観点を明らかにすることに焦点を当てているが，評価対象となる言語運用のどのような特徴が評価に影響を与えているのかについての研究はまだ少ない。対話能力を養う教育プログラムの開発のためには，話し合いにおける参加者のどのような言動がどのような評価に結び付くのかを明らかにする必要があるとの立場から，本研究では，対象となる話し合いの相互行為の分析を通して，第三者による評価に影響を与える可能性のある参加者の言動を探索する。

2. 話し合いに対する評価の観点
2.1 調査の概要
2.1.1 データ収録の概要

　大学で学ぶ日本語学習者(留学生)2人と日本語母語話者(日本人学生)2人の計4人によるグループを4つ作った。留学生は，グループ1(G1)とグループ2(G2)が中国語母語話者2人，グループ3(G3)とグループ4(G4)が韓国語母語話者2人である。日本語のレベルは，G1とG2が中級後半から上級，G3とG4が超級であった。

　各グループに対し，「監視(防犯)カメラ設置の是非」(以下，カメラ)と「中

学生が携帯電話を学校内に持ち込むことの是非」(以下, 携帯)について, それぞれ20分間話し合って結論を出すよう指示をし, その過程を録画した。参加者には, 事前に各話題に関するA4, 1枚の資料を配布し, ある程度知識を持った状態で話し合いに臨んでもらった。

なお本章では, 紙幅の関係で, 評定結果の違いがより顕著であったG3とG4の分析結果について報告する。

2.1.2 印象評定実験

各グループ2回分合計8つの話し合いの終了時点から8分間を切り出したビデオ映像を対象に, 日本人学生49人と留学生58人による印象評定を実施した。留学生の母語別内訳は, 韓国語母語話者20人, 中国語母語話者33人(内, 台湾出身者が12人, 香港出身者1人), タイ, ドイツ, ブラジル, アルゼンチン, ベトナム出身者が各1人であった。評定には, 森本・水上・柳田(2013)が日本語学習者による話し合いの印象評定に用いた評定語対を用い(表1の左列), 図1に示すような尺度を提示し, どちらの評定語の印象にどれだけ近いかを7段階で評価してもらった。特に留学生に対しては, 評定語の中に分からない言葉がないかを事前に確認し, 分からない言葉に関しては筆者らから説明をした。

		非常に	かなり	やや	どちらでもない	やや	かなり	非常に	
1	なめらかな	1	2	3	4	5	6	7	たどたどしい

図1　評定用紙(一部)

2.2　分析結果

2.2.1　因子分析の結果

日本人学生と留学生の双方の評定結果全体に対し, それぞれ7件法の尺度評定を間隔尺度以上とみなして, SPSSで因子分析(いずれも最尤法, プロマックス回転)を行った。スクリー法により因子数を決定したところ, 4因子が抽出された。各因子名は, 因子負荷量が0.4を超える項目(表1のグレー部分)の内容から, 第1因子「緻密で深まりのある議論」, 第2因子「場の雰囲気」, 第3因子「活発な議論」, 第4因子「まとまりのある議論」と解釈された(表1)。各項目間の信頼性係数はいずれも有意に高い値であった。

表1 因子分析結果と因子間相関係数

パターン行列 a

	因子				
	1	2	3	4	
細かい－粗い	.679	-.115	.015	-.023	α=0.844
豊富な－乏しい	.657	.126	.164	-.222	
正確な－不正確な	.653	.217	-.052	.071	
練り上げられた－安易な	.645	-.236	.073	.040	
深まりのある－表面的な	.623	-.184	.232	-.167	
真剣な－適当な	.615	-.336	-.057	.061	
適切な－不適切な	.553	.291	-.097	.011	
多面的な－一面的な	.534	.272	.030	-.432	
明確な－あいまいな	.522	-.108	.208	.137	
心からの－わざとらしい	.311	.038	.276	.029	
協調的な－勝手な	.180	.867	-.040	.091	α=0.822
共感した－対立した	-.053	.786	.007	.171	
ゆったりとした－急いだ	.007	.623	-.351	-.037	
なごやかな－堅苦しい	-.280	.567	.326	-.048	
妥協した－固執した	-.133	.561	-.063	.077	
対等な－対等でない	.102	.488	.162	-.039	
オープンな－オープンでない	-.029	.410	.383	-.139	
中立な－偏った	.251	.400	-.088	-.162	
一貫した－矛盾した	.198	.286	.116	.255	
にぎやかな－おとなしい	-.371	.131	.706	-.254	α=0.811
スムーズな－ぎこちない	.071	.122	.655	.088	
なめらかな－たどたどしい	.129	-.028	.585	.122	
積極的な－消極的な	.193	-.077	.580	-.121	
動きのある－動きのない	.113	-.101	.513	-.090	
進展した－停滞した	.183	.010	.468	.282	
つながりのある－とぎれがちな	.181	-.069	.424	.358	
わかりやすい－わかりにくい	.187	-.075	.404	.156	
参加している－人ごとのような	.300	.118	.306	-.072	
均質な－多様な	-.239	.059	-.083	.676	α=0.548
まとまった－ばらばらな	.076	.208	.227	.576	
直線的な－曲がりくねった	.057	-.069	-.037	.471	

2.2.2 評定対象ごとの素点の傾向

評定者が各場面を上記の4つの因子の観点からどのように評価したのかを

見るために，場面¹ごとの因子別素点²の平均を表したのが図2である。場面ごとの素点の比較が容易なように，1〜7の尺度評定値を-3〜3にし，表1中の評定語対のうち，左側の項目がプラス，右側の項目がマイナスとして算出している。そのため，＋／－は評価の極性を示すものであり，話し合いの「良し悪し」を表しているわけではない。

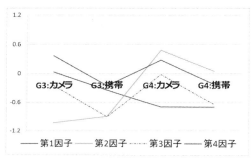

図2　各場面の因子別素点の平均値

図2を見ると，「カメラ」の話題についてのG3の話し合い(G3：カメラ)とG3：携帯，G4：カメラとG4：携帯は，いずれも同じ参加者による話し合いであるにもかかわらず，各因子に関わる素点の平均値の相互関係はかなり異なっている。このことは，そのつどの議論の展開や参加者の言動が評価に影響を与えている可能性を示唆している。

2.3　クラスタ分析から見た評定者の評価の傾向

場面ごとの評価の違いを生んだ要因としては，評定対象が持つ要因に加え，評定者が評価を行う際の基本方針＝評価スキーマ(宇佐美，2010)の違いが考えられる。評価傾向が似ている評定者同士をグルーピングするために，信頼性係数が高い第1から第3因子について，各場面の3因子の素点平均値に対してクラスタ分析を実施した。以下では(1)各クラスタの母語・出身地域別の人数のグラフ(図3-①，図4-①，図5-①，図6-①)と，(2)各クラスタの母語・出身地域別の人数の割合(図3-②，図4-②，図5-②，図6-②)，(3)各クラス

1　「場面」は，それぞれのグループと話題の組み合わせを指す。
2　本章では個々の場面がどう評価されているかに注目するため，当該因子に高い因子負荷で関わる項目の評定者の評定傾向をそのまま反映する素点を用いている。

タの因子別の素点の平均値(図3-③,図4-③,図5-③,図6-③)を示す。(1)及び(2)は,評定者の母語・出身地域による評価の傾向を見るためのものであり,CHNは大陸出身の中国語母語話者,KORは韓国語母語話者,JPNは日本語母語話者,TWNは台湾出身の日本語学習者を表す。(3)は,各クラスタの評価の内容を把握するためのものである。

(1) 「G3：カメラ」のクラスタ分析の結果

「G3：カメラ」については,評価者は5つのクラスタに分かれた。図3-②を見ると,大陸出身の中国語母語話者と台湾出身の日本語学習者,韓国語母語話者と日本語母語話者とで,それぞれ各クラスタに分類された評価者の分布が似ているが,統計的な有意差は見られなかった。また,図3-③を見ると,第2,第3クラスタは3因子の素点の平均値が近似しているのに対し,第1,第5クラスタは第2因子「場の雰囲気」,第4クラスタは第1因子「緻密で深まりのある議論」が,他の因子の素点の平均値と比較して顕著にかけ離れた値を示している。

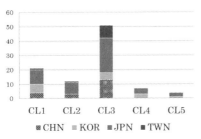 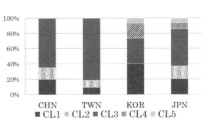

図3-① 「G3：カメラ」の各クラスタにおける母語・出身地域別人数　　図3-② 「G3：カメラ」の各クラスタにおける母語・出身地域別人数の割合

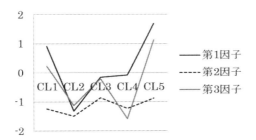

図3-③ 「G3：カメラ」の各クラスタにおける因子別の素点の平均値

(2) 「G3：携帯」のクラスタ分析の結果

「G3：携帯」については，評定者が4つのクラスタに分かれた。図4-②を見ると，「G3：カメラ」と同様，大陸出身の中国語母語話者と台湾出身の日本語学習者，韓国語母語話者と日本語母語話者との間で，それぞれ各クラスタに分類された評価者の分布が似ているが，統計的な有意差は見られなかった。また，図4-③を見ると，評価者の人数が多い第1，第2クラスタでは，3つの因子の評価の極性が全てマイナス方向に近似しているが，第3クラスタでは，3因子の評価の極性と素点の平均値が大きく異なり，第4クラスタでは，3因子の評価の極性が0からプラス方向に分布し，素点の平均値の間の差も大きい。

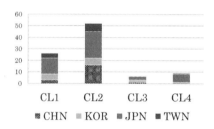 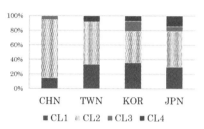

図4-① 「G3：携帯」の各クラスタにおける母語・出身地域別人数

図4-② 「G3：携帯」の各クラスタにおける母語・出身地域別人数の割合

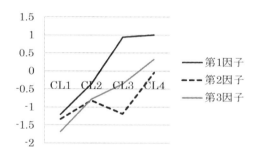

図4-③ 「G3：携帯」の各クラスタにおける因子別の素点の平均値

(3) 「G4：カメラ」のクラスタ分析の結果

「G4：カメラ」については，評定者は4つのクラスタに分かれた。G5-②を見ると，G3の話し合い場面と同様，大陸出身の中国語母語話者と台湾出身の日本語学習者，日本語母語話者と韓国語母語話者とで，各クラスタに分類され

た評価者の分布の傾向が似ているが,統計的な有意差はなかった。図5-③のうち人数が多い第1,第3クラスタを見ると,前者は3因子の素点の平均値がお互いに近いが,後者は第1因子の平均値のみがマイナスとなり,他の2因子との間に差がある。

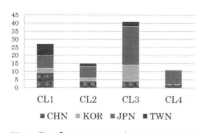

図5-① 「G4：カメラ」の各クラスタにおける母語・出身地域別人数

図5-② 「G4：カメラ」の各クラスタにおける母語・出身地域別人数の割合

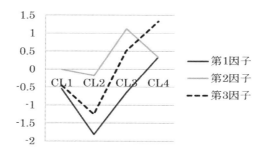

図5-③ 「G4：カメラ」の各クラスタにおける因子別の素点の平均値

(4) 「G4：携帯」のクラスタ分析の結果

「G4：携帯」については,評定者は5つのクラスタに分かれた。この場面についても,大陸出身の中国語母語話者と台湾出身の日本語学習者,日本語母語話者と韓国語母語話者との間で,それぞれ各クラスタに分類された評価者の分布の傾向が似ているが,統計的な有意差は見られなかった。各クラスタの評価傾向を見ると,第1,第3クラスタ以外は各因子の素点の平均値が近似している。

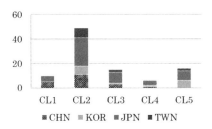
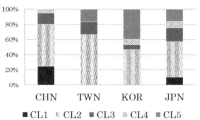

図6-① 「G4：携帯」の各クラスタにおける母語・出身地域別人数

図6-② 「G4：携帯」の各クラスタにおける母語・出身地域別人数の割合

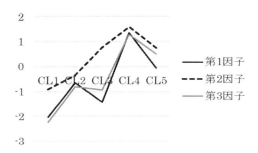

図6-③ 「G4：携帯」の各クラスタにおける因子別の素点の平均値

2.4 考察

以上の結果をまとめると，日本人学生及び留学生による話し合いに対する評価の観点とその傾向について，以下の点が指摘できる。

(1) 因子分析の結果，第1因子「緻密で深まりのある議論」，第2因子「場の雰囲気」，第3因子「活発な議論」，第4因子「まとまりのある議論」の4因子が抽出された。これらの因子が，評定の際の評価の観点として用いられていた可能性が指摘できる。

(2) 同じ参加者による話し合いであっても，話題が異なると各因子の評価も異なっていることから，評定者による話し合いの評価に影響を与えるのは，参加者の母語や文化といった属性よりも，話し合いの展開や参加者の言動，参加者間の相互行為などであると考えられる。

(3) 出身地域や母語によって，評価の傾向に何らかの傾向が見られるのではないかという仮説を持ってクラスタ分析を行ったが，大陸出身の中国語母

語話者と台湾出身の日本語学習者，日本語母語話者と韓国語母語話者との間にそれぞれ類似する評価傾向がある程度見られたものの，統計的な有意差を示すほどの顕著な違いはなかった。そのため，評価の仕方は，参加者個人の母語や文化といった属性によって異なるというよりは，属性の差を超えた個人に帰するものであることが示唆された。その一方で，4～5あるクラスタのうち人数の上位2つで評定者の過半数を超えていることから，その評価も全くばらばらなわけではなく，一定の傾向があるといえる。

上記3点のうち，3点目は，評価スキーマは人によって千差万別であるという宇佐美(2010)の指摘と重なる。その一方で，2点目が示唆するように，評定対象である話し合いの場面が持つ特徴もまた，場面ごとの評価に影響を与える要因であると考えられる。たとえば，図4-①・③を見ると，人数が多い第1，第3クラスタでは，第2，第3因子の評価の方向が異なっている。その理由としては，A)ある相互行為に対する同じ観点(同じ因子)の下での評価が異なる，B)ある相互行為を異なる観点(異なる因子)の下で評価している，という2つの可能性が考えられる。しかし，そもそも話し合いの評価は，各相互行為に対する評価の和ではないかもしれない。なぜなら，a)評定者が注目する相互行為とそうでない相互行為がある，b)評定者によって注目する相互行為が異なる，c)評価に影響を与える相互行為とそうでない相互行為があるなど，さまざまな可能性があるからである。したがって，評定者間の評価の違いを生み出した相互行為を特定するのは困難である。また，印象評定と因子分析という手法上，評定者が一つ一つの相互行為をどの観点で評価したのかを特定すること自体も難しい。したがって，まずはそれぞれの話し合い場面を対象に，各因子を構成する評定語対によって記述可能な相互行為の特徴を一つ一つ記述し，その上で，どのような相互行為が評定者間の評価の異同を生み出す可能性があるのかを探索する必要があると思われる。3.では，このような記述と探索の試みの一つとして筆者らが行った相互行為の記述事例を提示する。

3．事例の検討：話し合いの相互行為過程の分析
3.1 分析の方法
　分析の目的は，評定者間の評価の違いを生み出した可能性のある参与者の言動を見いだすことである。したがって，人数の多いクラスタが2つあり，

かつ両クラスタ間で評価の傾向が大きく異なっている「G4：カメラ」を対象に，ビデオ映像を見ながら各因子を構成する評定語対に当てはまる参加者の言動やふるまいを抽出し，因子と対応付けるという方法で分析を行った．表2は分析の過程の抜粋である．たとえば，表2の最初の3行は，ビデオ開始後2分の時点で見られた「NS1がNNS1の意見に同意し，監視カメラの範囲を決めることを提案」するという同じ言動・ふるまいが記述されている．この言動は，議論を進展させ深めると同時に，他の参加者に対する協調的なふるまいでもあることから，「進展した－停滞した」「深まりのある－表面的な」「協調的な－勝手な」という3つの評定語対に当てはまると捉え，これらの評定語対がそれぞれ含まれる因子「活発な議論」「緻密で深まりのある議論」「場の雰囲気」に対応付けた．なお，評価に影響を与える可能性のある相互行為をできる限り確実に抽出するため，まず著者の1人が分析を行い，共著者2人が分析結果を確認し，記述されていない言動がある場合は追加するという方法をとった．

表2　相互行為過程の分析（抜粋）

時間	言動・ふるまい	評定語対	対応する因子
2:00	NS1がNNS1の意見に同意し，監視カメラの範囲を決めることを提案	進展した－停滞した	活発な議論
2:00	NS1がNNS1の意見に同意し，監視カメラの範囲を決めることを提案	深まりのある－表面的な	緻密で深まりのある議論
2:00	NS1がNNS1の意見に同意し，監視カメラの範囲を決めることを提案	協調的な－勝手な	場の雰囲気
2:08	NS2がターンを開始した直後にNNS1も開始しそのまま話し続ける	積極的な－消極的な	活発な議論
2:08	NS2がターンを開始した直後にNNS1も開始しそのまま話し続ける	協調的な－勝手な	場の雰囲気
2:36	NS1がNNS1の意見に同意を示す	協調的な－勝手な	場の雰囲気

3.2 分析と考察

　表2が示すように，複数の因子に関連付けられたふるまいもあれば，一つの因子のみに関連付けられたふるまいもあった．特に第2因子「場の雰囲気」に対応付けられたふるまいは他の因子に比べて多く，単独で対応付けられたものも多かった．図4-③が示すように，人数が多い第3クラスタと第1クラスタでは，第2因子「場の雰囲気」の素点の平均値の差が最も大きいが，この差を生み出したのは，同じ相互行為が異なる観点から評価された可能性と，同じ

観点で逆向きの評価がなされた可能性の両方が考えられる。次節では，具体例を対象に，これらの可能性を検討する。

3.3 実際の話し合い場面の検討

具体的にどのようなふるまいが第2因子に対応付けられたのかを見ると，主に以下の2種類に分かれていた。

(a)「他の参加者の意見に同意する」「他の参加者の発言を受け止める」
(b)「他の参加者の発言に割り込む」「他の参加者の意見を受け止めずに自分の意見を話し始める」

(a)も(b)も「協調的な－勝手な」という評定語対に関連し，(a)は「協調的な」，(b)は「勝手な」に関連すると判断されたふるまいである。特にG4：カメラの話し合いにおいて何度か見られたのは，以下の事例に示すように(a)と(b)が同時に起こっている場面である。なお，以下の事例において留学生はNNS1，日本人学生はNS1と表記している。その他の記号については脚注の「文字化の記号」を参照されたい[3]。

事例 ［G3：カメラ　カメラを取り付ける自由］
01 NNS1　でもそんな：どこに：,だから-つ-要はつける自由．どこにでも
02　　　　つけるっていうことは自由, そ：れ, そこまでは規制する必要は
03　　　　ないんじゃない＝
04 NS1　＝うん
05　　　　(0.5)
06 NS1　あ, ただ：ビデオ撮ってる期間が必要？［(その)
07 NNS1　　　　　　　　　　　　　　　　　　　［それをほ-防犯の目的以外

---

[3] 文字化の記号。
［　発話の重複の開始位置　　　　　　］　発話の重複の終了位置
＝　感知可能な間隙が全くない　　　　(数字)　その秒数の間隙がある
(.)　ごくわずかの感知可能な間隙　　　：　直前の音が引き延ばされている
-　直前の語や発話が中断されている
.　直前部分が下降調の抑揚　　　　　　？　直前部分が上昇調の抑揚
,　直前部分が継続を示す抑揚　　　　　(文字)　聞きとりに確信が持てない
( )　全く聞きとれない

```
08            に使われるような：その可能性は：ちょっと：ある：,ちょっと
09            なんあの,(    )しておいた方がいいんじゃない
10→NS1    なるほど．で監視カメラについては：,会社などにある確実に個人を：
11→           (.)
12→NNS1   基本的に監視［カメラは::](.)強く, 制限する．
13→NS1                 ［特定でき - ］
14→NS1    確かに．
```

　NS1の10行目の発話末の「個人を：」は，発話がさらに続くことを示しているが，その続きが発話される直前にNNS1は発話を開始し(12行目)，「監視カメラ」に関する自分の意見を主張している。会話において，参加者は円滑な話者交替に志向しており，ターンの移行は通常円滑に行われる(Sack, Schegloff, & Jefferson, 1974)。したがって，明らかに発言が続くことが予想される時点での割り込みは目につきやすく，評定者の評価に影響を与えている可能性は高い。一方，割り込まれたNS1は発言を止め，14行目でNNS1の発言を受け止めており，この受け止めも「協調的な」ふるまいとして第2因子に関連付けられる。第2因子に関するクラスタ間の評価の違いは，「割り込み」と「受け止め」をそれぞれどの程度評価したのか（もしくは評価していないのか）に影響を受けている可能性もある。

　さらに，NNS1の割り込みは，発言の積極性の表れとして，第3因子「活発な議論」にも関連付けられうる。このように，異なる観点で評価されることが，評定者間の評価の違いを生んだ可能性もあると考えられる。

4. おわりに

　本章では，日本語母語話者と日本語学習者がともに参加する話し合いに対する観点として，「緻密で深まりのある議論」「場の雰囲気」「活発な議論」「まとまりのある議論」の4つがありうることを述べてきた。

　評価に影響を与える要因として，評定者が持つ評価スキーマと，評価の対象である話し合いの相互行為過程の特徴とが考えられるが，前者に関しては，評定者の母語や文化による明確な違いは見られなかった。また，後者に関しては，参加者のどのふるまいに注目しているか，またそれをどのような観点から評価しているかが，話し合い全体の評価に影響を与えている可能性が示唆された。評定者の評定結果は，話し合いにおける各言動やふるまいに対する評価の

和ではなく，場面において印象に残った特徴的なふるまいに影響を受けている可能性が高い。事例で示したような特徴的なふるまいが，実際に評価にどのような影響を与えているのかについては，評定者にインタビューを行うなど，さらに別の方法で検証していく必要がある。また，水上・森本・大塚・鈴木・井佐原(2007)は，フォーカス・グループ・インタビュー(FGI)に対するプロの司会者と素人の評価を比較し，それぞれに影響を与える相互行為過程の特徴を明らかにするために，プロの司会者と素人とで差があった因子の因子得点とFGIのやりとり構造の特徴との相関を分析している。本研究でも同じ方法を用いて今回の相互行為分析の妥当性を検証することが可能であろう。

　また，今回，母語や文化による評価スキーマの明確な違いは見いだせなかったが，他方，日本語学習者同士の話し合いを対象に，日本語母語話者と学習者による印象評定と因子分析を行った森本・水上・栁田(2013)は，両群が異なる評価の観点を持っていたと述べている。因子分析の手法が異なるなど，単純に比較はできないが，さらに調査分析の方法の検討を進め，話し合いに対する多様な評価スキーマの全容と，そこにどのような要因が関わっているのかを明らかにしていく必要がある。また，評価スキーマは決して安定したものではなく，話し合いの場面と相互に関わりつつ，そのつどの評価結果を生み出していく動的な過程をも内包するものでもある。その過程を明らかにすることによって，話し合いの参加者の評価スキーマの違いに起因する問題や困難を乗り越えていくための方法を見いだすことが可能になるのではないだろうか。

参考文献

宇佐美洋(2010)「文章の評価観点に基づく評価者グルーピングの試み―学習者が書いた日本語手紙文を対象として―」『日本語教育』147, 112-119.

宇佐美洋・森篤嗣・吉田さち(2009)「「外国人が書いた日本語手紙文」に対する日本人の評価態度の多様性―質的手法によるケーススタディ―」『社会言語科学』12(1), 122-134.

大塚裕子・森本郁代(編)(2011)『話し合いトレーニング―伝える力・聴く力・問う力を育てる自律型対話入門―』ナカニシヤ出版

嶋田和子(2012)「プロフィシェンシー重視の実践で育む「対話力」―日本語教育の現場から―」鎌田修・嶋田和子(編著)『対話とプロフィシェンシー―コミュニケーション能力の広がりと高まりをめざして―』凡人社, pp.140-161.

鈴木佳奈・水上悦雄・森本郁代・大塚裕子・柏岡秀紀(2008)「相互行為としてのグループディスカッションを評価する―7つの評価項目の提案―」『言語・音声理解と対話処理研究会』53, 29-34.

田中真理・坪根由香里・初鹿野阿れ(1998)「第二言語としての日本語における作文評価基準―日本語教師と一般日本人の比較―」『日本語教育』96, 1-12.

日本学術会議(2010)『大学教育の分野別質保証の在り方について　回答』<http://www.scj.go.jp/ja/info/

kohyo/pdf/kohyo-21-k100-1.pdf>(2015 年 2 月 2 日)
平田オリザ(2012)「日本語教育と国語教育をつなぐ「対話」」鎌田修・嶋田和子(編著)『対話とプロフィシェンシー―コミュニケーション能力の広がりと高まりをめざして―』凡人社, pp.28-44.
水上悦雄・森本郁代・大塚裕子・鈴木佳奈・井佐原均(2007)「話し合いへの印象に影響を及ぼす会話行動―プロの司会者と素人の印象評定の比較および話し合いの相互行為過程の分析―」『社会言語科学』9(2), 77-92.
森本郁代・大塚裕子(編)(2012)『自律型対話プログラムの開発と実践』ナカニシヤ出版
森本郁代・水上悦雄・栁田直美(2013)「留学生による話し合いに対する評価に影響を与えるコミュニケーション行動」『総合政策研究』44, 41-52.
渡部倫子(2005)「日本語学習者の発話に対する日本語母語話者の評価―共分散構造分析による評価基準の解明―」『日本語教育』125, 67-75.
Sacks, H., Schegloff, E. A., & Jefferson, G. (1974) A simplest systematics for the organization of turn-taking for conversation. *Language*, *50*(4), 696-735.

▷ コメンテータ(宇佐美洋)からのコメント ◁
　この論文には，評価のあり方は評価者の「属性」のような固定的な条件によって決まるのではなく，さまざまな要因が複雑に影響を与えながら「力動的に」決まっていくものだ，という評価観が通底しています。そうした評価観は，筆者の皆さんが，複数の人間同士が触発し合いながら，思いもかけぬ結果を生み出してくる「話し合い」という活動に着目し，そのプロセスをつぶさに見てきたところから生まれてきたものであろうと思われます。
　そうした複雑な要因の絡み合いを読み解いていくことは極めて刺激的な研究課題であり，その進展が大いに期待されるところですが，研究と「話し合い実践の改善」との関係についてはどのようにお考えでしょうか。
　話し合い評価に関係する諸要因の絡み合いを精密に読み解いていくと，話はどんどん複雑なものになっていきます。研究が進めば進むほど，実践への応用は，もしかすると難しくなっていくのかもしれません。
　実態把握の研究は研究として進め，実践への応用は別途考えるのか，あるいはあくまでも実践への応用を見据えて研究を進めるのか。そのあたりの方針について，お聞かせいただけますと幸いです。

▶ 執筆者(森本郁代・水上悦雄・柳田直美)からの回答 ◀
　ご指摘のように，話し合い評価にはさまざまな要因が絡み合っています。しかし，その要因を解明していくことは，話し合い実践の改善にも大きな示唆を与えるものと考えています。
　本研究で抽出した，話し合いに対する4つの評価の観点は，我々が話し合いを評価する際，内容以外の側面も一つの観点になっていることを示しています。また，話し合いの評価は，評定者の評価スキーマや相互行為過程などさまざまな要因に左右される動的なものであるということも指摘しました。我々は普段，意見の異なる議論の場において，「好ましい−好ましくない」というような評価を下しがちではないでしょうか。しかし，評価をする際に，評価にはさまざまな要因が働くことをあらかじめ知っておけば，短絡的な評価を避け，話し合いを冷静に分析することができるようになるはずです。筆者らはこれまでの研究成果を大学生や留学生の話し合いの授業実践に活用していますが，メタ的な視点を提供することで学生の対話力向上に効果をあげています。このようなメタ的な視点を話し合い実践の改善に役立つ形で提供していくことが，本研究の意義だと考えています。

第2章 パフォーマンス評価はなぜばらつくのか？
アカデミック・ライティング評価における評価者の「型」[1]

田中 真理

1. はじめに
1.1 背景

　パフォーマンス評価には評価者の要因が大きく関わる。評価基準があっても，また，評価者間ミーティングを行っても，解決できない問題は，最後，評価者の個人的な要因に帰すると思われる (Hamp-Lyons, 1991, 2007; McNamara, 2000 参照)。McNamara(2000) は，パフォーマンス評価の問題点として，評価が必然的に主観的であること，即ち，評価者が受験者に下す評価は，受験者のパフォーマンスの質のみでなく，図らずも評価者の質をも表してしまうことを挙げている。そこで，本章では，まずはどのような要因が評価の不一致をもたらすのか，筆者の一連の評価研究からその全体像を示し，次にその中での評価者の個人的要因について検討する。他の人がどのような評価の視点を持っているのか，また自分にはどのような評価傾向があるのかを知っておくことは，教育に携わる者には意義のあることではないだろうか。

　さらに，今後の言語テストのあり方を考えると，スピーキングやライティング等のパフォーマンス・テストの重要性がますます認知されていくことは想像に難くない。当然，その評価の方法も検討していかなければならない。特に，大規模テストを視野に入れた場合，パフォーマンス・テストの採点は，人間による評価では間に合わず，日本語のテストにおいても，e-rater[2] のような自動評価，つまり機械に頼ることになる日もそう遠くないだろう。機械による評価は，人間の評価のように揺れることはない。しかし，その機械による評価はどのように構築されるかというと，人間による評価を機械に学習させている

---

[1] 本章は，宇佐美・田中・徳井(2012)の田中執筆分を独立させ，大幅に加筆修正を施したものである。

[2] Educational Testing Service(ETS)が開発した英語ライティングの自動評価。

のである。また，パフォーマンスに表れた言語的側面を数量的に評価することはできても，「内容面」のオリジナリティや「構成面」の評価を機械に任せることは難しい。したがって，機械による評価が普及しても，人間の評価の重要性が低減することはないわけである。

1.2 評価の不一致をもたらす要因と本章の目的

それでは，本章のタイトルにもあるが，「パフォーマンス評価はなぜばらつく」のだろうか。本節では，評価の不一致をもたらす要因について考えてみたい。

田中・長阪・成田・菅井(2009)では第2言語(以下：L2)としての日本語のアカデミック・ライティング評価基準を作成し，ライティング評価ワークショップを行い，参加者の評定値について分析した。その結果，統計的には評価の信頼性は確保されたが，個別に見るとスクリプト(Script：ここでは学習者の書いた小論文)の中には評価の一致の難しいものがあった。そこで，不一致を解決しようと，ワークショップ参加者数名と研究者とで評価者間ミーティングを行った。かなり話し合ったが，完全に一致させることはできなかった(田中・長阪, 2009)。その後も，good writing 研究の一環として，評価者や評価方法や観察方法も変えて，この10年間評価研究を行ってきた。未解決の点も多いが，これまでの研究から，ライティング評価において評価の不一致をもたらす要因は，次のA〜Cだと言えそうである。

A. スクリプト[3]
B. 評価基準や評価方法
C. 評価者[4]

Aの「スクリプト」自体は変えられないが，どのようなスクリプトにおいて評価が一致しにくいかを知っておくことは評価をする際に役立つ。次節以降で詳しく述べるが，L2ライティング能力には writing expertise(ライティングの「内容」や「構成」等に関わる能力：以下 WE)と L2 proficiency(第2言語能力)の側面があり(Cumming, 1989 参照)，その2つの能力がバランスよく感じとれ

---

[3] 厳密に述べると，「スクリプトから推測される，書き手(学習者)のL2ライティング能力を構成する要素のバランスに関わる要因」だと考えられる。

[4] これも，厳密に述べると，「評価者の評価に対する姿勢やライティング観」だと考えられる。

るようなスクリプトは評価が一致しやすいが，バランスがとれていない場合―例えば，日本語はほぼ完璧だが，「構成」に問題がある場合等―に評価が大きく割れるのである。

　また，完全な B「評価基準や評価方法」というのも難しい。例えば，「構成・結束性」というトレイト（評価項目）を設けた場合，「構成」と「結束性」を見る際，どちらを優先して見るのかという優先順位を評価基準で規定しておかないと評価がずれる。それでは，2 つを分ければいいではないかという声が聞こえてきそうだが，それぞれを独立させると，評価項目が多くなりすぎ，評価者は疲れ，信頼性に影響を及ぼしかねない。このような評価基準の詳細な取り決めに加えて，ライティングの「プロンプト」（課題文と指示文）の解説も必要である。例えば，「A と B のどちらを選びますか」という指示に対して，素晴らしい「A と B の併用案」が提示された場合，指示に従っていないという理由で，ある人は本来の点数より「−1 点」程度の評点をつけるが，ある人は最低点に近い点数にしてしまうことがある。この辺りのプロンプトの解釈の仕方も目的に即してあらかじめ決めておく必要がある。

　さらに，仮に目的に適ったパーフェクトな評価基準や方法が得られたとしても，C「評価者」という要因は残る。しかし，評価者自身が，評価には多様な考え方があるということ，つまり他の人の評価についての考え方や評価者一般の傾向は必ずしも自分と同じではないということを知ることによって，自分の評価を見つめ直し，評価の質を高めることは可能である。本章では，評価傾向の類型化を試みることによって，人間によるパフォーマンス評価の多様性について考えてみたい。以下では，A や B にも触れつつ，C の「評価者」に焦点を当てて考察，検討していく。

2. 3つの観点から見た評価者が使いうる「型」

　アカデミック・ライティング評価における評価者の傾向を，表1のように 3 つの観点からそれぞれ 2 つの「型」に分け，検討する。

表1　3つの観点から見た評価者が使いうる「型」

観点	評価者の「型」
(a) 評価を統一しようとする際に分かる傾向	a-1「マイウェイ型」 a-2「柔軟型」
(b) マルチプルトレイト評価をする際に認められる傾向	b-1「連動型」 b-2「独立型」
(c) 総合的評価をする際に認められる傾向	c-1「前提型」 c-2「非前提型」

　表1を補足すると，第1の観点(a)は，1人ではなく複数の人で評価を統一しようとした際に分かる，個人の評価に対する姿勢である。第2の観点(b)と第3の観点(c)は，それぞれ「マルチプルトレイト評価」と「総合的評価」に臨む際に見出された傾向である。本章では，これらの型を，一連の2つの研究群，研究A（田中・長阪・成田・菅井, 2009；田中・長阪, 2009）と研究B（Tanaka, 2010；田中・坪根, 2011）から具体例を示して検討する。

　研究Aでは，L2としての日本語のアカデミック・ライティングのための評価基準である「マルチプルトレイト評価基準」(2013改訂)を作成した（資料1：簡略版）。

　パフォーマンス・テストの評価方法には，TOEFLやTOEICのように，スクリプトを総合的に評価して1つの評点を出す「総合的評価」と，「内容」「構成」「文法」のようにいくつかの観点（評価項目）に分けて，観点別に評点を出す「分析的評価」があるが，両者の不足を補って考案されたものが「マルチプルトレイト評価」(Hamp-Lyons, 1991)である[5]。

　マルチプルトレイト評価では，あるいくつかのトレイト（特性）に注目し，それを評価項目としてトレイトごとに総合的に評価する。トレイトは機関やコースの目的によって決定すればよいとされている。分析的評価では，「内容：30%」「構成：30%」「文法：15%」「語彙表現：15%」「表記：10%」のように重みづけを行い，総計を100%にするのが一般的である。一方，マルチプルトレイト評価では，トレイトがそれぞれ独立しているので，重みづけはない。研究Aで考案した「マルチプルトレイト評価基準」では全てのトレイトが6～1

---

[5] 総合的評価(Holistic scoring)と分析的評価(Analytic scoring)とマルチプルトレイト評価(Multiple trait scoring)の定義・分類方法にはいろいろある。Hamp-Lyons(1991)はHolistic scoringとMultiple trait scoringを使っており，Analytic scoringという名称は使っていない。Weigle(2002)はMultiple trait scoringをAnalytic scoringに含めている。

のレベルで評価される。L2 としての日本語のアカデミック・ライティングを評価するためのトレイトとして,「目的・内容」「構成・結束性」「読み手」の3つの WE のトレイトと「日本語 A:正確さ」「日本語 B:適切さ」の2つの L2 proficiency のトレイト,計5トレイトを設けた。WE の1つとして「読み手」のトレイトが設けられているが,ここでは読み手を想定して書かれているか,つまり「読み手への配慮」があるか,また「読み手にとっての面白さ」があるかを見る[6]。

　研究 A では,この「マルチプルトレイト評価基準」を使ったライティング評価ワークショップを,日本語教師20名を対象に行い,その後,ワークショップ参加者の6名と研究者4名で評価者間ミーティングを行った。そして,そのときの評価結果やアンケートから評価傾向を統計的に分析した。

　研究 B では,メタ認知の働くアンケートからだけではなく,評価者が評価の際にどのようなことを考えているのかを探ることを目的として,日本の大学で教える日本語教師10名に,good writing の候補[7]2種,各6編の小論文を,図1の流れで評価してもらった。まず,調査1において「総合的評価」で点数付け(とてもよい:6点〜まだまだ:1点),次に調査2において順位付け(1位〜6位)をしてもらった[8]。そこでは,調査1と調査2の評価中に考えていることを口に出してもらう発話思考法(think aloud)という手法を使い,評価のプロトコルをとった。さらに,調査1,調査2が終わってから,アンケート調査 A で順位付けの決め手となったことや,評価者にとっての「いい内容」と「いい構成」について尋ねた。その後,調査3で「マルチプルトレイト評価基準」を用いて,トレイト別に評価してもらい,終了後,アンケート調査 B を行った。ここでは,総合的評価とマルチプルトレイト評価を体験した感想と普段使っている評価基準について尋ねた。

---

[6] 英語教育のライティング評価基準では,Sasaki & Hirose(1996)が"reader awareness"という評価項目を設けているが,日本語ライティングの基準で「読み手」を取り上げたのは,おそらくこの評価基準が最初である。

[7] これ以前の研究プロジェクトで,あらかじめ多数の小論文の評価を複数の研究者で行い,その評価順位の高かったものを,good writing の候補として研究 B で使用した。

[8] この研究では,数値で処理できるようにまず点数で出してもらったが,数値だと同じ点数がつく可能性があるので,順位付けもしてもらった。

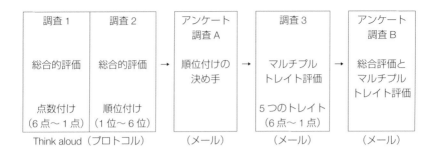

図 1　研究 B の調査の概要

以下では，研究 A 及び研究 B より具体例を示し，(a), (b), (c) の「型」を考察する。

2.1 「マイウェイ型」か「柔軟型」か

ここでは，複数の人で評価を統一しようとした際に，自分のポリシーをなかなか譲らない「マイウェイ型」とポリシーを柔軟に変化させうる「柔軟型」という 2 つのタイプがあることについて述べる。

研究 A の評価者間ミーティングにおいて，ライティング観や評価基準に関して自分のポリシーを譲らない人がいた。特に，潜在的なライティング能力の捉え方で一致を見ることが難しかった。例えば，ある評価者は，問題となった小論文 A (資料 2) の評価が割れた原因について尋ねたアンケートで(1)のようにコメントしている。

(1) 能力の高さが窺えるので，課題から外れているという理由で低い点をつけるのに，抵抗があるからではないか。能力の高さを評価したいと思う評価者と，課題を達成していないことで低い点数をつける評価者の意識の統一が難しい。

小論文 A は，ほとんどが序論で構成され，課題が達成されていない。しかし，評価者の 1 人は，序論に展開される豊かな背景知識や表現力から感じ取られるアカデミックらしさを「客観性」と結び付け，「他の小論文と違って客観的な視点で述べられている」と高く評価し，アカデミック・ライティングの基本は「客観性」であるという姿勢を，評価者間ミーティングでも譲らなかっ

た。これは，評価基準にある全体構成(序論の占めるバランス)や課題の達成を無視しているので，「マイウェイ型」と言えるだろう。評価者間ミーティングに参加した教師のアンケートには(2)や(3)のような指摘もある。

(2) 評価基準よりも，自分のポリシーを優先させる評価者がいる場合，すり合わせは難しくなると思う。

(3) 評価基準やプロンプトのガイドラインがあっても，それに対する忠実度・従順度が人によって異なる。

つまり，評価基準やガイドライン等に柔軟に対応する人となかなか自身の評価ポリシーを譲らない人がいるということである。上述の(2)や(3)の指摘をした人は，その人自身が柔軟に対応できているかどうかは分からないが，少なくとも柔軟に対応しない人の存在に気がついていて，評価者間ミーティングでは意識の統一が難しいと感じている。

小論文Aの評価は **2.3** で述べる第3の観点，総合的評価をする際に認められるライティング観とも関連するが，ここではポリシーを譲るかどうかという点で，2つのタイプ，「マイウェイ型」と「柔軟型」があることを主張したい。

2.2 「連動型」か「独立型」か

ここではマルチプルトレイト評価と分析的評価と総合的評価の考え方の違いについても言及しながら，マルチプルトレイト評価をする際に認められたトレイト間の評価の「連動」現象について考察する。

マルチプルトレイト評価をする際に，あるトレイトの評価が別のトレイトの評価の影響を受けていると考えられる「連動」現象が認められた。特に，「内容」と「構成」のトレイトの評価の連動は，これまでにも指摘されてきたが(田中・初鹿野・坪根, 1998)，この原因の1つは，「構成」には話の展開が関わり，展開に「内容」に関係する要素が入ってくることだと考えられる。「サポート」も中身は「内容」だが，どのように展開されるかという点で「構成」と関わる。さらに「一貫性(coherence)」，つまり序論で述べたことと結論で述べたことが矛盾していないか(田中・久保田, 2014)，本論においてもメインアイディア(小論文の場合は主張)がずれていかないか(田中・阿部, 2014)等も「内容」と展開(構成)の両方に関連してくるので，切り離して評価するのが

難しいのだろう。

　また，2.1の「潜在的なライティング能力」が窺える場合（資料2：小論文A）には，WEの3つのトレイトが同じ点数になる傾向が認められた。研究Aで，8名中3名が，「内容」「構成」「読み手」の評価で，それぞれ[4, 4, 4] [6, 6, 6] [4, 4, 4]という点をつけていた。無論，偶然に3つのトレイトの評点が同じになったことは考えられる。しかし，小論文Aは課題から外れたことが書かれ，全体構成もアンバランスであるのに，なぜ2番目の評価者はこれを[6, 6, 6]としているのだろうか。これは，トレイト間の評価の「連動」による評価結果と言えるのではないだろうか。

　さらには，トレイト間の連動だけでなく，L2 proficiencyとWEの評価が連動する様子も認められたし，研究Bでは総合的評価とマルチプルトレイト評価のWEのトレイトの評価の連動も認められた（宇佐美・田中・徳井, 2012）。言い換えれば，日本語力が高いと「内容」や「構成」も高く評価されたり，全体的な印象，つまり総合的評価が高いと個々のトレイトの評点も高くなりやすかったりするということである。トレイト別評価の難しさは，研究Aのアンケートにも(4)のように記されている。

(4)　内容のみを評価しようとしても（トレイトごとに評価しようとしても），つい語彙や文法力などにひっぱられ，せっかくトレイトが分かれているのに，結局何となく全体的感覚で評価してしまっている。

　もっとも，TOEFL等の大規模テストを行っているETSは総合的評価を採用しており，以前は総合的評価を説明するのに"... a whole piece of writing is greater than the sum of its parts."（書かれたテキスト全体はその部分部分を足したものより大きい）（Myers, 1980）を引用していた（菅井, 2003参照）。つまり，言語能力（ライティング能力）は，切り刻んだりして考えることができないというのが，総合的評価の根本にある考え方である。そのように考えると，上記(4)のようなコメントも不自然ではない。しかし，教師は，ライティング指導をしていく際には，「構成」や「語彙表現」というように，スクリプトをいくつかの要素に分解して，学習者に示さなければならない，つまり「診断的評価」が必要な場合もあり，これは，総合的評価では不可能なのである。

　また，総合的評価ではL2ライティング能力の各要素が同じように発達すると仮定されている（Weigle, 2002）わけだが，Hamp-Lyons（1991）はL2ライティン

グ能力は必ずしもバランスがとれているわけではなく，1つのスコアで出すと(つまり総合的評価では)書き手のライティング能力の多くの情報が失われると考え，マルチプルトレイト評価を考案したのである。

マルチプルトレイト評価ではトレイトはそれぞれ独立しているのだが，授業やテストでは，資料1のマルチプルトレイト評価表のように，いくつかのトレイトを組み合わせて評価基準として使うのが一般的である。

最後に，図2に研究Aや研究Bで分かった連動しやすい要素を整理しておく。

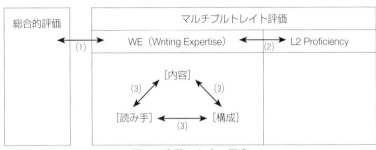

図2　連動しやすい要素

連動しやすいのは，(1)「総合的評価」と「マルチプルトレイト評価」の「WE」のトレイト間，(2)「WE」のトレイトと「L2 Proficiency」のトレイト間，(3)「WE」内のトレイト間，つまり，「内容」と「構成」と「読み手」のトレイト間である。これらの要素は連動する理由があるものの，教育や指導の面では「切り離して見る」ことが必要な場合もあることは既に述べたとおりである。評価者の中で，これらの要素を連動させて評価してしまいがちなタイプを「連動型」，こうした要素も切り離して独立させて評価できるタイプを「独立型」と，ここでは呼んでおく。日本語教師は，まずは「連動」しやすい要素を把握しておくと，自己の評価を顧みるのに役立つのではないだろうか。

2.3　「前提型」か「非前提型」か

研究Bにおいてgood writingを決定する際の要素は，「課題の達成」「主張の明晰さ」「内容のオリジナリティ」「客観的で広い視野からのサポート」「構成」「談話展開のテクニック」「表現力の豊かさ」等だと分かったが，どの要素を優先させて評価するかについては共通の認識が認められず，各要素のバランスが

悪い場合には評価が割れることがあった(田中・坪根, 2011)。これは,「前提型」と「非前提型」の評価者がいるからだと考えられる。「前提型」というのは,評価観点の中に階層性(優先順位)が,おそらく無意識に前提として決まっており,各観点の間で評価が食い違う場合は,上位の観点での評価を優先する(上位の観点で評価が低くなれば,下位の観点で評価が高くてもそれは考慮しない)という方針を指している。一方,「非前提型」というのは,そのような前提条件(階層性)を持たずに評価する傾向を指す。

研究Bについて再度言及すると,日本の大学で教える日本語教師10名に,good writing の候補2種,各6編の小論文を,まず「総合的評価」で調査1(点数付け:6点〜1点),次に調査2(順位付け:1位〜6位)をしてもらい,その評価の際のプロトコルをとり(発話思考法),その後,調査3で「マルチプルトレイト評価基準」を用いて,トレイト別に評価(6点〜1点)してもらったというものである(図1参照)。

ここでは,調査1と調査2の「総合的評価」をする際にとったプロトコルの発話を中心に,評価者がどんなことを考えながら総合的評価に取り組んでいたのかを考察する。プロトコルを見ると,評価者は様々なことを考えながら総合的評価をしていることが分かる。以下,具体的に示す。

小論文B(資料2)は,研究Bの「総合的評価」において,調査1の点数から見ても,調査2の順位から見ても第1位であった(田中, 2009)[9]。しかし,表2に示すように,評価結果は割れている。評価者(Rater:以下R),R1とR3の2名が最下位の6位で,残りの8名は1位ないしは2位である。

表2　小論文Bの総合的評価(順位)

評価者	R1	R2	R3	R4	R5	R6	R7	R8	R9	R10
順位	6位	2位	6位	2位	1位	1位	1位	2位	1位	2位

小論文Bは,アンケートやプロトコルを見ると,背景から入る序論部分や「サポート」が広い視野から客観的に論じられ,表現力が豊かだと高く評価されている。しかし,「主張」が曖昧で「課題の達成」も十分でなく,序論が長く「全体構成」がアンバランスである。以下の(5)は,総合的評価で「**Bは最**

---

[9] この調査1の点数付けの点数設定は6点〜1点だが,その基準は評価者に委ねた。そのため,本節の分析では,「総合的評価」については調査1の点数は使わずに,調査2の「総合的評価」における順位を用いることにする。

後」と小論文 B に最下位をつけた評価者の 1 人，R1 の評価の際のプロトコルである。

(5) やっぱりこの，**序論のありよう**が，**ダラダラとある**のが分かりにくい。この論述文が最終的に**何を目指してるのか**っていうのが，アカデミック・ライティングとしての good writing には，あんまり評価できないかなという感じがするので，**B は最後**。

R1 は，「全体構成」や「序論」の内容を見ている。最下位をつけた R1 と R3 は，「主張」や「全体構成」ができていないことを大きなマイナス要因としているが，サポート部分に関しては，特にコメントがない。このことからは，「主張」や「全体構成」という，より重要な観点に大きなマイナス要因があったため，副次的な観点である「サポート」を評価するには到らなかった，ということが推測される。言い換えれば，「主張」や「全体構成」のできていることが「サポート」が評価される前提条件となっている。「サポート」は本来「主張」を支持(サポート)するものなので，このような階層性を持つのは自然であろう。

一方，次の(6)は，総合的評価で小論文 B を 1 位とした R9 のプロトコルである。

(6) アカデミック・ライティング，としては，あのー，こちらのほうが，**文章の質**とか，その，**客観的な**，えーと**記述**という点ではいいと思うんだけど，まあ，**最後が足りない**ということで，5(点)にしますね。

R9 の「最後が足りない(筆者注：結論部や主張が弱い)ということで，5(点)にしますね」という発言から，「主張」や「課題の達成」の弱さを大きなマイナス点とは捉えていないことが分かる。少なくとも，「主張」や「課題の達成」を論が成り立つための前提条件とはしていないようであり，全体から受ける「文章の質」に関する印象やサポートにおける「客観的な記述」など，バラバラの要素を挙げている。これを「非前提型」としておく[10]。このようにして評価者のプロトコルを見ていくと，研究 B の日本語教師(評価者)10 名のう

---

[10] 宇佐美・田中・徳井(2012)では「雰囲気型」と命名していた。

ち「前提型」に当たるのは2名のみで，その他の8名は「非前提型」のようであった。本節の「前提型」と「非前提型」については，次節において続けて見ていく。

2.4 総合的評価とマルチプルトレイト評価における評価者の「型」

　研究Bの総合的評価の後，同じ小論文を，次の調査3では「マルチプルトレイト評価基準」を用いて，トレイト別に評価してもらった。ここでは，小論文Bの総合的評価(順位)とマルチプルトレイト評価の「目的・内容」と「構成・結束性」の評定結果を比較する。

　「総合的評価」で小論文Bを最下位につけたR1とR3は，マルチプルトレイト評価の「目的・内容」と「構成・結束性」においても，他と比べ相対的に低い評点をつけており(6点満点でR1は[3, 3]，R3は[1, 3])，総合的評価や自身のプロトコルと矛盾しない結果となっている。

　一方，総合的評価で小論文Bを1位ないし2位につけた8名の評価者には，マルチプルトレイト評価では2つの傾向が認められる。総合的評価では高い順位をつけていたが，マルチプルトレイト評価のWEのトレイト(「目的・内容」と「構成・結束性」)では低い点をつけているタイプ(4名)と，マルチプルトレイト評価においても高い点をつけているタイプ(4名)である。

　前者の例としては，R8は小論文Bの結論部について，プロトコルでは(7)のように言いながらも，総合的評価では2位をつけていた。

(7) どっちがいいのかという質問に一言で答えられない，というのは，この意見文を書く，自分の答えを放棄しているような……

　しかし，マルチプルトレイト評価の「目的・内容」では3点をつけている。つまり，トレイト別ではきちんと区別している「独立型」だと言える。

　残りの半数の4名には，マルチプルトレイト評価においても高い点数をつける「連動型」の傾向が認められた。そのうちの1人，R4のプロトコル(8)を考察する。

(8) んーちょっと結論が弱いかな。もう少し，説明が，意見の説明があると，いいかな。ちょっ，んー**構成**がちょっと，……

R4の小論文Bの総合的評価は2位で，マルチプルトレイト評価の「目的・内容」は5点，「構成・結束性」は6点である。総合的評価のプロトコルでは「構成がちょっと」と言っているのに，マルチプルトレイト評価でなぜ6点なのだろうか。先述の(6)のR9も同じく，「目的・内容」5点，「構成・結束性」6点である。これは総合的評価(全体的な印象)がマルチプルトレイト評価に影響を与えている，あるいは高い日本語力(L2 proficiency)がWEの評価に影響を与えている，つまり，連動していると考えられないだろうか。

　以上の小論文Bの総合的評価とマルチプルトレイト評価における10名の評価者の「型」をまとめると，図3のようになる。総合的評価で小論文Bに6位をつけたR1とR3は「前提型」かつ「独立型」だと言えよう。総合的評価で1位ないしは2位をつけた8名は，「非前提型」の可能性があるが，マルチプルトレイト評価では「独立型」と「連動型」とに分かれる。

総合的評価で6位をつけた2名			総合的評価で1位・2位をつけた8名		
総合的評価	マルチプルトレイト評価		総合的評価	マルチプルトレイト評価	
	[目的・内容]	[構成・結束性]		[目的・内容]	[構成・結束性]
R1　(6位)	**3点**	**3点**	R2　(2位)	3点	4点
R3　(6位)	**1点**	**3点**	R7　(1位) →	3点	2点
			R8　(2位) →	3点	4点
			R10 (2位)	4点	4点
			R6　(1位)	5点	4点
			R4　(2位) ⇒	5点	6点
			R5　(1位)	6点	5点
			R9　(1位)	5点	6点
↑					
前提型 ＆ 独立型			非前提型 → 独立型　⇒ 連動型		

図3　小論文Bの総合的評価(順位)とマルチプルトレイトの
評点から考えられる評価者の「型」

　図3に「前提型」と「独立型」，「非前提型」と「独立型」，「非前提型」と「連動型」と示されているように，「型」の組み合わせにはいくつかのパターンがある。また，このパターンは固定的なものではなく，流動的な可能性もある。さらに重要なことは，今回の「型」は小論文Bにおいて見出されたもの

で，各評価者が常にこのような「型」の評価を行っているとは限らないということである。

2.5 「型」を認識する

パフォーマンス評価に絶対的なものはないのであるから「マイウェイ型」でもよさそうなものだが，評価を共有する場合には，「マイウェイ型」よりも，評価基準等に柔軟に対応できる「柔軟型」にもなれるほうがよい。

次に，学習者に優れた点や弱い点を示す(例えば，「内容」はこのような点が説得的でよいが，「全体構成」はバランスが悪い，等)というような診断的な評価ができるようになるためには，トレイトを独立して評価できる「独立型」が望ましいだろう。まずは，自らの各トレイトの評価が「連動」していないか意識してみてはどうだろうか。

さらには，ライティング教育を行う場合，自分が「前提型」か「非前提型」か，どちらの傾向をより強く持っているのか認識しておくことも重要である。学習者のライティングの「光っている部分」を見つけて学習者を褒めて励ますのと同時に，教師はその部分にのみ目を奪われることなく，客観的に冷静に評価するよう心掛けるべきだろう。

以上の「型」は，「人」に固定されるものと言うよりは，ある人がある時点で評価を行ったときに認められる「頭の働かせ方」と言えよう。評価者は，自分がどのような「型」を使って，評価をしているか意識してみるといいのではないだろうか。

3．おわりに

自己の傾向(「型」)や他者の評価についての考え方を認識するためには，評価者間ミーティングが有効である。田中・長阪・成田・菅井(2009)のアンケート調査のコメントによると，参加者は全員，評価者間ミーティングの意義，必要性を感じていた。そして，(9)のように異なる考え方をする評価者のいることを知り，(10)のようにそれを肯定的にも捉えていた。

(9) 自分が迷っていたり，分からなかったことに対し示唆が得られた。時には，観点の微妙なずれにより，話がかみ合わないこともあり，参加者の組み合わせや取り上げる話題等によっても左右される面があるのではないか。

⑽　自信がなかった評価の見解も，他の評価者と同じ見解をしていると，自分の見解の妥当性を確認できた。また，違った発想で考えると，違う取り方もできることに気づいた。

　さらに，評価者間ミーティングの限界は何かという質問に関しては，⑾や⑿のような答えが返ってきている。

⑾　評価者のバックグランドやビリーフ。特に関わっている教育環境の相違。

⑿　あまり極端な評価をする人とはすり合わせが難しい。**全員が納得いく評価を出す**のは難しい。

　しかし，評価者間ミーティングの目的は，「全員が納得いく1つの評価を出す」ことではなく，他の人の評価を知り，自分の評価を顧みることだと，筆者は考える。
　以上見てきたように，評価というものは多様であり，かつ多面的である。表題である「パフォーマンス評価はなぜばらつくのか」について，本章ではアカデミック・ライティング評価における「評価者」に焦点を当て，その評価傾向を「型」として論じてきた。評価に向き合う際，自分自身がどのような「型」を使っているのか意識し，自己の評価を見つめ直すことによって，評価の質を高めることが可能となるのではないだろうか。

[謝辞]小論文の執筆者である学生のみなさま，調査にご協力いただいた先生方に深く感謝いたします。なお，本章中の研究はJSPS科研費19520448「第二言語としての日本語ライティング評価―Good writingのさらなる追求―」及びJSPS科研費22520542「日本語のgood writing―第2言語と第1言語による比較―」の助成を受けた。また，本章はJSPS科研費26284074「日本語ライティング評価の支援ツール開発―「人間」と「機械」による評価の統合的活用―」（研究代表者：田中真理）の研究の一部である。

参考文献

宇佐美洋・田中真理・徳井厚子(2012)「評価の「個人差」に着目することの意味―より深い自己認識につなげるための評価論―」『ヨーロッパ日本語教育』16, 36-50.
菅井英明(2003)「記述テストの特徴と比較」『日本語教育における評価法に関する基礎的な資料整備とその分析』平成13年度～平成14年度科学研究費補助金基盤研究(c)(2)研究成果報告書(研究代表者：菅井英明), 80-95.

田中真理(2009)『第二言語としての日本語ライティング評価―Good writing のさらなる追求―』平成19年度～21年度科学研究費補助金基盤研究(c)研究成果報告書

田中真理(2013)「マルチプルトレイト評価基準(簡略版)」<http://nihongo.nufs.ac.jp/teacher/39.html>(2015年10月30日)

田中真理・阿部新(2014)『Good Writing へのパスポート―読み手と構成を意識した日本語ライティング―』くろしお出版

田中真理・久保田佐由利(2014)「アカデミック・ライティングの構成面について―L1, L2双方向からの考察―」『CAJLE 2014 Proceedings』<http://www.cajle.info/wpcontent/uploads/2014/09/Tanaka_CAJLE2014_Proceedings_163-173.pdf>

田中真理・坪根由香里(2011)「第二言語としての日本語小論文における good writing 評価―そのプロセスと決定要因―」『社会言語科学』14(1), 210-222.

田中真理・長阪朱美(2006)「第2言語としての日本語ライティング評価基準とその作成過程」国立国語研究所(編)『世界の言語テスト』くろしお出版, pp. 253-276.

田中真理・長阪朱美(2009)「ライティング評価の一致はなぜ難しいか―人間の介在するアセスメント―」『社会言語科学』12(1), 108-121.

田中真理・長阪朱美・成田高宏・菅井英明(2009)「第二言語としての日本語ライティング評価ワークショップ―評価基準の検討―」『世界の日本語教育』19, 157-176. <http://www.jpf.go.jp/j/japanese/survey/globe/19/report.html#no10>

田中真理・初鹿野阿れ・坪根由香里(1998)「第二言語としての日本語における作文評価―「いい」作文の決定要因―」『日本語教育』99, 60-71.

Cumming, A. (1989) Writing expertise and second-language proficiency. *Language Learning*, 39, 81-141.

Educational Testing Service (ETS) (2014) About e-rater <https://www.ets.org/erater/about>(2014年12月30日)

Hamp-Lyons, L. (1991) Scoring procedures for ESL contexts. In L. Hamp-Lyons (Ed.), *Assessing second language writing in academic contexts* (pp. 241-276). Norwood, NJ: Ablex.

Hamp-Lyons, L. (2007) Worrying about rating. *Assessing Writing*, 12(1), 1-9.

McNamara, T. (2000) *Language testing*. Oxford, UK: Oxford University Press.［マクナマラ，ティム(2004)『言語テスティング概論』(伊東祐郎・三枝令子・島田めぐみ・野口裕之監訳)スリーエーネットワーク]

Myers, M. (1980) *A procedure for writing assessment and holistic scoring*. Technical Report. Urbana, IL: National Council of Teachers of English.

Sasaki, M., & Hirose, K. (1996) Explanatory variables for EFL students' expository writing. *Language Learning*, 46, 137-174.

Tanaka, M. (2010, September) Good essays in Japanese as a second language: Assessment by Japanese raters in Japan. *In Poster presented at the 20th Annual Conference of the EUROSLA*. Reggio Emilia, Italy.

Weigle, S. C. (2002) *Assessing writing*. Cambridge: Cambridge University Press.

資料1　マルチプルトレイト評価基準(簡略版)

トレイト			レベル（点）
1. 目的・内容	目的 内容	課題の達成 トピック メイン・アイディア サポート	0 1 2 3 4 5 6
2. 構成・結束性		文章全体 パラグラフ間 パラグラフ内	0 1 2 3 4 5 6
3. 読み手		配慮 面白さ	0 1 2 3 4 5 6
4. 日本語 (言語能力)	A 正確さ	文法 文型・構文 語彙・表現 表記	0 1 2 3 4 5 6
	B 適切さ（レジスター）	文型・構文 語彙・表現 文末スタイル 表記	0 1 2 3 4 5 6

＊田中・長阪（2006）の簡略版，2013改訂。田中（2013）参照。

資料2　プロンプトと小論文A，小論文B

〈プロンプト：ファーストフードとスローフード〉

　大学新聞が「私たちの食生活特集号」を出すので，原稿を募集しています。
　私たちの日常生活では，多くの人がファースト・フード（ハンバーガー，牛丼など）とスロー・フード（家庭でゆっくり味わう手作りの料理）を食べています。
　ファースト・フードとスロー・フードを比較し，それぞれの良い点や悪い点などを説明して，「食生活」についてのあなたの意見（600字程度）を大学新聞に送ってください。

小論文 A　ファーストフードとスローフード：食生活

　人間と言う動物がこの世に生まれ 100 万年近いと言われている。この 100 万年の間ほかの動物とは変り人間がだんだん進歩してきたのと同時人間の食生活も変わってきたし，今からも変わるだろう。実は人間の食生活は人間を他の動物から離れたグループとさせる重要な一点でもあり，また同じ人間の間でも食生活によって人間の文化を表わす一点でもある。

　今より 100 万年前は人間が何を食べて生きていたのだろうか？　多分今のやせい動物とほとんど変りは無く，生肉や生植物食べていたのに違いない。しかし火の発見後人間が食べ物を火やけて食べるという基本的な料理の作り方が解ってしまった。このみに付けたしゅうかんを今日まですてることなく使っているのがその重要性を表わしていると思う。しかし火やけて食べるというところから始まった料理技術は今専門分野に広げ，特別の世界として取り扱われている。

　しかし近代化した世の中毎日いそがしい時間を過しているわれわれ人間がきちんとした食生活をしているのだろうか？　している人もいると思うが割合的にはゼロパーセントに近いではないかと思う。地球は近代化するのと同時人間がもっといそがしくなり料理つくるための時間がだんだんへらしてしまった。その中で現れた不思議なことがある。いわゆる「フーストフード」のことだ。近代化の王者アメリカという国はこの世にきふした数えないほどの新しい発明の中人間社会に悪えいきょう与える数少ない一つである。なぜそう思うのだろうか？　フースト・フードのせいで人間が今までなかったけんこう問題へと向っている。他のどこも見る前フースト・フードのふるさとアメリカのことみればその問題のふかさがわかる。今日のアメリカ人の半分以上誤った食生活，すなわちフーストフードのえいきょうで何らかのびょうきにかかっている。

　私的にはフーストフードよりも家庭でゆっくり作ったスローフードの方がいいと思う。日本人の食生活をみるとそれが分かる。体のけんこうにだけではなく，おさいふのけんこうにもそれがいいと思う。

小論文B　ファースト・フードとスロー・フード

　ファーストフードは，今から1世紀近く前にアメリカで初めて生まれた。当時のアメリカでは所得の低い階級の人が多かったので，こういう安く手軽に食べられるファーストフードの存在は，すぐに生活には欠かせないものとなった。その後，ファーストフードの手軽感がアメリカ中だけではなく，海外諸国でもずいぶん受けがよい。今，ケンタッキーやマクドナルド等のファーストフード店は各国に進出し，世界の食生活を支配していると言えそうだ。しかし，ファーストフードには，注文後すぐ提供されるの便利さや，値段設定等多くのメリットがある一方，問題点を指摘されるケースも目立つ。中にも一番よく言われたのは，ハンバーガー等のファーストフードは，カロリーが高く脂肪分も多いため，あまり食べ過ぎると生活習慣病のリスクが高まるとのことだ。それから，店で使われている容器等のほとんどは使い捨てされているので，環境に大きな影響を及ぼしているのではないかとの指摘も出てきた。

　これらの問題点により，ファーストフードに対抗する「スローフードムーブメント」が登場した。それは，味の画一化や食物の同質化に対抗し伝統的な食生活を守り，また人類の健康を約束してくれ，環境保護にもつながる活動とされている。しかし，こういうようにいっぱいの利点を持っているスローフードは今，人々に，特に若者に守られていない。その理由は何かというと，「自分が作った料理はおいしくない」とか「料理を作るのは時間かかるし，面倒くさいし」とか等挙げられる。

　以上述べたように，ファーストフードとスローフードとはどっちがいいかとの質問に一言で答え切れない。それぞれにはメリットがあるから，適切に両立し，自分の食生活を豊かにしたほうがいいではないかと私は思う。

▷ コメンテータ(阿部新)からのコメント ◁

　田中さんの論文は，複数の評価者によるライティングの評価結果がなぜ一致しにくいのか，評価者個人の要因を3つの観点から考察・検討したものです。(a)「評価を統一しようとした際に分かる傾向」の観点からは「マイウェイ型」と「柔軟型」，(b)「マルチプルトレイト評価をする際に認められる傾向」の観点からは「連動型」と「独立型」，(c)「総合的評価をする際に認められる傾向」の観点からは「前提型」と「非前提型」といった型のあることが示されました。評価結果の一致の難しさが，評価の多様性という点からよく分かる分析で，自分や他の人がどうであるか考えながら，そして，それにどう対処したらいいか考えながら読める論考になっています。

　さて，コメンテータから筆者の田中さんへは，この「型」について質問します。まず，今回検討された「型」というのは，人の属性として，コインの裏表のように二者択一の特性なのでしょうか。また，この「型」は状況によって変わりうるものでしょうか。興味はつきないのですが，この辺りのことを教えてください。

▶ 執筆者(田中真理)からの回答 ◀

　阿部さん，コメントありがとうございます。第1の質問，「「型」は，人の属性として二者択一の特性なのか」についてですが，この「型」は，まず「人」がどちらかに属するような「型」ではなく，人が評価をする際の，その時点でのその人の「頭の働かせ方」の「型」と言えるものだと思います。したがって，二者択一のものではなく，連続線上にあるもの，つまり，どちらに近いかという相対的なものだと考えています。

　第2の質問，「この「型」は状況によって変わりうるものか」についてですが，この「型」は，「頭の働かせ方」ですから，どのような条件下で，どのような人と一緒に評価を行い，どのようなライティングを評価するかによって，変わりうると思います。(a)の「マイウェイ型」も，入試等の人の一生を左右するような試験の採点においては変わらざるをえないでしょう。

　私は，一緒に評価をしたり話し合ったりする人の意見に「ああ，そんな考え方もあるのか」とか「なるほど，そっちのほうがいいな」と，日々驚いたり感心したりして刺激を受けています。そのようなとき，「型」の認識があると，評価の多様さを少し体系的に捉えられるように思います。

第3章 グループによるライティング評価における個人評価点の統一パターン[1]

阿部 新・田中 真理

1. はじめに

　実際の教室活動におけるパフォーマンスの評価を考えてみると，教師が単独でクラスの受講者の評価を出すこともあるだろうが，他の教師と話し合いをして，評価結果を検討する機会も多いだろう。その際には評価点の違いが問題になる。例えば，教育機関のプレースメントテストとしてのスピーキングやライティングは何人かの教師によって判定されるだろうし，通常のパフォーマンス・テストがコース全体で判定される機会も多いと思われる。そのような場合，おそらく共通の評価基準を使って評価が行われるのだろうが，それでも評価は割れるのが普通である。評価が割れた場合，どのようにして評価結果が調整されるのだろうか。その際には，「評価の一致」か「評価の統一」[2]のどちらかが行われることが普通であろう。

　これまでの研究では，大規模テストにおける評価の一致を目指した評価者トレーニングにおいて，評価の一致は難しいことが知られている。評価が一致しやすい評価項目と一致しにくい項目があり(田中・長阪・成田・菅井, 2009)，また，評価の一致しやすいスクリプト(小論文)とそうでないスクリプトがある(本書第2章)。さらに，評価者個人の様々な要因により(田中・長阪, 2009)，個人の評価傾向が異なるのである(本書第2章)。

　だが，このように，評価の一致の難しさに関して，評価項目やスクリプトや評価者個人の要因は検討されてきているものの，いつも評価の一致を目指す

---

[1] 本章はJSPS科研費26284074「日本語ライティング評価の支援ツール開発—「人間」と「機械」による評価の統合的活用—」の研究の一部である。
[2] ここでの「評価の一致」とは，評価者各自が本来独自に持つ評価基準は無視して，評価者各自の基準を，与えられた評価基準に一致させること，「評価の統一」とは，評価者各自の評価結果は尊重しつつ，全体での検討を経て，ある一つの評価結果を新たに出すことを意味する。

わけではない。多様な価値観を持った評価者が集まった時に，それぞれの評価結果はそれとして尊重しつつ，話し合いによって調整を行った結果，評価を統一させるということもあるだろう。このような評価の統一がどのように行われるのか，ということについての考察はいまだない。多様な価値観を持った複数の教師が評価をどのように統一させるのだろうか。

本章では，筆者らがスペイン・マドリードで行ったライティング評価ワークショップのデータを材料に，その統一のパターンを分析する。

2. ワークショップの概要と評価活動の結果分析
2.1 ワークショップの概要

2013年8月にスペイン・マドリードで開催されたヨーロッパ日本語教育シンポジウムのワークショップ発表として，ライティング評価ワークショップを行った(田中・阿部，2014)。ワークショップの目的は以下の2つであった。

(a) 日本で開発したアカデミック・ライティングのための汎用的な評価基準，「マルチプルトレイト評価基準[3]」を紹介し，参加者が普段接している学習者のレベルが「マルチプルトレイト評価基準」の6レベルのどの辺りであるのか，つまり，初級から上級までの幅広いスケール(1〜6レベル)での位置づけを把握してもらう。

(b) ワークショップを，参加者(あるいは所属機関)の目的に合った評価方法(評価基準，レベル別サンプル等)開発の契機としてもらう。

ライティング・ワークショップは本来，①「評価基準」一般の紹介，②ワークショップで使用する「評価基準」の詳細な説明，③「レベル別サンプル」の提示，④「プロンプト」(課題文と指示文)とその「解釈の仕方」の説明の後で，比較的評価が一致しやすいサンプルで練習し，本番に入るという流れで行われる(田中・長阪・成田・菅井，2009)。

しかし，当日は時間的制限(90分)があったため，①「評価基準」一般と「プロンプト」一般の紹介をした後，②「マルチプルトレイト評価基準」(簡略

---

[3] パフォーマンスの評価方法の一つで，ライティングを総合的に評価して一つの評点を出す「総合的評価」と，「内容」「構成」「文法」のようにいくつかの評価項目に分けて評点を出す「分析的評価」の不足を補って考案されたものである(Hamp-Lyons, 1991)。詳しい説明は本書第2章(pp.37-38)を参照のこと。

版)(本書第2章の末尾の資料1(p. 50)を参照のこと)を使って即ライティング評価をしてもらった。これは,評価基準の詳細な説明やレベル別サンプルの提示がなかったら評価の一致は難しいということを体験してもらい,評価には周到な準備が要ることを知ってもらうためであった。そして,この個人評価の後にグループで話し合ってグループでの「統一評価結果」を出してもらった。評価者の背景や評価に対するビリーフが評価結果に影響し(田中・長阪, 2009;田中・坪根, 2011),評価の統一には評価者の多様な価値観の調整が必要なことを実感してもらうためであった。具体的には,ワークショップは以下のような流れで行った。

(1) 参加者40名に,できるだけ同じ国の教師で8グループ(1組4〜5名,「G1〜G8」とする)を作ってもらう。
(2) 「マルチプルトレイト評価基準」(簡略版)(5トレイト[4]・6レベル[5])を簡単に説明し,「プロンプト」(章末の資料を参照)を提示する。
(3) 参加者は,「マルチプルトレイト評価基準」を使って,まず,個人で2つのライティング(サンプルA・サンプルB)(章末の資料を参照)を評価する。結果は各自が「個人評価記入シート」に記入し,サンプルAとサンプルBについて気になった点があれば,自由回答で記入してもらう。
(4) 次に,グループで評価結果について話し合い,グループの統一評価結果を出す。結果はグループで「グループ評価記入シート」に記入し,サンプルAとサンプルBについてそれぞれ,評価を統一する際に難しかった点があれば,自由回答で記入してもらう。
(5) グループの統一評価の結果を全体に紹介し,検討する。

2.2 ワークショップにおける評価活動の結果分析

以下,サンプルA・サンプルBの評価の概要を述べ,ワークショップにおける評価活動の結果の分析を行う。

まず,グループによる統一評価(上記2.1(4))の結果を表1に示す。データ使用の承諾を得た7グループ(G4を除外)によるサンプルA・サンプルBの統一評価結果の平均値(M)と標準偏差(SD)である。

---

[4] 評価の際に評価対象として注目する特性のこと。5つを設定した(本書第2章の資料1(p. 50))。
[5] 評価レベルのスケールとして1〜6を設定した。

表1　7グループによるサンプルA・サンプルBの統一評価結果の平均値(M)と標準偏差(SD)

	目的・内容		構成・結束性		読み手		日本語A：正確さ		日本語B：適切さ	
	M	(SD)	M	(SD)	M	(SD)	M	(SD)	M	(SD)
A	4.3	(0.7)	3.9	(0.3)	4.1	(0.7)	3.6	(0.5)	4.0	(0.8)
B	4.1	(0.3)	3.1	(0.3)	4.2	(0.5)	3.6	(0.7)	3.7	(0.7)

次に，評価者個人の評価(上記2.1(3))の結果を表2に示す。ワークショップ参加者40名のうち，データの研究利用の承諾を得た33名(一部，無記入のあったデータも除外)による，サンプルA・サンプルBの評価の平均値(以下M)と標準偏差(以下SD)である。

表2　参加者33名のサンプルA・サンプルBの個人評価結果の平均値(M)と標準偏差(SD)

	目的・内容		構成・結束性		読み手		日本語A：正確さ		日本語B：適切さ	
	M	(SD)	M	(SD)	M	(SD)	M	(SD)	M	(SD)
A	4.3	(1.0)	4.0	(1.2)	4.1	(1.2)	3.7	(0.8)	3.9	(0.9)
B	4.2	(1.1)	3.5	(0.9)	3.7	(1.4)	3.7	(0.9)	3.9	(1.0)

上記表1と表2を比べると，個人間のSD(表2)に比べてグループ間のSD(表1)のほうが小さい。つまり，個人の評価結果はばらつきが大きいのに比べて，グループによる評価の統一の結果はばらつきが小さいことが分かる。このように，グループ内で評価結果について話し合い，統一結果を出すと，グループ間で似たような結果になる。この背後には何か統一のパターンがあるのではないだろうか。以下，そのパターンを分析考察する。

3. グループ別・トレイト別の評価結果の統一のパターン

以下では，グループ別・トレイト別のグループによる評価結果の統一のパターンを検討する。

3.1 全体的な統一のパターン

　表3はサンプルAの，表4はサンプルBの，グループ別・トレイト別のグループメンバーの評価結果をSDが低い順，つまり，ばらつきの少ない順に並べたものである。なお，G6は分析対象となるメンバーが2名[6]しかいないため，以降の分析では除外し，G1，G2，G3，G5，G7，G8の6グループのデータを使用する。また，G5は4名の，そのほかは5名のグループである。

3.1.1 「グループの結果」欄の見方

　表3，表4中の右端の欄，「グループの結果」の見方について説明する。この欄には3つの情報が示されている。左から(1)グループの統一評価点，(2)統一パターン記号，(3)グループメンバーの評価のパターンである。以下，(2)と(3)について詳細を説明する。

(2)　統一パターン記号

　ローマ字は，グループの統一評価点が何人のメンバーの結果と同一かを示す。Aは5名の結果と同一(つまり，全員同じ評価点)，Bは4名の結果と同一，Cは3名の結果と同一，Dは2名の結果と同一，Eは1名の結果とのみ同一，Fはどのメンバーの結果とも同じではないことを示す。

　数字は，グループ内で何通りの評価点がつけられたかを示す。1はグループ内で1通りの評価点のみ(つまり，全員同じ評価点)，2はグループ内で2通り，という意味で，5はグループ内で5通りの評価点がある(つまり，全員の評価点が異なる)ことを示す。

　例えば，表3の1行目「G3　読み手」の「グループの結果」に示されているように，「A1」とある場合は，「1」が示す通り，グループ内には1通りの評価点しかなく，「A」が示す通り，グループの統一評価点は5名全員の結果が同じということを示す。また例えば，表3の最下段「G8　読み手」の「グループの結果」に示されているように，「E5」とある場合は，「5」が示す通り，グループ内には5通りの評価点があり，「E」が示す通り，グループの統一評価点はグループ内の1名の結果とのみ同じということになる。

　以上をまとめると表5(p.61)のようになる(「-」は理論上有り得ないことを意味する)。

---

[6]　G6のメンバー5名のうち，2名からしかデータ使用の承諾が得られなかったためである。

第３章　グループによるライティング評価における個人評価点の統一パターン　59

表３　グループ別・トレイト別のグループメンバー評価結果・SD・グループの統一結果とそのパターン（サンプル A）

グループ	トレイト	SD	各人の結果					グループの結果		
G3	読み手	0.00	4	4	4	4	4	4	A1	⑤
G5	日本語正確さ	0.43	4	4	5	4	—	4	C2	③・1
G1	日本語適切さ	0.49	5	4	5	4	4	5	D2	②・3
G2	目的・内容	0.49	4	3	3	4	3	3	C2	③・2
G3	日本語適切さ	0.49	4	3	3	4	3	3	D2	②・3
G1	目的・内容	0.49	6	5	5	6	5	5	C2	③・2
G7	日本語適切さ	0.63	4	4	4	5	3	4	C3	③・1・1
G2	構成・結束性	0.75	2	3	3	4	3	3	D3	②・2・1
G3	日本語正確さ	0.75	5	3	4	3	4	4	D3	②・2・1
G7	目的・内容	0.75	5	3	5	4	4	4	D3	②・2・1
G7	読み手	0.75	6	4	5	5	4	5	D3	②・2・1
G7	日本語正確さ	0.75	4	5	4	5	3	4	D3	②・2・1
G8	日本語正確さ	0.75	4	2	4	3	3	3	D3	②・2・1
G1	日本語正確さ	0.80	4	3	4	4	2	3	E3	①・3・1
G5	目的・内容	0.87	5	5	5	3	—	5	C2	③・1
G2	日本語適切さ	0.89	3	3	4	5	5	4	E3	①・2・2
G8	日本語適切さ	0.89	4	2	4	2	3	3	E3	①・2・2
G1	構成・結束性	1.02	5	5	4	6	3	4	E4	①・2・1・1
G2	日本語正確さ	1.02	2	3	5	4	4	3	E4	①・2・1・1
G3	目的・内容	1.02	4	4	3	5	6	4	D4	②・1・1・1
G3	構成・結束性	1.02	4	4	3	5	6	4	D4	②・1・1・1
G5	構成・結束性	1.09	3	4	6	4	—	4	D3	②・1・1
G5	読み手	1.09	6	5	5	3	—	5	D3	②・1・1
G5	日本語適切さ	1.09	6	5	5	3	—	4	F3	2・1・1
G2	読み手	1.17	5	2	2	4	3	3.5	F4	2・1・1・1
G7	構成・結束性	1.17	4	2	5	5	3	4	E4	①・2・1・1
G8	目的・内容	1.20	3	5	2	5	5	5	D3	②・2・1
G8	構成・結束性	1.36	3	2	5	2	5	4	F3	2・2・1
G1	読み手	1.41	6	2	3	5	4	4	E5	①・1・1・1・1
G8	読み手	1.41	4	2	5	3	6	4	E5	①・1・1・1・1

表4 グループ別・トレイト別のグループメンバー評価結果・SD・グループの統一結果とそのパターン（サンプル B）

グループ	トレイト	SD	各人の結果					グループの結果		
G2	目的・内容	0.40	4	5	4	4	4	4	B2	④・1
G1	日本語正確さ	0.49	3	3	4	4	3	3	C2	③・2
G1	日本語適切さ	0.49	5	4	5	4	5	5	C2	③・2
G3	構成・結束性	0.49	3	3	4	4	4	4	C2	③・2
G8	構成・結束性	0.49	2	2	3	3	3	3	C2	③・2
G5	日本語適切さ	0.50	5	4	4	5	—	4	D2	②・2
G2	構成・結束性	0.63	4	4	4	3	5	4	C3	③・1・1
G2	日本語正確さ	0.63	4	4	5	3	4	4	C3	③・1・1
G3	日本語適切さ	0.75	5	4	4	3	5	4	D3	②・2・1
G8	日本語適切さ	0.75	3	2	3	4	4	4	D3	②・2・1
G3	日本語正確さ	0.80	4	4	4	2.5	5	5	E3	①・3・1
G7	構成・結束性	0.80	3	5	4	3	3	3	C3	③・1・1
G7	日本語正確さ	0.80	3	4	3	5	3	3	C3	③・1・1
G8	目的・内容	0.80	3	2	2	3.5	4	4	E4	①・2・1・1
G8	読み手	0.80	2	2	2	2	4	4	E2	①・4
G5	日本語正確さ	0.83	4	3	3	5	—	3	D3	②・2・1
G5	構成・結束性	0.83	3	3	4	2	—	3	E3	①・2・1
G2	読み手	0.89	2	4	2	3	4	3.5	F3	2・2・1
G3	目的・内容	0.89	3	3	4	3	5	4	E3	①・2・2
G1	目的・内容	0.98	5	5	3	6	5	4	F3	3・1・1
G7	読み手	0.98	4	6	4	4	3	4	C3	③・1・1
G1	構成・結束性	1.02	3	4	2	5	4	3	E4	①・2・1・1
G2	日本語適切さ	1.02	2	3	4	4	5	3	E4	①・2・1・1
G7	目的・内容	1.02	4	6	5	3	4	4	D4	②・1・1・1
G7	日本語適切さ	1.02	2	5	3	4	3	3	D4	②・1・1・1
G8	日本語正確さ	1.17	2	2	3	4	5	4	E4	①・2・1・1
G5	目的・内容	1.30	6	4	6	3	—	5	F3	2・1・1
G5	読み手	1.30	6	3	5	3	—	5	E3	①・2・1
G1	読み手	1.36	6	5	2	5	5	5	C3	③・1・1
G3	読み手	1.41	2	4	5	3	6	4	E5	①・1・1・1・1

表5　統一パターン記号

	1通り	2通り	3通り	4通り	5通り
A（5名の結果と同一）	A1	—	—	—	—
B（4名の結果と同一）	—	B2	—	—	—
C（3名の結果と同一）	—	C2	C3	—	—
D（2名の結果と同一）	—	D2	D3	D4	—
E（1名の結果と同一）	—	E2	E3	E4	E5
F（誰の結果でもない）	F1	F2	F3	F4	F5

(3)　グループメンバーの評価のパターン

　グループ内の評価結果が何通りに分かれ，何人が同じ評点をつけたかを示している．丸付き数字は，グループの統一評価点と同じ評点のメンバーの人数を示している．その後の数字は，グループメンバーの他の評価点をつけた人数を示している．

　例えば，表4の下から2行目「G1　読み手」の「グループの結果」に示されているように，「③・1・1」は，グループの統一評価点と同じ点を3名がつけ，他に，1名が別の評価点を，さらに別の1名が別の評価点をつけ，全部で3通りの評価結果があったという意味である．

3.1.2　グループ結果の傾向

　以上のような「グループの結果」について表3，表4の各30件，計60件の統一パターンを集計した．以下，表6にその結果を示す．

表6　評価点統一のパターン（単位：件）

	1通り	2通り	3通り	4通り	5通り	合計
A（5名の結果と同一）	1	—	—	—	—	1
B（4名の結果と同一）	—	1	—	—	—	1
C（3名の結果と同一）	—	8	7	—	—	15
D（2名の結果と同一）	—	3	12	4	—	19
E（1名の結果と同一）	—	1	7	7	3	18
F（誰の結果でもない）	0	0	5	1	0	6
合計	1	13	31	12	3	60

表6を行ごと(A〜F)に見ると以下のようなことが観察される。

(1) Aのような，「5名全員一致」は60件中1件(約1.7%)しかなく，何の説明もトレーニングもなしに評価を一致させるのは非常に難しいことが改めて分かる。

(2) Fのような，グループ内の誰の結果でもない評価点をグループの統一結果としたパターン(以下，「新結果の創出」と呼ぶ)は6件(10%)しかなく，まれである(黒網掛けに白数字)。

(3) B，Cのような，多数派の結果がグループの統一結果となった「多数派採用」のパターン(薄灰網掛けに黒数字)は60件中16件(約26.7%)で，それほど多いわけではない。一方，Eのような，グループ内の1名の結果がグループの統一結果となったパターン(以下，「鶴の一声[7]」と呼ぶ)(濃灰網掛けに白数字)が18件(30%)あり，1名だけの結果が重視されることもあることが観察された。

(4) Dのような，グループ内の2名の結果がグループの統一結果となっているというパターンは少し複雑である。グループ内で評価結果が2通りに割れていて，2名の結果を採用した場合(つまり，2名の結果と3名の結果に割れている＝D2)は「少数派採用」(濃灰網掛けに白数字)であり，3件(5%)しかない。一方，グループ内評価が4通りに割れ，2名の結果を採用した場合(つまり，2名は同じ結果だが，他の3名はバラバラの結果＝D4)は，他の結果は1名ずつしかないため，2名の結果はグループ内では多数派となる。このような「特殊な多数派採用」(薄灰網掛けに黒数字)も少なく，4件(6.7%)しかない。グループ内の2名の結果がグループの統一結果となっているというパターン(D)で一番多く見られたのは，グループ内評価が2名・2名・1名というように3通りに割れて「拮抗」し，そのうちの2名による結果がグループの統一結果となっているというパターン(D3)であった。このようなパターンが全体の中でも最も多く，12件(20%)となっていた。

---

[7] 実際には，メンバー1名の意見に他のメンバーが従ったかどうかは分からず，たまたまそこに結果が落ち着いたという可能性もある。

さらに，表6を列ごとに，つまり「ばらつきの大小」(1通り～5通り)によって見ると，以下のようなことが観察される。

(5) 結果が「5通り」に分かれたり，全員一致(「1通り」)という場合は少ない。また，その場合には「新結果」は創出されなかった。
(6) 結果が「3通り」に分かれることが最も多く，「2通り」や「4通り」に分かれるパターンはその半分程度である。「新結果」が創出されるのは，「3通り」に分かれている場合がほとんどである。
(7) 結果が「2通り」に分かれている時は，「多数派採用」のパターン(B, C)が多く(13件中9件)，「3通り」に分かれる時は，拮抗した結果が選ばれるパターン(D3)が多く(31件中12件)，「4通り」に分かれると，「鶴の一声」のパターン(E)が多く(12件中7件)なるという傾向が見られた。

ここから言えることは次の4点であろう。①「鶴の一声」(E)や「多数派採用」(B, C)のパターンが多く，「少数派採用」(D2)は少ない。②「新結果の創出」(F)が見られるのは，グループ内の結果が3通りに割れた場合にほぼ限られ，全体で見ると少ない。③「全員一致」(A)はほとんど見られず，評価の説明やトレーニングなしでの評価活動で結果を一致させることは非常に難しい。④グループ内のばらつきの大小(グループ内で何通りの結果に分かれるか)によって，統一パターンに違いがある。ばらつきが小さいと「多数派採用」(B, C)，大きいと「鶴の一声」(E)が多いというパターンが見られた。

3.2 トレイトごとの統一のパターンの違い

3.1では全体の統一パターンの違いを検討した。では，トレイトごとのパターンの違いはあるのだろうか。以下，トレイト別に結果を考察する。

表3と表4には，2サンプル(サンプルA・サンプルB)に対して6グループのメンバーが5つのトレイトで評価した結果(グループメンバーの評価結果とグループの統一評価結果)を示した。したがって，全部で60件($=2 \times 6 \times 5$)の評価である。これらの結果について，5つのトレイトごとに，どのような評価点統一のパターンが何件見られたか，以下の表7にまとめた。また，あわせて，各トレイトのグループメンバーによる評価のSDの平均値も示した。各トレイトの評価件数は12件ずつである。

表7 トレイトごとの評価点統一パターンの件数とSDの平均値

	目的・内容	構成・結束性	読み手	日本語A：正確さ	日本語B：適切さ
A（全員一致）	0	0	1	0	0
BC（多数派採用）	4	4	2	4	2
D2（少数派採用）	0	0	0	0	3
D3（拮抗）	2	2	2	4	2
D4（特殊な多数派採用）	2	1	0	0	1
E（鶴の一声）	2	4	5	4	3
F（新結果の創出）	2	1	2	0	1
SDの平均値	0.91	0.89	1.00	0.80	0.79

 各トレイトのグループメンバーによる評価のSDの平均値を見てみると，言語能力(L2 proficiency)に関するトレイト([日本語A：正確さ]と[日本語B：適切さ])のSDのほうが，文章を書くための能力(writing expertise)に関するトレイト([目的・内容][構成・結束性][読み手])のSDより若干小さい。この傾向は先行研究(田中・長阪・成田・菅井, 2009)の結果とも違わない。ただ，その違いは小さく，どのトレイトもほぼ同じばらつきだと言えるだろう。

 一方，どのような評価点統一のパターンをとるかを見てみると，各トレイトに特徴がある。

(1) [目的・内容]のトレイトは「多数派採用」が多い。
(2) [構成・結束性]のトレイトでは，「多数派採用」と「鶴の一声」が多い。
(3) [読み手]のトレイトでは，「全員一致」が見られた一方で，「鶴の一声」が多い。
(4) [日本語A：正確さ]のトレイトでは，「多数派採用」「拮抗」「鶴の一声」が同数ずつ見られた。
(5) [日本語B：適切さ]では，他のトレイトでは見られない「少数派採用」が比較的多く見られた。

 以上から，「鶴の一声」が多い[読み手]と，「少数派採用」が唯一見られた[日本語B：適切さ]のトレイトは，統一結果のパターンに特殊さが際立つ。「鶴の一声」はグループ内の1名のみの結果がグループの統一結果となっているパターンであり，「少数派採用」の特殊なパターンとも言えるだろう。この

ように考えると，この2つのトレイトは，少数派の結果をグループの統一結果としているという点で共通点があることになる。その理由としては，この2つのトレイトは，議論の余地が生まれやすいものを評価対象としているため，話し合いを経てグループの結果を統一する際に，少数派の意見が取り入れられる可能性が高いからだと考えられる。

　実際，[読み手]のトレイトに関しては，評価活動についての自由回答のコメントにおいて，G1とG5からは[読み手]のトレイトの統一が難しかったというコメントがあった。特に，G1からのものは，「読み手が一番難しかった。主観的な見方や見解による。」というものであった。表3・表4を見るとG1とG5の結果は以下の表8のようになっている。

表8　G1とG5の「読み手」のメンバーの評価結果と統一評価結果

サンプル	グループ	トレイト	SD	各人の結果					グループの結果		
A	G1	読み手	1.41	6	2	3	5	4	4 E5	①・1・1・1・1	
A	G5	読み手	1.09	6	5	5	3	−	5 D3	②・1・1	
B	G1	読み手	1.36	6	5	2	5	5	5 C3	③・1・1	
B	G5	読み手	1.30	6	3	5	3	−	5 E3	①・2・1	

　このように，SDが大きく，メンバー間の評価の違いが大きい場合には統一が難しいということがよく分かる。サンプルAのG1のように，5名の評価結果がすべて異なるという場合もあれば，サンプルBのG1とG5のように，2点以上離れたメンバーが混在する場合もある。ただ，このような結果を示すトレイトは他にも表3・表4では多く見られた。[読み手]のトレイトには，G1からのコメントにあった「主観的な見方や見解」が入るという特性があることも関係しているであろう[8]。

4．おわりに

　以上，筆者たちがスペイン・マドリードで行ったライティング評価ワークショップのデータを材料に，グループによる評価結果の統一のパターンを検討した。

---

[8] 田中・長阪・成田・菅井(2009)では，このような状況を予想し，大規模試験では「読み手」のトレイトを外すことを提案している。

3.1 で得られた結果のうち，ばらつきが小さいと「多数派採用」が多いということは予想がついたと思われるが，ばらつきが大きいと「鶴の一声」が多いというパターンが見られたという結果は予想外であった。ばらつきが小さければ，グループ内には多数派が形成されているだろうし，その場合には多数派の結果をグループの統一結果とするという流れは予想がつく。一方，ばらつきが大きければ，グループ内には多数派がグループ内で形成されておらず，何らかの対処が求められる。その際には「新結果の創出」を選ぶ可能性もあるわけだが，そのような例は少なく，グループ内のある一人の結果がグループの統一結果となるということが多く見られた。その際に，それがどのようにしてグループの統一結果として選ばれたのかは，今回のデータからは分からず，今後その統一のプロセスを解明していく必要があるだろう。

　また，3.2 で得られた結果，つまり［読み手］と［日本語 B：適切さ］のトレイトでは「少数派採用」が他のトレイトよりも多く見られるということは今回分析して初めて分かったことである。これらのトレイトはメンバー間の価値観，具体的には読み手への配慮や読み手にとっての面白さとはどのようなものかということや，言語の適切さに対する考え方の違いが強く認識されるトレイトであろう。そのようなトレイトの評価を統一する際にどのような話し合いが行われているのか，さらなる考察が必要である。

　本章の「はじめに」においても指摘したが，先行研究では，「評価の一致」における評価者個人の要因は検討されてきたものの，グループでの「評価の統一」のプロセスは管見の限り検討されていなかった。まずは，本研究において統一のパターンを検討し，「評価の統一」に関する研究の先鞭をつけることができた。今後は，さらに「評価の統一」のプロセスに関する研究を進めていくことで，評価者の多様な価値観を尊重しつつ行われる評価活動のあり方を明らかにしていきたい。

［謝辞］マドリードでのライティング評価ワークショップに参加してくださったみなさま，サンプルを提供してくださった学生のみなさまに御礼申し上げます。

参考文献

田中真理・阿部新(2014)「ライティング評価について考える―何をどう評価するか―」『ヨーロッパ日本語教育』18, 283-288.

田中真理・坪根由香里(2011)「第二言語としての日本語小論文における good writing 評価―そのプロセスと決定要因―」『社会言語科学』14(1), 210-222.

田中真理・長阪朱美(2009)「ライティング評価の一致はなぜ難しいか―人間の介在するアセスメント―」『社会言語科学』12(1), 108-121.
田中真理・長阪朱美・成田高宏・菅井英明(2009)「第二言語としての日本語ライティング評価ワークショップ―評価基準の検討―」『世界の日本語教育』19, 157-176. <http://www.jpf.go.jp/j/japanese/survey/globe/19/report.html#no10>
Hamp-Lyons, L.(1991) Scoring procedures for ESL contexts. In L. Hamp-Lyons (Ed.), *Assessing second language writing in academic contexts* (pp. 241-276). Norwood, NJ: Ablex.

資料　ライティング評価ワークショップで使用したプロンプトとサンプルA・サンプルB

〈プロンプト：ファーストフードとスローフード〉

　大学新聞が「私たちの食生活特集号」を出すので，原稿を募集しています。
　私たちの日常生活では，多くの人がファースト・フード(ハンバーガー，牛丼など)とスロー・フード(家庭でゆっくり味わう手作りの料理)を食べています。
　ファースト・フードとスロー・フードを比較し，それぞれの良い点や悪い点などを説明して，「食生活」についてのあなたの意見(600字程度)を大学新聞に送ってください。

サンプルA

　ファースト・フードと言えば，マクドナルドやKFCなどを考えるでしょう。スロー・フードと言うと，何を考えますか。家と一緒に食べるご飯や自分で作った料理を考えるかもしれません。ファースト・フードとスロー・フードの良い点と悪い点を比べてみましょう。
　ハンバーガーやフライドホテトはたしかにおいしいですが，たいていカロリーが高くて，けんこうに悪いです。げんざいの人々はいそがしくて，自分でご飯を作る時間があまりないし，ファースト・フードはとても便利になりました。しかし，たくさんを食べる太るので，注意して下さい。
　スロー・フードのイメージはお母さんのおいしくてけんこうにいい料理だと思います。子供の時，自分のお母さんは，仕事から家に帰ってすぐに夕食を作り始めました。30分から1時間ぐらいかかりましたが，いつもおいし

かったです。

　今は一人ぐらし生活をして，料理を作る時間がありますが，よくつかれたし，グロシュリーがないし，よくジミ・ジョンズを注文します。

　ファースト・フードは便利ですがカロリーが高くて，けんこうに悪いです。スロー・フードはけんこうにいいですが，作る時間がかかります。どちらでもいい点と悪い点がありますが，便利さかけんこうによさと自分にどちらの方が大切だかをよく考えて下さい。

サンプル B

　大学の時代に，暇は大切なこと。授業，アルバイト，サークルの時間を管理しなければならいし，交通も時間がかかりますし，寝不足の大学生が多いです。このようなストレスは，健康に悪い影響を与えます。その忙しい毎日に，ファーストフードはたびたび必要になります。自分で買い物に行ったり，一人暮らしの分だけを料理することなんて結構時間がかかります。しかも，やっと出来上がった料理が美味しくない場合には，時間やお金を無駄にした気がして，落ち込みやすい。一方，ファストフォードなら時間もお金はそんなにかかりません。大学の辺りにはほとんど外食をするのが便利なのです。友達と食べながら話すことがよく出来ますので，ちょっとした間でも，肩の力を抜くことが出来ます。

　それはそうだとしても，健康の場面からみれば，スローフードのほうが体にいいのです。栄養，油，塩などをコントロールするのが大切なことですが，毎日外食にしたら，体に悪いものが重ねていきます。自分で料理をするのが嫌い人にとって，外食を控えるのは一時的なストレスになりますが，毎日ファストフードのほうはもっと激しい影響を与えます。でも，大学のころは，大人になるころ，新しい技術を習うころです。自分で料理するのを習ったら，そんなにストレスにならないのです。かえって，面白いことになるでしょう。

　ファストフードとスローフード，どちらでも健康的な大学生活には必要となります。両方を食べ，楽しい時間と栄養をバランスしましょう。

▷ **コメンテータ(森本郁代)からのコメント** ◁

　この論文では，複数の評価者によるライティングの評価が異なる場合，どのように統一されていくのかのプロセスの解明を目指して，統一パターンの整理が行われています。この試みの背景には，評価という活動を，評価者個人の要因に左右される，個人的なものとしてのみ捉えるのではなく，評価者間の価値観の対立や共有というダイナミックなプロセスとして捉えようという立場を打ち出しています。そして，そのプロセスには，いくつかパターンがあること，また，より評価者の価値観が反映されやすい評価項目に関して，少数派の意見が採用される傾向にあることから，評価者間で活発な議論がなされ，その結果が反映された可能性が示唆されています。

　興味深いのは，評価結果の統一のプロセスの分析を目指しているにもかかわらず，筆者らは一貫して多様な価値観を持った評価者の評価結果は尊重されるべきだと主張している点です。むしろ，統一せざるを得ないからこそ，そのプロセスが重要であるということなのだと思いますが，この理解は正しいでしょうか。このことと関連して，評価の統一と各評価者の評価結果の尊重という，一見矛盾した活動を両立させることはどのようにしたら可能になるのでしょうか。この点について，ぜひお考えをお聞かせいただければと思います。

▶ **執筆者(阿部新・田中真理)からの回答** ◀

　森本さん，コメントありがとうございました。1つ目の質問と2つ目の質問は関連しているので，両方に対してまとめて答えたいと思います。まず，我々は，「評価結果は尊重されるべきだと主張している」というよりも，評価の統一において，「評価結果は尊重されたまま残るものだ」という評価観を支持しています。また，「評価の統一」は「評価の一致」とは異なると考えています。「一致」は，評価者自身が独自に持つ評価基準や評価の傾向は無視して，与えられた評価基準に評価者各自の基準を一致させることであり，評価者の評価結果は尊重されません。一方，「統一」は，評価者各自の評価結果は出してもらいつつ，グループ全体で1つの結果を出す際に各自の結果を題材にした話し合いを経て，新たな結果を出すということであると考えています。以上のような評価観に立つと，評価の統一と各評価者の評価結果の尊重は両立すると言えると思います。

第 2 部

評価価値観の形成と変容

第4章 ある成人韓国人の価値観に影響を与えた日本での経験
評価のあり方の変遷に注目して

李 奎台

1. はじめに

　グローバル化につれて日本には外国人が増え続けている。外国人の場合，生まれ育った環境を離れ，新しい言語を習い，新しい文化の中で生きていくことになり，それは容易なことではない。多くの外国人は，彼らが育ち，教育を受け，生活してきた文化の中で，日本人とは異なる「価値観」を形成し，その価値観に基づいて，様々な評価を行っていると考えられる。

　自分と異なる文化で形成された他者の価値観は，自分の価値観と当然異なる。「カルチャーショック」とは，異なる価値観の衝突に起因する個人の心の問題であると捉えることができる。異国で出会った他者の価値観は，自分の価値観とはどのように違っているのか。異なった価値観を持つ他者と出会ったとき，自分はどのように振る舞うのがよいのか。カルチャーショックを乗り越えるためには，そういうことに気づいていくことが重要と考えられる。

　そこで本章では，日本社会に生きていく外国人が，日本で生活し日本人と接する中で，どのようにして他者の価値観に気づき，その気づきがどのようにして彼らの価値観に影響を与えたのかを明らかにすることを研究目的とする。

　上記の目的に従い，日本滞在中のある成人韓国人に対して，来日を決めた時点から現在に至る経緯を語ってもらうインタビュー調査を行った。分析では，ある成人韓国人の来日後の評価の背後にある価値観を明らかにするために，対象者のインタビュー中に現れた「評価」に関連する発話を分析対象とした。

　なお，本章における「評価」は，「他者，あるいは自分の振る舞いをどう捉え，解釈し，価値判断をするかという，最も広い意味での評価」という宇佐美(2014)の定義に従う。また本章における「価値観」も，宇佐美(2014)に準拠し，「「評価」を行う際に基準となるものの見方・考え方」と捉える。

2. 外国人の日本人に対する評価に関する研究

外国人が来日して日本での生活を経験することにより，日本人に対する評価がどのように変わってきたかに注目した先行研究は，これまで多数行われてきた。例えば，留学生の母国で形成されたイメージ[1]が，実際来日していかに変わるかに注目した先行研究が挙げられる（葛，2003；呉，2008 他）。これらの研究は，留学生の日本人に対するイメージは，来日の前と後とで大きく変化することを明らかにした。以下にそれらの論文の概要を述べる。

葛（2003）は，中国人留学生と日本人留学生を対象に，留学前後におけるホスト国の国と人のイメージについて質問紙調査を行い，比較分析している。その結果，中国人留学生が抱いていた日本と日本人のイメージに関する因子として「親和性」「勤勉性」「先進性」という因子が得られた。これら3つの下位尺度の得点について，t検定を用いて留学前と留学後のイメージを比較した結果，「勤勉性」と「先進性」において留学後の得点が，留学前の得点より有意に低い値を示した。葛（2003）は「勤勉性」の得点の低下について，「中国での日本人のイメージは勤勉でまじめであるが，実際に来日してみると日本人学生はイメージほど勤勉でなく，部活動や遊びに熱中している学生が多く，来日前の日本人のイメージと大きなギャップを感じたことが影響を与えている」と述べている（p. 122）。「先進性」の得点の低下については，「来日してからアルバイト先で受けた差別体験などから日本はまだ国際化していないというイメージに繋がり，（「先進性」の得点の低下に）影響をした」と述べている（p. 123）。また「親和性」因子については，「留学前と留学後に有意差が見られなかったが，調査協力者に対するインタビュー調査によると，ホスト国の人々との友人関係はイメージや適応に大きな影響を与えている」とのことである（p. 128）。葛（2003）により，中国人留学生の留学前後の日本と日本人に対するイメージの中で，(1)「勤勉性」や「先進性」に関するイメージが変化すること，(2)その変化には日本での実際の経験が影響を与えること，(3)「親和性」には変化が見られなかったが，日本人との友人関係が日本人に対するイメージに影響を与えていることが明らかになった。

韓国人が抱いている日本人に対するイメージについての研究としては，呉（2008）が挙げられる。呉（2008）は，在韓韓国人大学生を対象とし，日本人に対

---

[1] 葛（2003），呉（2008）で「イメージ」と呼ばれているものは，本章でいう「評価」の結果として得られたものを意味する。

するイメージについてアンケート調査を行い，直接経験者(日本人との接触経験者，日本滞在経験者)と未経験者間，直接経験者間の比較分析をした。その結果，直接経験を持っている人は日本人に対して「対人関係のあり方に関する認識」[2]を持ちやすく，「国家印象から派生した認識」[3]を持ちにくいことが明らかになった。日本人と直接接触する経験を積むことにより，「日本人」を，集団(日本の国民)としてではなく，実際のコミュニケーションの対象である個人(ある日本人)として認識するようになる傾向が見られた，ということである。そして，調査に答えた人が抱いている「日本人」イメージは，その人がどのような日本人と接したか，どのような経験をしたかによって異なってくる。呉(2008)における調査対象者は，韓国国内の大学生であり，その人たちが直接会ったことのある日本人は日本人教師や友人であるとは記されているが，調査対象者がその日本人らとどのような関係を築き，どのような経験をしたかについては言及されていない。そのため，日本人との接触の結果形成されたイメージと，調査対象者の経験が，いかに関連するかについては議論されていない。

　上記の研究により，日本人に対するイメージに日本人との接触経験や日本滞在経験が影響を与えること(呉，2008)，日本留学前後において日本人に対するイメージが変化すること(葛，2003)，が明らかになった。これらの研究は異文化間コミュニケーションにおける対人関係作り及び直接経験による，異文化間の先入観・偏見の解消の可能性を示唆した点に，意義がある。

　しかし上記の先行研究を含めた多くの研究は，そのほとんどが質問紙調査を用いて日本人に対するイメージの変化を量的手法により分析している。そのため，来日前から抱いていたイメージが，日本滞在中にどのような出来事により，どのように変わったのかについては十分に論じられてこなかった。日本滞在中に経験した出来事が来日前のイメージにいかに影響し，そのイメージがいかに変わっていくかについて論じるためには，何に基づいてそのようなイメー

---

[2] 呉(2008: 70)によると，「対人関係のあり方に関する認識」には，「親切，やさしい」「気が小さい，消極的，静か」「迷惑をかけることを嫌う，配慮する」「規則遵守，原則重視」「二面的，本心がわからない」といった日本人に対するイメージが含まれている。これらのイメージは，人に接する態度や人付き合いの仕方を表している点で共通しており，日本人の対人関係のあり方に関する内容といえる，とのことである。

[3] 呉(2008: 70)によると，「国家印象から派生した認識」には，「ずるい，日和見主義」「歴史歪曲，過去を反省しない」「猟奇的，退廃的」「創意に営む，独創的」「残忍，好戦的，暴力的」といった日本人に対するイメージが含まれている。これらのイメージは，過去と現在の日本政府の政治的な動きとの関連性が窺える，とのことである。

ジを持つようになったかを明らかにする必要がある。

本章では，成人韓国人が日本でどのような経験をし，その経験が価値観にどのように影響を与えたかを明らかにする。そのために，成人韓国人に対してインタビューをし，語りの中に現れた評価のあり方の変遷に注目して分析することとした。以下 3. 研究方法にインタビュー調査と分析方法について述べる。

3. 研究方法
3.1 インタビュー調査

来日して1年前後で，来日後約1年間[4]の振り返りインタビュー調査に協力できる人を探した結果，スニ(仮名)という韓国人女性に，研究協力を依頼することとした。

調査前に，研究目的についてスニに説明し，研究協力の許可を得た。ラポールが形成され，筆者と1対1でリラックスして話ができるようになったと判断した2013年1月にインタビューを実施した。インタビュー内容については浅井(2003)を参考にし，来日前に持っていた日本人の印象，来日後の日本人の印象，という2項目に加えて，来日動機や日本での生活，人間関係，エピソードなどを聞いた。インタビューは韓国語で行い，その内容は全て録音し，文字化[5]した後，分析した。

3.2 調査対象者スニについて

スニは，インタビュー当時30歳で，韓国の大学でクラシック声楽を専攻し，ヴォーカルトレーナーとして働いた経験を持っている。日本の音楽系専門学校に進学し，歌の実力をさらに上げるために，来日した。2011年9月に韓国から来日し，半年間日本語学校へ通い，2012年4月から音楽系専門学校へ進学する。そしてスニは専門学校に入学するが，半年で退学を決心し，2012

---

[4] 井上(2001: 31)によると，来日して1年間は，統合的な文化受容態度が変化しやすい時期であるという。また，日本滞在歴が長すぎると，来日前後のことは忘れてしまっている可能性があり，具体的で現実的なデータが得られないと判断した。そこで本章では来日して1年前後の成人留学生の協力を得て，来日してから約1年間の振り返りインタビュー調査を行うこととした。

[5] 文字化記号の説明。
　　'　'独り言の引用
　　"　"他人の話を引用
　　『　』直接日本語で表現した言葉
　　(　)筆者が加えた言葉

年11月に日本の「音楽アカデミー」[6]への就職を決め，社会人として日本に滞在することになる。

以下 4. では，スニの来日前から来日後の1年3か月における出来事や対人関係から見られる価値観の変容について，来日前，来日後Ⅰ期（学生時代）と来日後Ⅱ期（内定先でアルバイトしていた時期）の3期に分けて，実際にインタビューで語った内容を提示しながら論じる。全てのインタビューは韓国語で行われており，以下に提示するインタビュー内容は筆者が直訳したものである。そして語りの中で筆者が注目し，議論したいところに下線を引いた。

4．調査結果
4.1 来日前

スニは本来，2011年4月から日本に留学することを予定していたが，2011年3月に起きた東日本大震災により，来日を延期することとした。それについてスニは以下のように語った。

語り1

あのときはずっとテレビやニュースで地震が起こっても人々が皆順序正しく列に並んでいてとても落ち着いていたじゃないですか。それを見て'あーやっぱり，あんな日本だったら学ぶことがある国だ，あんな…，行ってもいい'と思ったんですよ。うちらの国（韓国）だったらすごいことになったと思う。

この時期の心境について語りながら，スニは日本人に対して，「順序正しい」，「落ち着いている」と肯定的に評価している。ここで評価の対象となっているのは，テレビニュースに現れた「集団としての日本人」であった。この時点でスニは「個人としての日本人」に接したことはなく，「日本人全体」に対し漠然とした評価をしていたことが窺える。

そして当時スニと一緒にテレビを見ていた父は以下の語り2のように述べたということである。

---

[6] スニが就職したこのアカデミーは，趣味やカラオケの上達を目的とした人をはじめ，歌手デビューを目指す人のためのレッスンまで幅広いレッスン及びコースを有するヴォーカル専門塾である。

語り2

　それを見て父も言ったし"やっぱり日本が，だからこそ先進国と言われるのだ"と(中略)"おまえが行って必ず学べることがある"と(中略)"(しばらく)様子を見てから行っても遅くないから6か月延期して"と(両親に)言われて…6か月間(韓国で)日本語学校に通って。

　スニがどのような価値観に基づいて評価を行っていたかについては，データからは確認できなかった。しかし，語り2に見られるように，スニは，父の「6か月延期して」という提案を受け入れて来日する時期を6か月延期した。その様子から父の意見を信頼していることがわかる。そして語り2の「おまえが行って必ず学べることがある」という父の意見は，語り1で述べられた「日本だったら学ぶことがある国だ」というスニの評価の結果と一致する。父の評価の結果を信頼し，そのまま受け入れている様子から，この時期のスニは，日本や日本人に対して自発的に評価していない可能性が高い。

4.2　来日後Ⅰ(学生時代)

　半年間，来日が延期されたため，韓国で日本語学習をしてから，2011年9月に来日し半年間日本語学校に通った。2012年4月から音楽系専門学校へ進学し，日本で再び学生時代を送る。

　スニはこの時期のこととして，専門学校での経験やそこで感じたことを以下のように語っている。

語り3

　日本の学校にとりあえず入ろうと思って。日本ではどのように音楽を教えるかそれも私には勉強になるから，やろうと思ったけど，やっぱり専門学校のレベルが低すぎたんですよ。

語り4

　'くそ，私がなぜこんなに(歌が)下手な子達と一緒にいるの？'こんなことを考えながら(学校に)一緒にいる私自身がすごい嫌いになるんですよ。私が一緒に(歌唱力の)レベルが落ちていくような気分なの。

語り 5
　(学校に)行って歌を一回すると，先生達は，なんだっけ"上手だね"と言うし，"それでいいんじゃない？"そんなこと言われて私が勉強する意味が，何があるんですか。(中略)私は歌のために来ているのに，私の成長のために来ているのに，それが<u>あまり役に立たないと</u>(私が)思うってことは，(学校に通う)意味がないじゃないですか。それで学校もあんまり行かなかったんです。

　韓国でクラシック声楽を専攻したスニが，日本で再び音楽系専門学校に進学した理由は，日本の音楽の教え方を習うため(語り3)，歌の実力をさらに上げるため(語り5)である。しかしスニが期待していたことは専門学校では得られなかったようである。語り4では専門学校で会った日本人の同級生の歌唱力について否定的に評価していた。日本人の講師の指導法について「褒める指導しかしない」と否定的な評価も見られ(語り5)，専門学校で歌唱力の向上が得られないことへの不満が感じられる。
　スニは韓国でヴォーカルトレーナーとして教えていた経験があり，韓国で教えていた頃の自分の指導法について以下の語り6のように語った。

語り 6
　韓国では，私は入試レッスン[7]を主にしてきました。入試レッスンと，本当に，私は，事務所に所属している子達を教えていたんですよ。だから本当に『<u>厳しくしなかったらだめ</u>』。だから，なぜなら，入試指導をしていたから，大学入試とは一つの，韓国では本当に人生で一番大きなターニングポイントの中の，あのなんだっけ，『はじめ』じゃないですか。だから彼らが私に人生を掛けているじゃないですか。私にだけ頼っているんですよ。(中略)それにその学校の競争率がはんぱじゃないから。あの，ヴォーカルを20名募集するとする，そうすると，3000人がくる。

　ここで述べられているように，スニは韓国でヴォーカルトレーナーとして教えていたとき，競争率が激しい状況の中で，生徒の大学合格を支えるために厳しく指導していた。そのような自分の指導法に比べて，日本の専門学校の講師から受けた指導法は，「優しすぎる」と否定的に評価している。専門学校の講師の優しすぎる指導は，歌唱力の上達が期待できない指導法であり，これか

---
[7] 大学入学試験のための指導を意味する。

ら自分が教える立場になった際に参考にならないと思ったと考えられる。

そしてスニは，学校にはほとんど行かなくなり，2012年10月頃から自分が歌を教えるための就職活動を始めることとした。

この時期にスニが評価していた対象は，専門学校の「同級生」と「講師」である。そして「同級生」に対しては「(歌が)下手」，「講師」に対しては「(指導が)優しすぎる」と評価していた。この時期のスニの「歌唱力」を重要視する価値観は，韓国国内での激しい競争の中で形成されたものであると考えられる。そして同級生の歌唱力や講師の指導法は，到底彼女の期待を満たすものではなかった。そのことにスニはストレスを感じていたものの，彼女の価値観の見直し，問いただしはしていなかった。

4.3 来日後Ⅱ(内定先でアルバイトしていた時期)

2012年10月から始めた就職活動が実を結んで，2012年11月に日本の音楽アカデミーに内定を得た。内定先で2013年3月までアルバイトとして働くことになり，学生から先生へと立場が変わった時期である。

スニはこの時期のこととして，出勤初日に経験した困難について語っている。

4.3.1 教える立場としての不安

スニは初日に担当した日本人の生徒が学校側に担当変更の要請を行ったため，担当から外される。そのことについてスニは以下のように語った。

語り7

初授業だから私も緊張するじゃないですか。それで日本語もめっちゃ『めちゃくちゃ』で。なんかそんなふうに，授業したんですけど(中略)それが結局，その子が，私に教わりたくないと(事務に)言ったんですよ。『やっぱり』，やはり日本人の先生がいいと言ったのよ。それが，さ，最初に教えた子なのに。

語り7に見られるように，初授業で緊張して日本語でうまく表現できなかったことが，その後の担当変更の要請に繋がったとスニは考えたようだった。

そしてその次の授業で会った生徒も，学校側に担当変更の要請を行い，スニは初日に2回連続して担当から外される。

語り 8

　あと他に，年齢が 50 代のおばさんが来たけど，そのおばさんは『演歌』を歌いたがるんですよ。私がレッスンをしたとき，私にこう言ったの。露骨にちょっと見下しているの。"あんたは韓国人なのに演歌の，あんたがソウルをわかるのか？演歌はソウルだ"と。でもそれ正しい話なの。なぜなら，日本人がパンソリ[8]を教えられるか？　韓国人が日本人のところに行ってパンソリを習う。この(日本)人に，何がわかるの？　と疑うのは仕方がない。私は，それは正しいと思う。(中略)もしポップスだったらいいけど『演歌』がソウルだと思うなら韓国人に何が学べるの。(中略)それでその人が，他の日本人に習いたいと，(事務側に)また話したんですよ。初日，この 2 人だったのに。

　初日の 2 人目の生徒は，スニにも直接「韓国人に日本人のソウルである演歌がわかるのか」という不満を口にし，担当変更の要求をした。しかしながらスニは，韓国の伝統音楽であるパンソリを例に出しつつ，この生徒の納得できない気持ちは正しい，理解できる，と筆者に語っていた。

　これまでのスニは，「講師として，生徒の歌唱力をどれだけ上達させられるかが重要」という価値観を最重視していた。一方で語り 8 の生徒は，「歌のジャンルによっては，講師がどのような文化的背景を持っているかも重要」という価値観を示したことになる。スニが，もともとこうした価値観を持っていたかどうかは定かでないが，少なくともこの価値観は，スニがそれまで最重視していた価値観とは異なるものであった。しかし，生徒の率直な発言に接し，スニはその価値観に対しても即座に理解を示すことができている。

　語り 8 の生徒の発言に接することで，スニは「歌唱力」を重要視する価値観を変えてはいない。しかしその生徒の気持ちも理解し，否定的に評価はしていない。おそらくスニの中には，「歌のジャンルによっては文化的背景も重要だ」という価値観も存在はしており，しかしそれは明確には意識されていなかったものと推測される。語り 8 の生徒に出会ったことは，スニのそうした「埋もれていた価値観」に光が当てられる経験であったことが窺われる。

　スニは，おそらく自分の日本語の能力不足，文化的背景の違いのために，2 人に続けて担当変更の要請を受けてしまったと思ったようだ。それは，自らの

---

[8] パンソリとは，韓国の伝統音楽の一種類であり，韓国人にとっての魂(ソウル)を表現するものと考えられている。

歌の能力，指導能力そのものの否定ではなかったにせよ，指導能力を発揮する機会がなかったという点で，自らの講師としての存在価値に大きな疑問符を突きつけられるような経験であったことだろう。そしてスニが「これからもここで働いていけるだろうか」という不安を感じたことは想像に難くない。

4.3.2　上司との面談

　数日後スニは，担当変更の件で専門塾の上司に呼ばれる。上司との面談の模様について，スニは以下のように語った。

語り 9

　(上司に)何を言われるか，ちょっと緊張しました。(上司の)先生が私にこのように言った。"日本人が日本人の先生に習いたがるのは当たり前のことだ。スニ先生にはスニ先生だけが持っているメリットがあるのだ"と。そしてたまに韓国，K-POPが習いたくて来る人がいるそうです。そうしたら，私に紹介してくれたらいいじゃないですか。(中略)ヴォーカルトレーナー塾の中で韓国人の先生はたぶん私しかいないみたい。だからそれもそうだし，"メリットがあると思って採用した"と，"だから落ち込まないように"と(中略)"思いっきり頑張ってください"と，そのように言ってくれたんですよ。それで私，感動しました。

　語り9に見られるように上司は，担当変更の要請を受けたことについて，スニを叱責するようなこともなく，むしろ「スニ先生にはスニ先生だけが持っているメリットがある」と言ってくれた。つまり，スニには専門塾で唯一の韓国人講師としての個性があり，例えばK-POPを習いたいという生徒とマッチングすることで，その個性は十分に活かされる可能性があるという見解を示した。そしてそのような上司の発言を聞いてスニは感動する。

4.3.3　不安の解決

　上司の励ましに感動したと言った後，スニは以下のように語った。

語り 10

　'それが韓国と日本の違う点なんだ'という考えが。日本は適応するまで待ってくれる。韓国はもうできる人，すぐに仕事ができる子を採用する。そして(仕事を)やらせて，やらせてみてできなかったら，くびにするし。なぜならもっといいスペッ

クを持っている，準備できた子達が多すぎる．しかし，<u>日本は人を見て採用して育てる</u>．

　語り10に見られるように，スニは，「いったん採用されても，能力が発揮できなかったら解雇される可能性があるので，失敗は許されない」という，韓国での社会生活によって培われた考え方を持っていた．こうした考え方に基づけば，いかに歌の能力・指導能力があったとしても，日本語能力や文化に対する理解不足などの別要因によって講師変更が求められてしまえば，結局歌の能力も指導能力も発揮できず，能力が「ない」のと同じことになってしまう．こうした考え方の背後には，能力とはあくまでも「成果」によって測られるものだ，という価値観が窺える．

　一方で上司は，「成果」ではなく「可能性」によって能力を測るという，スニにとっては思いがけない能力観を示している．ある生徒との間では十分な成果を上げることができなくても，スニの個性とうまく合う生徒とマッチングされれば，おそらく高い成果を上げることができるだろうという「可能性」を示し，スニを励ましている．そこにはまた，講師としての能力は個人の中だけに存在しているのではなく，むしろ講師と<u>生徒</u>との相互関係の中で構築されていくものだという価値観が窺える．

　スニの感動は，スニにとってこうしたまったく新しい種類の価値観に接することによって，湧き上がってきたものと考えられる．上司が示してくれた価値観（能力観）は，今までスニが持っていたものではない．さらにそのような新しい価値観に触れたことで，自らのやるべきこと，期待されていることが明確になり，働く中で感じていた不安も軽減された．それによって，自分のような講師を求めてくる生徒もいることを理解し，自信を取り戻したといえる．

5．まとめ

　以上述べたように，来日前から来日後1年3か月にかけて，スニがどのような経験をし，その経験が価値観にどのように影響を与えたかを明らかにするために，評価のあり方を中心に分析した．結果，以下のことが見えてきた．

5.1　評価する対象との関係の変遷

　スニの評価のあり方を，評価の対象という観点で見ると，来日前は「メディアを通じて見た漠然とした日本人一般」であったのが，来日後Ⅰ（学生時

代)では集団としての専門学校の「同級生」や「講師」になっていた。そして来日後Ⅱ(内定先でアルバイトしていた時期)では「初日に会った生徒(語り8)」,「励ましてくれた上司」になった。つまり評価対象が,「漠然とした集団」から「明確な,顔の見える個人」へと変遷していた。

上記 2. で言及した呉(2008)では,韓国人学生の日本人イメージについて,「直接経験に伴って(1)コミュニケーションの対象としての認識が形成され,(2)日本の国民としての認識が弱まること」を指摘している。ここでのスニの「評価対象の変遷」は,呉(2008)で言及されている「日本人に対する認識の変化」と軌を一にするものということができる。

また,評価対象とスニの関係性という観点から見ると,来日前と来日後Ⅰ(学生時代)では,スニは評価対象(「テレビに現れた日本人」「専門学校の同級生」)に対し,一方向的に評価を行うのみであり,評価対象から何らかの影響を受けるということはなかった。それが,来日後Ⅱ(内定先でアルバイトしていた時期)になると,彼女にとって特定の生徒や上司の存在は,もはや単なる評価の対象ではなく,「自分の評価のあり方そのものに影響を及ぼし得るような存在」になっていたと思われる。生徒に,「自分に教わりたくない,講師を変えてほしい」と要請されたことで,上司からは,自分の講師としての能力を低く評価されてしまうかもしれない。スニはそのことに不安を感じ,また自分自身の講師としての能力に対しても自信を失いつつあったことが窺われる。それが上司に励まされることで(語り9),「スニ自身もそれを「能力」とは自覚していなかったような自分自身の特性が,その特性を求める生徒とマッチングされることによって,高い成果を上げる可能性を持つ」ということに気づかされた。上司は,能力とは個人の中に存在するものというより,他者との相互関係の中で構築されていくものだ,という能力観を示すことによって,スニの自己評価のあり方にも影響を及ぼしたのである。

5.2 スニの価値観に影響を及ぼした経験

ここではスニが来日後,直接日本人に出会い,特定の人とどのような体験をし,それがスニの価値観にいかに影響を及ぼしたかについて整理する。

まず来日後Ⅰ(学生時代)には,専門学校の「講師の褒める指導法」に対して否定的に評価しており,この評価の裏には,「生徒の歌唱力の上達のためには厳しく指導すべきだ」という価値観の存在が推測された。スニは韓国で培われたそのような価値観を持ち続けていたため,日本の「褒める指導法」に対し

てストレスを感じたのだろう。この時点で彼女は自身の価値観を見直すことはしていない。

　次に来日後Ⅱ（内定先でアルバイトしていた時期）には，韓国人講師に演歌を習うことに納得しない日本人生徒の「演歌はソウルだ」という発言を聞き，スニは即座に「それは正しいと思う」と言った（語り8）。このことから考えると，この生徒の「歌の指導には文化的背景の理解も必要」という考え方は，スニが既に持っていたものである可能性が高い。ただ講師の指導については，生徒の歌唱力を上達させるためのテクニックが重要視されていたため，講師の文化背景はスニの中であまり注目されてこなかったものと考えられる。語り8の生徒の発言はスニにとって，「歌の指導には文化的背景の理解も必要」という，「埋もれていた価値観」に光を当てるきっかけとなったのであろう。

　続いて，同じく来日後Ⅱ（内定先でアルバイトしていた時期）にスニは上司の，自分とは異なる能力観に接した。スニは，自分の日本語能力や，日本の文化的背景についての理解が不十分であることについて不安を感じていた。そのようなとき上司は，「スニにはスニにしかないメリットがあり，そのメリットを必要とする生徒とマッチングさせることで，スニは自らの指導能力を十分に発揮できる」という「可能性」を示してくれた。このように，「講師の能力とは，講師と生徒との相互関係の中で発揮されていくものである」という上司の能力観に接することで，スニは当時抱えていた不安が軽減された。これからも日本で働くことについて，前向きに考えるようになったと考えてよいだろう。

6. 今後の課題

　分析の結果，スニの価値観に影響を及ぼした経験は，来日後Ⅱ（内定先でアルバイトしていた時期）の時期に起こったことがわかった。ただ，今回の分析では，なぜこの時期のこの出会いが価値観に影響を及ぼすことになったのか，来日後直接日本人と接触していたにもかかわらず，なぜそれらの経験は価値観に影響を与えなかったのかについては明らかにできなかった。

　また，スニの場合，自信を取り戻す経験をし，価値観を見直すことが，日本社会に適応するきっかけになる可能性が見られた。しかし価値観に影響を及ぼすような経験が必ずしも異文化適応に結びつくとは限らないだろう。価値観の見直しと適応との関係については更なる研究が必要とされる。

　上記2点を今後の課題とし，成人韓国人を対象に，1）価値観に影響を及ぼす経験とはどのようなものか，2）価値観に影響を与えた経験が，どのように異

文化適応に結びつくか，を追究したい．具体的な調査対象としては，日本社会に参加している社会人，将来的に社会人として日本社会への参加を考えている留学生，これから社会人として日本社会へ参加しようとする元留学生，などを考えている．これらの人々を対象に研究を進めていくことにより，異文化適応プロセスの多様性を明らかにするとともに，各人にとっての異文化適応とは何かを解明することを目指す．

[付記] 本研究は，平成 25〜27 年度日本学術振興会科研費基盤研究(B)「言語運用に対する個人の評価価値観の形成と変容に関する研究」(研究課題番号：25284098)(研究代表者：宇佐美洋)の成果の一部である．

参考文献

浅井亜紀子(2003)「本国でマイノリティであった「外国語指導助手」の文化的アイデンティティ―学校文化との出会いによるゆらぎ―」『異文化コミュニケーション』6, 63-81.
井上孝代(2001)『留学生の異文化間心理学―文化受容と援助の視点から―』玉川大学出版部
宇佐美洋(2014)「自己と向き合うための評価研究―個人の能力を伸ばす教育から，コミュニティ全体のパフォーマンスを向上させる教育へ―」村岡英裕(編)『接触場面における言語使用と言語態度[接触場面の言語管理研究]』11, 87-98.
葛文綺(2003)「留学前後における対ホスト国イメージの変化に関する研究―中国人留学生と日本人留学生との比較を通して―」『異文化コミュニケーション』6, 117-130.
呉正培(2008)「日本人イメージの形成に対する直接経験の影響―韓国人大学生の場合―」『言語科学論集』12, 61-72.

▷ コメンテータ(文野峯子)からのコメント ◁

　本章は，祖国を離れ日本社会で生活を始めた韓国人スニの滞日経験を，価値観の見直しという視点から分析したものです。本章の特徴の一つは，母語や文化を共有するインタビューアーだからこそ引き出せたと思われる生き生きとした発話データです。データには，想定外の出会いに戸惑うスニの姿が描き出されます。その意味で，本稿は，異文化適応の事例として読んでも面白いと思います。

　スニは，生徒や上司との出会いを通じて自身の価値観を見直すきっかけを得ます。中でも，筆者が重要な体験と位置づけるのは，指導能力に関する見方を見直すことに繋がった上司との出会いです。その体験により，スニは講師としての自信を取り戻し，日本で働き続けることに前向きになったのではないか，と筆者は分析しています。新しい視点を得ることは，その人のその後の人生に大きな影響を及ぼすと言われますが，スニの事例もその好例といえるでしょう。

　今後も価値観に影響を及ぼす経験について探索を続けるとともに，価値観の見直しと異文化適応との関連についても研究を発展させていく予定であるとのこと，成果報告が楽しみです。

▶ 執筆者(李奎台)からの回答 ◀

　コメントどうもありがとうございます。また，様々なことを率直に語ってくれたスニさんにこの場を借りて心からお礼を申し上げます。

　スニさんの事例を通じ，異なる価値観に出会い，自身の価値観を見直すことは成長に繋がるチャンスでもあるということを筆者自身が思い出しました。

　スニさんは今年で入社3年目となり，ヴォーカルトレーナーとしての道を引き続き歩んでいます。スニさんが社会人として経験する困難と，そのような経験を通してどのように適応していくか，入社初期から縦断的に観察しています。近いうちにご報告できればと思います。なお異文化の中に生活している様々な人々が経験する困難と，その困難にいかに向き合ってきたかについての調査も検討しています。困難について語るためには，再びその困難を思い出さなければならないため，インタビュイーに負担にならないように語ってもらうことを常に心懸けています。

　今後ともご支援及びご指導よろしくお願いいたします。

第5章 留学生が意味づけた「日本語」とその変容プロセスに関する考察

道端 輝子

1. はじめに

「日本語が上手になりたい」，多くの学習者はそう願っているであろう。しかし，多くの日本語学習者からは，日本語のレベルがいくら上級であっても「日本語がなかなか上手になりません」という悩みがたびたび聞かれる（鄭, 2009）。このような学習者に対し教師は何を目的に，どのような支援を行っているのであろうか。細川(2011)は，多くの教師は，いわゆる文法・語彙・発音・漢字といった項目に限定された運用能力を高めることがすなわち日本語能力を上げることであり，それがそのままコミュニケーション能力育成につながると考えていると指摘する。また牲川(2012)は，ネウストプニー(1983)が提案した「文化行動能力」について，「結局のところ，日本語の習得が最終的な目的であり，その目標自体はオーディオ・リンガル時代と変わらない。形式ではなく場面に応じた適切な日本語という教育目標の拡大があり，そのために，言語形式だけでなく，表現意図や場面的意味・機能を加えるという方法的転換は見られたが，日本語習得を最終目的としていた点ではそれ以前と変化はなかったと言える」(p. 192)と指摘する。日本語習得を最終目的と捉える日本語教育の構図の中で，評価研究は2000年以降，「実態把握」的評価や「目標到達性」把握的評価も出てきたとはいえ，全体的には「測定」的，「査定」的評価が主流であると市嶋(2013)は指摘している。つまり，日本語教育において「日本語を習得する」ことが最終的な目標に据えられ，「日本語を習得する＝日本語が上手になる」という構図が依然として存在していると言えよう。この習得の度合いを測定するものが母語話者から学習者に対して与えられる評価であり，学習者も教師も評価が上がることこそ「日本語が上手になる」ことだと考えている。しかしながら，前述のようにいくら母語話者からの評価が高くても，自分の日本語に満足することができず「もっと上手になりたい」と悩む学習者も多

く存在しているのである。
　一方で,「日本語ができない。もっと上手になりたい」と悩んでいたが,後に「測定」的,「査定」的評価によらず自分の「日本語」[1]を自分自身で「いい」と評価できるようになった学習者も存在する。この変容とはいかなるものであろうか。この変容過程を明らかにすべく,本章では,リさん(仮名)を取り上げる。リさんは筆者が出会った学習者の1人であり,「自分の「日本語」に自信がない,もっと上手になりたい」ともがいていたが,後に自分自身の「日本語」を「結構いい,満足している」と評価するようになった学習者である。この変容過程において,母語話者による「測定」的,「査定」的評価はそれほど変化していない。それにもかかわらず,リさんは,自分の「日本語」を「いい」と評価するようになったのである。この変容過程を探求すべく,本章ではリさんが語る自分の「日本語」に対する捉え方,認識,評価,その理由,またその変化の過程,つまり「日本語」に対する意味づけに着目し,変容を明らかにする。そしてこの変容がもたらすものについて考察と結論を述べることを目的とする。

2. 調査方法と分析方法
2.1　調査方法
　本章は母語話者が評価する学習者の日本語能力の変容過程を明らかにするものではなく,ある学習者の語りからその人自身にとっての「日本語」がどのようなものであったか読み解くことを試みるものである。「通常,ことばとは現実を偏りなくありのまま描写することができるものであると考えられている。しかし,ことばはある立場からの見方に限定されてしまうものである」(茂呂他編,2012)という立場に立脚し,学習者自身の「日本語」に対する捉え方の変容は,ある立場からの見方,つまり学習者からの見方により明らかにできると考えた。また学習者にとっての「日本語」とは,構造主義的な言語形式や学習者自身が数値的に評価する日本語能力のみを指すものではない。なぜなら,やまだ他編(2013)が「ものごとの意味は,社会的相互作用の文脈の中で形成され,人々によってその文脈から引き出されるものである」と指摘する通り,学

---

[1] 本章では,かぎ括弧をつけずに日本語と表記する場合は,実体としての日本語(言語体系・学習の対象としての日本語であり,その能力の多寡が客観的に測定しうるもの)を表す。「日本語」と表記する場合は,学習者の心的存在としての「日本語」(学習者自身が社会的相互作用の中で,上記の日本語に対し自分なりの意味づけを行ったもの)を表す。

習者は自分自身の「日本語」を社会的相互作用の中で言語として評価するのみならず，他者と関係を構築するもの，人生を前に進める「原動力」となるものなど多様に捉え，認識しているからである。よって，本章では「日本語」を言語，学習して習得する対象という枠で括らず，社会的相互作用の中でどのように学習者が評価し，捉え，認識するかに着目し，調査，分析を進めた。

　学習者の自分の「日本語」に対する意味づけを明らかにすべく，ナラティブインタビューを採用した。フリック(2011)は，ナラティブインタビューを「人生の中での経験を，語りを通して引き出す事に焦点を当てる」インタビューであると述べている。さらに，このナラティブインタビューは「ナラティブ生成質問(generative narrative question)」をインフォーマントに向けることで始まるとフリック(2011)は述べている。そこで筆者は「自分の日本語がどのように変化してきましたか。その変化のきっかけは何ですか。例えば，自分の日本語がいいなとか，だめだなと感じたきっかけも教えてください」というナラティブ生成質問を用意し，前述の日本語を学ぶ人物，リさんにナラティブインタビューを依頼した。インタビューは2013年5月13日に1時間20分，2013年7月12日に2時間10分，行われた。2回目にはインタビューと同時に「日本語グラフ」を描いてもらった。「日本語グラフ」は，ライフコース研究(エルダー・ジール編，2003)で用いられている各年齢もしくは年齢区分ごとに研究協力者により描かれる「人生地図」を参考にしたものである。リさんに過去から現在までの自分の「日本語」に対してより深く追想してもらい，時間の経過，出来事，日本語の満足度を含め「人生地図」を描いてもらうことにより，その時々に彼が自分自身の「日本語」をどう捉えていたか，点として理解するのではなく，転機や肯定，否定の経験，その経験の時間的な連続性までもを探ることができると考えた。本章ではこの地図を「日本語グラフ」と呼ぶことにする。

　また本章では(1)2回にわたるナラティブインタビューのトランスクリプト[2]，(2)研究協力者によって描かれた「日本語グラフ」，(3)研究協力者と筆者の間でやりとりしたメールのデータ，(4)筆者作成のフィールドノーツをデータとして扱う。なお，(1)は能智(2011)を参考にし，音声データからトランスクリプトを作成した。

---

[2] トランスクリプトからの引用を示す場合，1回目のインタビューで語られた内容は(130513)，2回目のインタビューで語られた内容は(130712)と表す。

2.2 リさんの「日本語グラフ」

　リさんは中国上海の出身である。2009年，中国の大学在籍時に日本語学習を開始し，中国で銀行に一度は就職したものの，退職した。その後，来日し，日本語学校，専門学校を経て，インタビュー当時(2013年)は大学院に在籍していた。下記に示す図1は2013年7月12日のインタビュー2回目にリさんにより描かれた「日本語グラフ」である。リさんが日本語学習を開始した時からインタビュー当時の2013年まで，その時々で自身の「日本語」をどう捉えていたか，そのような捉え方をした要因は何か，つまり「日本語」の意味づけを明らかにし，またその意味づけがどのように変化してきたかを図に表したものである。グラフの線が高い位置にあるのはリさんが自分の「日本語」を肯定的に捉え，低い位置にあるのは否定的に捉えていることを示している。加えて，グラフの急な上昇，下降は，急な意味づけの変化を表し，グラフの上下幅は意味づけの変化の大きさを表している。グラフ上昇の要因，グラフの下降の要因として記載されていることは，リさんにより語られた自分の「日本語」に意味を与えた背景や要因である。

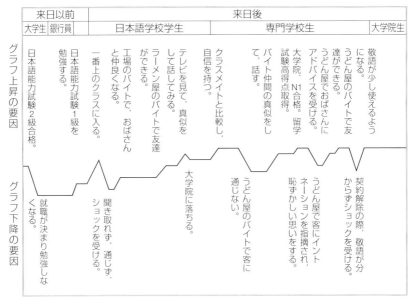

図1　リさんの「日本語グラフ」

2.3 分析方法

　分析はナラティブ分析を採用した。ブルア・ウッド(2009)が「ナラティブ分析はどのように話が語られ，何が語られ，何が除外され，何が強調されているのかを重視する。そのナラティブの研究者にとっては「回答者はなぜ，どのように話を語ったのか」が分析の重要な問いである」と指摘する通り，学習者が社会的相互作用の中でどのように「日本語」を意味づけてきたかについて，学習者がなぜ，どのように語ったかを問いとし，丁寧に読み解いていった。具体的な手順は次の通りである。(1)計2回分のトランスクリプトの記述内容を学生や会社員など当時の社会的身分，属性によって分類する。(2)記述内容を「日本語グラフ」に沿って時系列に並び替える。(3)「日本語グラフ」が変化する要因について特徴的に意味づけを語っている部分に印をつけ，「文書セグメント」(佐藤, 2008)として取り出す。(4)それぞれの文書セグメントに見出しをつけた後，似ている見出しを集め，カテゴリーを作り，これらのカテゴリーと文書セグメントを往復しながら，解釈し説明する。

3. リさんが意味づけた「日本語」
3.1 大学生の時期
【大学3年生：就職，能力試験合格のための学習】

　リさんは中国の大学では経済学を学び，就職活動に際し，英語のスキルのみでは不十分だと考え日本語を学習しようと思い立った。そして，大学3年生の冬休みを利用し，週に数回日本語を学習する塾に通い始めたが，学費が高かったこともあり，家でもCDを聴いたり，単語を声に出して繰り返したり，暗記を中心に真面目に勉強していたと言う。日本語能力試験(旧試験)2級を受験した直後に，上海にある大手銀行への入行が決定した。この就職先が決定したことに対して，リさんは肯定的に受け止めていたようである。なぜならこの時期の中国における大学生は人数がかなり多く，朝早くから一日中数え切れないほどの学生が試験，面接を数回受け，その大多数の中から選ばれたという自負を持っていた。また[同級生の中でも一番いいところ][3]に決まったという優越感のような感覚も抱いていた。この就職活動がうまくいったことにより，就職活動を有利に進めるという日本語学習の意味がリさんの中で薄まり始めたのである。日本語能力試験2級の結果が出たのは，就職先が決定した後である。

---

[3] 本章では研究協力者の語りを直接引用する場合[ ]で表す。

わずか2ヶ月程度の学習であった．試験は聴解が全く分からず，文法は何とかできたので，運が良かったと語っていた．

3.2 社会人の時期
【未来への失望から日本留学へ】

　社会人となったリさんにとって，日本語は不要なものとなりだんだん忘れていく．一方で日本のドラマを見るという趣味の中では日本語に触れていた．半年ほど銀行員として働き，高給で待遇に不満はなく，上司にも仕事ぶりを褒められるようになった．しかし，日々繰り返す外貨両替の仕事が単調でつまらないと感じるようになったと言う．さらに，ある飲み会の席で，上司から仕事はできるが，出世は無理だろうと言われてしまう．理由として，同期に人脈のある者が多く，いくら仕事ができても上に行くことはできないということであった．仕事がつまらない，将来の出世の見込みもない．努力をして他者から評価される良い結果を出してきたリさんにとって，銀行での未来は暗く，自身の努力によってどうにかなるものではないと悟ったのである．これにより退職を決意し，かつて日本語を学んでいたこともあり，日本留学を決めた．納得はいかないが，銀行内の慣例をリさん自身の手でうち崩すことはできない，それならば自分が外に飛び出し，自分の力で納得する道を創っていこうと考えたのである．学習の対象であった言語としての日本語が，日本留学，さらに自分の未来を作るためのきっかけへと変化してきたのである．

3.3 日本語学校の時期
【日本語学校入学時：初めての衝撃】

　リさんは来日した当時，自分の日本語能力を肯定的に受け取っている．それは大学生の時に合格した日本語能力試験2級合格時と近い感覚であろう．入学時に受けたプレースメントテストは[すげー簡単]で，テスト結果で一番上のクラスに入ることが決まると[まあまあ自分がいいかな](130712)と語っているのである．日本語能力試験2級合格に加え，一番上のクラスに入れる能力を持った人物という評価を受け，さらに[自分がいいかな]という肯定的な感覚を強めたことが窺える．その上，数あるクラスの中で一番上のクラスに入ったことは，大学生の時，同級生の中で一番いい会社に就職が決まったという優越感のような感覚と同様の感覚，つまり他者と比較し，自分は認められたという感覚を抱く要因になったのである．

しかし，この［自分がいい］という肯定的な意味づけはすぐに打ち砕かれ，否定的な意味づけに一気に変化するのである。それは日常の生活の中で起こった。頼れる人がおらず，まだ友達と呼べる人もいない寂しい生活の中で起こった。

　ある物ね，店員さんに聞こうと思った。そしたら店員さん全然分かんないし，むこうが言ったことも自分が全然分かんないし，やばいよね，全然だめだって思った。で，あーって落ちて。一気に落ちて，ショック受けたよ。俺，二度と日本人に声掛けないほうがいいって。恥ずかしいよ。　　　　　　　　　　（130712）

日本語能力試験や日本語学校では［自分がいい］と捉えられていたにもかかわらず，日本語を使って生活する場面では，全く思った通りには事が運ばず衝撃を受けたのである。リさんはこの時の衝撃を日本語学習開始から現在までを振り返った中にある二つの大きな［ショック］の一つ目だと語った。この衝撃を大きくした要因として，日本語能力試験2級合格や一番上のクラスに入ったことによる［自分がいい］という自己に対する肯定的な捉え方の存在があると言えるであろう。自分を「いい」と捉えている肯定感が強ければ強いほど，「だめだ」という自己を否定する感覚も強くなるのである。加えて，この衝撃は［恥ずかしい］［二度と声掛けない］ということばからも分かるように，周囲の他者を遠ざけることにもつながった。この他者を遠ざけたことは，より一層寂しさを増長させる結果となり，この寂しさの増長がさらに衝撃を大きくしたのではないかと考えられる。

【ラーメン屋のアルバイト：最高の友人関係の構築】
　日本語学校入学から5ヶ月ほど経過した頃，二つ目のアルバイト，ラーメン屋での仕事が始まった。最初は仕事内容もそこで使われる日本語も全く分からず，6時間の仕事が終わってしまったと言う。唯一言えたことは［水どうぞだけ］（130712）であった。リさんは仕事が終わり，店長に心底謝った。何も分からず，何もできない自分が申し訳なく，また恥ずかしい気持ちでいっぱいだったのである。

　　リさん：店長はね，だって来たばかりでしょうって聞かれて，うんって言ったら，いいじゃない，普通の会話できるしって。だから時間少し経ったら

かわらず，［時間の無駄］と考えたのは，大学院進学に失敗し，日本語能力試験N1 も不合格になったことで，目に見える結果を出せなかったからである。しかし［時間の無駄］という意味づけは［だから今年はね，一生懸命］という語りからも分かるように，リさんを突き動かす新たな原動力となっていった。この原動力はラーメン屋のアルバイト初日に店長とのやりとりで生まれたものと同じようなものであろう。未来に進むリさんの原動力となったのである。

3.4 専門学校の時期
【専門学校入学時：他者との比較による自信獲得】
　リさんは日本語学校卒業後，大学，大学院進学を目的とする留学生が学ぶコースのある専門学校に入学し，プレースメントテストの結果，難関大学を目指すコースに入ることとなった。当然クラスメイトもリさん同様にレベルの高い日本語学習者である。リさんはクラスメイトである他者と自分の日本語能力を比較し，［周りの人，みんなできてない］(130513)と判断していた。

> 周りの人がいない時はね，自分の日本語のレベルどのくらいかって，全然分かんないじゃん。例えば試験でも。学生ひとり。だから，その学生の能力は評価できないでしょう。だから比べたら分かる。
> 　　　　　　　　　　　　　　　　　　　　　　　　　　　　　　　　(130513)

　リさんは自分と他者を比較し自分なりの評価を与え，さらに先生からの評価を受け，意味づけを行っていた。この先生からの評価は「留学生の友人」からの評価とは異質なものだと言う。「留学生の友人」にたとえ自分の日本語を褒められても，その評価は自信にはつながらない。さらに「普通の日本人」，例えば買い物の際，店員から「日本語が上手ですね」という評価を受けても，商品を売りたいからお世辞を言っているのだと判断してしまい，自信にはつながらないのだと言う。専門学校の先生からの評価は自分の「日本語」を肯定的に意味づける裏付けとなるものであった。

【うどん屋のアルバイト：自信喪失】
　リさんは専門学校入学直後，来日後初めてした工場のアルバイトを辞め，かわりにチェーン展開をしているうどん屋に応募した。そして，見事面接に合格しうどん屋で働くこととなった。働き始めて間もない頃，うどん屋の店長に「リくんは，日本語上手だね」(130712)と褒められたと言う。専門学校の先生か

らの評価に加え，この店長からの評価によって「日本語」をリさんは肯定的に捉えていたのである。

　しかし，うどん屋での仕事が始まると，初めての仕事内容に加え，新しい物の呼び方などが分からない，できないという経験をするようになる。そんな中，［ガーンと落ちる］(130712)経験がリさんを襲った。このうどん屋はセルフサービス方式で，客が自分でうどんを受け取り，天ぷらなどのサイドメニューを選び取り，レジへ運ぶというやり方だと言う。そこでリさんは茹でられたうどんを客に渡す仕事を任された。そしてある時，茹で済みのうどんが全部売れてしまい「茹でてあるうどんがなくなって，今茹でている。あと○分待って欲しい」という内容を客に伝える際，全く伝わらなかったと言うのだ。この経験はリさんの「日本語グラフ」が［ガーン］と下がる経験だった。つまり専門学校とうどん屋の店長に評価され肯定的に捉えられていた自分の「日本語」を否定的に意味づける契機となったのである。この肯定から否定への意味づけは，日本語学習開始後からこれまでに訪れた数回の経験とは違う意味を持っていた。

　一度目の否定的な意味づけの経験は，中国にいた大学生の時である。この時のリさんにとっての日本語は知識であり，就職に役立つものと意味づけられていた。しかし就職が決まってからは，リさんにとって日本語は必要のないものとなり，忘れられていく知識として否定的な意味づけをしている。二度目は，【初めての衝撃】と語っている。これは日本語学校入学時であり，クラス分けの試験では一番上のクラスに入ったものの店の店員とは全くやりとりができなかった経験である。この経験によって［恥ずかしい］［二度と声掛けない］とまで感じ，自分の「日本語」を否定的に意味づけている。三度目は，初めての大学院入試である。大学院合格という結果が出せなかったために否定的な意味づけをしている。

　そして今回の否定的な意味づけは図1のグラフの落ち込みからも読み取れる通り，1，2回目の経験と同程度の否定的な意味づけである。これはリさんにとって【初めての衝撃】と同程度であり，かなり大きなショックであったことが窺える。リさんはこれまでの自分の「日本語」に対する意味づけを数学のテストに例え，［毎回毎回はね，90何点とかとれた］(130712)と肯定的に表している。一方で，うどん屋の新しい仕事内容，新しい客との経験を［試験の内容，変わって］と新しいものとして表し，［ちょっと難しい］ために，肯定的であった意味づけが半分の評価に［ガーンて落ちる］と表している。リさんはこれまで，試験，工場の優しいおばさんとの関係，ラーメン屋でのアルバイト，店

長との関係などで肯定，否定の意味づけを繰り返しながらも，専門学校での他者との比較によって自分の「日本語」を肯定的に意味づけるようになってきていた。しかしながら，うどん屋での［ガーンて落ちる］経験により，自分の「日本語」に対して，否定的な意味づけをしているのである。客に伝わらずに自信を喪失したリさんであったが，この自信を回復するために，アルバイト仲間が仕事で使う言い回しを真似して，幾度となく繰り返すことによって自分自身で次第に［問題がない］と思えるようになっていった。自分自身で自分の「日本語」を肯定的に意味づけ始めたのである。

【受験生：三つの合格】

　二度目になる大学院入試は全く緊張せずに挑むことができたと言う。結果，リさんは見事A大学大学院に合格した。一年越しで挑んだ大学院入試であり，前回と今回の自分は大きな変化があったが「日本語グラフ」は［ちょっと上がって］という程度のものであり，自信がつくという肯定的な意味づけをするほどの大きな影響を与えるものではなかった。

　大学院の合格と同時期，さらに二つの「合格」，日本留学試験での高得点取得，日本語能力試験N1合格をリさんは手に入れた。リさんはこの合格が日本人という他者からの評価であると語っている。しかしながら，先の二つの合格と同様，これらに対し大きな意味づけをしていないのである。つまり，「三つの合格」による「日本語グラフ」の変化は，ごく限られた変化であり，リさんの中で，自分の「日本語」に影響を与える「他者からの肯定的な評価」は徐々にその存在が薄まってきていたのである。

【専門学校生：混在する安定と停滞】

　3つの合格を勝ち取り，うどん屋のアルバイトにも慣れたリさんは「日本語グラフ」つまり「日本語」の意味づけが変化しない時期を迎えた。

> ここ（「日本語グラフ」が変化しない時期の始まり）から。ここすごいよ。暇だからいろいろ考えて…
> 　　　　　　　　　　　　　　　　　　　　　　　　　　（130712）

　「日本語」の意味づけが変化しない時期の始まりをリさんは［すごいよ］と言い，さらに黒で描いていた「日本語グラフ」を赤に変え，線を何度もなぞりながら太い線で描き始めた。このことから，リさんにとって，この時期の始まり

は大きな意味を持つことが窺える。そして自分の「日本語」に限らず，様々なことを考えていたと言う。全てを達成し，人間関係もうまくいっているこの状態は［悩みがない］(130712)という肯定的な意味づけをもたらしている。しかし，一方でこの「悩みがない」状態は［暇］な状態をも引き起こし，否定的にも捉えているのである。つまり，「日本語」に対する意味づけが変化しない時期の始まりは，「日本語」を肯定，否定と明確に振り分けることのできない，意味づけが混在する時期なのである。

　この「混在する安定と停滞」により，以前とは違った視点で自分の「日本語」に再度，向き合い始めた。それは［うまく伝えたけど。でもそれは足りないかな。その言いたいこと全部，言ったけど，なんか，足りない］(130712)という「不足感」である。加えて新たな感覚は他者から褒められても「日本語グラフ」が上がらない，つまり，他者から肯定的な評価を受けても自信につながらなくなったというのだ。［ここ（「混在する安定と停滞」）から，日本語褒められても，全然嬉しくない］(130712)と語り，他者からの評価は自分の「日本語」の意味づけに影響を与えるものではなくなった。そうであるから，新たに抱き始めた「不足感」も他者からの肯定的な評価では，消し去ることができないのである。「他者からの評価」はすでに何度も受けてきたもので［当たり前］になり，自分の「日本語」に影響を与えるものではなくなっていた。リさんにとって「他者からの評価」は「意味づけに響かない評価」となったのである。

3.5 大学院生の時期
【大学院生：学習するものではない日本語】
　新しい人間関係，新しい環境でリさんの大学院生活が始まった。A大学大学院経済学研究科は中国人の学生も多く，日本の大学を卒業しA大学大学院に進学してきた学生も多くいた。そのような学生は5, 6年日本で生活をしてきて，日本語能力試験N1の点数もかなり高いと言う。一方，リさんはこの時2年程度の滞在歴である。リさんはこれらの学生たちと自分の日本語運用を比較し，日本語学習歴が短いにもかかわらず自分の「日本語」のほうが［いい］と捉えていた。さらにこの比較は，自分以外の学生を対象としていただけではなく，過去の自分と現在の自分を比較し，［いい］と肯定的に捉えているのである。

　　筆者　　：じゃあ，今結構，今いいなーって思う？

リさん：うん…
筆者　：何がいいの？
リさん：ただ，周りと比べて，自分いいなーって。ことばだけ。
筆者　：自分の日本語ちょっといいなって思うのは，昔の自分と今の自分を比べて思うのか，今の他の人たちと比べて？
リさん：両方とも。3，7かな。
筆者　：どっちが3？
リさん：昔の自分とが3。7は周りの人。だからねやっぱり，周りの人はさ，日本で大学通って，でまたこっち，A大学院に来て。で，あの人が喋ってる日本語，その自分と全然。自分がね，違うなと思って。　　（130513）

　この他者や過去の自分との比較は入学当時に行っていたことだと言う。第1回のインタビューは大学院入学後1ヶ月程度経過したのちに行われ，その時について次のように語っている。[今は全然周りの人たちと比べてない。そういう暇がない](130513)，つまり，自分の「日本語」を他者や過去の自分と比較する余裕はなく，経済学の勉強がリさんの頭の中の大部分を占めているのである。そして，自分の「日本語」を[結構いい]と意味づけながらも，リさんにとって「日本語」はすでに大きな存在ではなく，「学習するもの」ではなくなってきた。
　第1回のインタビュー終了後には「リさんにとって日本語はもう大丈夫，勉強するものではない」(130513フィールドノーツ)という状態であり，リさんは大変忙しいながらも充実していると笑顔で語り筆者と別れた。しかしながら，4日後，次のようなメールがリさんより突如届いたのである。

　先生，面談，今自分の日本語どこが足りないの？　もっとうまくなりて-
（130517メール）

　「学習するもの」ではなくなり，自分の「日本語」を[結構いい]と肯定的に意味づけていたにもかかわらず，リさんは[もっとうまくなりて-]というあがきにも似た新しい感覚を筆者に伝えてきたのである。そして[足りない]という「不足感」を払拭したいと望み，そのために[うまくなる]ことによって，もがいている自分を乗り越えることができると考えたのである。

【大学院生：「日本語」に対する様々な意味づけ】

リさんの「日本語グラフ」は【混在する安定と停滞】の状態から変化が全くない。この変化が見られない状態をリさんは[限界]と語った。

リさん：だから，今はもう限界かな。
筆者　：なんで？
リさん：限界というか，簡単に書くと，こういう感じ。分かりますか，この図は？　どうすればいいか。
筆者　：うん，今は頂上なんだ。行きたいの？　上には？
リさん：うん。行きたいよ。行きたいけど，でも分かんないし。　　　（130712）

　リさんは[限界]を乗り越え，[上]に行くためには，「不足感」を払拭し[うまくなる]ことが必要だと考えていた。この[上に行きたい]，でも行くことができないという[限界]の状態は【混在する安定と停滞】の始まりと同時期に生まれたのだと言う。しかしながら日本語の[限界]の先には，目指すべき道が示されているわけでもなく，どのようにすれば[限界]を乗り越えられるのか分からない。何か「方法」があるのではないかと考え筆者にメールを送ってきたものの，その「方法」が存在しているのかどうかは確信を持っていないのである。
　以上をまとめると，大学院生の時期，リさんにとっての「日本語」は[普通]であり，「学習するもの」ではなく，[結構いい][絶対に負けない]という自信を生み出す一方で，[限界]や[不足感]も生み出し，そこから何とかして[上に行きたい]という「原動力」を生み出すものであった。つまり，多種多様な「日本語」の意味づけがリさんの中で同時に存在しているのである。さらには，多様な意味づけから，先へ進もうとする「原動力」をも生み出されていたと言える。
　では，リさんはどこに向かって進もうとしているのであろうか。「不足感」を消し去り，何とかして[上に行きたい]という原動力を持ってはいるものの，どこに向かってその原動力を発揮して進んでいきたいのか分からないのである。リさんは将来どうするのかと言う筆者の問いに[分からない]と語った。来日した当時は進む方向が明確にリさんの中には存在していた。そして，前に進もうとする中で，肯定や否定の「日本語」の意味づけを繰り返し，また他者との間で様々な意味づけをすることによって「原動力」も生み出され，ここまでリさんは進んできた。だがしかし，リさんは今どこに向かっていきたいのか，

自身でも分からなくなっており，もがいている。

4．まとめ

　以上，リさんの「日本語グラフ」，リさんが語る「日本語」の意味づけから現実を再構築し，読み解いてきた。これにより以下のことが明らかになった。

　日本語と出会った当時のリさんにとって日本語は，就職試験を有利に進めるための知識であり，学習によって獲得する日本語能力として捉えられていた。また母語話者からの「測定」的，「査定」的評価によって数値化され，形作られていたのだ。バフチン(1979)はことばについて「言語は(本質的に)個人の意識にとっては，自己と他者の境界に存在するものである」(p. 66)と言う。しかし当時のリさんにとって日本語は知識であり，「自己と他者との境界に存在するもの」ではなかった。また，ワーチ(2002)の言う「習得」する対象であった。この「習得」とは「媒介手段をすらすらと使用するための「方法を知る(knowing how)」ことである」(p. 55)と言い，機械的な自己の内部への取り込みであるとワーチ(2002)は指摘した。つまり，リさんにとっての日本語は他者が存在せず，機械的に取り込むものであったのだ。

　その後，「未来への失望」が契機となり日本に留学し，様々な人と出会い，他者とのやりとりがうまくいかない，人とつながる，自分を認めてもらう等，自分の「日本語」に対して「衝撃」「最高の人間関係の構築」「他者の評価から自信を得る」「失敗」という肯定，否定の意味づけをしている。この時期にリさんにとっての「日本語」は，他者が存在しない「知識，学習」という枠から飛び出し変化し始め，他者との相互作用の中で「自己と他者の境界に存在するもの」(バフチン，1979)と変わり始めた。さらにもう一つ，この変化がリさんにもたらしたものがある。それは「原動力」である。リさんの「日本語」が「衝撃」「失敗」のように否定的に意味づけられた場合でも，リさんはその否定的な意味づけをばねにし，前に進もうとする力，「原動力」を生み出していたのである。この「原動力」はリさんが自分の「日本語」に向き合い，[全然だめだ。恥ずかしい](130712)，[マジでまずい](130712)などの意味づけをしたからこそ生まれたものである。なぜなら，自分の「日本語」を自分がどう捉えているのか，いいのか悪いのか，満足しているのかしていないのか等その意味づけなくしては，後の自分の「日本語」をどうしていきたいか方向性が全く描けないからである。リさんは否定的な意味づけをし，そこから脱したい，前に進みたいと切望し「原動力」が生み出されたのである。

専門学校でもリさんの「日本語」に対する意味づけはさらに変化し続ける。もちろんその背景には他者の存在がある。他者と自分の関係の間で他者と比べる，伝わらない，褒められる，「日本語」に対して「比較による自信獲得」「自信喪失」「成功」「二度目の衝撃」という新たな意味づけをしている。新たな意味づけである「比較による自信獲得」は「原動力」によって前に進んできた自分の「日本語」をさらに肯定的に意味づけ「自信」を生み出していた。しかしその後，「他者からの肯定的な評価」が自分の「日本語」に与える影響は徐々に小さいものとなっていく。反面，「他者からの明示的な評価」なくしても自分自身で自分の「日本語」を評価することも出てきた。他者の日本語能力や過去の自分の「日本語」と比較をし，自分の「日本語」に肯定的な意味づけをしたり，他者とのやりとりはこなせているものの［すげーショックだった］(130712)と捉え，否定的な意味づけをしたりすることもあった。これらの変化は「混在する安定と停滞」の時期と重なる。この時期は「三つの合格」を手にし，アルバイトにも順応し，一見すると「安定した」状態であったが，反面「不足感」も生み出された。そしてこの「不足感」からは，これを何とか払拭したいという「原動力」も同時に生まれたのだ。しかし，これは以前の「原動力」とは異なっているものであり，どこに向かって発揮すればいいのか行き先の見えない「力」であった。リさんは，向かう先が明確に見えず，［限界］(130712)という意味づけをしている。つまり，この状態は「停滞」している状態でもあり，「安定」している状態でもあったのだ。この「混在する安定と停滞」の状態では，「日本語」の様々な肯定と否定の意味づけが同時に存在しているのである。しかしながら，「知識，学習するもの」という意味づけは，ほとんど意識されなくなっていた。

リさんは，「知識，学習するもの」として日本語と出会い，それ以降，他者との相互作用や関係を結ぶ過程で様々な意味づけをし，また「原動力」を生み出すことで，ここまで前に進んできた。他者と自己の存在する社会において，リさんの人生という時間がただ闇雲に淡々と過ぎていくのではなく，「自己と他者の境界に存在するもの」(バフチン，1979)であることばを意味づけることで，社会に存在する自分を意味づけ，生きていることの実感を体得してきたと言えよう。また，リさんは人生を誰かから与えられ，それをただこなすように生きてきたのではなく，自らの力で「日本語」を意味づけ，自分の人生を創ってきたと言っても過言ではないであろう。

だがしかし，リさんは今どこに向かって進んでいきたいのか自分自身でも

分からなくなっていた。これが意味することはなんであろうか。それはリさんが今後の人生を前に進めていくためには，日本語ではなく仕事や新たに作る家族など，日本語ではない別のものを意味づけることが必要な時期に差し掛かったということではないだろうか。「日本語」に対する意味づけを様々に変容させることで「原動力」を生み，人生を前に進めてきたリさんであったが，今後は日本語ということばではなく，他者と自分が存在する社会で日本語ではない別のもの，例えば仕事などを意味づけることにより，新たな「原動力」を生み出し，前進していくことが必要になってきたのだ。とはいっても，日本語に対して意味づけをし，社会における自分を意味づけることがリさんの人生において完結したわけではないだろう。リさんが生き続ける限り，存在の大きさは変化するもののリさんの「日本語グラフ」は続くのではないだろうか。

　以上を踏まえると，「日本語を習得する＝日本語が上手になる」という構図の中で「習得する」ことが最終的な目標に据えられた教育には限界があると言わざるを得ない。なぜなら学習者にとっての「日本語」は学習する対象にとどまらず，他者との相互作用の中で様々に意味づけられ，変容するものだからである。さらには意味づけることにより，「原動力」が生まれ，人生をも切り開く力を持ったものだからである。しかしながら「習得」を目標にした教育では，市嶋(2013)が主張する「測定」的，「査定」的評価を効率的に上げることに重きが置かれ，学習者自身が自分の「日本語」をどう捉え，意味づけているかには焦点が当てられない。結果，自分の日本語に満足することができず「もっと上手になりたい」という悩みからなかなか解放されることはないと言えるであろう。

　では，習得という枠を越えるために，必要な視点とは何であろうか。まず第一歩として，教師，支援者が学習者の「日本語」は自身の意味づけによって変容する，また意味づけることにより「原動力」が生まれ，人生をも切り開く力を持ったものだという意識を持つことが必要である。この視点を持ち行われた実践の場では，学習者はその場の他の学習者たち，そして教師や支援者との間で，社会的相互作用が生まれ自分の「日本語」に意味を与えることができる。さらにそこでは，「原動力」も生まれるのではないかと筆者は考える。筆者が考える日本語を教育することは，言語形式を授け，習得を促すことにとどまらない。なぜなら，学習者は「日本語」に対する意味づけを様々に変容させ，自分の人生を創っていく力を持った「人」だからである。「人」を人間という生き物として見ると，食べる，寝るなど最低限の動物的欲求を満たすこと

ができれば，生存することは可能である。しかし，「人」はただ流れる時に無条件に身を任せるのではなく，社会で自分を意味づけ，自分で人生を創り切り開いていく力を持っているのである。「人」が自分の人生を創り，自分のものとしていく力を持っているからこそ，「教育」の存在に意味が生まれるのではないだろうか。以上のような意識，視点をどう実践につなげていくか，今後も課題として考えていきたい。

参考文献

市嶋典子(2013)「日本語教育における評価研究の変遷と課題─制度が規定する評価から，実践を起点とした評価，思想としての評価へ─」『言語文化教育研究』11, 112-133.
エルダー，H. グレン・ジール，Z. ジャネット(編著)(2003)『ライフコース研究の方法─質的ならびに量的アプローチ─』(正岡寛司・藤見純子訳)明石書店
岡崎敏雄(1998)「第二言語習得研究と日本語教育研究─ことばの習得研究：目的・領域・方法─」『国際交流基金日本語通信』第8回, 14-15.
ガーゲン，J. ケネス(2004)『あなたへの社会構成主義』(東村知子訳)ナカニシヤ出版
クローセン，A. ジョン(2003)「人生追想と人生物語」『ライフコース研究の方法─質的ならびに量的アプローチ─』明石書店, pp. 321-358.
佐藤郁哉(2008)『質的データ分析法─原理・方法・実践─』新曜社
牲川波都希(2012)『戦後日本語教育学とナショナリズム─「思考様式言説」に見る包摂と差異化の論理─』くろしお出版
鄭京姫(2009)「「自分の日本語」が育まれる日本語教育の必要性─「日本語が上手になりたい」ある学習者の変化から─」Lakshmi, M. V., Hosokawa, H., & George, P. A.（Eds.）『日本語教育─ことばと文化の掛け橋─』New Delhi, India: Northern Book Centre, pp. 105-136.
バフチン，ミハイル(1996)『小説の言葉』(伊東一郎訳)平凡社
バフチン，ミハイル(1989)『マルクス主義と言語哲学─言語学における社会学的方法の基本的問題─［改訳版］』(桑野隆訳)未来社
フリック，ウヴェ(2011)『質的研究入門─〈人間科学〉のための方法論─［新版］』(小田博志監訳)春秋社
ブルア，マイケル・ウッド，フィオナ(2009)『質的研究法キーワード』(上淵寿監訳)金子書房
細川英雄(2011)「日本語教育は日本語能力を育成するためにあるのか─能力育成から人材育成へ・言語教育とアイデンティティを考える立場から─」『早稲田日本語教育学』9, 21-25.
ネウストプニー，J. V.(1983)「日本語教育と二重文化教育」『日本語教育』49, 13-24.
能智正博(2011)『質的研究法［臨床心理学をまなぶ⑥］』東京大学出版会
無藤隆・やまだようこ・南博文・麻生武・サトウタツヤ(編)(2004)『質的心理学─創造的に活用するコツ─』新曜社
茂呂雄二・有元典文・青山征彦・伊藤崇・香川秀太・岡部大介(編)(2012)『状況と活動の心理学─コンセプト・方法・実践─』新曜社
やまだようこ・麻生武・サトウタツヤ・能智正博・秋田喜代美・矢守克也(編)(2013)『質的心理学ハンドブック』新曜社
ワーチ，V. ジェームス(2002)『行為としての心』(佐藤公治・田島信元・黒須俊夫・石橋由美・上村佳世子訳)北大路書房

▷ コメンテータ(李奎台)からのコメント ◁

　本章におけるリさんの日本語に対する意味づけの変容，とても興味深く読ませていただきました。「学習の対象」であったものが，他者とつながるためのものになり，さらに日本で経験した失敗が「原動力」となることは，私自身を含めた大勢の学習者が実感していることであると思います。

　特に「学習の対象」としての日本語に対する評価は，成績等で明示化されるため，満足できる結果が得られるように頑張ることができると思います。しかし日常生活で使う日本語に対する評価は明示化されにくいため，何に向けてどのように頑張ればいいかが分かりにくく，実際に私も悩むことが多いです。

　リさんが[上に行きたい]と思いながら，その方法が分からず，もがいているところで本章は終わっています。その後，リさんの日本語に対する意味づけがどうなったのか，気になります。

▶ 執筆者(道端輝子)からの回答 ◀

　李さん，コメントありがとうございます。多くの学習者が本研究の協力者であるリさんのように「日本語」に対して様々な意味づけを行っているのですね。私は以前，日本語を教育することは言語としての日本語を効率よく，効果的に学習者に習得させることだと捉えていました。しかし，リさんに「学校の勉強は勉強じゃない」と言われたこと，また「日本語グラフ」に学校での教育がほとんど出てこないことから，私の目指してきたことは学習者にとって大した意味を持つものではないのではないかとの思いが本研究の始点となっています。李さんに「多くの学習者がリさんと同様の実感を持っている」というコメントをいただき，他の学習者にも「日本語」の意味づけについて聞き，考察を深めていきたいと思いました。そして，私の目指す教育について考え続けていきたいです。

　また，リさんのその後ですが，私も大変気になっています。本研究では取り入れることができませんでしたが，その後についてもぜひ語ってもらい，研究を発展させていきたいと考えています。

第6章 外国人とのやりとりの経験は日本人の言語使用の意識を変えるか
中高年の日本人男性を対象に

野原 ゆかり

1. はじめに

　地域で暮らしていくうえで，その地域や住民と関係を構築し維持していくことは，誰にとっても必要なことであろう。近年日本国内の多文化共生社会が進む中で，地域社会においても住民同士という関係で外国人と接する機会が増えてきた。日本に滞在する外国人の中で，中長期滞在者の数が約210万人(法務省, 2014)という現状を見ても，暮らしの中での外国人との付き合いが身近なものになってきたことが窺える。このように，地域で暮らしていくうえで様々な人と関係を築いていくことになり，住民一人ひとりのコミュニケーション能力が問われることになる。

　本章では日本人に対するコミュニケーション教育のあり方について検討することを目的とし，やりとりにおける日本人の言語使用の意識を探る。本章で対象とする日本人は，地域社会への参加を期待され(石井, 2012)，退職後に地域参加を控える40代から60代までの中高年の男性で，地域での身近な社会活動の場として考えられる自治会活動でのやりとりをロールプレイで再現する。また，多文化共生社会の現状が反映させられるよう，まずは外国人とのやりとりに注目する。

2. 研究課題

　本章では上述の目的のもと，以下の研究課題(RQ)を設定する。

RQ1　やりとりの振り返りから言語使用に対してどのような価値観や態度が見られるか

RQ2　やりとりの経験を重ねることで何が変化するのか

3. 調査の概要

日本人男性4名を縦断調査の対象とし，一定期間をおいて3回にわたりロールプレイを行った。ロールプレイの相手は各回とも初対面の外国人で，ロールプレイ後に一人ずつ振り返りのインタビューを実施した。詳細は以下の通りである。

3.1 調査期間と実施の間隔

調査は2012年12月から2013年2月にかけて，1ヵ月の間隔で合計3回実施した。なお，実施場所は当時の筆者の所属機関である。

3.2 調査の協力者と本章の対象者の背景

調査協力者の募集は，民間のマーケティングリサーチの会社を通して行い，最終的にはこちらの指定した調査日時で応募者を絞り込んだ。その結果，まず，縦断調査の対象としたのは，家族と同居する日本人男性A，B，C，Dの4名である（表1）。次に，ロールプレイの相手となったのは外国人7名（F1～F7）で，それぞれ初対面の組み合わせで行った。組み合わせの詳細は表2に示す通りである。外国人の参加者IDの最後のアルファベットは出身国（k：韓国，f：フィリピン，c：中国）を示す。12名の日本人はすべて男性で，7名の外国人はすべて女性である。外国人女性のうちF2，F5，F6は既婚者で日本人配偶者を持つ。また，F1，F3，F4，F7は仕事や勉強のために来日し，日本で生活している人たちである。7名の日本語能力は日常会話がなんとかできるレベルから，社会問題を話題に意見交換ができるレベルと様々である。3回のロールプレイは，できるだけ様々なレベルの相手とペアになるよう組み合わせを考慮した。

表1　調査対象者4名の背景

ID	年齢	職業・職種	外国人と話す機会
A	54才	会社員・営業	ほとんどない
B	44才	会社員・営業	以前は会社であったが，現在はない
C	56才	自営業	ほとんどない
D	62才	自営業	ほとんどない

表2　ロールプレイの組み合わせ

日本人	外国人		
	1回目	2回目	3回目
A（54）	F1k（30代）	F4k（20代）	F6k（40代）
B（44）	F2k（40代）	F5f（30代）	F1k（30代）
C（56）	F1k（30代）	F6c（40代）	F4k（20代）
D（62）	F3k（30代）	F4k（20代）	F7k（30代）

＊（　）は年齢または年代

3.3　調査の手順

調査は1組ずつ行った。まず，ペアで5分程度の雑談をしたあとロールプレイを行い，その後ロールプレイでのやりとりについてアンケートシートに記入してもらった。アンケートの項目は5つ(1.相手にうまく伝えることができた，2.相手のこと(性別，国籍，年齢など)を考慮して話した，3.相手とは話しやすかった，4.同じ地域の住民としてうまく付き合っていけそうだ，5.お互いによいやりとりができた)で，回答形式はそれぞれ「1：まったくそう思わない」から「7：非常にそう思う」までの7件法を採用した。休憩後に相手を替えて同様の手順でアンケート記入まで行い，最後に，調査者(筆者)がインタビューを行った。振り返りのインタビューは30分程度で，調査対象者の言語使用への意識を探るためにアンケートの回答をもとに半構造化形式で行った。

ロールプレイの様子はビデオとICレコーダーで収録し，インタビューについてはICレコーダーによる録音のみ行った。

3.4　ロールプレイ
3.4.1　ロールプレイ採用の背景と根拠

実社会でのやりとりを分析データとすることは，個人情報の保護をはじめ様々な制約のために非常に困難であるのが実情だ。Yardley(1997)によれば，ロールプレイは現実社会を再現することは難しいとしながらも，外的および内的な操作と統制が可能であるとしている。さらに，ロールプレイにおいて被験者は，「経験」とともにそれについて説明する機会が与えられるため，行為中の被験者の経験中の認識を私たちに与えてくれる可能性があるとしている。これらを根拠に，本章ではロールプレイを採用する。

3.4.2 場面設定

ロールプレイは地域住民にとって身近な自治会活動の場面を選び，調査対象者は自治会の役員という立場に設定した。第1回目および第2回目は同じ地域の新規参入者に対して自治会加入を勧めるという同じ場面で行い，第3回目はゴミ出しの規則について地域住民に協力を求める場面で行った。第1回目と第2回目を同じ設定にし，第3回目で設定を変えたのは，現実の場面でも役員を担当している期間に何度か同じ場面を経験する可能性があること，また，やりとりでの言語使用への意識について，場面に依存している要素とそうでないものがあるのではないかと考えたためである。

なお，ロールプレイカード(章末資料)は調査対象となる日本人男性にのみ渡し，相手役のカードには，「近所に住む自治会の人があなたの家に訪ねてくるので話を聞いて分からないことは質問してください。話の内容が十分に分かり納得したら，どうするか決めてください。」とだけ記載した。相手が外国人の場合は，ふりがなを付与し，まず読んでもらって調査者が理解の確認を行った。また，結論に関してはやりとりの成り行きに委ねられるため，ペアごとに異なるものとなる。

3.5 分析方法

本章と同様にロールプレイの振り返りからやりとりの当事者の意識を探った。野原(2014)の質的データ分析の方法を援用する。

分析の対象とするのは対象者4名の振り返りインタビューである。これらのインタビューの文字化資料に対して，佐藤(2008)を参考にしながら定性的コーディングを行った。まず振り返りの観点ごとにセグメントに分割し，次にこれらのセグメントに対してその文字テキストが全体として示す概念を検討して，サブカテゴリーを作成した。さらに，内容の類似性からサブカテゴリー間の関係性を検討し，カテゴリー，コアカテゴリーへと集約した。つまり，コアカテゴリーが階層の最上位カテゴリーとなる。なお，ロールプレイ発話の文字化資料についてはRQ2での考察の参考資料として使用する。

4. 結果と考察

4.1 振り返りから見られた言語使用に対しての意識(RQ1)

4名分のインタビューの文字化資料に対して定性的コーディングを行った結果について，表3に4名全体の概念的カテゴリーの一覧を示す。

表3　振り返りインタビューで見られた概念カテゴリー

コアカテゴリー	カテゴリー	サブカテゴリー	コメント例
役割遂行のための自己の調整	相手の属性の考慮	外国人性	外国人なので分かりやすく話そうと心掛けた
		年齢	年下ならブロークンなほうがいいのでは
		家庭・生活環境	結婚してお子さんがいるのでそれほど詳しく言わなくても
		個性	相手の国とか年代よりもその人のキャラクターが大きい
	相手の反応の取り込み	理解度の推測	「わかった、わからない」の言葉／結果を保留された／表情・動作
		意向の推測	日本の習慣に対する話し手の考え方
		話し方の調整	わからないと言われたこと
	相手の受容	相手の質問に対する答え方	ちゃんと説明するためには聞かれたことにちゃんと答える
		相手のための説明	ただ情報を伝えるだけではだめ／相手の情報を踏まえて説明する
		相手の話を聞く	できるだけ相手の話を聞こうとした
		相手を考慮した話し方	具体的に話す、理解の確認／身振り手振りをオーバーにする
		相手の印象	話し好き／オープンな人／垣根を感じないタイプ
		相手に求めない	そこまで言葉遣いは求めない
	相手からの受容	歩み寄り	日本語で話してくれる
		積極的な発話態度	相手からどんどん話してくれる／話題を振ってくれる
		明確な反応	理解したかどうかをはっきり伝えてくれる
		自治会に対する印象	印象が悪くならないようにちゃんと説明する
		自分に対する印象	嫌な人に思われたくないので強制ではないことを強調する
	関係構築	相手の態度	ネガティブな反応／壁／オープンではない／前向きな結果
		相手の日本理解	日本のシステムが分かっていないのでうまく付き合っていけるか
		自分の態度	強制じゃなく任意を強調
		時間	これまでの信頼関係／長い時間が必要
	現実の自分へのアクセス	相手の状況に配慮したやりとり	時間大丈夫ですかと聞く
		相手を考慮した話し方に変える	会社での経験
		英語習得の必要性	いろいろな国の人がいるので英語くらいは勉強しなきゃ
		伝え方の工夫	絵を描く／資料を見せながら話す
		無関心	自治会は両親が関わっている
やりとりを通しての評価	やりとり全体に対する評価	相手とのキャッチボール	説明できたか、また相手は理解できたか
		双方向の情報のやりとり	お互いに情報のやりとりができた
		やりとりの終結部	エンディングが1回で済んだのでよかった
		相手の日本語能力	日本語能力があった
		相手がどう思ったか	自分はできたと思うが、果たして先方がそう思っているか
		相手の理解度の把握	相手に分かってもらえたかどうかわからない
	反省・後悔	できなかったこと	相手の知りたい情報が提供できない／自分の発音のせい
		しなかったこと	身振り手振りへの意識
	気づき	自己の認識	滑舌が悪い／日本人か外国人かで話し方が違う／話が下手
		大切なこと	相手に合わせること／相手の理解を確認すること
		調整の難しさ	言い換える言葉を見つけるのは難しい
		日本人との違い	テニヲハ／発音／日本人だと知っていることでも外国人は知らない
変化	ロールプレイでの変化	前回の経験の活用	伝え方／相手の理解度
		慣れ	緊張した／素に近づく
		話し方の癖の意識化	わからないと指摘されて気を付けるようになった
	高次元の気づき	日本人への適応	外国人への話し方を対日本人にも適用するといい
		分かりやすい説明の意識化	普段の生活でも仕事でも意識

以下，カテゴリーの解釈を行う。本文中の【　】はコアカテゴリー，《　》はカテゴリー，〈　〉はサブカテゴリーを示す。「　」は具体例を示す。

コアカテゴリーは，【役割遂行のための自己の調整】，【やりとりを通しての評価】，【変化】の3つによって構成されているものと解釈した。以下，これらのコアカテゴリーについて，詳細を見ていく。

【役割遂行のための自己の調整】
　コアカテゴリー【役割遂行のための自己の調整】は，《相手の属性の考慮》，《相手の反応の取り込み》，《相手の受容》，《相手からの受容》，《関係構築》，《現実の自分へのアクセス》と大きく6つのカテゴリーに区分された。
　《相手の属性の考慮》は，相手の何を考慮して話したかが含まれる内容で，〈外国人性〉，〈年齢〉，〈家庭・生活環境〉，〈個性〉の4つのサブカテゴリーを持つ。〈外国人性〉は伝え方や説明の仕方，相手の日本の習慣についての理解などに言及しているもので，毎回のインタビューで見られた。以下は日本人Bの1回目の振り返りインタビューと日本人Aの3回目の振り返りインタビューからの引用である。

日本人B　1回目の振り返りインタビュー
　　あ，日本の方じゃないな，母国語じゃないなとまず感じて，で，あとはタイミング見計らって失礼にならないように，日本にどれくらいいるのかとか，日本にどれくらい関わってらっしゃるのかとか，ご出身は。日本人だったらちょっとあれなのかな。バックグラウンドを探りながら，言葉を聞いた瞬間に，あ，上手だけれどもベースは日本人じゃないから，そういうところまで気を付けなきゃいけないのかなと瞬時に思います。

日本人A　3回目の振り返りインタビュー
　　やっぱり日本語を理解してらっしゃるっていうところが，この言葉が通じるかなとか，こういうこと分かるかなとかいうのをあまり心配しなくて話ができたかなっていう。…例えば燃えるゴミ燃えないゴミとか，新聞紙とか，古紙っていう，まあその言葉自体は分かるかもしれないけど，なぜ分けなきゃいけないのとか，習慣的なところが果たして分かるのかなって，そこから説明しなきゃいけないのかなって，お国にでもちゃんとあるのかも分かんないですけど，もしそういう習慣がない方だったら，しなきゃいけないのかなって。

Bは相手の話し方から日本語が母語ではないと感じ，日本語のうまさを認めながらも，「日本人じゃないから」こちらが話し方に気を付けなければいけないと「瞬時に」判断している。また，Aはやりとりから相手が日本語を理解していることを感じながらも，相手の「お国」との習慣の違いを意識し，説明の仕方をどのようにすればよいか考えていることが分かる。
　《相手の反応の取り込み》は，〈理解度の推測〉，〈意向の推測〉，〈話し方の調整〉のサブカテゴリーを持ち，これらは，相手の言葉や表情から見られる反応を自分の中にどう取り込んで，次にどこにつなげるのかといった内容を含む。中でも〈話し方の調整〉は「相手に分からないと言われて」，「言葉の意味を聞き返されて」話し方を変えた例で，相手の明示的な反応から伝わっていないことが直ちに分かり調整へと向かっている。これに対し，〈理解度の推測〉と〈意向の推測〉は「自分が欲しい答えだったか」，「日本の習慣に対する相手の考え方」といった発話内容から，あるいは「日本語が苦手なら表情やリアクションをみる」などの非言語要素から，説明に対する意向や自分の説明がどの程度理解されたかを推測している。
　《相手の受容》は〈相手のための説明〉，〈相手の話を聞く〉，〈相手を考慮した話し方〉などのサブカテゴリーを含み，それらのカテゴリーは，日本人男性側に相手の外国人のことを受け入れ配慮しようとする姿勢が窺えるものである。また，「そこまで言葉遣いは求めない」という〈相手に求めない〉というサブカテゴリーも含まれる。
　一方《相手からの受容》では，サブカテゴリーとして，「日本語で話してくれる」というコミュニケーション成立のための〈歩み寄り〉，「話題を振ってくれる」，「相手から話してくれる」といった相手の〈積極的な発話態度〉，「理解したかはっきり言ってくれる」という〈明確な反応〉が含まれ，これらは相手の外国人側が示してくれる受け入れの態度と捉えられる。また，「自分が嫌なことをする嫌な人に思われたくない」という〈自分に対する印象〉や，「ちゃんと説明しないと自治会の印象が悪くなる」という〈自治会に対する印象〉も含まれ，これらは相手の外国人に受け入れてもらうために考慮したことと捉えられる。以下は，日本人Bの1回目の振り返りインタビューと日本人Cの2回目の振り返りインタビューからの引用である。なお，（　）内は調査者である筆者の発話を示す。

日本人B　1回目の振り返りインタビュー

　言ったことが分かってくれてるのかなという手応えがなかった。(そういうときって相手の方に求めることってありますか。)うーん相手にはないです。日本語で話してもらっている時点でこちらに寄ってきてもらっているので，いかにちゃんと説明してあげなきゃ。

日本人C　2回目の振り返りインタビュー

　(分かったかなというのは，どういうところで感じられましたか。)いやそれは本人が分かりましたって言ってくれたんで，あと「撒く」っていうのもそれでみんな，分かりました，それでやっと分かったんだなと。(明確に分かったって言ってくれたのでということですか。)そうですね，日本人と違って外国人はそういうふうに言うと思います。実際ね。こないだもそうですけど，ゆっくりしゃべってくれと，日本人だと分かったふりするからね。(それは言って欲しいですか。)言って欲しいですね。それだとコミュニケーションじゃあ分かろうと一生懸命なるから，あっちも聴こうとなりますね。大事だと思いますね。

　Bは相手の外国人が自分の話を分かってくれたという「手応え」を得られなかったが，相手の外国人に「日本語で話してもらっている」ということ自体に歩み寄りの姿勢を感じ，相手が受け入れてくれたことに対して自分は分かってもらうための説明をしなければいけないと思っている。一方，Cは自分の説明に対して，理解したかどうかを言葉で明確に反応してくれることを受け入れ態度と捉えていることが窺える。

　《関係構築》については，今後の付き合いをうまくやっていけるかどうかを判断しているもので，〈相手の態度〉，〈相手の日本理解〉，〈自分の態度〉，〈時間〉の4つのサブカテゴリーを持つ。〈相手の態度〉には，やりとりでの相手の「ネガティブな態度」や「オープンな話し方」といった内容が含まれる。一方〈自分の態度〉には「強制しない」，「皆で協力」といった相手に不安感や負担を与えない態度が窺える内容を含む。

　最後に《現実の自分へのアクセス》は，〈相手の状況に配慮したやりとり〉であったり，いつもの自分の〈伝え方の工夫〉に思いが及んでいるものが含まれている。

【やりとりを通しての評価】

　このコアカテゴリーでは,《やりとり全体に対する評価》,《反省・後悔》,《気づき》と大きく3つのカテゴリーに区分された。

　まず《やりとり全体に対する評価》では,〈相手とのキャッチボール〉,〈双方向の情報のやりとり〉,〈やりとりの終結部〉などのサブカテゴリーを持つ。また,やりとりがどうであったかということについて,対象者4名の中で3名が「キャッチボール」という言葉を使い,それができたかどうかということに言及している。しかし,その言葉の捉え方は同じではない。以下,インタビューの発話を抜粋して示す。

日本人B　1回目の振り返りインタビュー

　(やりとりについてはどちらとも言えないで止まっているんですが。)ちゃんと説明できてるのかな,それに対して分かってくれてるのかな,分かってないのに分かったって言ってらっしゃるのかな。その辺がやりとりの中でうまくキャッチボールができてないんじゃないかなと。

日本人C　1回目の振り返りインタビュー

　(ロールプレイのやりとりがどうだったかっていう質問なんですが,それは6で結構高いかなと思うんですけども。)さっき言った通り,だから早口で分からないと言ってたことが修正できたんで,特にやりとりというのはキャッチボールですから,いくらこっちがしゃべっても相手が理解してもらってその反応で,意味ないんで,それ分かってだいたい分かったっていうんで,ただ言葉の問題でいろいろ草むしりとかいろいろあるから,うまくできたわけじゃないけど,外人さんとできればまあ一年ちょっとしか住んでいないのに上出来じゃなかったんじゃないかと。(今,キャッチボールというお言葉があったんですけど,キャッチボールがうまくできた。)そうですね,最初は分かんないんで,丁寧な言葉遣いしすぎるからじゃあもうちょっと具体的で分かりやすいのを心掛けたんで。

日本人D　2回目の振り返りインタビュー

　(やりとりは,6なので,えっとすごくいいですね。)彼女自身もそうですし,キャッチボールがうまくできたなと,逆に言葉が分かんないことも含めて。…その人のレベルだと思うんですよ。基本的なところは分かる,話は分かっているので,あとは単語ぐらいなので,逆にそれが話題になりますよね。今の程度だった

ら，逆に。

　3名の言う「キャッチボール」は，自分の情報伝達がうまくいったかどうかに重点が置かれていることが窺える。つまり，相手から返ってくる言葉のボールへの関心は，理解したかどうかである。ただしDは，相手が分からないとした言葉を「話題」として会話の展開に利用しようという意識が見られ，BとCに比べて，「キャッチボール」を意味のあるやりとりと捉えていることが考えられる。

　〈双方向の情報のやりとり〉は，「積極的に相手も話してくれた」とあり，こちらの情報がうまく伝わり，それを受けて相手から理解したこと以上の情報が送られ，さらにやりとりが続くものであると考えられる。〈相手とのキャッチボール〉と比べ，双方向性の意味のあるやりとりで，お互いにやりとりを発展させていくものであると思われる。

　《反省・後悔》は，〈できなかったこと〉と〈しなかったこと〉に分かれたマイナスの自己評価の内容を含む。また，《気づき》は自分に向けられた〈自己の認識〉，やりとりで気づいた〈大切なこと〉と〈調整の難しさ〉，相手に向けられた〈日本人との違い〉のサブカテゴリーに分けられる。

【変化】

　コアカテゴリー【変化】は，自分自身についての変化の内容を含み，《ロールプレイでの変化》と《高次元の気づき》のカテゴリーに分かれる。前者は〈前回の経験の活用〉，〈慣れ〉，〈話し方の癖の意識化〉のさらに3つのサブカテゴリーを持ち，〈前回の経験の活用〉では前回の相手との比較で「相手の理解度」を見ている。後者は〈分かりやすい説明の意識化〉というサブカテゴリーを持ち，「外国人との話し方を日本人に適応したほうがいい」，「普段の生活や仕事でもっと分かりやすい説明ができるのではないか」とロールプレイを通して現実社会での言語運用につなげる意識が見られるものを含む。言語運用の変化を期待させるものと捉えられる。

4.2　やりとりの経験を重ねることで変化するもの (RQ2)

　RQ1の結果を踏まえ，やりとりの経験を重ねることで何が変わるのかについて，「変化」およびそれを期待させる「気づき」に関連するカテゴリーに注目し，まずこれらを中心に考察を行う。以下の表4は実施回ごとのこれらのカ

テゴリーの出現を示したものである。

表4　回ごとのカテゴリー一覧

コアカテゴリー	カテゴリー	サブカテゴリー	1回目	2回目	3回目
やりとりを通しての評価	気づき	自己の認識	●	●	●
		大切なこと		●	●
		調整の難しさ	●		
		日本人との違い	●		
変化	ロールプレイでの変化	前回の経験の活用		●	
		慣れ	●	●	●
		話し方の癖の意識化		●	●
	高次元の気づき	日本人への適応			●
		分かりやすい説明の意識化		●	

　まず，コアカテゴリー【やりとりを通しての評価】の属する《気づき》の〈自己の認識〉に注目し，認識されたことが次の行動に変化をもたらすのかを見ていく。以下，話し方の癖について振り返る日本人Cのインタビューとそれに関連したロールプレイの発話を引用する。「……」は省略，<　>は相手の相槌，※*斜体は解説*を示す。

日本人C　1回目のロールプレイ[相手 F1k]

　C　：自治会ということがありまして，入会は任意なんですね。<はい>ただ一応，回覧板で皆さん回って，市のお知らせ，子供いたら子供会とか色んな，あとは，えー住まいのほうで一応草刈りとか，一応より住みやすい町にしようということで，一応やってる会なんです<はい>。……※*約3分間一方的に説明*

　F1k：あたし，韓国人なので今おっしゃったこと，<u>まったく分からない</u>。<u>すごいちょっと早口で</u>。

　C　：あーそうですね，私，申し訳ないです。

　F1k：尊敬語ばっかりで全然分からなかった。

　C　：ゆっくりちょっと，よくそういう注意されるんです，申し訳ございません。まず自治会っていいまして……。

日本人C　1回目の振り返りインタビュー
　始めのところで私が早口だったけど，相手がやっぱり分からないって言ってくれたから，じゃ，なお分かりやすく，ということでゆっくり，……だって結局そう，しゃべっても伝わんなかったというのが分かったから，早口っていう欠点分かってゆっくり，もうちょっと具体的に分かりやすくっていうことですね。

日本人C　2回目のロールプレイ[相手F6c]
　C　：こんにちは。この間伺ったときにお留守だったので＜はい＞今日お伺いしたんですけれども＜はい＞，ちょっとお時間よろしいですか。＜はい＞あのですね，別に私は怪しいものではなくて，ここの近くに今引っ越しされてきた方皆さんに紹介しているんですけれども，＜はい＞言葉分かりますか，大丈夫ですか。ゆっくり話しますので，もし分からなかったら聞いてもらえますか。＜はい＞……※約5分間説明

　実際2回目のロールプレイでもCの早口と発話量の多さはそれほど変わらない。相手の指摘によって自分の話し方の特徴に気づいたとしても，すぐに明らかな変化につながるものではないことが分かる。しかし，相手の理解を確認したり，分からない場合には明確な反応を示して欲しいといった，1回目のロールプレイにはなかった相手に配慮した発話が見られる。気づきが変化につながったと言えよう。
　次に注目したいのは，気づきの対象の変化である。1回目では「言い換える言葉を見つけるのが難しい」といった〈調整の難しさ〉と，「言葉がぶつ切り」，「上手だがスムーズじゃない」という発音上の〈日本人との違い〉を意識するが，2回目および3回目ではこのカテゴリーは認められず，代わりに〈大切なこと〉に意識が向けられている。以下，日本人Bのインタビューから引用する。

日本人B　1回目の振り返りインタビュー
　やっぱ言葉，もちろん上手なんですけど，スムーズじゃない。(発音とかですか。)発音のイントネーションもそうですし。なんでしょう，なんかテニヲハじゃないですけど。やっぱところどころ，ぶつ切りの言葉かな。

日本人B　3回目の振り返りインタビュー
　ほんとに言葉っていうか表情とかも大切だなとか。(あぁ思われましたか。)日

本人の方だとここだけうごかして，こうやっているような感じですけど，外国人の方だとこうやっちゃったりとか。（ジェスチャーが）日本人と話すときもそっちの方向に行ったほうが何かいいのかなと思いますね。

　相手の外国人の話し方の特徴，特に「ぶつ切り」という言葉で表現されている通り，音声的な違いに気づき，日本人の話し方との違いに違和感を持ったことが窺える。しかし，3回目のロールプレイ後では，言語情報よりも表情やジェスチャーなどの非言語情報の大切さに気づき，さらには日本人とのやりとりでもそれが有効であることに気づいている。
　最後に《変化》の〈高次元の気づき〉に注目する。今回の4名のインタビューでは，実際の社会で自身の話し方に変化があったといったような明確な表現で変化を語られることはなかった。しかし，それを期待させるものが〈高次元の気づき〉という概念で認められた。日本人Bの3回目の振り返りインタビューで見られた「日本人と話すときもそっちの方向に行ったほうが何かいいのかな」や以下に示す日本人Aのインタビューの中の下線部はロールプレイを超えて現実の社会での自分のコミュニケーションにつながることを期待させる。このカテゴリーは1回目のロールプレイ後のインタビューでは認められない。したがって，経験を重ねた結果出現したものであると言えよう。

日本人A　2回目の振り返りインタビュー
　自分が分かっているつもりで話してても相手が，これまでは通じているもんだと思っていたけど，ひょっとしたらもうちょっと分かりやすい話とかできるのかなという気はしました。どうしてもメインは仕事での話だともうお互い全部知っている共通のもので話していますが，まったくそうじゃない人にはちゃんと説明をしないとだめなんだろうなと。

5．おわりに
　本章では，日本人に対するコミュニケーション教育のあり方について検討することを目的とし，外国人とのやりとりにおける日本人の言語使用の意識を探った。その結果，やりとりの経験を重ねることで，自分の話し方の癖を認識し，実際に変えることは難しくても，コミュニケーション成立のためにそれを改善しようとする姿勢が窺えた。また，相手との「違い」や言語調整の「難しさ」に向けられた意識が，やりとりがうまくいくためには「何が大切か」と

いった意識へと変わっていくこと，ロールプレイの中での気づきが実社会での自身を変える可能性が確認できた。

さらに，「相手とのキャッチボール」ができることが，やりとりの評価の指標になっていることも窺えた。しかし「キャッチボール」は，いかに分かりやすく伝えるか，いかに相手が理解できるかという，いわば，産出と理解の連鎖として捉えている人もいれば，会話を展開させる意味のあるやりとりとして捉えている人もいた。話し言葉のコミュニケーションを語る際によく使われるこの喩えは，あえて意味を確認されることもないだろう。個々人のイメージした「キャッチボール」が社会で繰り広げられ，語られているのだ。このことからもコミュニケーション教育の必要性が示唆される。

今後の課題として，世代別および性別などでより多くのデータを分析対象とした研究に発展させたい。よりよいコミュニケーションの捉え方が属性によってどのように異なるかを明らかにし，コミュニケーション教育の具体的なデザインに貢献したい。

［付記］本研究は 2010～2012 年度日本学術振興会科学研究費補助金・基盤(B)「学習者の日本語運用に対する日本人評価の類型化・モデル化に関する研究」(研究課題番号：22320099，研究代表者：宇佐美洋)の一環として行われた。

参考文献

石井大一朗(2012)「東京都心における 30 代～50 代男性の社会参加と地域づくりの方向性―港区居住地域におけるアンケート調査より―」『研究所年報』42, 119-138.

佐藤郁哉(2008)『実践　質的データ分析入門―QDA ソフトを活用する―』新曜社

野原ゆかり(2014)『日本語非母語話者の話し言葉に対する母語話者評価の研究―日本語教育における評価のあり方を問い直す―』風間書房

法務省(2014)「平成 26 年 6 月末現在における在留外国人数について(確定値)」<http://www.moj.go.jp/content/001127994.pdf>(2014 年 12 月 20 日)

Yardley, K. M. (1997) *Role play: Theory and practice.* London, UK: Sage Publication.［ヤルドレイ＝マトヴェイチュク, M. クリシヤ(2011)『ロール・プレイ―理論と実践―』(和泉浩監訳)現代人文社］

資料
〈第 1 目回・第 2 目回ロールプレイカード〉

あなたの住んでいる地域には自治会があり，10月からあなたは役員(班長)をしています。班長の主な仕事は以下の通りです。

- 引っ越して来た人への自治会入会の案内(勧誘)と手続き
- 回覧板の管理：市や地域の広報，子供会，婦人会等の案内，草刈りなど自治会行事のお知らせ等を回覧
- 会費(300円／月　半年分1800円)の集金

あなたの班には現在12世帯が入会しています。入会は任意です。
あなたの班に，先週＊＊＊さん(独身の方またはご家族)が引っ越してきました。
あなたは自治会入会の案内のために，先週1度お宅を訪問しましたが，会えませんでした。
今日また訪問したところ，家にいらっしゃいました。
入会の案内(勧誘)をしてください。

〈第 3 回目ロールプレイカード〉

あなたの住んでいる地域には自治会があり，10月から，あなたが役員(班長)をしています。

最近，燃えるゴミの日にカラスがゴミを散らかすため，自治会でカラスよけのネットを購入し，ゴミにかけることになりました。
できるだけ朝早い時間にネットをかけて，ゴミが回収されたら，ネットを所定の場所に片付けます。ゴミ回収車は午前9時頃に来ます。
この作業を班の13世帯で当番制にすることになり，今日は各家庭にそのお願いをしています。後日回覧板でもお知らせする予定です。
これから，3ヵ月前に引っ越してきた＊＊＊さん宅に訪問し，説明をしてください。

▷ **コメンテータ(道端輝子)からのコメント** ◁

　本論文は日本人に対するコミュニケーション教育のあり方について検討するものですが，地域社会への参加を期待される40代から60代までの中年男性に着目した点が大変興味深いです。外国人とのやりとりの経験を重ねることで中年男性の意識が徐々に変化していき，自身の話し方の変化のみならず実社会でも自身を変えていく可能性があることから，日本人に対するコミュニケーション教育の必要性が示唆されています。このコミュニケーション教育は外国人とのコミュニケーションにとどまらず，相手が日本人であっても意味があると理解しました。なぜなら教育により自身のコミュニケーションに対して意識させ，気づきや変化を生むからです。さらに，本論文で目指すコミュニケーション教育の目的はよいやりとりができるようになることのみならず，一人ひとりが他者との関わり方，自分自身に対して意識化し変化していくことで，社会も変化していくことを見据えているのではないかと理解しましたが，いかがでしょうか。

▶ **執筆者(野原ゆかり)からの回答** ◀

　コメントありがとうございます。まず，「外国人とのコミュニケーションにとどまらず，相手が日本人であっても意味がある」という点，確かにその通りだと思います。多様な人とのコミュニケーションの経験が個人の価値観を養い，自己や他者に対する評価へとつながるものと考えます。今回の対象者の4名にとって，外国人とのやりとりは非日常的なものでした。もし，相手が日常の延長であるような日本人なら，結果は異なるかもしれません。今後研究を発展させ，意識の変化が生まれる環境についても探っていきたいと思います。

　また，「一人ひとりが他者との関わり方，自分自身に対して意識化し変化していくことで，社会も変化していくことを見据えているのでは」という点について，正直，「社会が変わる」ところまで思いが及んでいませんでした。むしろ経験則から，人の価値観は簡単に変わらず，したがって意識を変えることは難しいのではないか，他者に分かるような明らかな変化は起こらないのではないかという思いでした。しかし，本論文の結果は，筆者の予想を良い意味で裏切ったものとなりました。コメンテータの指摘を受けて，改めて本研究の意義を考えさせられました。

第7章 「よい話し合い」のイメージはどのように形成されるか
リーダーのイメージ形成に注目して

文野 峯子

1. はじめに
1.1 「よい話し合い」成立の要件
　「『よい話し合い』をイメージしてください」と言われたとき，人はどのような観点に着目して理想の話し合いを思い描くのだろうか。

　丸野(2012)は，複数の者がある課題を共有し，相互交流的な対話によって新たな知を創出していくタイプの話し合いが生じるためには，「何よりもまず，その話し合いの場が，「自由に話せる」「違いを認め合う」「誤りや多様な考えが許される」「自分の発言に責任を持つ」「他者にわかるように説明する」「根拠を明確にする」「相互の考えを繋ぎ合わせ・関係づける」といったようなグランド・ルール」(p.179)に支えられていることが前提となるという。

　それでは，対話によって知を創出していくタイプの話し合いに実際に参加する者は，丸野(2012)が掲げるこれらグランド・ルールを，自身の思い描く「よい話し合い」に必要な要件としているのだろうか。各自が思い描く理想を実現するために，これらグランド・ルールに加えられる要件はあるのだろうか。

1.2 「評価ビリーフ」とイメージの多様性
　宇佐美(2014)は，外国人の書いた謝罪文を日本人が評価するプロセスを調査し，「同じ属性を持つ者同士であっても，評価時の着目点，その着目点にどういう態度で接するか，またどういう規範・ルールを重んじるか，などについて，まさに十人十色の特色を示していた」(p.311)とその多様性を示し，その上で，評価に伴う「情報収集」や「解釈」などの行為は，「どのような態度でどの観点を重視するかといった「評価ビリーフ」[1]によって規定されている」

---

[1] 宇佐美(2014)は，ある個人が，情報に対し価値判断を行う際の基本的考え方のことを「評価ビリーフ」と呼び，それら価値観は，1)論理的価値観と2)心情的価値観に大別することができる

(p. 316)と指摘する。

　同じ対象物や現象に対する解釈でも評価者個人のビリーフの異なりが反映されるとなれば，一口に「よい話し合い」と言っても，「よい」のイメージは各々異なったものになる可能性がある。また，そのイメージ形成のプロセスも単一でないかもしれない。その場合，「よい話し合い」のイメージやその形成のプロセスは，どのように多様なのだろう。各々のイメージ形成には，どのような要因がどのように関わるのだろう。

　このような疑問を解明すべく，筆者は，都内大学の大学院生を対象に「よい話し合い」のイメージ形成過程に注目してPAC分析を実施した。その結果，調査協力者10名中4名が「よい話し合い」の連想項目に「リーダー」を挙げていることがわかった。本章では，紙幅の制約もあり，「リーダー」を重要項目とした4名の中から，母語，性別，リーダーのイメージの点で異なる3名を選び，理想のリーダー像に注目しつつ，「よい話し合い」イメージの形成過程とそこに関わる要因を探ってみることにした。

2. 調査方法

2.1 調査協力者

　A　女　日本語話者，30代
　　　　　学部卒業後，企業における勤務経験を持つ。調査時点では，非常勤講師として日本語学校で教えている。
　B　女　留学生，中国語話者，20代
　　　　　大学院での受講および研究は，すべて日本語で行っている。
　C　男　日本語話者，20代
　　　　　学部卒業後，私立高校に勤務する。調査時点では，同高校の非常勤講師2年目であった。

　協力者3名は，都内にある大学の研究科日本語教育専攻に所属し，「教授法」という科目を履修している大学院生である。「教授法」授業では，学期中2度，グループ単位で行う模擬実習が課される。学生は4～5名の日本人学生と留学生の混成グループに分かれ，模擬実習を行う。1回目と2回目でメンバー編成は変わるが，本調査の協力者3名は同じグループになったことはな

(p. 316)と言う。

い。模擬実習に向けた教案・教材作成等の準備活動の大半は，授業外の時間にグループごとに集まる「話し合い」という形で行われる。

2.2 データおよび分析方法

データ収集および分析は，2014 年 2 〜 3 月に PAC 分析を利用して筆者が行った。PAC 分析を利用した理由は，PAC 分析が「個人ごとに態度やイメージの構造を分析する方法」(内藤, 2002: 1)として開発されたものであり，本章が目的とする個々人のイメージやその形成プロセスを引き出すには適切な方法であると考えたからである。ただ，本章では PAC 分析実施の際，連想項目を書きこむカードの枚数を 10 枚にするというアレンジを施した。アレンジの理由には，協力者の個別性と共に話し合いの参加者全員のデータを採取し比較して多様性を探りたいと考えたこと，調査に使える時間に制約があったこと，10 項目を書きだすのにも時間を要する協力者がいたこと，また筆者の経験上，連想項目 10 からもある程度の情報が引き出せると感じていたことなどがある。

分析は前半，後半に分けて行った。前半の「連想刺激文に沿ってカードに項目を書き入れる」，「項目間の距離を聞く」は，3 名同日に行い，後半の「デンドログラムを基にイメージを語る」インタビュー部分は，協力者と時間調整をした上で一人 40 〜 90 分程度，学内で行った。録音およびデータの使用は，書面により承諾を得た。

前半の作業は，次の要領で行った。まず連想刺激として，以下のように印刷された連想刺激文を提示するとともに，口頭で読み上げて教示した。

> 教授法の授業では，授業外でグループ毎の話し合いを行いましたね。あなたにとって「よい話し合い」とはどのようなものでしょうか。これまでの話し合いを振り返った時，気づいたこと，気になったことは何でしょうか。頭に浮かんだイメージや言葉を，思い浮かんだ順にカード 1 枚に 1 つずつ書いてください。イメージは，絵や図にしてもかまいません。

次いで，縦 8cm，横 10cm の白紙カードに自由連想した事項を記載するよう指示した。以降の手続きは内藤(2002)に従い，重要順位の測定，類似度距離行列の作成，クラスター分析によるデンドログラムの作成，協力者各自による解釈と報告(インタビュー)を行った。なお，クラスター分析によるデンドログラムは HALWIN ver.7.2 を用いて作成した。

3. 分析結果

以下，A，B，C 各々について，(1)デンドログラム，(2)協力者の解釈と報告（インタビュー発話抜粋），(3)調査者（筆者）による総合解釈を示す。

デンドログラム左欄は，各自が「よい話し合い」をイメージした際の連想項目である。各項目の左の数字は，各自が書き入れた項目の重要順位である。クラスター上のラベルは，各クラスターに付与した名称である。ラベルは，調査者が提案し協力者が受け入れる，あるいは，協力者が案を提示するなどのやりとりを経て決定した。

引用文中「・・・」は中略を示す。（　）内は協力者発話以外，すなわち，協力者の非言語行動，調査者の発話，および筆者による補足記述である。下線は，筆者が各自のイメージ形成過程を解釈する上で重要であると感じた部分に施した。

3.1 調査・分析結果
3.1.1 Aのデンドログラム

Aのクラスター分析の結果は，図1のようになった。

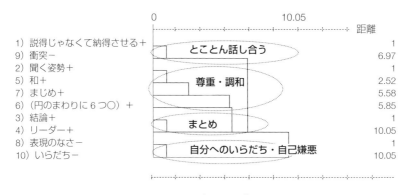

図1　Aのデンドログラム

3.1.2 Aによる解釈

以下，Aが語ったことを抜粋して示す。

〈クラスター1「説得じゃなくて納得させる」「衝突」の2項目〉
　　話し合いとかって聞いたら衝突とか対立，異なる意見が出てくるのが当たり

前，仕事をしていたときに説得じゃなくて納得させるんだよと言われたことを思い出しました。・・・相手の意見を聞いて，聞いた上で私の意見を言って，そういうなんか相互作用みたいなものがあります。で，とことん話し合いをして納得まで。山があって落ち着くみたいなイメージ。

〈クラスター2「聞く姿勢」「和」「まじめ」「図（図2）」の4項目〉
　　話し合いなので，聞くことも大切だし，その，まじめに取り組まないといけないのと，対立ではなくてこういう円のイメージ（図2）が浮かんだんですけど。調和とか平和みたいな和のイメージが強かったんです。・・・たとえ意見の対立があったとしても「もういいや」って途中で投げ出さず最後まで取り組むイメージ，まじめに取り組むっていうイメージ。・・・何でしょう，衝突があってもこういうベースがあれば，その話し合いは最後の結論までいくのかな。

図2　Aの6番目の項目

〈クラスター3「結論」「リーダー」の2項目〉
　　話し合いの中で，リーダーというか意見をまとめる役割の人も必要だなーと思って，で，リーダーがうまく結論まで導くというか，出てきたものをまとめながらやっていけば結論が出やすいと思って・・・責任とまではいかないですけど，まとめる役割の人がいた方が，話し合いっていうものはスムーズにいくかなと，この（円）中の誰かがリーダー。同じテーブルに平等に座っている人の中の誰かがリーダー的な役割を果たす，何でしょう，離れてその一，上からの立場ではなくて，同じテーブルにいて，話し合いの中で自然と生まれて。

〈クラスター4「表現のなさ」「いらだち」の2項目〉
　　自分の言いたい意見がなかなかうまく表現できない，いらだっている，これ自分です。自分へのいらだち。ちょっと自己嫌悪みたいな。（調査者：具体的には，どんな場面をイメージしました？）今非常勤やっている学校の中級レベルの

学生を持っていて，ディスカッションとかやらせたときに，<u>私がうまくやればたぶん時間内にきれいに収まったなって，</u>という反省を毎回しています。私が何でしょう，<u>うまくまわせないというか</u>。・・・私も意見を聞きながら板書したりしてやってるんですけど，もうちょっと何かお互いが落ち着く場所っていうかできるんじゃないかなって思うんですけど，毎回できてないっていうのがあります。

3.1.3　総合解釈：Aの「よい話し合い」のイメージ

　Aは，とことん話し合いが行われ，最後には全員が納得できる結論に落ち着いて終わる話し合いを理想とする。話し合いの中で異なる意見が提示されるであろうが，「対立ではなくてこういう円のイメージ」，「尊重・調和」の和の雰囲気を最後まで保つことを「よい話し合い」の重要な要件としている。まとめ役，リーダーは，「話し合いの中で自然と生まれ」，「いた方がいい」程度の控えめな存在としてイメージされている。

　Aの語りには，複数の話し合い場面が登場する。クラスター1は，過去の職場の場面である。ここでは印象に残ったことば「説得ではなく納得」を「よい」の基準とした話し合い進行のイメージが語られる。クラスター3の「話し合いっていうものは」という表現により，クラスター2，3が，これまで体験した話し合い場面を統括していると見ることができる。ところが，クラスター4では，自身をまとめ役に位置づける場面が登場する。Aがクラスター4の「表現のなさ」「いらだち」という2つの連想項目を書きこんだ時点で，どの話し合い場面を連想していたかは定かではない。調査者の「具体的には，どんな場面をイメージしましたか？」という質問によって，「教授法」の話し合いがAの目下の関心事である「日本語学校のディスカッション場面」に切り替わった可能性もある。ただ，いずれにしても，この2項目では，「表現のなさ」ゆえに「うまくまわせない」まとめ役としてA自身がイメージされている。自身をリーダーの立場に置いた葛藤場面が，「（うまくまわす）表現力」を「よい話し合い」におけるリーダーに必要な要件として連想させたという解釈が可能となる。

　このように見ると，Aの話し合いイメージは，丸野（2012）のグランド・ルールを基本に据えながら，それがどう実現されるかという具体的な部分において，かつての職場や近年の仕事場での個人的な体験の影響を受けて形成・修正されていると見ることができよう。

3.2 Bのイメージとその形成プロセス
3.2.1 Bのデンドログラム
　Bのクラスター分析の結果は，図3のようになった。

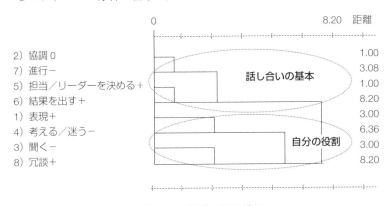

図3　Bのデンドログラム

3.2.2 Bによる解釈
〈クラスター1「協調」「進行」「担当／リーダーを決める」「結果を出す」〉
　結果を出すためにはやはり協調性が一番求められると思います。協調，そうですね，他の人の話をよく聞いたり，あの，いいタイミングで自分の考えを出したりすることがとても大事だと思って，その全体の流れ，全体の進行の中で自分の役割，個人の役割を果たすことが重要だと思いました。・・・やはりリーダーが必要だと思います。なんか，日本人の方とグループディスカッションすることが，なんていうかな，特に最初は知らない人たちとやると，最初何を言うのか，たぶんみんな迷ってしまうと思います。結構最初誰もしゃべらないことがありましたので，やっぱりリーダーが決めれば進行が速いかなと思う。問題解決に至るまでは，結構自分の考えを出したりすることは，リーダーを決めてから，なんかもっと，なんていうかその自由に言える感じがしました。・・・引っ張るのももちろんリーダーは，一番先頭に立って何でも，えーと先のことを一番早く考えて，「こう考えてるけどみなさんどう思いますか？」という聞かれ方をすると結構みんな自由に話せる。雰囲気をつくって。

〈クラスター2「表現」「考える／迷う」「聞く」「冗談」〉
　自分は外国人だからこんな結果なんですけど，結構ディスカッションするとき

に，こういうふうに考えているんだけど，でもそのまま話し出すと，なんか通じないっていうか意思の疎通がちょっとすれ違うことがあるので，結構表現を考えるのが難しいと思いました。・・・そう，なんか聞くは重要だと思いましたね。他の人が話したのを聞いて，それについて自分の発想，と，それに基づいた発表が効率的で，結構聞くのが一番重要だと思いますね。重要というか，なんか自分の中では結構時間を使う部分だと思います。・・・冗談があったら雰囲気が和らげると思って，その，もっといろいろ言える雰囲気になるのかなと思いました。・・・話しやすくなるし，なんか外の人が冗談言ってくるのも，なんか冗談言っても，ああこう考えているんだって，結構，なんかまじめじゃないけど，ある程度わかるようになりますので。

3.2.3 総合解釈：Bの「よい話し合い」イメージ

基本的には，参加者が「自由に話せる雰囲気」「自分の考えを出す」「全体の進行の中で自分の役割，個人の役割を果たす」など，丸野（2012）のグランド・ルールと重なる前提条件が挙げられている。そして，参加者が自由に適切な発言ができる場の実現には，「今この時点で何を言えばよいか」も含めて具体的に方向性を示し，参加しやすい雰囲気をつくるリーダーを理想としていることがわかる。

Bの特徴に，「日本人の方とグループディスカッションする」や「外国人だから」と，自身を外国人と位置づける発話がある。「こういうふうに考えているんだけど，でもそのまま話し出すと，なんか通じないっていうか意思の疎通がちょっとすれ違うことがある」「聞くのが一番重要・・・自分の中では結構時間を使う部分」などから，どのタイミングでどのような発言が求められているのか確信できない不安が窺える。どのような発言が求められているのか確信できない不安が窺える。このことが，何を言えばよいかを明確に示してくれるリーダーの存在を期待することに繋がっていると言えよう。つまり，Bにとっての「よい話し合い」には，外国人であるB自身が，タイムリーな発言で進行に貢献できるという要件が必要不可欠なのである。Bの「よい話し合い」や理想のリーダー像の形成には，自身が「適切な発言で十全に参加できた」「貢献できた」という達成感や「自由に参加できている」居心地良さという個人的で心情的な価値基準が影響していると見ることができるだろう。

3.3 Cのイメージとその形成プロセス
3.3.1 Cのデンドログラム
Cのクラスター分析の結果は，図4のようになった。

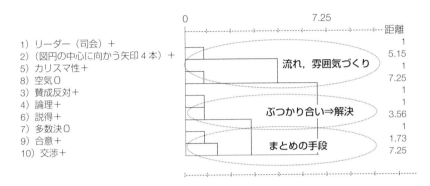

図4　Cのデンドログラム

3.3.2 Cによる解釈
〈クラスター1「リーダー（司会）」「図（図5）」「カリスマ性」「空気」〉

　そうですね，リーダーというか司会というか話を進める役の人が，まあこういった絵（図5）にあるような話し合いっていうのを引き出せるかもありますし，その彼にカリスマ性があるかというところで，どんだけ話し合いが進むか，その話す空気をつくれるとか，・・・就活遊び[2]でやったときに，そういう活動でやったりすると，こういう人がいないとグループワークうまくいかない。結局その，引っ張るとか，上に立つ人がダメな人だなって思ったら（笑いながら）うまくいかないって感じですね。カリスマ性っていうのがあれば空気をつくることができると思うんですよね。それでみんながついていけば，・・・で，それがあまりあると不満はないかなという感じになりますよね。でも，こいつええから（強いから）ついていこうと・・・結構自分の意志の中でついていくってイメージがあるんで・・・進んでいくイメージ，カリスマ性とかリーダーとか，ナポレオンとか。

---

[2]　Bによると「就活遊び」は，「大学3年の終わりから大学4年の始まりにかけて，みんながしている，いわゆる民間企業に応募する『就活』が面白そうなので友人とやってみた」話し合いの練習体験ということである。

図 5　C の 2 番目の項目

〈クラスター 2「賛成・反対」「論理」「説得」〉

　なんかあいまいになるよりは賛成反対がある方がいいっていうイメージがあるので，・・・賛成だけだったら話し合いにならないっていうか。反対がいても，いてこそっていうのがあるんじゃないかなーっていう気持ちちょっとしますよね。反対があっていい。賛成だけの話し合いっていうのはあまりよくない，何も考えてないって感じ。・・・やっぱ説得っていうのは，論理的に説明をして，納得に近いのかな，雰囲気で「こんな感じだよね」っていうのはただの強要じゃないですか。ぶつかり合いの中でってことですよね。ちゃんと論理を用いて。

〈クラスター 3「多数決」「合意」「交渉」〉

　結局どちらも譲れない場合には，結局数で見るしかなくなってしまうことありますよね。どんなに話し合ってどんなに理解したところで結局考えが変わらないってことはいくらでもある話だと思うんで，多数決という方法は最終手段としてはあるのかなーって気がするんですけど。それが不満を生む可能性も大いにあるのでなんとも言えないですけど・・・今日はまとめないで，という結果が出ない話し合いは好きじゃないですね。時間がまったく有効に活用されてないので。話し合いの目的が何かにもよるけど，何をするか決めるというのが普通の話し合いだと思うので，決められない話し合いっていうのは結局なんだったのかなーっていう。

〈クラスター 2 とクラスター 3 の比較〉

　合意と説得は似ているかなーって思いますんで。クラスター 2 とクラスター 3 は望ましい話し合いの過程っていうか。どうなんですかね，本来一緒なのかなー。

3.3.3　総合解釈：C の「よい話し合い」イメージ

　C が挙げる「話す空気をつくる」「賛成・反対」「論理」「説得」「合意」などか

ら，Cの「よい話し合い」の根底にも，A, B 同様「自由に話せる」「他者にわかるように説明する」「根拠を明確にする」「相互の考えを繋ぎ合わせ・関係づける」といったグランド・ルールが基本にあることが窺える。

　Cのイメージの固有性は，そのリーダー像に表れている。クラスター1に見られる「引っ張る人」，「上に立つ人」，「中心に向かう4本の矢印の図」，「カリスマ性」，「ナポレオン」などから，Cのイメージする「よい話し合い」には「強い求心力で参加者を束ねるリーダー」「上に立ち引っ張るリーダー」の存在が必須要件となっていることがわかる。Cが理想とするリーダーは強引にねじ伏せるのではなく，参加者が自発的に望んでついていきたいと思わしめるカリスマ性と全員を納得させる技を備えている。求心力のある有能なカリスマリーダーが，白熱議論を引き出し，時間内に全員の納得を得た上で成果を出す話し合いがCの理想である。就活遊びを通じて明確になった理想のリーダーのイメージは，その後もCの「よい」のモデルとして継承されていると考えてよいだろう。

4. 結果から見えてくること

　ここまで，3名の大学院生によるインタビュー発話を通して，理想とする話し合いのイメージを見てきた。3名は，「よい話し合い」の実現には，「有能なリーダー」が必須であるという点では一致していた。しかし，理想とするリーダー像は各人各様であり，その結果，実現形としての「よい話し合い」のイメージも固有であった。

　本節では，まず，3名が挙げたリーダー像の固有性を整理し，その上で，固有のイメージの形成過程について考察を深めたい。

4.1 リーダー像の固有性・多様性

　3名のリーダー像には，(1)立ち位置，(2)姿勢，(3)求められる能力，の点で固有性が見られた。

　まず，(1)リーダーをどのように位置づけるかという点では，「対等」と「先頭」の2種類のイメージが見られた。立ち位置の違いは，A（図2）とC（図5）のイメージ図にも見ることができる。「対等」は，Aが図で示したように「（他のメンバーと）同じ大きさの丸」のイメージである。Aのイメージの対極にあるのが，Cの先頭あるいは中央に立ち，強力な指導力でみんなを引っ張るリーダー像である。

(2)リーダーの姿勢では,「さまざまな声を引き出すことに力を注ぐ支援者のイメージ」が強いタイプと「指揮者・管理者のイメージ」が言動に明確に反映されるタイプが見られた。

ただし,(1)立ち位置,(2)姿勢は,必ずしも個々のリーダー像に一対一対応するものと捉えるべきではないだろう。どの視点で見るかによっても位置づけや姿勢に差異が生じる。たとえば,リーダー自身は対等な立ち位置を意識していても,メンバーは非対称性を感じる場合もある。また,話し合いの局面によって変化することも考えられる。ただ,このような重層性・可変性を考慮に入れたとしても,A, B, Cのイメージするリーダーの位置,姿勢に関しては,表1のような対極のイメージが見られた。

表1　位置・姿勢の固有性に関わるカテゴリー

位置	対等 ──────── 先頭
姿勢	支援 ──────── 指揮・管理

(3)求められる能力では,Aは,あくまでも和の雰囲気を保ちつつ,自然にまとまるよう導く力を重視していた。そして,その力を十分に発揮するためには「(うまくまわす)表現力」が不可欠であると考えていた。Bは,うまく話し合いの流れに乗れない参加者をも十全に参加させる能力を最重要と考えていた。Cは,説得や多数決という手段を採ったとしても,参加者全員が「自らの意志で選択した結論であると納得してしまう」ほどのカリスマ性と論理的な説明能力を欠かせない能力としていた。

4.2 リーダーを語る際の語り手の立ち位置

データからは,リーダーを語る際の語り手の立ち位置にも違いが見られた。BとCは,いずれも参加者の立ち位置から理想のリーダー像を提示している。2名のリーダー像は,自身を心地良く参加させてくれる要件を備えた他者として描かれている。一方,Aは,クラスター3までは「自分が参加者なら,このようなリーダーが望ましい」という参加者目線が窺えるが,クラスター4では,「いらだっている,これ自分です」と自身をリーダーに位置づけ,リーダーの立ち位置から語っている。その結果,リーダー像は,自身に欠けているとする「表現力」を必須要件に加えた個人的で具体的なものになっていた。

4.3 イメージ形成過程

3名の理想のリーダー像は，位置・姿勢・求められる能力において異なっていた。また，語り手の立ち位置も，語られるリーダー像に影響を与えていた。ここでは，各人固有のイメージがどのように形成されたのかに注目してイメージ形成過程を整理してみたい。

Aは，まず職場で耳にした「説得じゃなくて納得させるんだよ」ということばに強く共感し，あるべき話し合いのイメージを明確に意識したようだ。Aは，「納得」というキーワードから，「和」の雰囲気の中で最後まで投げ出さずとことん話し合いが行われるイメージを描いている。「こういうベースがあれば，その話し合いは最後の結論までいく」(クラスター2より)という発話の背景には，対等な位置取りでじっくり話し合いがまとまるプロセスに寄り添うリーダー像が垣間見える。ところが，このリーダーのイメージは，うまく収束していかない話し合いに直面し，修正を迫られる。Aは，体験を通じて，まとめ役の能力に「(うまくまわす)表現力」を追加している。「和」を基本としながらも，うまくまとまるよう図り，誘導できる表現力を備えたリーダー像が見えてきたと考えてよいだろう。

留学生Bは，話し合いで感じる不安体験と共に理想のリーダー像を語っている。Bがリーダーに最も強く求めるのは，発言のタイミングや発話内容に不安を抱える者をも十全に参加させてくれる能力である。来日後参加した話し合いで，適切なタイミングで話し合いに貢献できる発話ができず内心忸怩たる思いをした体験を通じて，「発言に不安を感じる者にも手を差し伸べ，話し合いの貢献者にしてくれる人」というリーダー像が形成されていったのだろう。

Cは，時間内に参加者が納得できる結果が出る話し合いを「よい話し合い」としている。そんな価値観の持ち主であるCは，就活遊びの話し合いで強いリーダーシップを持つリーダーに出会い，「これぞあるべきリーダー像」と確信したのだろう。その後，このカリスマ性を備えたリーダー像は，話し合いの進め方，まとめ方も含めてCの理想のリーダー像として定着し継承され，確たるモデルイメージとなっていく。

4.4 印象に残る個人的な体験とイメージ形成過程の関わり

今回分析対象とした理想の話し合いやリーダー像の形成過程には，各自の印象に残る体験が2つの方向で関わっているように見える。ひとつは，「これがあれば，きっとうまくいく」と思えることばや話し合いをうまく進めるリー

ダーに出会い，それを「あるべき姿」であり「成功の鍵」と考える。そして，その成功の鍵となる要件を備えた話し合いの雰囲気，進行過程，リーダー像がそのまま理想のイメージとして定着する方向である。Aの「納得」ということばとの出会いや，Cのカリスマリーダーとの出会いがその例と言えよう。もうひとつは，「うまくいかなかった話し合い」を経験することで，希望のリーダー像が形成されていく，あるいは明確になっていく方向である。今回AとBは，「うまくまとめられない」，「うまく参加できない」などの不安・葛藤体験を通じて，「こんなリーダーが欲しい」という理想のリーダー像を形成していた。

5. 課題と展望

　今回の調査から，「よい話し合い」のイメージや理想のリーダー像は，各人それぞれであること，その固有のイメージは，形成プロセスにおいて各自の印象に残る体験の影響を受けている可能性があること，個人的な体験がイメージ形成過程に及ぼす方向性には2通りが推測できることなどが見えてきた。ただ，本章には以下に述べるような課題が残った。

　まず，今回の分析は，印象に残ることばや人物に出会った人，あるいはよいリーダーの出現を痛切に感じた人のデータを対象とした。これは，逆に，「この体験なしに話し合いは語れない」というような印象的な体験をしていない人は3名とは違ったプロセスを持つことを示唆するものである。イメージ形成過程の解明には，今回の調査協力者で「リーダー」に触れなかった人も含め，さまざまな背景の人を対象としたデータの分析が必要である。

　また，「個人の態度やイメージの構造」に迫ることを目標としながら，Cから自身にひきつけた振り返り発話を十分に引き出せなかったことも反省点である。原因には，学内で教員を相手に語るという調査環境が考えられる。確保できた時間内に終了させるという時間的な制約も影響したかもしれない。

　また，さらに追及したいのが，「うまくいった話し合い」で出会ったリーダーやことばがそのまま理想像として定着するケースで，「これを理想としよう」という判断がどのようになされたのかという点である。この点に関しては，2つの推測が可能であろう。ひとつは，もともと持っていた「こうあるべき」という信念が，体験によって明確に意識され強化される場合，もうひとつは，体験によって新たなイメージが形成される場合である。これは，イメージ形成プロセスの解明のためにはぜひ知りたい点であるが，残念ながら今回の

データからは見えてこなかった。

　今後，調査対象を広げる，調査方法に改善を加える，ビリーフ調査などと組み合わせることなどにより調査を発展させ，イメージ形成について理解を深めていきたい。

参考文献

宇佐美洋(2014)『「非母語話者の日本語」は，どのように評価されているか―評価プロセスの多様性をとらえることの意義―』ココ出版

内藤哲雄(2002)『PAC分析実施法入門―「個」を科学する新技法への招待―［改訂版］』ナカニシヤ出版

丸野俊一(2012)「話し合いの技法」茂呂雄二・有元典文・青山征彦・伊藤崇・香川秀太・岡部大介(編)『状況と活動の心理学―コンセプト・方法・実践―』新曜社，pp.178-181.

▷ コメンテータ（野原ゆかり）からのコメント ◁

　本論文は，個人の持つイメージ形成のプロセスについて，PAC 分析を用いてその個別性と多様性を探るものです。筆者は，「よい話し合い」のイメージ形成には，他者と共有される一般的なイメージの部分と，個々に異なる部分があると結論付けており，この後者の部分について大変興味深い考察がなされています。調査対象者となった 3 名は背景の異なる大学院生で，「よい話し合い」から「リーダー像」を連想しています。個人に注目した筆者の丁寧な分析により，それぞれのもつ「理想のリーダー像」を浮き彫りにし，そのイメージ形成のプロセスには個々人の体験が関与していることを示唆しています。筆者は，この 3 名は印象的な体験をした人たちとし，そのような体験をしていない人にはまた違ったプロセスがあるとしていますが，個人の体験と結びついてイメージが形成されるというプロセスは，私たちに共通した普遍的なものだと捉えました。いかがでしょうか。私たちは，物事の捉え方は人によって違うということを，経験を通してなんとなく知っています。そして多くの場合，その経験はコミュニケーションがうまくいかないときに気づくものです。本論文で示されたイメージ形成に関わる個別性と多様性は，改めてお互いの違いを理解し合うことの大切さに気づかせてくれます。

▶ 執筆者（文野峯子）からの回答 ◀

　コメンテータの「個人の体験と結びついてイメージが形成されるというプロセスは，私たちに共通した普遍的なものなのではないか」というコメントを受け，人の判断や解釈という行為がいかに個人的な体験の影響を強く受けるかを改めて痛感しました。個々に異なる体験と結びついて形成されるイメージだからこそ，出来上がったイメージは個別的で多様であるということになるのですね。

　今回の分析対象はたった 3 名でしたが，少数の事例をじっくり検討し日常の無意識部分を解明することを目的とした研究の意義と面白さを実感する機会になりました。ただ，実は今回分析対象としなかったデータの中には，個別性が見えにくいものもありました。しかし，それは逆に，このような学生のイメージ形成プロセスを解明したいという今後の目標となりました。イメージ形成と個々人の体験との関わりというテーマについて，今後さらに追及していきたいと思います。

第 **3** 部

「評価」を「学び」につなげる

第8章 学習につながる自己評価
「生活のための日本語」教育の可能性

金田 智子

1. はじめに

1990年の「出入国管理及び難民認定法(入管法)」改正法の施行以降,ブラジルやペルーなど南米から,就労を目的に日本にやってくる外国人(日系人)が急速に増えた。日系人に加え,配偶者,技能実習生など,日本の各地で,「生活者」として暮らす外国人が増加したことに伴い,彼らに対する日本語教育の重要性が唱えられ,2007年7月,文化審議会国語分科会に日本語教育小委員会が設置された。この委員会では,「生活者としての外国人」に対する日本語教育の体制整備及び,内容の改善についての審議が行われ,2013年までに,以下の報告書とハンドブックが刊行されている[1]。

(1) 「生活者としての外国人」に対する日本語教育の標準的なカリキュラム案について
(2) 「生活者としての外国人」に対する日本語教育の標準的なカリキュラム案活用のためのガイドブック
(3) 「生活者としての外国人」に対する日本語教育の標準的なカリキュラム案 教材例集
(4) 「生活者としての外国人」に対する日本語教育における日本語能力評価について
(5) 「生活者としての外国人」に対する日本語教育における指導力評価について
(6) 「生活者としての外国人」に対する日本語教育ハンドブック

---

[1] 各報告書の詳細については,以下の文化庁のWebサイトを参照されたい。<http://www.bunka.go.jp/kokugo_nihongo/kyouiku/nihongo_curriculum/index.html>(2015年4月1日)

約5年間にわたる審議を経て，「生活者としての外国人」に対する日本語教育の課題を解決する方法・方策は，これらの報告書によって示されたと考えてよいだろう。つまり，日本で生活するために，どういった日本語能力を身に付ける必要があるのか，そのためにはどのような教育・学習方法が期待されるのか，さらには，学習者の日本語能力や日本語指導者の能力をどう捉えたらよいのかについて，一定の考え方が示されたのである。そして，文化庁は「生活者としての外国人」のための日本語教育事業として，「地域日本語教育実践プログラムの募集」を行い，「標準的なカリキュラム案」の普及をはかっている。その実績は同庁のWebサイトから知ることができ，確実に，「標準的なカリキュラム案」をどう日本語教育プログラムに具体化したらいいのか，どのような教材を作成し，どういった活動をすればいいのかなど，指導者にとって役に立つ情報が共有されるようになった。

　しかしながら，就労や結婚などを目的として日本にやってきた人々は，日本の高等教育機関への進学希望者が日本語学校に1～2年通うのとは異なり，時間的あるいは経済的な理由から，集中的・継続的に日本語を学習することが困難な場合が少なくない。就労や子育てなどのために，日本語学習を生活の中心に据えることは難しく，また，無料の日本語教室があったとしても，休まずに毎回通うことがままならないという状況の人も多い。また，仮に，日本語教室に毎週通えたとしても，週に1回程度の学習だけでは，「生活のための日本語」[2]を身に付けるまでにかなりの期間を要し，学びたいという動機を維持するのも難しい。限られた期間・時間しか教室に通えない，不定期にしか教室に行けない，という状況を考えると，「生活のための日本語」を学ぶ場は，日本語そのものの学習機会を提供するだけでなく，日本語学習に対する意欲や動機を維持する機能，教室外での学びを推進する機能を持たせる必要がある。本章では，そのための具体的な方法として，「評価」の視点を取り入れること，特に学習者自身による「自己評価」を「生活のための日本語」を学ぶ日本語教育プログラム（以下，「生活のための日本語」プログラム）の中で実施することを提案する。

　また，日本語教育小委員会においても，「評価」についての検討は行われている。「日本語能力評価」の報告書においては「日本語学習ポートフォリオ」が成果物として紹介され，学習者が自分自身を評価し記録することがその中心

---

[2] 本章では外国人が日本で生活するために必要となる日本語を「生活のための日本語」と称する。

に据えられている(文化審議会国語分科会,2012)。この考え方に基づき，自己評価やポートフォリオを教育現場にいかに取り入れるかについて，一つの例を示すことも本章のねらいである。

2.「生活のための日本語」の学習と「自己評価」
2.1 文化審議会国語分科会日本語教育小委員会の考え方

　日本語教育小委員会は，「生活者としての外国人」の定住化や移動性を鑑み，「学習者の日本語学習の履歴と能力を把握し，日本語学習・学習動機の維持を継続的に支援するための方策が必要」と考え，日本語学習ポートフォリオの開発を行った。また，この委員会における日本語学習ポートフォリオ開発に向けての検討は，「学習者が日本語教育の目的・目標を達成するためのものであり，日本語教育プログラムの一環として能力評価が行われることを期待したもの」とされ，能力評価の結果は，「日本語学習の振り返りと今後の学習計画に用いることができるようになっていることが重要であり，そのことが学習者の自律的かつ継続的な学習につながる」と述べられている(文化審議会国語分科会,2012: 2-3)。

　また，報告書では，学習者による自己評価と指導者による他者評価が想定されている。能力評価について，学習者にとっては「自身の日本語能力を把握するものにすること」，「自分の日本語学習を振り返ることができるようなものにすること」，「日本語学習の次のステップが見えるようなものにすること」，「日本語学習動機の維持につながるものとすること」が重要であり，指導者にとっては「適当な日本語教育プログラムを組み立てる際の参考となるものとすること」，「実践した日本語教育プログラムが適当であるかどうか振り返ることができるようなものとすること」とされている(同書: 3-4)。具体的な評価内容は，「生活上の行為の達成度」であり，ロールプレイ等のタスクにより日本語を用いてどの程度生活上の行為ができるようになったかを確認し，「よくできた」「できた」「なんとかできた」の3段階で評価する方法が具体例として示されている。日本語学習ポートフォリオは，この「生活上の行為達成の記録」，そして，「学習の記録(教室活動の記録，毎回の学習の記録)」と「社会生活の記録」により構成されており，「能力評価」の具体化として説明されているのは最初の「生活上の行為達成の記録」に限定されている。しかし，本章で後述する実践では，「評価」の意味・内容をより広く捉え，学習の計画段階，実施段階，終了段階にわたって行われるものとして位置づけ具体化している。

2.2 「生活のための日本語」学習になぜ「自己評価」が重要か

　では，あらためて，「生活者としての外国人」に対する日本語教育，あるいは，「生活のための日本語」学習にはなぜ「自己評価」が重要なのかを考えたい。先述したように，「生活のための日本語」を学ぶ必要のある人は，学びたいという気持ちがあっても，十分な機会を得ることが難しい。さらには，学びたい意思を持つ人々の様々な制約や条件に対して，現存する日本語学習機会や教材・教師が十分に対応しきれていない，ということも考えられる。

　学習機会が公的に保障され，それが確実に運用されるような体制は，今後，整備されていく必要があろう。その一方で，就労や結婚のために日本で生活する外国人が，ごく限られた学習期間・時間で「生活のための日本語」を習得しなくてはならないという現状の下での教育改善も必要である。また，将来，ある程度の期間・時間の日本語学習機会が保障されたとしても，日本語学校で数か月間，毎日学ぶといった機会が提供されるようなことは想定しにくい。こういった状況を考えると，短い期間・時間の中でより有意義かつ効果的な学習を可能とするための方策を「生活のための日本語」の指導者は検討しなくてはならない。

　週１回２時間の教室に通う場合，仮に１年を通じて休みなく教室が開講されていたとしても，１年間で最大100時間の授業時間しか確保できない。日本語学校などが週20～25時間の授業を行い，年間800時間以上の授業を用意していることと比べると，費やす「期間」に対して，授業時間数が圧倒的に少ないことがわかる。だからこそ，授業外の時間も「学び」に費やし，日常生活の様々な場面を「学び」の機会に転じる，といった「自ら学ぶ力」を身に付ける必要がある。これは，青木・中田編（2011: 13）が，日本語を第二言語とする日本国内の居住者への日本語教育に関する政策の立ち後れを指摘し，「悪条件の中で日本語を学んでいくためには，自分の手で自分の学習をデザインしていかざるを得ない。つまり，学習者オートノミーが不可欠なのである」と述べていることと，その根本を同じくすると考える。

　そして，「自ら学ぶ力」の根幹を支えるものとして，自己評価をもとに目標設定をし，学習した結果やプロセスについて自己評価をするという自律性があるとも考える。学習者それぞれが日本語学習を計画・管理する意識を持ち，継続的な学習，教室外での学習を積極的に行えるようになる方法を知る機会を提供することが「生活のための日本語」の教育現場には期待されるのである。

　また，学習機会を得るたびに，「できた」あるいは「ここまでできた」と，

自己評価を通じて確認し，次の学習への動機を高めることも，継続的学習や教室外での学習，日本語使用を促すことにつながる。授業後に自己評価をし，週に1度の授業参加を振り返り，それがたしかに意味のあるものであると感じられれば，教室に通うための多少の困難さがあったとしても，それを乗り越えて，1週間後の授業にまた来ようという気持ちになるのではないか。また，自己評価によって，目標に十分に到達できていないということを学習者自身が認識できれば，教室外の時間に練習してみようという気持ちになるかもしれない。

学習者自身が，自分の能力や状況を知り，その上で目標を設定し，学習活動の結果としてそれが達成できたかどうかを確認する，という「自己評価」のシステムを取り入れ，「自己評価」の習慣を身に付けるように促すことが，「生活のための日本語」プログラムには重要なのである。

2.3 自己評価を「支援」することの重要性

ところで，自己評価は誰にでも容易にできることなのだろうか。自己評価能力，自ら学ぶ力，自律性，自己調整能力など，自分が起点となり自分自身が対象となる能力は，ほとんどの場合，自然に身に付くというものではない。教えられ，与えられ，評価されることが中心の教育経験しか持たないまま大人になっていたとしたら，自己評価し，それを学習計画に結び付けていくということを，指導者は丁寧に教育・学習活動の中に組み込む必要がある。ましてや，日本に長年暮らしながら，日本語学習に目を向けてこなかった外国人や，日本語学習に挫折してしまった人は，受け身の学習経験，他者に依存する学習経験しか持っていないことが予想される。また，評価は教師によって行われ，判定結果を知らされるもの，という固定観念を持っている可能性も高い。そういった可能性が学習者にはあるということを指導者は十分に意識して，「自己評価」に関わる能力を身に付けられるよう，適切な支援をする必要があるのである。

たとえば，ノールズ(2002: 11-12)は成人教育に関わる教師が行うこととして，以下の6つの事柄を挙げている。

(1) ある状況のなかで，学習者がある学習に対する自分のニーズを診断するのを支援すること(診断的機能)
(2) 学習者とともに，望ましい学習を生み出すような一連の学習計画を立てること(計画的機能)

(3) 学習者が学習をしたくなるような条件を創り出すこと(動機づけ機能)
(4) 望ましい学習を生み出す最も効果的な方法や技法を選択すること(方法論的機能)
(5) 望ましい学習を生み出すための人的・物的資源を提供すること(情報提供的機能)
(6) 学習者が学習経験の成果を評価するのを援助すること(評価的機能)

　この中の,「ニーズの診断」「学習計画」「学習経験の成果の評価」は,まさに「自己評価」そのもの,あるいは「自己評価」と深く関わりのあることであり,ポートフォリオなど,何らかの適切なツールを用いた支援が求められる。

3.「生活のための日本語」プログラムへの「自己評価」の取り入れ

3.1 いつ「自己評価」を行うか

　「生活のための日本語」プログラムでは,「自己評価」を次の各段階で取り入れることが考えられる。

　　プログラム開始段階：①日本語能力の現状に関する自己評価
　　　　　　　　　　　　②目標設定,学習計画
　　プログラム実施段階：③各授業の達成度に関する自己評価
　　　　　　　　　　　　④目標(学び方)の達成状況に関する自己評価
　　プログラム終了段階：⑤目標の達成度に関する自己評価
　　　　　　　　　　　　⑥今後の展望

　以下,それぞれの自己評価の意義と位置づけについて述べる。

3.2「日本語能力の現状に関する自己評価」と「目標設定」

　日本語学習者は,日本語教室などでの学習を始める前に,自身の日本語能力の現状を把握する必要がある。これは,ノールズ(2002)が重視する「ニーズの診断」に直結すると考える。
　「生活者としての外国人」に日本語を学ぶ場を提供している日本語教室の中には,新たな学習者を受け入れる際に,学習者のニーズを知ることを目的に,「何が勉強したいですか」「どんな能力を身に付けたいですか」といった質問をするところがある。何か選択肢や項目リストがあるわけではなく,自由に回答

できる形式での問いである。こういった問いに対する答えは当然ながら，「文法」とか「漢字」，あるいは「上手になりたい」というような漠然としたものになりがちで，具体的な「学習計画」を立てるための情報にはなりにくい。しかしこれは，問い方に問題があるからであり，問い方を変えることにより，ニーズの診断は容易となる。

　ノールズ (2005) は，自分の学習ニーズが明らかになればなるほど，より効果的に学習を計画することができるようになる，という考えの下，学習者が学習ニーズを自己診断することの重要性と具体的な方法を紹介している。まず，学習ニーズの自己診断のプロセスを，(1)望まれる行為モデルや必要とされるコンピテンス・モデルを考案する，(2)(1)の行為やコンピテンスという観点から，現段階での個々の達成度を判定する，(3)モデルと現段階での達成度にどのくらいの格差があるかを評定する，の3段階に分けている。最初のステップに示されている，コンピテンス・モデルとは，「ある一定の学習者像を前提に，そのような学習者がもつコンピテンスの組み合わせやパターンを一つのモデルにまとめたもの」(ノールズ, 2005: 8) であり，その構築法については，各種の調査結果や専門家の見解の活用，観察・記録による課題分析が紹介されている。

　先述した「標準的なカリキュラム案」は，「医者の診察を受ける」「不在配達通知に対応する」といった，基本的な生活基盤の形成に不可欠，または，安全に関わり緊急性があるために必要不可欠な生活上の行為 106 事例と，「地震について理解する」「郵便局のシステムを理解する」といった，情報として知っておく必要があるもの 15 事例の，計 121 事例で構成されている。これらの事例は，複数の調査結果及び専門家からなる日本語教育小委員会における検討に基づくものであり，「生活のための日本語」の学習に関する，一つのコンピテンス・モデルとして参照できるのではないかと考える。各学習者は「標準的なカリキュラム案」をよりどころとして，自分自身の生活に関連があるものを選び取り，第2，第3のステップ，つまり「現状に関する自己評価」を行い，自身のニーズを明らかにすることが可能となるのである。

　そして，その「現状に関する自己評価」を踏まえて，具体的な目標設定，学習計画を行うことになる。自己評価によって，自身のニーズが具体的に明らかになったとしても，それをそのまま全て，重みづけなどを考慮せずに学習を進められるわけではない。特に，自身が参加する教室が，一斉授業の形式をとり，予めテーマや内容を設定している場合には，それとの調整が必要となる。用意されたテーマや内容と，学習者自身の現状や目標をすり合わせるプロセス

を通じ，目標をより意識化及び明確化させ，学習内容に取り組む動機づけにつなげていくことが必要となる。

　また，標準的なカリキュラム案が，全体として何を目的・目標としているか，項目として扱われていないものは何かなど，その位置づけを知らせ，「生活のための日本語」を身に付けたい人が参照するものとしての意味を知らせることも重要である。

　さらに，日本語能力向上という目標を達成するために，どのように学びに取り組むか，ということを別の目標として設定することも意義がある。たとえば，「授業で習った表現を，次の週までに実際に使う」「配布プリントとメモを，帰りの電車の中で必ず見直す」などである。こういった「学び方」に関する目標を自分自身で設定し，その結果を振り返り，自分を評価する機会を繰り返し設けることも，「自己評価」の習慣づけや，学び方を学ぶことにつながるはずである。

3.3 達成度に関する自己評価

　達成度に関する自己評価には，まず，プログラム進行中に繰り返し行われる「各授業の達成度に関する自己評価」と「目標（学び方）の達成状況に関する自己評価」がある。前者は1日の授業が終わるたびに，授業で目標とされていたことについて，どの程度達成できたかを振り返るものであり，達成感をもたらすと同時に次の学習への動機づけにもなる。後者は学び方に関する目標の達成状況を定期的に評価するというものである。これは一人一人が立てた目標でもあるため，必要に応じて目標を修正していくことが期待される。

　さらに，プログラム終了時にはプログラム全体を振り返り，「目標の達成度に関する自己評価」を行う。これにより，自身の日本語能力に関する課題の把握，「学び方」に関する課題の把握を行い，「今後の展望」として，プログラム終了後の学習について新たな目標や学習計画を立てる。比較的容易にかつ十分に目標が達成できていたとすれば，より高度な目標を設定するといったことも視野に入れ，プログラム全体を振り返る。

4. ポートフォリオの活用

　日本語教育のプログラムの中に自己評価を計画的かつ継続的に組み込み，学習者自身が自分の日本語学習を管理する方法を学んでいくためには，ポートフォリオの活用が有効であると考える。

ポートフォリオとは，もともとは二つ折りの書類入れを指し，多くの人がすぐにイメージするのは，黒くて薄く，かなり大き目の入れ物だろう。この入れ物そのもの，そして，その中身(作品群，資料)がいずれも「ポートフォリオ」と呼ばれるが，建築デザイナーなどは，自身の作品を蓄積していき，自分を売り込む際に，「私はどんなことをやってきたか，何ができるか」をポートフォリオにまとめて披露する。このポートフォリオが，近年，教育の世界でも「学習の記録」「作品集」「学習成果の総体」といった意味合いで使われるようになり，評価の手段としても用いられるようになっている。言語教育の分野では，CEFRとの関連の中で欧州評議会が生み出した「ヨーロッパ言語ポートフォリオ」(European Language Portfolio: ELP)が代表的であり，成人学習者用のELPだけでなく，子ども用のものも開発されている。また，先述したように，日本語教育小委員会もすでに日本語学習ポートフォリオを開発している(文化審議会国語分科会, 2012)。

　ポートフォリオは，(1)個々の学習成果や，そこに至る過程や思考を示す機能，(2)学習に関する自己管理を促す機能があり，それらを生かした新たな評価方法としても大きな可能性がある(金田, 2012)。たとえば，オランダにおいては，移民に対する市民統合テストの方法の一つにポートフォリオ評価があり，移民が実際にオランダ語を使用することを促進する機能を持った評価方法として用いられている(金田, 2011)。

　ポートフォリオには，目標にどの程度近づけたかで序列化するといった発想はない。その場の学習者全員が同じ目標ということもない。それぞれの目的・目標，目標レベルに応じて成果も異なり，過程における学び方も異なる。このことを前提に，自身の学びに関する自己管理を行うことを目的に，本章**3.** で述べたように，プログラムの各段階に「自己評価」の活動を行うこと，それをポートフォリオの形式を用いて実現することを提案したい。

5. ポートフォリオによる「自己評価」導入の提案
5.1 提案の概要
　ここでは，これまでに述べてきたことを踏まえ，「生活のための日本語」プログラムの中でポートフォリオを用いて「自己評価」を行う方法を提案する。筆者が関わるグループの実践(2013年度及び2014年度に，文化庁「地域日本語教育実践プログラム」として採択され，実施したもの)を踏まえ，具体的な方法を示す。

〈「生活のための日本語」プログラム例〉
　〔目的〕地域社会で安全かつ快適な生活を送れるよう，必要な日本語を身に付け，社会文化知識に対する理解を深める。ポートフォリオを活用し，継続的・自律的な学びにつながる力を養う。
　〔内容〕地域社会で生きていくために必要な日本語と社会文化知識を扱う。小・中学校に通う児童・生徒を持つ外国人保護者や，これまで日本語学習の機会がなかった外国人を主な対象とし，日本社会で生きていくための日本語を学習内容とする。
　〔期間・時間〕20××年×月×日〜20××年×月×日
　　　　　　　年間全3期，各10回，全30回。各回2時間15分。
　〔特色〕
　　・「標準的なカリキュラム案」を参照し，各回に生活上の行為や知識に基づく目標を設定する
　　・自己評価及び学習管理の方法としてポートフォリオを活用する
　　・自己評価やポートフォリオの使い方についての説明など，必要に応じて媒介語・母語を活用する

5.2 「自己評価」活動の実際

　次ページ以降に示すように，プログラム開始前の受講申し込み時から，第1期終了，そしてプログラム終了までの各段階に，自己評価に関連する活動を組み込んでいる。どのタイミングで何を行うのかを，次ページ以降，使用したシートを用いつつ示す。尚，2015年4月現在，いずれのシートも改良を重ねているが，本章では，学習院大学「わくわくとしま日本語教室」グループ(2014)にて公開済みの2013年度のもの及び，学習者から使用許諾を得た記入例のみ引用する[3]。
　毎回の授業で行う「各回振り返り」には15分程度をかける。そして，各期の初日と最終日など，目標の記入や振り返りの作業は考える時間を要するため，2時間15分の授業時間のうち1時間を費やす。また，この時間は目標を考えたり，評価の理由を語ったりするため，母語・媒介語を用いることとする。たとえば，2014年度は，中国語，韓国語，ミャンマー語，英語に対応した。自己評価に関わるシートも同様である。

---

[3] 2013年度の自己評価用シートの作成には主に金田，張文宜，王丹が携わった。

| プログラム開始前
(受講申し込み時) | ［シートA：できることの大まかな確認］
＊標準的なカリキュラム案を参照して作られた能力記述文一覧について，学習者は自己評価を行い，自分自身の課題を知る。指導者は学習者の能力を知る(一覧は複数言語で用意)。 |

Q. あなたは、日本語で、どんなことができますか。あてはまるところに、✓をしてください。

◎できる　○なんとかできる　△できない

病院で医者の診察を受ける	◎ ○ △
ゴミ出しのルールについて他の人に聞く	◎ ○ △
郵便局で小包を送る	◎ ○ △
不在配達通知を読み取り、電話で再配達の申し込みをする	◎ ○ △
インターネットで再配達の申し込みをする	◎ ○ △
子どもの保育所や学校の行事の時期・内容・目的がわかる	◎ ○ △
必要な学用品や持参物を、授業や行事にあわせて準備する	◎ ○ △

| 第1期初日 | ［シートB：現状把握と目標設定］
＊これから学習する具体的な学習項目(能力記述文で記載)についてあらためて自己評価し，スケジュールを確認し，その期の目標設定をする。 |

○よくできる 很好 Well done　○できる 好 Can do　△がんばろう 加油 Keep going

テーマ 主題 Subject	学習項目 学习项目 Content	現状 现状 Now ◎○△	受講 予定日 听课预 定日 Class	受講後 听课后 After class ◎○△	講師より 老师评价 Instructor
郵便・宅配を受け取る 领取邮件/包裹 Receiving postal items	不在通知が何であるかわかる 知道什么是不在通知 Understanding the delivery absence notice	△		◎	すばらしい!(スタンプ)
	不在通知にどのように対応するかわかる 明白怎样处应不在通知 Understanding how to deal with the delivery absence notice	△		◎	すばらしい! すばらしい!
学校行事 学校活动 School events	行事の内容がわかる 明白活动内容 Understanding the content of events	△	11/28	◎	OK!
	行事に応じて、必要な行動をとることができる 根据活动，能采取必要的行动 Taking reaction which based on the event	△		◎	OK!
学用品 学习用品 School supplies	学用品や持参物にどのようなものがあるかがわかる 知道学习用品和自备物有哪些 Understanding what school supplies or belongings are	△	12/5	◎	すばらしい!
	必要に応じて、学用品や持参物を揃えることができる 根据需要，能准备学习用品和自备物品 Preparing school supplies or belongings if required	△		◎	すばらしい!
学校連絡1	学校に電話をかけ、話したい相手を呼び出す				

第 8 章　学習につながる自己評価　151

［シート C：「自分への期待」の表明］
＊第 1 期の開始にあたり，細分化された能力記述文とは別に，自分が今回の日本語教室参加にあたって何を目指すか，日本語能力向上のために何を目標とするかを考え，表現する（下の例では，表明欄しかないが，プログラム実施中の振り返り用の記入欄を作っておくのがよい）。

```
自分への期待　対自己的期待　You hope yourself～
例 For example：遅刻しない。不迟到。Not be late.
習った日本語を使ってみる。
试着使用学习过的日语。
Try to use Japanese learned at the class.
希望通过本次的学习，可以了解更多的关于日本的饮食文化和日常有关的
知识。当然，熟练日语　给自己在日本的生活提供更多的方便。尽自己的
努力学习本次课程。
```

第 1 期実施中　［シート D：各回振り返り］
＊各回の活動終了後，学習項目がどの程度できるようになったかを，自己評価し，同時に，指導者または他の学習者からも評価を受ける。評価が食い違う場合，その食い違いの理由について，双方から考えを述べ合う。

学習項目 学习项目 Content	私の評価 自己评价 Self evaluation	講師の評価 老师评价 Teacher's evaluation
症状を伝えることができる 能告知病情症状 Understand how to explain medical symptoms	☺ ☺ ☹	☺ ☺ ☹
医者の診察，指示が理解できる 能理解医生的诊断、指示 Understand the content from the doctor	☺ ☺ ☹	☺ ☺ ☹
病気への対処法・生活上の注意を尋ねられる／病気への対処法・生活上の注意がわかる 能询问病情的处理方法以及生活上的注意点 Ask and understand how to deal with illness/important point of daily life	☺ ☺ ☹	☺ ☺ ☹

☺ よくできた　很好　Well done
☺ できた　好　Can do
☹ がんばろう　加油　Keep going

［シート C（再）：「自分への期待」の振り返り］
＊定期的に，「自分への期待」の達成度を評価する。

第 1 期最終日　［シート B(再)：第 1 期振り返り／達成度の確認］
　　＊全10回の授業を振り返り，目標達成度を自己評価する。いくつかのロールプレイやタスクなどをあらためて行い，学習者と他の学習者や指導者が評価を行ってもよい。

［シート E：「自分への期待」振り返り／今後の展望］
　＊第 1 期全体を振り返り，自分が当初設定した「自分への期待」が達成されたかを評価する。日本語学習はどうだったか，今後の目標は何かを考える。

```
             コースを終えて
              课程结束
           Towards the end…

  自分への期待は達成できましたか?
  对自己的期望达成了吗?
  Did you achieve your goal?
  ┌─────────────────────────────────────┐
  │ 通过本次的学习,虽达不到十全十美,但是学习了很多之前不明的知识│
  │ 还是有很大的收获的。                        │
  └─────────────────────────────────────┘

  日本語の勉強は楽しかったですか?
  日语学习快乐吗?
  Did you enjoy the Japanese class?
  ┌─────────────────────────────────────┐
  │ 日语的学习交流过程中非常轻松愉快,感觉这样的课程很好。 │
  └─────────────────────────────────────┘
```

第 2 期　　(以下，全 3 期のプログラム終了まで繰り返し)

　さらに，自己評価のための各種シートや授業で用いられた教材を，「ポートフォリオ」としてまとめられるよう，共通の 2 穴ファイルを学習者全員に配った。シートを紛失することなく，確実にその場でとじ込むことができるよう，配布するシートにはとじ込み用の穴を開けておいた[4]。

---

[4] 配布物に予め穴を開けておくことにより，その場で確実にファイルにとじることが可能となるが，これは「手のかけすぎ」という見方もある。指導者のこういった行為が，学習者自らの「学ぶ力」を育てようとする方針と矛盾するおそれがあることについては，今後，担当者間で議論が必要であると考える。

6. おわりに：今後に向けて

　ポートフォリオを用いて自己評価を行うという実践を2013年度より2回行った。プログラム自体が新しく設けられたものであるため，運営面，そして授業の内容や方法に関し，解決すべき課題は多い。その中で，本プログラムの担当者が，特にポートフォリオに関して疑問に思ったのは，「はたして学習者は，ポートフォリオや，各種の自己評価活動の意義・目的を理解していたか」という点であった。これは，「学習につながる自己評価」の根本に関わる問題であり，学習者が，一連の評価活動をどう捉えているかをあらためて研究すべきである。そして，すぐに取り組むべき教育上の課題としては，ポートフォリオ及び自己評価活動の意義が実感でき，有効活用を促す指導を行うということが挙げられる。具体的には，以下の事柄をプログラムの中に組み込んでいくことが今後期待される。

- 現状評価と目標（長・中・短期）設定との関連付けに対する支援
- 教室外での日本語使用及び学びに対する評価及び実施に対する支援
- 学習の振り返りの道具として「ポートフォリオ」を活用するための支援

　これらはいずれもある程度の時間と繰り返しが必要で，限られた授業時間の中でいかに「自己評価」の時間を充実させるかが，今後の大きな課題である。

［謝辞］本研究は，JSPS科研費24320098，25284098の助成を受けたものです。

参考文献

青木直子・中田賀之(編)(2011)『学習者オートノミー―日本語教育と外国語教育の未来のために―』ひつじ書房

学習院大学「わくわくとしま日本語教室」グループ(2014)『平成25年度学習院大学わくわくとしま日本語教室実施用資料』

金田智子(2011)「「生活のための日本語」能力測定の可能性」『日本語教育』148, 13-27.

金田智子(2012)「「日本語教育」について学ぶ科目にポートフォリオを取り入れる」『言語教育実践―イマ×ココ―』創刊準備号, 31-36.

ノールズ，マルカム(2002)『成人教育の現代的実践―ペダゴジーからアンドラゴジーへ―』(堀薫夫・三輪建二監訳)鳳書房

ノールズ, S, マルコム(2005)『学習者と教育者のための自己主導型学習ガイド―ともに創る学習のすすめ―』(渡邊洋子監訳，京都大学SDL研究会訳)明石書店

文化審議会国語分科会(2012)「「生活者としての外国人」に対するに日本語教育における日本語能力評価について」<http://www.bunka.go.jp/seisaku/kokugo_nihongo/kyoiku/nihongo_curriculum/pdf/nouryoku_hyouka_ver2.pdf>(2015年10月30日)

▷ コメンテータ（田所希佳子）からのコメント ◁

　本論文では，「生活のための日本語」教育において，日本語学習に対する意欲や動機を維持し，自律学習を促す重要性が述べられており，ポートフォリオを用いた自己評価支援の方法が具体的に提案されています。一点気になるのは，「症状を伝えることができる」といった自己評価項目の「できる」が何を意味するのかという点です。同じように伝えたとしても，楽観的に「よくできた」と評価する人と，自分に厳しく「なんとかできた」と評価する人がいます。前者のほうが，自己評価が高く，意欲や動機は維持されやすいかもしれませんが，目標が低いため，長期的に見た場合の最終的な達成度は低くなると予想されます。自己評価の際，何をもって自分を「できた」と評価するのかという，評価の観点は，学習者個人の判断に任されているのか，それとも支援者が何らかの働きかけを行っているのかという点について，ご説明いただければと思います。

▶ 執筆者（金田智子）からの回答 ◀

　たしかに，自己評価の際に「できる」の基準が学習者によって異なるということは起こります。本章で紹介した教室では，評価の観点や判断基準の違いは必ず存在するものであり，それを評価活動の中に生かしていこうと考えました。たとえば，授業の終わりに達成度の評価をする際には，自己評価だけでなく指導者あるいはクラスメートによる評価も行います。その際に，食い違いが発生すれば，なぜそういう評価をしたのか，お互いにその理由を言い合うことにしました。たとえば先日も，ある学習者の自己評価が高く，クラスメートによる評価はそれより低い，ということが起こりました。クラスメートが「ロールプレイの時，プリントをずっと見ていたから」という理由を述べたので，本人は納得しました。この学習者は，「できる」とは何も見ずに言えることだとはおそらく思っていなかったと思いますが，クラスメートの一言で，「できる」とは何かについての考え方や，評価の判断基準が少し変わったかもしれません。

　このようにして，評価活動をしながら，各自の評価基準の見直しを促そうとしています。とはいえ，それぞれの持つ観点や基準が，どのように変わっていくか，その変容が，日本語学習への動機づけや，日本語能力の伸長にどう影響を与えるのかについては，今後の実践の積み重ねと適切な情報収集により明らかにしていく必要があると考えています。

第9章 場面に重点を置いたコミュニケーション教育において評価の多様性に注目する意義

田所 希佳子

1. はじめに

　人間関係の上下・親疎や場の改まり・くだけを考慮した上で何をどう話すかという，場面に重点を置いたコミュニケーション教育において，正解というものは存在しない。なぜなら，コミュニケーションの相手は多様な価値観を持った人間であるため，その評価も多様になるからだ。それぞれの場面において，学習者が自分の価値観に基づき，何をどう話すか判断しなければならない。その判断をよりよくしていくために，教師はいかに働きかけることができるのか。本章では，ある特定の場面における発話に対する多様な評価を学習者が知ることにより，自分の価値観を見つめ直し，問い直すことが必要であるという立場に立ち，教育実践を行った。初対面会話において宗教が話題となった箇所を取り上げ，当事者評価及び第三者評価を可視化し，共有するという活動をもとに，このような評価の多様性への注目が，コミュニケーション教育においてどのような意義を持つのかについて考察した。

2. コミュニケーション教育とは

　本章において，コミュニケーション教育とは，場面(人間関係と場の総称)に重点を置いてコミュニケーションに関する認識を高めることである(蒲谷，2003)という前提に立つ。例えば，初対面の相手とどのような話題について話すか，どのようなスピーチレベル(丁寧体，普通体などの文末形式)で話すかといったことを考えることは，場面に重点を置いたコミュニケーション教育となる。

　コミュニケーションとは，正解のないものである。どのような内容をどのように話せば，自分も相手も満足のいく会話ができるのかということに，絶対的な基準があるのではない。何らかの一般性は確かに存在する。例えば，初

対面で政治や宗教といった話題は，相手のプライバシーの侵害，あるいは意見の対立につながりやすいため，避けられる傾向にあるという報告がある(三牧, 1999；熊谷・石井, 2005 など)。そのような話題が相手に違和感を与えたり雰囲気を悪くしたりする可能性は高いかもしれない。しかし，当たり障りのない表面的な話題で会話をすればいつでもうまくいくというわけでもない。いつ誰とどのような場でどのような目的で話すのか，その人がどのような性格なのか，どのような気分なのかといった，ありとあらゆる要因により，その会話がうまくいくかどうかは左右されるのである。そのため，コミュニケーション教育においては，会話そのもののみならず，その背景にある個々の認識にも注目することが重要となる。

3. 正解の追究ではなく既存の価値観の問い直し

　よりよいコミュニケーションは，他者が正解を教えてくれるような問題ではなく，人生をかけて，自分で追究していくものである。それは，「正解」ではなく「納得解」(藤原, 2009)を求めていくということである。藤原(2009)は，成熟社会の構成員は「それぞれ一人一人」であるため，万人に共通する唯一の正解などなく，自分が納得でき，かつ関わる他人を納得させられる解である「納得解」を，誰もが仕事や暮らしの中で試行錯誤しながら，求めていくしかないと述べている。このように，正しいかどうかではなく，納得できるかどうかが重要となる。

　ただし，それがあくまで仮の「納得解」であることを自覚する必要がある。「納得解」はその時の自分の価値観に基づいて判断した暫定的な答えであるため，常に問い直す必要があるということである。問い直しの重要性に関しては，メジロー(2012)の変容的学習理論に詳しい。過去の経験は，自分のものの見方や理解の仕方を一定の方向に形付け，それが価値観の形成につながっていく。しかし，成人にとって重要なのは，その古い経験(あるいは新たな経験)を新たな一連の期待から解釈し直すことにより，古い経験に対して新たな意味と見方を与えるという，「変容的学習」である(メジロー, 2012)。経験を重ね，情報を得ることにより，価値観が固定化されていき，徐々に多様性を受容する柔軟さが欠けていく。そこで，価値観を問い直し，「納得解」を更新していくことが必要になってくるのである。

　そのために必要なのが，評価の多様性を知ることである。価値観は人によってそれぞれ異なるため，同じ対象に接した場合でも，結果として得られる

「評価」は千差万別である(宇佐美, 2014)。しかし，人は自分の価値観が他者の価値観といかに異なっているのかを意識しにくい。その多様性を知らず，自分の知っている範囲内で判断し，それ以上知ろうとしないのではなく，常に柔軟な姿勢を持つ必要がある。そのために，多様な評価や価値観を知る必要があるだろう。ただし，これらは言動の背景にある表面化されにくい部分であり，日常生活では知ることが難しい。そこで，教室という非日常の場を活用し，評価を可視化・共有する試みを行った。

4. 教室における評価の可視化と共有

　評価の多様性をいかに教室において扱うのか。その具体的な方法を考える上で参考になるのは，異文化トレーニングの考え方である。固定化された価値観を問い直し，他者の多様な評価に触れ，意識化するという本章の教育目標は，他者の多様な価値観を知ることによって自らの価値観を問い直し，視野を広げるという異文化トレーニングの理念と共通するものがある。倉地(1992)によると，異文化トレーニング(異文化訓練法, cross-cultural training)とは，企業や軍隊などの任務を受けて海外に赴く人々を対象とした訓練法で，アメリカでは60年代から，日本では70年代から様々な形で実施されてきた。日本語教育には90年を前後して，取り入れられるようになった(倉地, 1992)。異文化トレーニングの具体的な方法は，カルチャー・アシミレーターやDIE法，プロセス・リコールなど多岐に亘っているが，共通しているのは，ある摩擦場面における出来事や行為に関して多面的な解釈の仕方を学ぶことを重視している点である。この理念をコミュニケーション教育に援用し，ある会話の一部分を摩擦場面として抽出し，評価の多様性を共有することにより，意識化を促すことができると考えた。

5. 価値観の問い直しのきっかけとしての評価

　宇佐美(2014)は，評価を以下のように定義している。

　　　主体が持つ内的・暗黙的な価値観に基づいて，対象についての情報を収集し，主体なりの解釈を行ったうえで，価値判断を行うまでの一連の認知プロセス。またその結果として得られる判断。　　　　　　　　(p. 2)

　ここでいう「価値判断」には，いい・悪いといった論理的判断だけでな

く，好き・嫌いといった心情的判断も含まれている。本章においても，この定義に準ずる。なお，会話の局面において瞬間的に生じる認識や感情に限らず，評価の背後にある自分自身の価値観そのものにも着目する。つまり，会話の局面において思ったこと，感じたことの背景にある，なぜそう思ったのか，感じたのかという評価の要因にも注目するということである。

6. 具体的な実践例
6.1 実践の方法

日本国内の混合寮[1]に住む初対面の母語話者と学習者を対象に，20分の接触場面初対面会話を録画した。対象者の詳細は以下の通りである。

表1　映像教材の対象者の詳細

仮名	年齢	学年	出身地	母語	日本語学習歴	日本滞在歴
タン	34	研究生	マレーシア	マレー語	マレーシアで2年，日本で6年	6年1カ月
しんじ	23	修士1年	新潟	日本語		

録画直後，再生刺激法(stimulated-recall technique; Bloom, 1954)を用いたフォローアップ・インタビューを1名ずつ行い，自分及び相手に対する評価とその要因に関するデータを収集した。そのデータから，話題に関する悪印象や違和感が見られた箇所を約2分に編集して映像教材を作成した。その映像教材を用いて，学習者2名ずつを対象に，3回の模擬授業を行った。学習者は，日本留学中の学習者2名及び，香港在住で香港の大学に在学中の学習者4名である（表2）。

なお，授業参加者とは別の学習者と母語話者との会話を映像教材とした理由は，フォローアップ・インタビューにおいて相手に対する否定的な評価も含めた率直な意見を引き出すには，そのインタビュー結果を相手に伝えないということを条件にする必要があったためである。

---

[1] 日本人を含む様々な国籍の学生及び研究者が生活する寮。

第9章　場面に重点を置いたコミュニケーション教育において評価の多様性に注目する意義　159

表2　模擬授業に参加した学習者の詳細

授業番号	仮名	年齢	学年	出身地	母語	日本語学習歴	日本滞在歴
①	イスマン	28	博士1年	アルジェリア	アラビア語	独学で3年，日本の大学で2年	2年
①	イム	26	博士1年	韓国	韓国語	韓国の大学で6ヵ月，日本の大学で6ヵ月	7年4ヵ月
②	ツェー	19	学部1年	中国	中国語（広東語）	独学6年	0
②	ヨウ	22	学部4年	香港	中国語（広東語）	香港の大学で1年半，日本の大学で1年	1年1ヵ月
③	ホン	22	学部4年	中国	中国語（北京語）	香港の大学で2年半，日本の大学で1年	1年
③	ウォン	21	学部3年	香港	中国語（広東語）	香港の日本語学校で10年	0

　模擬授業では，下のような字幕付きの動画を，パソコンから視聴した。会話に関しては，ザトラウスキー(1993)に準拠して文字化した資料(表3)を与え，話し合い時に参照できるようにした。その後，当事者評価とその要因に関するフォローアップ・インタビューを逐語的に文字化した上で該当箇所を抜粋したものを配布し，読んで考えたことを話し合った。

写真1　字幕付き動画

　以下は，タンとしんじの20分の会話の中で，映像教材として視聴した2分間の箇所の文字化資料である。

表3　映像教材の会話の文字化資料

時刻	#	話者	発話
13:50	1	しんじ	だからほんっとに神様がいるかどうかは分かんないっす。
	2	タン	分かんないんだ
	3	しんじ	ほんとに分かんないっていうのが正直かもしれない。
	4	タン	あーほんとに
14:00	5	しんじ	いるかもしれないし，いないかもしれないし。
	6	タン	そうですね
	7	しんじ	だからそういうふうに信じてはいないけど，
	8	しんじ	でも習慣として，なんか神社でお祈りとかを神様にするっていうのは，します。
	9	タン	うーーん
	10	タン	はいはい，そうですね，この，世界でですね，ま，二つのグループに分かれてるんですね。
	11	しんじ	うん
	12	タン	ま，神様の存在を信じる人，信じない人。
	13	しんじ	へーーー
	14	しんじ	そうですね。
	15	タン	でも，クリスチャンってみんな神様のことを信じてるんですね。
	16	しんじ	はいはい
	17	タン	神様を信じて，神様の存在
	18	しんじ	ふーーん
	19	しんじ	信じてるんですか？
	20	タン	はい。
	21	しんじ	そうですね。
	22	タン	そうですね，ちょっと難しい話になっちゃうと思うんですけど，
	23	しんじ	うん
	24	タン	あの，えーっと，神様はこの世界を，宇宙万物を作られた方，
	25	しんじ	うん
	26	タン	お方だとみんな信じてるんですね。
	27	タン	みんな，というかクリスチャン。
	28	しんじ	うん
15:00	29	タン	その最初世の始まり，あの，世界の始まりに，神様が全ての物，創造，してくださったという，
	30	しんじ	うん
	31	タン	話ですね。
	32	しんじ	神話，僕も聞いたことありますよ。
	33	タン	うん，そうそう
	34	タン	アダムとイブ，エバ。
	35	しんじ	うん，アダムとイブ。
	36	タン	そうです，の話ですけど。
	37	しんじ	はい，有名ですね。
	38	タン	うん，けどー，神様，人間，全ての万物，世界，全て作ったのに，
	39	しんじ	うん
	40	タン	人間が神様を知らないですね。
	41	しんじ	うん
	42	タン	神様知らなくて，神様のその愛，そうですね，愛を体験することはできない。
	43	しんじ	うーん　　　うーん
	44	タン	人間と神様の間に断絶，ができてるということ。
	45	しんじ	ふんふん
	46	タン	ギャップができてる。
15:50	47	しんじ	うんうんうんうん

6.2 評価の詳細

　タンとしんじのフォローアップ・インタビューを逐語的に文字化した当事者評価及び，それを知った上での学習者6名による授業中の発言を逐語的に文

字化した第三者評価を引用しながら，以下の二つに分けて考察していく。一つは，タンが宗教の話題を出したことに対する評価，もう一つは，タンが宗教の話を続けたことに対する評価である。

6.2.1 タンが宗教の話題を出したことに対する評価
6.2.1.1 当事者評価
［当事者評価（タン→タン）］
　20分の会話中，2分55秒の時点で，その日教会に行ってきたという話をきっかけに，宗教の話になった。宗教の話をしたタン本人は，「（マレーシアにおいて，初対面で宗教の話は）あんまりしないんですね。嫌われちゃうんですね。たぶん日本の方がもっと厳しいかも。ちょっとしまったって」とやや否定的に評価していた。「たぶんよくないかな。教会の話，クリスチャンの話をしたから，続けて教会，神様の話しちゃったんですね。自然に。たぶん今日教会行ってきたからたぶんその話ばかりしたくなっちゃうかも」と振り返った。

［当事者評価（しんじ→タン）］
　上記のタンによる当事者評価に対し，しんじは，3分14秒の時点で，「どんな宗教なのかなっていうのは自分は興味結構持ってますし，その人のことを知る上でどういう宗教を信じてるかってかなり重要だと思うんで，いろいろ聞きたかったんですけど，あまりにも自分の知識がないがために，詳しく聞けないっていう感じで。（略）（初対面で宗教の話をすること自体は）そうですね。別に」というように，宗教の話題自体に否定的な評価はなく，共通の話題でないために自分が積極的に話すことができないということを残念に思っていた。
　しかし，12分26秒の時点での，自分の宗教のことを何か知っているかというタンの質問には，非常に違和感を持ったと言う。「たぶん今まで生きてきた中で日本語で俺の宗教のこと知ってるって聞かれたのが初めてだったんで，なんか戸惑いました。それで違和感感じました。どうやって答えたらいいか分かんなかったですね」とのことであった。それから20分の終了時点まで宗教の話は続いたが，宗教の話自体について，しんじは以下のように評価した。「日本人だったら違和感ですね。外国人なので大丈夫です。しかも話題も特になかったんで，それで宗教の話をしてるのもあるなって思ったので，そこまで違和感感じなかったです」とのことである。質問一つに対して違和感を持っていても，全体的には，相手が外国人であるという理由により，否定的な評価には至らなかったといえる。

続く14分35秒(表3参照)の時点では，しんじのタンに対する評価に変化が訪れる。「ここで僕の今言ってたのは，いるかどうかも分かんないから信じてもいないし，どっちか分かんないから，信じてるかって言われたら，どっちでもないっていうふうに僕は言ったつもりだったんですけど，でも世界には二つのグループがあって，信じる人と信じない人がいるって言われたんで，だから，僕はどっちでもないんだよってちょっと思いました。で，結構，この辺で，すごい敬虔なクリスチャン信者なんだなっていうのをすごい感じて，ま，毎週お祈りに行ってる時点でかなり信仰に厚いのかなと思ったんですけど，でもこの辺でだいぶ，すごい敬虔なクリスチャンだから，宗教の話題も多いし，神様の話とかをするんだなっていうのが分かって，その後は今まで違和感感じたことが，だからこんなに教会の話してたんだって分かって，この時，さっきその信じる，世の中には信じる人と信じない人がいるって言われた時になんか違和感感じてちょっと悪印象持ちましたけど，でも，その敬虔なクリスチャンなんだなっていうのが分かって，それ自体には別に悪印象も好印象もないんですけど」と述べた。神様がいるかどうかに関する自分の意見を十分に理解してもらえなかったという点には悪印象を持ったが，話全体を通しては，敬虔なクリスチャンであるという，タンの人柄を知り，否定的な評価はなくなったとのことであった。

6.2.1.2 第三者評価

一方で，この会話の表3の部分(13分50秒〜15分50秒)を視聴した上で，タンとしんじの互いの評価に関する文字化資料を読んだ学習者6名は，以下のような評価をしていた。

[第三者評価(イスマン→タン，イム→タン)]

イスマンは，タンのしつこさに対して否定的な評価をした。「やっぱり(タンさんは)だめな感じですね。日本人は本当に丁寧で，まぁ何かそのぐらいはすごく優しく聞いたと思うんですけど，でもちょっとしつこかったんだなぁと思います。あの外人の方がちょっとしつこかった」。イムも同様に，タンの歩み寄らない姿勢に対して否定的な評価をした。「日本人の方だとある程度こう妥協点を探そうとしてるんですけど。まぁ自分は信じないけどいるかどうか分からないですよっていうレベルで話を切ろうとしてるんですけど，留学生の方は必ず自分が正しいという前提のもとで話してるような感じがするんです。だからどうしてもそのギャップが埋まらない状況で，全然進展のない話が進んでる感じですね」。

第 9 章　場面に重点を置いたコミュニケーション教育において評価の多様性に注目する意義　163

［第三者評価（ツェー→タン，ヨウ→タン）］
　ツェーも同様に，タンに否定的な評価をした。「個人的な部分が多すぎて価値観も全然，無神論と，宗教の溢れてる所からの出身の方とか，価値観の違いがありすぎて，逆に日本人の方が返事しづらい」。ヨウも，「何か話は合わないな」と述べていた。

［第三者評価（ホン→タン）］
　ホンは，ほかの学習者とは違う視点から意見を述べた。タンが宗教の話を続けた背景には，しんじの話の内容を理解できなかったという事情があるのではないかとのことであった。「たぶん日本人の何かしゃべってる内容は分からないかもしれません。で，一応あのキーワード，神様について自分の考えを述べてばかりです。（私にも）ちょっと同じような状況もあります。例えば日本人の話が分からなくて，でも「あ，このキーワード分かります」で自分の考えを一応相手が，何とかその気分が冷たくなりたくない。ですから，自分が一応自分の考え，このキーワードについて話をします。その話全体が分からないけど，その1つのキーワードについて自分の考えを述べます」。つまり，タンはしんじの言ったことを完全には理解できなかったが，それで黙ってしまうと雰囲気が悪くなってしまうため，自分が会話に参加しているという姿勢を見せるために，神様というキーワードについて自分が話せることを話したのではないかということであった。

6.2.2　タンが宗教の話題を続けたことに対する評価
6.2.2.1　当事者評価
［当事者評価（タン→しんじ）］
　タンは，16分47秒の時点で，しんじに対して非常に肯定的な評価をしていた。自分が宗教の話題を続けたのは，しんじがあいづちを打ち続けていたためであり，しんじのあいづちに対しては，親切で礼儀正しいと非常に肯定的に捉えていた。「なんか，相手が黙ってて何も言わなかったから，話を続けてもいいんじゃないかなと思ったんですね。だからそのまま，神様の話した。（相手が反応していなかったのは，）たぶん話をちゃんと聞いてくれたから。興味があるかないかは別にして，親切に聞いてたんですね。礼儀正しいっていうか。日本の方はみんなそうですね。途中で，あ，この話やめようっていう反応あまり表さないですね。普通に相手が話してる時ちゃんと聞いてあげるというマナーをみんな持ってるんですね，日本の方が。これは非常に好印象ですね。（もし相手が興味がなかったとしたら）逆

に話す人がちょっと分かんないね。話を続けるか続けないか分かんなくなっちゃう。この時は話してもいいと思って続けて話した」とのことである。

［当事者評価（タン→タン）］
　自分自身に対しては，説明が下手だったという点に対して否定的な評価をしていた。「話したいけどやっぱり神様のことについて説明が難しいですね。特にその宗教の話とか難しい。英語だったら普通に話すんですけど。ここ難しかったですね。その時やめたかったんですね。やめたかったんですけど，結局やめなかったんですね。これちょっとよくないんじゃないかなと思って。説明の仕方ですね。下手で。うまく説明できなかった。これ悪いところじゃないかな。説明ができない場合は説明しなくてもいい。説明しない方がいい。相手にクエスチョンマークいっぱい与えるから」。自分が宗教の説明を続けたという点に関してではなく，説明の仕方が悪いのにもかかわらず話し続けたという点に関して，自分に対して否定的な評価をしていた。

［当事者評価（しんじ→しんじ）］
　一方のしんじは，自分が宗教の話に対してオープンであるという態度を示すためにあいづちを打ち続けるようにしたとのことであった。「タンさんの信じてる宗教の話を詳しくしてくれて，タンさんの宗教のこと，あんまりクリスチャンのこととか分かってないし，あ，そうなんだとしか思わないんですけど，なるべくそういう話にはオープンであるよっていうことを示すために，よく分かんないからこそよくうなずいて，あいづち打って，がんばって，とりあえず好印象を持ってもらえるように努力しましたし，たぶん持ってもらえたかなっていう，宗教にオープンですよってことで，好印象持ってもらえたかなって思いました」とのことである。つまり，タンの話に興味を持ってあいづちをしていたわけではなく，宗教に対してオープンであるという姿勢を示すためにあいづちをしており，そのあいづちが好印象をもたらしたであろうと肯定的に評価していた。

6.2.2.2　第三者評価
［第三者評価（イスマン→しんじ，イム→タン）］
　イスマンは，このしんじのあいづちに対して，やや否定的な評価をしていた。「それ（興味がなくてもマナーとしてあいづちを続けること）は分かりにくいと思います。人によると思うんですけれど，何かすごく上手に自分の気持ちを隠して

る人がいると思うので。(略)若い人は興味ない時雰囲気で分かる。分かりやすいと思う。でも年上の人だったら全然分からないですね」というように，相手の日本人が興味を持ってあいづちをしているのかどうかという点に対する，日常生活における疑問が，しんじへの評価にも影響しているといえる。さらに，「「何が好きですか？」「どういう話したいですか？」というふうに聞いてみると，それで良いじゃないですか。例えばあの外人の人がどういう話に興味あるのか聞いて，で，それから本当の話が始まるんじゃないか」と述べた。つまり，興味がないにもかかわらずマナーとしてあいづちを続けている間は「本当の話」になっていないとし，それならば相手がどのような話に興味があるのかという点を正直に尋ねれば良いのではないかという意見である。そして，そのようにしないしんじに対してやや否定的な評価をしているようであった。

　イムも，日本人のあいづちは，興味があってしているのかどうかが分かりづらいとし，韓国人との違いについて述べた。「話を聞く時の態度はたぶん，国によって違うかどうかは分からないですけど，日本と別の所から来た人だと違ったりすると思うんです。韓国人はもうはっきり表します。興味なければ聞いてないふりしたり。で，日本人だと興味がなくても「うんうん」ってこう聞いてたりしてるんですけど，でも興味があっても大して変わらない気がするんです。(略)相手が興味があって「うんうん」してるのか，興味がないのにまぁ空気読んでそういうふうになってるのか分からなかったりするんです」とやや否定的に述べた。

[第三者評価(ツェー→しんじ，ウォン→しんじ)]

　ツェーは，しんじの評価に関する文字化資料を読み，安心したと言う。「そこの把握がすごく難しいです。相手が興味がなくてもずっと聞いてくれるんだから，私どんどん盛り上がって，私ああいう自分の話題についてはどんどん話してしまうようなタイプだから。時々は自分の説明が下手くそかもしれないかなーって心配してたんですけど，本当はもしかしたら相手がその話について理解できるかどうかの問題ではなく，本当は興味なかったのかもって。そこはタブーだった，地雷だったかもしれない。でも日本人と触れ合うチャンスあまりないから，それを，その雰囲気を感じる，感じ取ることがあんまりできないので，もっと接触したらもしかしたらその嫌な雰囲気を感じる，感じてたらやめる，その話をやめることもできるかもしれない」とのことであった。ツェーは日本に行ったことがなく，香港の大学にいる先生や日本人留学生以外とは日本語で話したことがない。ツェーは，相手が話に乗ってこない場合に，自分の下手な日本語を相手が理解できて

いないためであると解釈していたが，相手が単に興味がないという場合もあるのだ，と知って安心したのである。

　ウォンは，話すよりも聞く方が好きであるため，自分もしんじと同じようにするだろうとのことであった。「それも個人差だと思いますけど，私の場合はこういうの多いんだと思います。あの興味がなさそうでも，あのまぁ，礼儀として続けて聞いてるふりをして，まぁ，そういうまぁ，多いかなと思います。話すことより聞く方が好きですから」。ウォンは日本に行ったことがなく，普段先生と話す以外は，ツイッター上で日本人と交流している。「あまり目と目であの話すことがなくて，まぁそうかなと思いますけど。ツイッターだからあの興味がなさそうだから返事してくれないという場合，今は，それで今の若者はそうではない方も多いかなって思ってました」とのことである。つまり，ツイッター上では相手が興味ない場合，返事がなくなるため，会話においても同様であると思っていた。しかし，しんじのように，興味がなくても話を聞き続けることがあるということを今回知ったとのことである。

[第三者評価(ホン→しんじ，ヨウ→しんじ)]
　ホンは，大学1年生の時に，日本文化として，本音と建前について勉強したため，しんじのあいづちを日本文化であると解釈し，自分も同じようにしていると述べた。「私は日本研究学科ですから1年生の時そんな日本の礼儀正しさを教えてもらいましたから，えっと一応，例えばいろんな概念とか建前と本音とか習いましたから私は意識的にそういうことをします。例えば日本の方しゃべる内容が，私自分が分からないけど「あーそうですか，そうですか，へー面白いですね，はー分かりました，あーなるほど」いっぱいあいづちをします」とのことであり，しんじに対して否定的な評価はない。「もし一生懸命相手が私の下手の説明聞いてくれれば私は嬉しいし，でももし相手が「へー」「そうなんだー」のあいづちがしたらたぶん話題に興味ないと気づいて自分から話題を変えます。気づきます」とのことである。

　一方，ヨウは以下のように述べた。「私はそのようなしゃべり方は学ばなかったけれども，まぁ日本人の会話を見る時には確かにあいづちを使います。あまり興味がなくても，一生懸命そうな顔で相手の話を聞きます。それがまぁ確かに日本人の習慣ですね。うーん，まぁ礼儀的には良いかもしれませんけれども，まぁ正直直接に言ってはいけませんね。まぁ中国人にもそのような話を言いません。そうですね，良い習慣かなーと思って。それはしょうがないですね，まぁ。直接に言うこと

はできませんので」とのことである．中国人同士であっても，日本人と同様，興味がない場合に直接言わないとのことであり，しんじのあいづちを日本特有の本音と建前であると解釈したホンとはやや異なる解釈をしていた．

6.2.3 評価の多様性に注目する意義

前述のように，初対面で政治や宗教といった話題は，相手のプライバシーの侵害，あるいは意見の対立につながりやすいため，避けられる傾向にある．しかし，実際に初対面で宗教の話題をした会話についての当事者評価や第三者評価は，必ずしも否定的なものではなかった．当事者評価では，しんじがタンに対して違和感を持った箇所はあったが，全体的には相手が外国人だから，敬虔な信者ということが分かったからという理由で，否定的な評価には至らなかった．第三者評価では，タンの歩み寄らない姿勢に対する否定的な評価はあったが，会話に積極的に参加しているという姿勢を見せようとしていたのではないかという解釈も見られた．

また，タンが宗教の話題を続けたきっかけになった，しんじのあいづちに関して，しんじは興味がなくても宗教に対するオープンな気持ちを表すためのあいづちであったとし，タンはそれに対して礼儀正しいと非常に肯定的な評価をしていた．第三者評価では，日本在住の2名は，話に興味があるのか分かりにくい，本当の話になっていない（イスマン），韓国ではそうしない（イム）と否定的に評価していた．しかし，香港在住の4名は，相手が話に乗ってこないのは話が上手に伝わっていないからではなく相手が単に興味を持っていないからという場合もあるのだ（ツェー），自分も話すより聞く方が好きなので同様にあいづちするだろう（ウォン），これは授業で勉強した本音と建前という日本文化であり自分も実践している（ホン），中国人も同様に，興味がないことを直接言わない（ヨウ）といった様々な解釈をしており，否定的に評価しているわけではなかった．

以上のように，それぞれの価値観に基づいたそれぞれの評価に，優劣をつけることはできない．重要なのは，それらを比べることではなく，多様な価値観，評価が存在するということを知り，自分の価値観，評価を問い直すことである．評価の多様性への注目が，自分の価値観への問い直しのきっかけとなり，ある場面において何をどう話すかを自分の価値観に基づいて判断できるようになる力を育成することにつながると期待できる．

なお，模擬授業内で学習者が互いの評価を知ることによって得た学びの考

察に関しては稿を改めたい。また，今後は学習者の人数を増やし，より多様な評価を教室で可視化・共有する実践を行っていきたい。

7．今後の展望

　初対面という場面において，政治や宗教の話をすることはまずないということを，社会の共通認識であると思っている人は多いかもしれない。しかし，だからといって，初対面で政治や宗教の話をした人に対して，無条件に否定的な評価をして良いわけではない。なぜなら，そのような認識に至るには，何らかの背景があるはずであり，それを知らずして，安易に否定的な評価をすることはできないからだ。人は生まれてから数え切れないほどの人々と出会い，様々な場所で様々な経験をし，様々なことを学ぶ。そのような経験を通して形成された価値観は，当然人によって異なる。その過程は，全てがその人の望んだものであるわけではないし，そのようにして形成された価値観に対して，他者が短絡的に評価を下して良いわけではない。尊重するべきものである。それ故，何らかの理由により，初対面において政治や宗教の話をしたとしても，社会の共通認識と照らし合わせて，非常識だなどと判断することはできない。なぜその人はそのように話したのだろうという，相手の表現の裏にある認識を知ろうとする姿勢が必要なのではないだろうか。さらに，自分はなぜそこに違和感を持つ／持たないのだろうかという，自分の理解の裏にある認識を見つめ，問い直すことも必要なのではないか。そのような姿勢こそが，場面に重点を置いたコミュニケーション教育において，最も必要なことであると考える。

　人は社会の中で生きている。社会とは，自分とは異なる価値観を持つ個人が集まって成り立つ世界である。だから，価値観の衝突が生じ，否定的な評価を持つこと，受けることは避けられない。倉地(1998)は，異文化間コミュニケーションにおいて大切なのは，摩擦を避けること，予防することではなく，積極的に多種多様な相互作用に向かおうとする勇気と力を持つことであると述べている。摩擦を予防するのではなく，摩擦が起きた時に，なぜ摩擦が起きたのか，自分と相手はどのような価値観を持っているのかという点を考え，その考え方を認めることが，相互尊重するということである。場面に重点を置いたコミュニケーションに関して，社会の共通認識としての一般性は確かにあるかもしれないし，その一般性を教えることにより，摩擦を避けた円滑な会話に近づくことができるかもしれない。しかし，目の前の相手が，何を思い，何を感じているのかを考え，認め，摩擦を乗り越えていこうとする方向性こそが必要

なのであり，そのために，評価の多様性を可視化し，共有するというコミュニケーション教育が重要になるのではないかと考えている。

[付記] 本章は，田所希佳子（研究代表者）「当事者評価を活用した日本語会話教育に関する考察」2013年度早稲田大学特定課題研究助成費（特定課題B，課題番号2013B-258）の成果の一部である。

参考文献

宇佐美洋（2014）『「非母語話者の日本語」は，どのように評価されているか―評価プロセスの多様性をとらえることの意義―』ココ出版

蒲谷宏（2003）「「待遇コミュニケーション教育」の構想」『講座日本語教育』39, 1-28.

熊谷智子・石井恵理子（2005）「会話における話題の選択―若年層を中心とする日本人と韓国人への調査から―」『社会言語科学』8(1), 93-105.

倉地曉美（1992）『対話からの異文化理解』勁草書房

倉地曉美（1998）『多文化共生の教育』勁草書房

ザトラウスキー，ポリー（1993）『日本語の談話の構造分析―勧誘のストラテジーの考察―』くろしお出版

藤原和博（2009）『35歳の教科書―今から始める戦略的人生計画―』幻冬舎メディアコンサルティング

三牧陽子（1999）「初対面会話における話題選択スキーマとストラテジー―大学生会話の分析―」『日本語教育』103, 49-58.

メジロー, J.（2012）『おとなの学びと変容―変容的学習とは何か―』（金澤睦・三輪建二監訳）鳳書房
　　［Mezirow, J.（1991）*Transformative dimensions of adult learning*. San Francisco, CA: Jossey-Bass］

Bloom, B. S.（1954）The thought processes of students in discussion. In S. J. French（Ed.）, *Accent on teaching: Experiments in general education*（pp. 23-46）. New York, NY: Harper & Brothers.

▷ **コメンテータ(山口昌也)からのコメント** ◁

　本論文の実践では，コミュニケーションに対する当事者の「評価」を教材として学習者同士が議論し，多様な「評価」を知ることや，自己の「評価観」の再確認を促しています。通常のコミュニケーションでは，「評価」の共有や振り返りを行うとは限らないので，学習者にとって貴重な体験だと思われます。以上のことを踏まえた上で，2点，質問します。

(1) 実際のコミュニケーションでの生かし方

　「評価」の多様性を知ることは重要ですが，コミュニケーションの中でどのように相手の評価を推し量り，実際のコミュニケーションにどのように生かすのかは，本章では述べられていません。学習者は実践の結果をどのように実際のコミュニケーションに生かしていけるのでしょうか？

(2) ほかの教育手法との比較

　類似の教育手法については，4章で言及されています。また，4章で述べられている以外に，例えば，教育的なディベートでも学習者同士が互いの価値観を示しあう機会になりえると思われます。このような手法に対して，本章の手法には，どのような特徴・優位点があるのでしょうか？

▶ **執筆者(田所希佳子)からの回答** ◀

(1) 学習者は，評価の多様性を知ることにより，日々の生活の中で，相手の発話に対して否定的な印象を持った場合に，相手がそのような発話に至った背景や自分の捉え方に関して考える余裕を持ち，より広い視野で相手の発話を捉えられるようになるのではないかと期待されます。そのような聞き手としての成長が，話し手としての成長にいかに関わるのか，つまりいかに話し手の発話に影響を与えるのかという点は今後の課題であります。その課題に取り組むべく，継続的な学びの場として，日々遭遇する摩擦場面及びそれに付随する評価を可視化・共有するためのインターネット教材を現在開発中であります。

(2) ある摩擦場面を事例としてディスカッションを行ったり，ロールプレイを録画して振り返るといった方法と異なり，本章は，実際の自然会話に極めて近い場面(人間関係・場)を題材として扱っています。また，会話視聴後の話し合いにおいて，その会話に対する第三者評価のみならず，当事者評価をも扱っているという点にも特徴があります。これにより，日常では知ることの難しい，会話のミクロ場面における評価を可視化・共有する貴重な機会を得ることができます。

第10章 多様な価値観を理解する教育実践
職場での協働を目指して

近藤 彩

1. はじめに

　企業活動のグローバル化が進む中，日本人(日本語母語話者)と外国人(日本語非母語話者)が仕事をする機会が格段に増えている。製造業やIT関連企業等の職場では複数の国籍の人が共に働くこと，いわゆる職場のダイバーシティが特別なことではなくなりつつある。しかし，文化や背景が異なる者同士が働くというのは容易なことではない。特に，それまでに培ってきた価値観を固持していると，そのずれから互いを理解したり尊重したりすることが難しくなり，誤解が生じ両者間の協働を妨げることになる。それでは，母語や育った環境が異なる者同士がそれぞれの特徴をいかし協働していくために，教育現場は何をするべきか。本章では，他者と共に学びあうことで，固定化されがちな自身の価値観を捉え直し，多様な価値観を理解することがグローバル人材の育成に大きく関与すると考え，論を進めていきたい。

　グローバル人材とは，「グローバル化が進展している世界の中で，多様な人々と共に仕事をし，活躍できる人材」(経済産業省, 2010)と定義されている[1]。この用語は，日本人が英語を使い世界で働くという文脈で使われることが多い。しかし日本語を使用して業務を行う日本語人材の需要が増えていることから，媒介語が日本語の場合を例に述べていく。

　筆者がこれまで行ってきた日本人と外国人のビジネス上の接触場面の研究(近藤, 2007；近藤・ヤルディ・金, 2009；近藤・金・福永・ヤルディ, 2009 他)では，両者間に生じている諸問題を解決するには，当事者双方の規範のずれを認識し両者が歩みよることが重要であると述べてきた。母語話者であって

---

[1] 本章では人材は「人財」を意味している。経済産業省が発表したグローバル人材需要量の将来推計値では，2017年1月に4,118,562人のグローバル人材が必要になり，そのうち外国人は約8.1%の331,669人と試算されている。

も評価価値観は一様でなく，個人差も見られた(宇佐美・近藤・内海・早野, 2011)[2]。一連の研究を踏まえ，近年筆者が関わっている教育現場では，どのようにすれば互いが学びあう場が創出できるかを検討している(近藤・金, 2014；近藤, 2014)。

　本章では，まず，グローバル人材として働く日本人や外国人を対象にしたインタビュー調査結果をもとに，日本人が駐在し現地社員と働いた際の経験や気づき，現地社員が日本人と働く過程で自身の評価価値観が変わった様相を示す。そして得られた知見を，今後類似した状況に置かれる可能性のある人やグローバル人材を目指す人と共有することを目的として開発されたケース学習の実践について報告する。

2. グローバル人材の評価価値観の変容

　次に示すデータは，筆者がインドで行った半構造的インタビュー調査の一部を文字起こししたものである。調査目的は，日本人とインド人が働く職場で生じている問題点を明らかにすることであった[3]。日本人とインド人の2つの事例を紹介する。

2.1　日本人上司(Y)から見たインド人部下との接し方

　Y氏は製造業に勤務している日本人の男性管理職である。複数の国(米国，中国，インド)で勤務経験があり，インドは2度目の駐在となる。インタビューでは，インド勤務1年を経て，自分自身が変わることがインド人社員の理解や協力を得ることにつながったことを述べていた。インド人社員との接し方を駐在当初と現在(インタビュー時点)で変えたことの裏に，評価価値観の変容が見える。アルファベットのIはインタビュアーを意味し，(　)と下線は筆者による補足である。

I：(赴任後)1年経ってから両側(YさんとインドA社員)が少しずつわかってきて，コミュニケーションがスムーズになってきたとのことですが，Yさん自身がわかってきたこと，合わせようと思ったことは？

---

[2] 宇佐美洋氏が企画した日本語教育学会でのパネルディスカッションであり，医療，ビジネス，保育園の事例をもとに評価価値観の多様性について議論した。

[3] 本章では，価値観の一部である，人(自分も含む)を評価する際の価値観を評価価値観とし，その変容を扱っている。

Y：私は10年前にこの工場を立ち上げた一人．10年前はインド人が15人ぐらい日本に来て，その時に私が彼らを教育した。10年前に3か月工場の立ち上げに来ていた。その時，他の日本人の方に聞いたのが，インドの方を教育するには怒っちゃいけない，焦っちゃいけない，くじけない，そういうことを聞いた。それで10年後に来た時にそのまま教えようとした。それが少しずつ1年経ってわかってきた。教えるには怒るよりも上手く合わせてやっていこうと。そうすれば向こうも何か理解してくれるかもしれない。上手い具合にかみ合ったらどんどんと良くなってくる。(中略)できなかったら怒るのではなく，「なぜできなかったのか？」を尋ねてやっていくと。向こうも，(私が)怒ってばかりだと嫌われて，しゃべれなくなる。それよりも，やっぱり普通にしゃべると，向こうも色々としゃべってくれる。そういうことでやっていくと，相手の方からしゃべってきてくれる。こういう時はどうなるのと。来た時は自分ばかりしゃべっていて誰も来なかった。(中略)やはり日本と同じような感覚でやっても通用しない。怒ってやらせるとやらない。余計溝が広がるだけで良くならない。(中略)私が来た時に教え方を，言ったことをやればいいんだよって，しつけみたいな形でやっていたら，今でも多分しゃべってくれないでしょう。そういった反面，彼らだけでなくて，私自身の気持ちの変化もある。やはり私自身が変えないといけない。

　Y氏はインドに来た当初はインド人社員に対し怒り，しつけをしようと思っていて上手くいかなかった。Y氏が10年前に日本人に言われたこと(「怒っちゃいけない，焦っちゃいけない，くじけない」)を思い出し，1年経ってようやく，しつけではなく，上手く合わせる大切さに気づき，自身の態度を変えた。すると，インド人社員から質問がくるようになり，一方向的な関係から双方向な関係に改善された。「日本と同じような感覚でやっても(インド人社員に)通用しない」ことを日々の業務と過去の経験の振り返りをしながら学んだことが示されている。それまでの評価価値観に固執することなく，自ら歩みよることでインド人社員の態度が変わり，関係が円滑になったことがわかった。
　次に，インド人2名が見た，日本人の考え方について述べる。

2.2　インド人社員(B, K)から見た日本人の仕事の仕方

　B氏は，日系の自動車会社，旅行会社等を経てIT関連企業に勤務しており，通訳や翻訳業にも携わっている。また，K氏はインドの大学の日本語学部

を卒業し，日本語学校での学習経験や日本への留学経験を有する。日本語学習歴は約3年である。現在，日系の自動車会社に勤務しているが，週末を利用しインド人エンジニアに日本語を教える日本語教師でもある。

日本語を使って仕事をしてきて大変だったことを尋ねた際，次のように答えていた。

K：インド人（社員）はゆったりしていてあんまり時間を気にしない，日本人はちょっとでも遅れると怒られちゃうというのもあるし，日本人だと細かいところまで手を入れるという点にかなり気を遣いますね。

B：インド人はできることだけやってしまう。日本人の方は問題が起こると，それに対して深く分析しないとその仕事が終わらない。（中略）仕事に入って6か月とかそれぐらいになると，インド人の考え方も日本人と一緒に働いているから変わってくる。分析するのがいいとか，そういうことを思い始める。日本人と仕事をする経験がないと，問題がなくてもどうして分析しているのか理解できない。日本人と6か月とかそれ以上くらい仕事をすると慣れる。

K：文化のギャップを埋めることが大事。インドで日本語を勉強しているインド人は，一部分は日本に対する知識があるが，実際に日本に行ってみないと日本人はどういうものか，日本ってどういうものか理解できないと思います。

B：テキストだけ読んでも考え方とかわからない。

B氏とK氏は自国で仕事をしているが，自国にいても日本人と仕事をする中で，自身の考え方に変容が見られる。当初は「日本人はちょっとでも遅れると怒られちゃう」「細かいところまで手を入れる」「インド人はできることだけやってしまう」「日本人の方は問題が起こると，それに対して深く分析しないと仕事が終わらない」「問題がなくてもどうして分析しているのか理解できない」と思っていたが，半年経つと細かいところまで分析することの意味を理解するようになった。それが問題を防ぐことにつながることもわかり，問題の有無に関わらず，物事を深く分析することを肯定的に受け止めるようになる。つまり，物事を深く分析することに対し，否定的評価から肯定的評価をするようになったことは評価価値観の変容といえる。ただし，それは6か月や1年など中長期的に日本人と一緒に働かない限りはなかなかそうならないと述べていることから，評価価値観の変容にはある程度の時間が必要であることが示唆される。

2.3 企業現場から教育実践へ

筆者はこのような接触場面で生じる問題点や摩擦についてインタビューを重ねてきた。そして，そこで得た数多くの知見を，これから海外で働く日本人や日本人と働く外国人(日本語人材)と共有することが非常に重要であり，教育で何かできるのではないかという見解に至った。

さらに，このようなインタビューで得られたことと，日本語教育の現場でビジネスのための日本語として教えられている内容とを比較した結果，仕事の現場と教育現場で教えられている内容には乖離する部分が多いことがわかった。言語知識の獲得やそれを応用するようなアウトプットの練習のみで身につけた日本語力は，企業の現場では十分ではないことを再確認し，当事者の評価価値観の広がりをもたらす教育実践が職場の協働に役立つという示唆を得た。ここから「ケース学習」という1つの協働学習の方法を共同開発した。

3. ケース学習
3.1 ケース学習とは

ケース学習とは，「事実に基づくケース(仕事上のコンフリクト)を題材に，設問に沿って参加者同士が協働でそれを整理し，時には疑似体験しながら考え，解決方法を導き出し，最後に一連の過程について内省するまでの学習」(近藤・金，2014)である。書かれた事実をもとに，自身の知識や経験から状況を把握し，多様な視点で分析し各自の「結論」や「解決策」を導き出すことを目的としている。ケース学習で使用される教材はケース教材と称し，実際の企業で生じた出来事をエピソードにしたもので，ビジネス関係者へのインタビューをもとに書かれている(ケース教材の実例は，近藤・金・ヤルディー・福永・池田，2013を参照)。

ケース学習はケースメソッド(高木・竹内，2006)[4]を援用している。ケースメソッドはハーバードビジネススクールが開発したメソッドで，実務家育成の場や開発分野で活用されている。学ぶべきものを，教師の講義によって与えるのではなく，参加者が相互に討議することを通して，自分たちで作っていく授業方法である(竹内，2010)。そのケース教材は経営判例が英語で書かれている。しかし，1つのケース教材が各30ページ程度もあり負担になる点や，内省が重視されていない点などは，日本語学習者(外国人ビジネス関係者を含む)向き

---

[4] ケースメソッドでも教材は「ケース教材」と呼ばれている。

とは言い難い。そのため筆者は，日本人はもちろん，外国人も使えることを目指し，ケース学習を共同開発し人材育成や教育実践を行ってきた。以下にそのケース教材を用いた実践例を紹介する。

3.2 ケース学習の実践
3.2.1 ケース教材「ほう・れん・そう」

「ほう・れん・そう」は報告・連絡・相談を指す。新入社員研修で教えられる重要項目の1つだが，その難しさは，企業関係者に対するインタビューでもよく語られ，業種に関係なく，報告・連絡・相談が適切にされていないことが問題となっている。この「適切に」という点がカギであり，適切なタイミングで適切な量を適切な表現を用いて一定の時間内でできることが求められる。つまり，日本の慣習や価値観に基づいた「適切さ」であり，状況判断が重要となる。単に「ほう・れん・そう」の知識を持っているだけでは企業の現場では役立たない。

そこで，実際に本教材「ほう・れん・そう!?」(近藤他, 2013: 40-41)を用いた授業を行った場合，学習者がこのコンテキストをもとに考えることで，その後の類似状況に置かれた際に対処する独自の見解(解決策)を見出す可能性が見られるか，ということに焦点を当てて考えていく。

本教材には，登場人物が3名おり，インドの食品会社の工場の統括をしている日本人駐在員浜田さん，インド人営業担当者のアリリさん，その同僚のヤマさんの間で起こった2つのトラブルが書かれている。浜田さんは工場の統括をしているが，ある日取引先で自社商品が売られていないことを知る。担当者のアリリさんはそのことを一切報告していなかったためトラブルとなる。他方，ヤマさんは取引先の開拓に失敗したことを報告しない。失敗した理由を聞くと「私は若いし役職もない。マネージャーが行って開拓すべきだった」と答える。インド支社内で連絡や相談の重要性は前から説明してきていたが，体制が一向に整わない状況が続いていることに浜田さんは頭を抱えている，という内容である。

これは実際に筆者がインドの食品会社に出向き，日本人社員にインタビューを行った内容である。録音したデータを文字化し，ケース教材を作成し，その後ケースアドバイザー(ケース教材について助言をする第三者)の助言を得て加筆修正を行うプロセスを経て完成させている。

3.2.2 ケース学習の授業参加者と目的

ケース教材を使用した授業の参加者は5名(G, N, M, A, S)の日本語非母語話者である。Gはベトナム，Nはアゼルバイジャン，Mは台湾，Aは香港，Sは中国の出身者である。5名は国籍，勤務経験，勤務先が異なる。授業は東京で行われ，授業時間は90分間であった。ケース学習の手順は，(1)ケース教材の個人読み，(2)各自でテキストのタスクをする，(3)グループ討論，(4)全体討論，(5)振り返りと，筆者らが参加者に行うグループインタビューであった。

ケース学習の目的は，参加者各自が，ケース教材に書かれているようなトラブルに直面した際にどのように解決するか，その解決策を多角的に見出すことである。多角的にというのは，一方の見方ではなく，事例(ケース)をより客観的に捉えること，相手の立場に立ってみたり相手の言い分を考えたり分析したりすること，トラブルを生んだ根本的な原因が何かを探ることを意味する。タスクを踏まえた討論は，トラブルが生じた際の当事者3名はどのような気持ちだったか，参加者に類似した経験があるか，自分だったらどのように解決するかが中心となる。教室では教師が知識を一方向に与えるのではなく，発言を促すファシリテーターの役割をした。

3.2.3 討論

上記の実践をビデオ録画・音声録音をし，それらの文字起こしをして内容分析をしたところ，トラブルに対する捉え方が変わっていく様子が観察された。ここでは，日本語レベルが相対的に低いGの発話をもとにその変化を追うことにする。

(1) グループ討論

GはMとNと同じグループだった。Gは議論のはじめで問題の所在が「文化も違いますね。やり方も。一番違うところは，情報交換もしないし，報告をしない」と述べていた(例1 発話1)。次に浜田さんに話が移り，トラブルの原因を二人に聞いたけれど，結局わからなかったために，浜田さんは不思議に思っていると述べている(発話3)。下記に発話を示す。なお，特に注目すべき部分には下線を引いた。

〈例1　浜田さんの気持ち〉
1　G　この場合も文化が違いますね。やり方も，まぁ一番違うところは，情報交換をしないところですね。うん，情報交換はしないですねぇ…。
2　M　うん，ほとんどしないみたいですね。
3　G　だから，みんな不思議。
4　M　うん，やっぱりね。そうそう。きっと，みんなが普通の責任でやっていればそれでいい。本当に報告もしなくて，情報交換もしないですね。
5　N　はい。
6　G　だから私の意見は，浜田さんの気持ちはね，まず不思議。原因は二人に聞いたけど，まぁ，結局わからない。原因は何ですか，とわかんない…ですね。うーん。そして，彼は，えっと，まぁ，えっと，日本の企業とインド…違う，日本人のやり方とインド人のやり方の違うところが，うん，まぁ，わかるようになりましたよね。なんでしょう，情報交換ですね。
7　M　それが困りますね。滞在員として。どうして，みんなが報告してもらえないから困ります。

　Gは浜田さんは不思議に思っていると推測したあと，アリリさんの気持ちを理解しようとするが，教材の「その件について報告しませんでした」(例2　発話1)，というアリリさんの発言の真意がつかめない。

〈例2　アリリさんの真意〉
1　G　アリリさんは聞いたところ，その件について報告しませんでした，というのはどんな意味ですか？
2　N　なんか，多分，わかりませんが私が思っているのは，なんか，それは自分の役割，役職だと思って，なんか報告する必要もない，と思った，と思いました。
3　M　そうそう，何でも報告するのはおかしいなと。自分の責任，例えば今月は100箱生産するとして，それがなんか100，物価がアップする，物価下がることも報告しない。今の，なんか品質が良くなる悪くなるというのも報告しない。100箱生産してから，それも，あの報告せず続けますね。ヤマさんも同じだと思いますね。
4　G　うん。で，それはわがままな考えでしょう？

5	N	あの,多分アリリさんにとっては普通のやり方。多分,なんか,わがままとか自慢に思って報告してないということじゃなくて,えっと,なんか必要ない,おかしい,と思っている,と思います。
6	G	でも浜田さんは統括者でしょう？ supervisor,だから彼の,なんか仕事は,えーっと,1つずつの部門が,今,上手く仕事をしているか把握する。
7	M	この場合はね,多分,今もう2月,それから12月のことを聞きます。その時,報告をしていませんと。もしかして,あの,まだ,今月のことを話したら,多分,直されると思います。でも,もう12月,昔のことだから,「その時報告しませんでした」って。
8	G	あーぁ。
9	M	そうそう。
10	G	違いますね,日本はまぁ,ステップ,ステップ。
11	M	今の状態,みんな報告してくださいって。
12	G	そうですね。うーん。でも,悪い結果に出ましたよね。出てしまいました。まぁー,えっとー,商品を売られていない理由は,えっとー,統括者は全然原因がわからない。
13	M	結局は,1月のことは12月に原因があるから,もう仕方ない。大変ダメージがありました。

　Gは,アリリさんのわがままで報告しなかったと思うか,他の参加者に問いかける(発話4)。Mのアリリさんがわがままなのではなく,物価の上下もあり,月別の細かい報告をどこまでするかは裁量に任されているという意見にGは納得した様子で聞いていた(発話8,10)。

　また,話がヤマさんに移ると,ヤマさんが無関心で報告・連絡・相談をしなかったかどうかが論点となる。Gはまず,無関心かどうかと問いかける(例3　発話1)。NとMの意見を聞いたあとに,ヤマさんは無関心だと思う,と自身の意見を明確にした(発話7)。そして「結果もやり方も考えていない」(発話11)と徐々に批判的思考を持つようになる。

〈例3　ヤマさんの人物像〉

1	G	私の意見ね,"私は役職もないのでー"と言いました。このセンテンスについてヤマさんは無関心だと思いますか？

2	N	あぁ，関心より責任かな。自分の責任をちゃんと把握してないかなぁ。
3	G	どんな意味ですか？
4	M	自分の責任は経営するですね，マネージャーですね。でも本当に新しい市場を開拓することが責任ではないと思ってるね。
5	N	なんかチームワークを認識してない，チームワークのことを把握していない。
6	M	そうです。自分の生産の品質を守ると，それから，売ることはあまり関係ないと思っている。
7	G	彼は"役職もないので─"と言ったでしょう？ だから，私の仕事じゃない，何でもないビジネス。うん。だから，ヤマさんは無関心だと思う。
8	M	なんか冷たいですね，自分のことだけです。
9	N	あぁ，そうですね。チームワークがあまりないみたい。
10	M	自分のことだけですね，日本の会社はそういうことない。
11	G	結果もやり方も考えてないね。何でも私たちにはないね。

　議論がさらに進む中，Gは，このケースにおいて問題は3つあることを指摘する。

〈例4　問題点の把握〉

1	M	お互いにやりとりが足りない。
2	G	私は<u>問題が3つ</u>。<u>情報交換がない，チームワークがないし</u>。あっ，<u>努力しない</u>ってことですか？
3	N	そうですねぇ。努力とか情報交換とか含まれてる…
4	M	努力とか個人個人，チームワークは一緒のものでね。
5	N	無関心は興味がないもの？
6	G	えーっと，ヤマさんは他の部にいますので営業部のことに無関心，ですか？　Nさんの意見は？
7	N	そうですね，責任感が違う。多分，経験は特にないけれど相談が大事。ちょっと<u>問題がもう1つあるんですが</u>。<u>昔には，なんかそういう経験があったと書いてから，何でそんな経験があっても，それを改善してないか？</u>　これが問題。
8	G	うーん，いいなぁ。それは問題じゃない？（それは問題だの意味）じゃあ，解決方法は？

9　N　解決方法は，昔にあった失敗をちゃんと改善することと，チームワークを認識すること。
10　G　で，私はプランをちゃんと書いて，ステップ1，ステップ2，そしてちゃんと報告する。

　Gは問題点として，情報交換がない，チームワークがない，努力しない，の3点を挙げた(例4　発話2)。Nはもう1つ，過去に同じような問題が起こっていたにもかかわらず，改善されていないことも問題だと指摘する(発話7)。この指摘はGにとっては考えていないもので新鮮であったようである。討論後に書いたGのタスクシートには，「昔の問題を改善する」ことが解決策であると追記されており，過去の問題を改善する必要性があったという意見に，Gが影響を受けていたことがわかった。

(2)　全体討論
　グループ活動に続いて行われた全体討論では，別のグループ(A, S)から，問題は，コミュニケーションをとることを優先すべきであったにもかかわらず，それが理解されていなかったことにあると報告がされた。

〈例5　全体討論1〉
1　A　問題は，みんなコミュニケーションが優先の仕事だと扱っていない。
2　S　で，上司が思った報告ということは重要ですけれども，部下はそれはそれなりの重要ではない，という違いがありました，と思います。
　　　（中略）
8　A　何が重要な仕事，大切さ，コミュニケーションとか，そう。
9　S　上司がちゃんと報告してくださいね，と何回も何回も何回も部下に話しました。でも部下は報告してなくて，部下が思ったのは，「それが重要じゃないから報告しなくてもいいでしょう？」そう思って報告しなかった。でも，上司が思ったのが，「重要か重要じゃないかと，それは別にして，とりあえず報告してください」と。そのへん…の違いがある，ありました。
10　N　あのぉ，これなんですが，問題というのはテキストには昔もそんなことがあった，と浜田さんは言っているのに，でも，何でそんなことがあっても，それを改善していない。それは大きい失敗だと思います，浜田さ

んの。あとは，あのぉ，さっき言われたように，あのぉ，チームの中で，なんかいろんな無関心のこととか，あのぉ，自分の役職だけ考えて，他のこととか考えない。自分の役割，自分の仕事だけして，チームワークを認識してないこと。
11　G　例えば，アヤさんですね。あっ！（言い間違え）ヤマさんは他の部にいますので，営業部のことを全然関心を持っていない。supervisor 浜田さんが聞いた時には，それはマネージャーの，あー，まぁ，責任だったと思いますので答えられませんでした。
12　N　さっき言ったように，チームワークがないこととか，あの，みんなが努力していないこととか，という問題点がある。その問題点があると，多分，会社が長く続かないと思います。
13　G　はははは，そうですねぇ。えっと，これはねぇ，会社の文化が違います。
14　N　そうですね。で，その文化の違いを解決しないと，ちゃんとコミュニケーション（の場）を作らないと，やっぱり，国際的な仕事ができないと思います。

　別のグループからの報告を聞いたあと，Nがグループ討論の内容を述べる（例5　発話10，12）。Gはそれに補足する形で会社の文化の違いについて話している（発話13）。
　さらに次の〈例6　全体討論2〉においては，Gはインド人と日本人の二項対立で問題を把握しようとするが，Aに国籍は関係ないことを指摘される。続くAの発言やSの報告に関する経験を聞き，Gは自身の評価価値観を固定化することなく，柔軟な態度で母国のベトナムの企業に例えて問題を捉えていく。

〈例6　全体討論2〉
1　G　でも，んー，意見があります。これは，国際じゃなくて，インド人と日本人がいますよ，ね？　だから，日本人のやり方とインド人のやり方は，多分，違いますので，コミュニケーションの問題じゃなくて，インド人はそう，普通はそう仕事をします。でも，日本人は報告しないと言ってないという，えっと，やり方がありますので…だから…
2　A　反対，反対。国籍1つだけの職場でも，ちゃんと出てくる，こういう問題。
3　G　何が？　何が？

4	A	えー，報告しないとかそういう問題，そう。多分，文化的な…
5	G	報告しますけど，<u>インド人は，多分最後に報告します</u>。で，日本人はステップ，ステップ報告します。

（中略）

10	S	自分の経験は，上司になったことがないので，部下の経験ですが，自分そのー，あるプロジェクトを任されました。仕事をやりながら，そのへんはちょっと…うーん，今ケースの中に話した取り引きは，一部中止しましたこと…ま，それは一部がなくなって，全部じゃないから，自分にとって全部重視していないから，あまり重要じゃぁ…，上司に報告してなくてもいいじゃないかなぁと思って，報告しなかったんですね。でも結果は失敗しましたので，そのあと怒られました。で，その時，その時点にちゃんと報告してくれれば，何とか失敗につながらないかもしれないんですよ，って言われたことがあるので。その時思ったのが，やはりあのぉ，自分は重要だと思っていなくても，でも何か変わったことがあれば，ちゃんと報告した方がいいんじゃないかなぁ，と思うんです。

（中略）

12	A	そうですね。えー，僕の場合は，実はどんな部署にも同じような問題はある，けどぉ…。自分の，えー，上司と問題がなくても，えー，隣のチームとは問題はきっとある。そう，みんなそれぞれに働いて，情報の交換のその大切さを知っても，あまりやる人はいないと思う。そして，でも，逆にやっていると思っても，実は情報が多すぎる時もある。メールが届いても読みきれない人が，たくさんいますから。普通は情報をたくさん出しても，実は交換していないっていう状況にもなります。香港でも外国でもそうです。

（中略）

14	G	えーっと，私の意見でね，ちゃんと報告しないといけない，というみんなのように。まぁ，さっき言ったように，うーん，報告しないと，日本の企業じゃなくて，<u>ベトナムの企業も，他の企業も仕事が上手くいけない</u>，ですね。あと，私の意見は，<u>プランをちゃんと立てないといけない</u>。プラン，ね，うん。えー，例えば，えー，日付もついたら，んー，はっきりついたらー，例えば，えっと，あと1週間，あー，どのように，あー，いかないといけないとか，えーと，あと1か月，このサーベイの結果を，ちゃんと求めないといけないとか…。あー，んー，まぁ，

ちゃんと，えっと，プランを立てれば，えー，そしてー，部下も，上司も…えーっと，仕事は，今のところ，まぁ，よく，んー，知っています。だからプランと報告が大事だと思います。
15 教師 今のは浜田さんがちゃんとプランを立てて，いつまでどうなっていればいいのかをアリリさんやヤマさんに知らせた方がいいということですか？
16 G あぁ，うーん，えーっと浜田さんじゃなくて，アリリさんとヤマさんも，えっと，浜田さんに報告する責任を持たないといけない。うーん。だから例えばステップ1のあとは何が残っているか，まぁ何が済んだか，ちゃんと報告したら…うん。

　Gは「インド人と日本人がいて，日本人のやり方とインド人のやり方は違うので，コミュニケーションの問題でなく，インド人は普通そのように仕事をする」(例6　発話1)，「インド人は多分最後に報告する」(発話5)，そして，ベトナムの企業でも起こり得ることにも気づき，週ごと，月ごとに報告を課し，上司と共有することを提案した(発話14)。「浜田さんじゃなくてアリリさんとヤマさんも浜田さんに報告する責任を持たないといけない」(発話16)とも発言している。Gはそれまで「わがまま」「無関心」「結果もやり方も考えていない」とアリリさんとヤマさんのことを批判していたが，全体討論の時点では，報告するタイミングが違っていたこと，計画を共有すること，さらに報告，連絡，相談の責任を持たせることで問題が解決できると考えるようになっていた。

3.2.4　考察

　Gは討論中，参加者に多くの質問をしていた。Gの日本語のレベルは日本語能力試験N2程度であり，他の参加者に比べ低かった。しかし，日本語力を気にして発言を控えるということはなく，例えば，登場人物の気持ちを理解するために，他の参加者に無関心と思うかどうか質問をし，参加者の発言を参考にして自分で「無関心である」と判断していった(例3)。また，Gは当初「文化ややり方が違う」というように漠然と問題を捉えていたが，「報告する責任を与える」「プランを立て共有する」「チームワークが重要」と具体的に考えるようになった。さらに，過去に何があったか，ということにも目を向ける必要性を他の参加者の発言から気づき，「それまで手の付けられていなかった問題に着手し改善する必要がある」と考える(例4)。討論のはじめは，単にインド人

社員2人を無関心であると非難することに終始していたが、討論が進むにつれて、状況をより具体的に捉え、時にはベトナム企業を想定し、解決策を見出していった。その過程でGは、他者の価値観に触れ、「そういう考え方もあるのか」と受け入れ、他者の意見を参考にしながら、自身の改善方法を具体的に提案できるようになった。このように、Gは他者との議論の中で、新たな価値領域を見出し、そのことによって自己の評価価値観の拡大につなげることができたと言えよう。

　前述したとおり日本企業では「ほう・れん・そう」(報・連・相)のルールが重要視されており、新人研修やビジネスマナー研修でも教えられる必須項目である。しかし、実際になぜ必要なのか、どこまで、どの程度まで報告するのか、報告の要不要の判断に、自分の裁量はどの程度まで認められるか、などの詳細はあまり理解されていないことが本章から示唆された。特に営業担当だと複数月の売り上げで採算をとるため、今月は報告しないと判断することもあり得ることであり、裁量は容易ではないことが推測できる。

　日本語教育の現場ではこうした特定の場面を類似体験させるために「ほう・れん・そう」のロールプレイを行うことがある。ロールプレイの実施には意味があるが、単に「日本語の練習」になってしまうことが多い[5]。グローバル時代の多様な価値観を理解するためには、当事者の気持ちを複数の角度から考えることや、問題の所在や解決策について具体的に検討し共有することが重要である。

4. おわりに

　海外や多国籍の環境で働く企業関係者に行ったインタビュー調査では、毎回、豊富な現場での経験や評価観の変容が語られる。しかし、貴重な語りは本社に報告されることは少ないと言う。多大な時間と労力をかけて学んだことを当事者や前任者といった一部の経験のみで終わらせないためには、事例をケース教材にすることが肝要であり、それらを活用することで、今後グローバルに活躍する日本人や外国人(現地スタッフを含む)に教育の機会が提供できると考えている。

　筆者は、本ケース学習を中心に、外国人のみならず、日本人社員への支援や研修を行っている。問題を解決しなければいけないのは、外国人だけではな

---

[5] 筆者はロールプレイをケース学習の後半に組み込むことが多い(近藤・金・池田, 2015)。

い。諸問題は外国人と日本人という二項対立において起こるものだけではないからだ。それぞれが互いを尊重し問題解決に当たることが，今後増えゆくダイバーシティの職場ではカギとなっていく。

参考文献

宇佐美洋・近藤彩・内海由美子・早野惠子(2011)「教室外の世界で行われている「評価」―その多様性を探る意義―」『2011年度日本語教育学会春季大会予稿集』79-90.

経済産業省(2010)「産学人材育成パートナーシップ　グローバル人材育成委員会　報告書―産学官でグローバル人材の育成を―」<http://www.meti.go.jp/policy/economy/jinzai/san_gaku_ps/2010global houkokusho.pdf>(2015年10月30日)

近藤彩(2007)『日本人と外国人のビジネス・コミュニケーションに関する実証研究』ひつじ書房

近藤彩(2014)「日本語非母語話者と母語話者が学びあうビジネスコミュニケーション教育―ダイバーシティの中で活躍できる人材の育成に向けて―」『専門日本語教育研究』16, 15-22.

近藤彩・金孝卿(2010)「「ケース活動」における学びの実態―ビジネス上のコンフリクトの教材化に向けて―」『日本言語文化研究会論集』6, 15-31. <http://www3.grips.ac.jp/~jlc/jlc/ronshu/2010/Kondoh_Kim.pdf>

近藤彩・金孝卿(2014)「グローバル時代における日本語教育―プロセスとケースで学ぶビジネスコミュニケーション―」『NSJLE Proceedings 2012』103-115. <http://jpf-sydney.org/nsjleproceedings/download/10.kondoh.pdf>

近藤彩・金孝卿・池田玲子(2015)『ビジネスコミュニケーションのためのケース学習―職場のダイバーシティで学び合う―　[解説編]』ココ出版

近藤彩・金孝卿・福永由佳・ヤルディ，ムグダ(2009)「在印日系企業におけるインド人と日本人の仕事上の葛藤と工夫―問題解決と学びのプロセス―」『2009年度日本語教育学会春季大会予稿集』249-250.

近藤彩・金孝卿・ヤルディ，ムグダ・福永由佳・池田玲子(2013)『ビジネスコミュニケーションのためのケース学習―職場のダイバーシティで学び合う―　[教材編]』ココ出版

近藤彩・ヤルディ，ムグダ・金孝卿(2009)「在印日系企業における日本人側のコミュニケーションに対する葛藤―インド人との協調的な関係作りのために―」『言語文化と日本語教育』37, 59-62.

高木晴夫・竹内伸一(2006)『実践！　日本型ケースメソッド教育―企業力を鍛える組織学習装置―』ダイヤモンド社

竹内伸一(2010)『ケースメソッド教授法入門―理論・技法・演習・ココロ―』(高木晴夫監修)慶應義塾大学出版会

▷ コメンテータ(工藤育子)からのコメント ◁

　わたしとあなたという，別々の二人がいれば，必ず背景が異なり，文化も異なると思います。当然ながら，複数人が共に何かを成し遂げようとする場では，往々にして，互いの価値観の固持やそのずれによる誤解が生じることがあります。ですから，本論考で示されているような問題意識の上に教育実践が行われることは，職場に限らず，さまざまな場に有効だと思いました。

　ところで，インタビュー調査の結果に示されているように，自分自身がまさに経験している(た)ケースをもとに，そのケースを媒介として考えていくことこそが，その当事者本人がグローバル人材として活躍することに直結するのではないかとも思いました。参加者自身の経験をケースとして考えていくことと，ケース教材を用いて考えていくことでは，違いがあるのではないかという感想も持っているのですが，この点については何かお考えがありますでしょうか。

▶ 執筆者(近藤彩)からの回答 ◀

　ご指摘のとおり，参加者が自身の経験をケースとして書き，解決策を考えていくことも重要だと思います。ケース教材を作成する過程で，問題を客観的に捉え直すことになるからです。上司はなぜあのようなことを言ったのか，私はなぜあのような行動をしたのか，などと自問自答を繰り返すことにもなります。しかし，自身のケースについて一人で考えていくのではなく，他の参加者と協働し，その経験を共有することや，異なる解決方法に触れることこそが大切だと考えています。

　参加者が書いたケース教材は，他の参加者に身近に感じられることが多く，自分にも起こりそうだという思いから討論が活性化するという効果もあります。他方，グローバル社会ではこれまでにない問題が起こりますから，参加者の書いたケースに限らず，さまざまなケース教材を読み，問題解決力を養うことが必要だと考えています。

第11章 学生の評価観を理解する
日本語学校でのナラティブ的探究から

工藤 育子

1. はじめに

　佐藤・熊谷は『アセスメントと日本語教育―新しい評価の理論と実践―』で，従来の教師主導型，情報伝達型の授業における心理測定アプローチによる評価法では学習を十全に理解できないと指摘している(2010: 231)。その上で，社会文化的アプローチの立場から，対話的・協働的かつ自己実現へ向かう評価活動の重要性を主張している。その活動で重視される対話とは，「相手とことばを交わすことで，ある物事についてのお互いの理解を深めたり，新しい何かを作り上げたりしてい」く，「双方の建設的作業である」(佐藤・熊谷編, 2010: 228-229)。

　筆者もまた，対話を重視した教育実践[1]を行わんとする日本語教師の１人である。作文を例に挙げれば，学生自らがテーマを選び，授業中の協働的なコメント活動や授業外の各々の活動により検討を重ね，書き手らしい表現構築を目指し実践している。しかし，成績評価の場面では教師である筆者だけが関与し，対話性のない評価活動をせざるを得ず，悩んできた。

　現行の，成績評価を始めとする制度的に決められた評価法に従おうとする限り，対話性の担保は極めて困難となる。たとえば倉地(2010: 219)は，対話的な実践を試みても，最終的な成績評価が教師によってなされるという従来の評価システムでは，学生らがその評価を気にするあまり，自由闊達な自己表現活動が阻害されることを指摘する。

　一方で，学生が成績評価に十全に参与し，対話性が担保されるような制度に変更できれば，問題は解決する。しかし今や，数値化された成績評価は，進

---

[1] ここでの教育実践とは，制度的に区切られた時間内に行われる授業のみを指すのではない。教師が学生にかかわる教育的で連続性のあるはたらきかけ全般を示す。また，このような教育実践に評価活動も埋め込まれているものと捉える。

学や就職などの利害関係の高い場で参照され，さまざまな場面で機能しており，変更は容易ではない。こう考えると，従来型の成績評価の実施を所与としつつも，学生が被る弊害をできる限り減らす方向で，各々の教育実践で工夫することが肝要となる。

そこで，筆者は自身の教育実践の環境で，どのような工夫が可能かつ重要かと考え，目の前にいる学生らが評価をどのように捉えているのかを探るべきだと考えた。なぜなら，学生はそれぞれが評価したり，されたりするさまざまな経験を持ち，固有の評価への捉え方を示すはずだからである。たとえ，教師が良しとする評価活動を提案しても，学生の評価への捉え方を踏まえなければ，学習支援はおろか，学生が被る弊害を減らすという目的に逆らうおそれさえある。なお，本章では，各自の経験に基づき，概念的に示された評価への捉え方を「評価観」と呼ぶことにする。

以上より，学生の評価観を探るために，ナラティブ的探究の方法で，評価をテーマとした教育実践を行った。本章では，この教育実践の一部に焦点を当て，学生ジュンの示した評価観の理解を試みる。

2. 方法
2.1 経験とナラティブ的探究

本節と次節では，クランディニンほか(2011)を中心として，ナラティブ的探究の考え方と方法をまとめる。

クランディニンらの研究グループは，教師や教師教育者として，カナダの多文化的な小学校に滞在し，教師と子どもたちにとって，学校で人生を綴ることにどのような意味があるのかという問いを探ってきた。より具体的には，経験の本質，学校の本質，教師と子どもたちの知識の本質，言語と経験の関係などの問いである。この過程で，経験についてのナラティブ的理解，すなわちナラティブ的探究(Narrative Inquiry)が確立されてきたとされる。ナラティブ的探究とは，経験をナラティブ的な現象として捉え，それゆえ，経験をナラティブ的に理解する方法である(クランディニンほか, 2011: 46)。田中[2]によれば，ナラティブとは，「ストーリーを含みつつ，より普遍的な意味での「物語」「語り」」だとされる(クランディニンほか, 2011: 16)。また，二宮(2010)によれば，ストーリーとは，「ナラティブにプロットが加わったものであり，複数個

---

[2] クランディニンほか(2011)の翻訳者である田中昌弥氏。

の出来事や経験が筋立てられたもの」(二宮, 2010: 46)と説明される。これらを参考に，本章では，学生や筆者の語る行為や，それによって語られていくものを総じてナラティブと捉え，そのうち，いくつかの出来事同士の連続性や，始まりから終わりまでの展開がより明確なものをストーリーと位置付けた。

クランディニンらは，デューイ(2004)の連続性と相互作用から成る経験の概念を発展させ，隠喩的な「三次元的なナラティブ的空間」という概念を構築した。三次元とは，「過去・現在・未来の時間的な「連続性」という第一次元，個人的なことと社会的なことの「相互作用」という第二次元，そして特定の具体的状況を示す「場」という第三次元」を指す(田中, 2011: 49)。ナラティブ的探究では，三つの次元を「チェックポイント」(クランディニン, 2013: 198)としてナラティブを確認し，その空間を多方から眺め，経験当事者の立場を想像し，当事者に応答的になれるよう解釈を重ねる。

学生の評価観を探るという目的を踏まえた上で，クランディニンらの考えに従えば，学生それぞれの経験に基づいて，評価について選び取られていくものは，評価をめぐるストーリーを含みつつ，評価について語られていくもの全般として表されることになる。言い換えると，学生の評価観は，学生の経験に基づいて語られる，評価をめぐる具体的なストーリーから導かれ，抽象化され，概念的に示されたナラティブと言える。つまり，評価観が導かれていく学生の一連の経験を「三次元的なナラティブ的空間」として捉え直すことで，学生の評価観に迫ることができる。

この一連の経験とは，学生が以前の経験に基づく評価をめぐるストーリーを語ること，そして，それを語りつつ，「評価とは何だと思うか」という筆者からの問いかけの答えを探しながら，学生なりに抽象化し，概念的に示されていく，すべてのナラティブによって表現されるものである。

冒頭に述べたように，筆者の目的は評価に関して学生が被る弊害をできる限り減らす工夫を，当の教育実践の中で実現することの模索にある。「実践におけるナラティヴをさまざまな角度から解釈して，実践に対する理解を広げ，深める。そこから得られた知見と探究関心とをすりあわせて，実践のあり方を見直し，新たな教育実践のナラティヴへと再構成していくこと」を目指す(二宮, 2010)ナラティブ的探究の方法は，筆者の目的に合致する。

2.2 「支えとするストーリー」

クランディニンらは，この探究の過程で，経験をナラティブ的に理解する

ためのさまざまな概念を生成した。その中の「支えとするストーリー」は「自分の経験を通して作られ，自分の中にあって存在を支え，生きていく指針となる」ストーリーである。この概念を用いることで，経験当事者の知と文脈とアイデンティティの間のつながりが理解できる。

「支えとするストーリー」は，2つのストーリーの衝突による緊張関係に注目することで見えてくるとされる。たとえば，小学校教師ゲイルと小学1年生になったばかりのサディの以下のストーリーが紹介されている。

午前中のおやつの時間，サディは昼食用のサンドウィッチを残そうとせず，持ってきたすべての弁当を食べようとしていた。それに気づいたゲイルは，サディにサンドウィッチを昼食用に残してはどうかと伝える。しかし，サディは笑ってゲップをし，食べ続けた，というものである。

この場面では，ゲイルとサディの「支えとするストーリー」が衝突していると捉える。ゲイルは教師として，子どもたちが学校での生活リズムがわかっていないと気づいたとき，それがわかるように援助する。それによって子どもたちは，学校の日課のリズムに困らなくなるだろう，というような「支えとするストーリー」を生きている。一方サディは，空腹であれば，それを満たすために食事をする。そうすれば空腹でなくなり，満足できる，という身体知に応じる「支えとするストーリー」を生きている。

サディのゲイルへの応答は，ゲイルに対する反抗ではなく，サディの家庭環境や，午前も午後もおやつが出される保育所の環境で過ごしてきた経験に基づくものではないかと，解釈される。同時に，教師は学校をよく知る者として支援の態度を示すが，その支援は，子どもにとっては，子どもの身体知を中断させ，新しい学校のリズムをわからせようとするものでもあると説明される（クランディニンほか，2011: 77-80）。

2.3 ナラティブ的探究による教育実践の流れ

2012年8月，筆者が担当するBクラス[3]の学生らと評価をテーマとしたナラティブ的な探究を始めた。探究当初は，授業時間外に行った。「評価って何だと思う？」「評価って聞くとどんなことを思い出す？」という問いかけから出発して，学生と筆者の2人で語り合った。そもそも，学生が何かを語ってくれ

---

[3] Bクラスの学生の多くは，2011年10月に来日し，当時から筆者はこのクラスの担任教師としてかかわってきていた。英国留学を決めた1人を除き，17人が日本の大学，大学院に進学するという進路を決定した。

るのだろうかという懸念もあったが，思い出すことについて尋ねれば，経験に即したナラティブが生まれるだろうと思い，始めた。

　2012年11月以降，2012年8月に学生と筆者で個別に実施した，評価をテーマとした探究を，授業中にも行った。ちょうどこの時期，教科書を用いて進めるデザインではなく，クラスメンバー各々の関心によって選んだテーマをもとに議論するデザインへと，カリキュラムを変更した。これに伴い，2013年3月のBクラス修了までに，全5回の授業で評価について考え合う機会を設けた。

　2013年3月，18人全員が日本語学校を修了した。その後2015年1月まで，4人の学生と1～4回会い，探究を継続した。

　以上のようなナラティブ的な探究の流れの中で，もっとも配慮したのは，教師と学生である関係性の上に，研究者と協力者という関係性も加わった複雑な関係における，教育実践上の研究倫理である。2011年当時，所属先研究機関の倫理審査委員会の示すガイドラインに則って関連する書類を作成し，日本語学校の長ならびに教務主任，探究仲間となる学生らに協力の許諾[4]を得た。この手続きは，研究倫理の一部でしかなく，倫理的な懸念は探究中の全過程に渡る。この複雑な関係性の中で，学生らが，ナラティブを強要されていると感じたり，無理にも協力すべきだと思っていたりはしないかという点に，自覚的であるよう努めた。

　このような倫理面への配慮は，ナラティブ的な探究の手順に直接接続する。クランディニンほか(2011)を参考に，次のような手順で行った。(1)語りや，観察によるナラティブをフィールドテキストと捉え，まとめる。(2)(1)から経験を示すナラティブを三つの次元をチェックポイントとして，解釈する。(3)(2)をもとにまとめた仮説的な中間リサーチテキストを当事者に戻し，検討を繰り返す。(4)最終的なリサーチテキスト（たとえば本章）執筆へと向かう。特に(3)の当事者による確認を重視し，ナラティブをもとにストーリー化したテキスト，授業で用いるパワーポイントの原稿，学会発表に関するテキストの確認を，筆者の理解が学生の意図と一致しているかという観点で，できる範囲で共に検討した。

---

[4] 2012年8月の探究開始まで，段階的に説明を行った。2011年10月初め：クラスで書面で説明。2012年7月末：クラスで口頭で説明。8月初め：個別の協力依頼時に口頭で説明。その後，メールでの協力依頼時にメール文面で説明。協力してもらう場合の情報の取り扱いについての筆者の考えを示し，同意を得た。

2.4 ジュンに焦点を当てた理由

　本教育実践では，学生らは多くの評価観を示した。そのうち，本章ではジュンに焦点を当てる。ジュンの評価観を取り上げる理由は2つある。1つは，ジュンがとりわけ豊富なナラティブを提供してくれたことだ。ジュンとは探究当初より，時間をかけて何度も語り合ってきた。その分，結果的にさまざまなストーリーや評価観に出会えることになった。

　もう1つは，ジュンのある評価観は，教育実践上の評価にまつわる課題の範囲について，次の教育実践につながる気づきを与えてくれたからだ。

　ジュンから探究協力の申し出を受け，2012年8月8日，評価についての語り合いを始めた。まずは，筆者自身の経験に基づき，評価をめぐるストーリーを語った。筆者から始めることで，ジュンも語りやすくなると思ったからだ。筆者が日本語教師として作文の成績評価をどうすべきかと悩んできたストーリーと，中学生時代，当時学生であった筆者と担当教師が衝突したというストーリーを語った。その衝突場面がジュンの関心を惹いたとみえ，ジュンは自身の経験に基づく評価をめぐるストーリーを立て続けに語った。『手紙交換事件』と『一生で一番良くない先生』である。

　ジュンは，『手紙交換事件』を語って以来，折に触れてこのストーリーを辿り直し，評価とは何かということを思量していたらしい。そして，このストーリーから「ある1つの評価は，特別な環境でそのときの周囲の人と行為に関係がある」(2013年3月14日　ジュンと筆者の語り合いの記録)[5]と，ジュンなりに評価の性質を示す評価観を導いた。

　また，『一生で一番良くない先生』を語った後には，「(ジュンにとっては，日本語)能力試験みたいな結果は小さい。教師のコメントのほうが大きい」(2012年8月15日)と，ジュンなりのその評価の影響を表す評価観を導いた。

　探究の過程でジュンが示した評価観はこの2点に限らない。しかし，上記の2つの評価観は，本章で選び取って探究を継続するに値する。なぜなら，ジュンは前者の評価観を導くと同時に，「わたしって何？」「わたしの見方や考え方ってどんなもの？」(2012年11月14日)と，自分は何者であるのかと問い始めたからだ。また，後者の評価観は，筆者を含む教師や研究者たちに，教師として，また研究者として，あなたは何者であるのかと，同様の問いを投げかけていると理解できるからだ。つまり，この2つの評価観は少なくとも，ジュ

---

[5] 以下，年月日のみ示しているものはジュンと筆者の語り合いの記録を指す。

ンと筆者の生き方を問う課題へつながるほどの影響を及ぼすものと言える。

そこで，本章では，ジュンの示した2つの評価観の理解を深めるために，以下の2つの課題を探究する。

(1) ジュンの示した評価観はどのような経験に基づき導かれたのか。
(2) (1)で見た評価をめぐるストーリーと評価観が語られた理由は何か。

2つの評価観は，ジュンの経験に基づく。そのため，まず，これらの評価観がどのような中学・高校時代の評価をめぐるストーリーをもとに示されたのか，「支えとするストーリー」を観点として探る。また，評価をめぐるストーリーと評価観は，ジュンと筆者との関係の中で，選ばれ，語られた。ほかでもなくそのストーリーを選び，語ったという経験もここに表れている。この理由も併せて，ジュンの示した評価観に迫ってみたい。

3. 結果と考察

本章では，(1)および(2)の課題に沿って，ジュンの示した評価観の理解を試みる。まず，2つの評価観が導かれた，経験に基づく評価をめぐる2つのストーリー①，②を示す（3.1，3.2）。次に，2つのストーリー①，②に見える，ジュンの「支えとするストーリー」を探る（3.3）。これらを踏まえ，課題(1)の考察を試みる（3.4）。さらに，課題(2)を検討するために，ストーリー②の続きのストーリーと，もう1つ別のストーリー③を示す（3.5）。以上を踏まえ，最後に課題(2)の考察を試みる（3.6）。

3.1 ストーリー①『手紙交換事件』

中学の，担任D先生による国語の授業のことだ。教室後方でジュンを挟んだ両隣の友達が小さな手紙の交換を始めた。状況からして，ジュンが手紙の渡し役となった。ちょうどその手紙を片側の友達に渡そうとしたところ，運悪くD先生に見られた。D先生は「立って。どうして授業のときそういうことやってる！」とジュンを質した。ジュンはただ渡しただけで，自分のせいではない，と訴えた。ジュンは窮地に陥ったが，両隣の友達は声を出さない。ジュンの訴えは，D先生に信じてもらえず，「授業の邪魔になる」と教室の後ろに立たされた。

放課後，ジュンは教員室にD先生を訪ね，再び自分のせいではないと説明

した。友達Fも同伴し，手紙を渡したのはジュンのせいではないし，普段から良い学生だと弁明してくれた。ところがD先生は「あー，いい友達を作ったよねぇ」と皮肉で応じ，結局，授業中の一件はジュンの責任にされてしまった。その頃ジュンの母親は下校に合わせて迎えに来ていたが，ジュンがなかなか降りてこない。後で母親に遅れた経緯を話すと，母親は，大きな問題でもないのに，D先生のせいで大げさなことになったと同情してくれた。

　これ以来，授業で難解な問題があると，D先生はジュンにいつも回答を要求した。学期末の成績表には教師から評価コメントが書かれる。D先生からのコメントは，ジュンにとって，以前と異なることばに変わった。それは，ジュンらしさをよく観察していない，ばかにされた感じを受けることばだった。

3.2　ストーリー②『一生で一番良くない先生』

　高校生のジュンは，担任で英語のE先生に，友達と教室の外に呼び出された。まず，友達が作文の内容が消極的すぎると注意を受けた。ジュンにしてみれば，この友達の表現に，厳しく咎められるほどの問題はない。ジュンは，この友達が化粧をし，授業中は鏡を見てばかりいるため，E先生は容姿を気にかけるあまり勉強を疎かにしていると考え，呼び出したのだと察した。ずっと傍で聞いていたジュンは，執拗で厳しいことばに我慢ならなくなり，E先生に向かって，先生がその友達について指摘している点は大した問題ではないと口を挟んだ。

　そのとたん，E先生は怒りの矛先をジュンに向けた。当初，試験結果に関する注意だと聞いていた。ところが，E先生はジュンの寮生活の態度について，消灯後のトイレの電気利用の項目で，点数が度々減点されていることを咎め始めた。ジュンにとってトイレの電気は，実は読書灯だった。

　そのうち，ジュンとE先生は口論になった。ジュンは日頃から仲間たちが言えないでいることを言った。特定の女子学生に近づいて話すのは，学生には迷惑だから，やめてほしいと訴えた。するとE先生はすっかり腹を立ててしまった。

　ジュンの両親が学校に呼び出され，一緒に話し合いをする騒動となった。母親はE先生とジュンは相性が悪いだけだと言って，ジュンに理解を示した。しかし，父親はジュンの態度のせいだとして，ジュンを責めた。E先生はほかの先生にも，ジュンは態度が悪く，教師に対して何でも直接言えると伝えていた。しかし，ジュンにすれば日頃学生たちが我慢していることを訴えたま

でだ。

3.3 評価をめぐるストーリー①，②の「支えとするストーリー」

『手紙交換事件』は，授業中，ジュンは自分に直接的に責のないことで教師から咎めを受け，その誤解を解こうと声を上げたが，試みはうまくいかず，以来，教師との関係が悪くなった，というストーリーである。

ジュンは授業中，両隣に座っている友達同士の小さい紙の交換を，仕方なく仲介した。まさにそこをD先生に見られ，ジュンを質すところに最初の緊張が生じる。ジュンのせいではないという訴えはD先生に届かず，不当にも教室の後ろに立たされる。「工藤先生，この気持ちはどう表現できますか？今もまだ忘れられない」（2012年8月8日）。筆者には，苦笑いのジュンを通して，教室後方で非日常的な眺めを見続けた身体の感覚まで伝わってくるように感じられた。

放課後もD先生を訪れ，授業中の一件はジュンのせいではないと主張した。友達Fもジュンを支持し，D先生とジュンの緊張を解こうとした。しかしその甲斐もなく，D先生には「いい友達を作ったよねぇ」と，まるでジュンが友達に騙らせたかのように皮肉を言われてしまう。D先生の応答は，ジュンのことばに宿るはずの信頼を益々希薄にした。結局，D先生との緊張関係は緩和しなかった。ただ，母親はジュンのことばを信じてくれた。

それ以来，D先生とジュンは緊張関係を継続した。D先生は，難解な問題の回答をジュンにばかり要求し，成績表の評価コメントには，以前と異なることばが並んだ。「（ジュンは周囲の）『人と交流できる』って。（よく考えると，じゃあ）誰が交流できない？と思って」（2012年8月8日），侮辱的に感じるようになった。

『手紙交換事件』でジュンは次のような「支えとするストーリー」を生きていたと理解できる。ジュンが自分の言動について，特に教師との関係で誤解が生じたと気づいた場合，相手が教師であったとしても，その誤解を解くためには，声を上げ，訴える。そうすることで，相手の教師はジュンへの誤解を解くだろうし，失われそうになった信頼も元通りになる。当然，ジュン自身の生き方も恢復される，というものである。

しかし，D先生はジュンが恢復に努めようとするふるまいにさえ関心を払わない。ジュンはにわかに，D先生とこの「支えとするストーリー」を生きるのが困難になる。これ以来ジュンは，D先生への不信を強め，ジュンらしさを

よく観ず，ジュンにとって侮辱的な感覚を抱くことばで評価するようになったと感じていた。

　続く『一生で一番良くない先生』でも，教師との衝突場面が描かれる。ジュンが友人をかばおうとして，教師に対して声を上げるが，逆にジュンの寮生活の態度の悪さについて咎めを受ける。重ねてジュンは教師に対する学生らの不満を訴えるも，結局，ジュンの両親が呼び出され，ジュンの態度について咎めを受けてしまった，というストーリーである。

　『一生で一番良くない先生』で，ジュンは次のような「支えとするストーリー」を生きていたと理解できる。友人の言動について，特に教師との関係で誤解が生じたと気づいた場合，その友人への誤解を解くために教師に対して声を上げ，意見する。教師はそれによって友人への誤解を解くだろうし，誤解やその教師のふるまいを良しとしないジュン自身の生き方も了解される，というものである。

　この点について，ジュン自身も，教師に対し，友達にとって悪くならないよう配慮しているなら，我慢せずに言うことは問題ないと思う（2013 年 3 月 14 日要約），と振り返って語っている。

　しかし，2 つ目のストーリーでも，ジュンの「支えとするストーリー」は生きられなくなる。ジュンは E 先生とも「支えとするストーリー」を生き続けようとするが，口論によって緊張が高まり，両親が学校に呼び出される。あげく，父親までもジュンの「支えとするストーリー」を生きることに否定的見解を示す。

　ジュンは中学，高校と，クラス担任で国語の D 先生，英語の E 先生，両方の前で，ジュンの「支えとするストーリー」が生きられなくなってしまった。「支えとするストーリー」が中断された 2 つのストーリーは，ジュンにとって，「いい思い出じゃない」，「悪い評価」（2014 年 10 月 11 日）を表すものとして選ばれ，語られている。

　この状況で，母親だけは教師や父親とは別のストーリーを示した。ジュンにとって母親のことばは，ジュンが「支えとするストーリー」が語られ，生きられる余白を残した。同時に，ジュンにとって，母親こそはジュンが苦しい立場にあるときでもジュンを信頼してくれる人だという，また別の「支えとするストーリー」も継続して生きられることを意味した。

3.4 課題(1)に関連する考察

2つのストーリーの筋のどちらも，登場人物とジュンの関係において，ジュンの「支えとするストーリー」をどう語り，どう生きるか，の交渉過程を示す。ストーリーの展開に伴い，都度のその状況で，その人とジュンとの相互のやり取りによって，異なる評価がもたらされる。たとえば，D先生は「ジュンは信用できない人」，友達Fは「ジュンはいい学生」，母親は「ジュンは信用できる娘」，E先生は「ジュンは教師に直接何でも言う学生」，父親は「ジュンは教師への態度が悪い娘」というように。

D先生が「ジュンは信用できない人」という評価を示すのに対し，友達Fは「ジュンはいい学生」という評価を示す。同じ場に居ても差異が生まれるのには，各々の立場が異なるからである。D先生は授業を進めている教師という立場からジュンたち学生を眺めている。一定の学習内容を授業時間内に終え，そのために，学生たちを授業に集中させなければならないという責務を負っていたのだろう。その中で，学生が授業中に手紙交換をし，ジュン以外に誰もジュンのせいではないと声を上げなかったとしたら，即座に「ジュンは信用できない」と結論づけ，ジュンの「支えとするストーリー」を中断したかもしれない。一方，友達Fは日頃からジュンをよく知っている上に，手紙交換を学生側から見て，D先生が誤解しているのもわかった。しかし，事態が進行している場では，ほかの学生との関係から，言い出せなかった可能性がある。それで放課後，教員室に同伴し「ジュンはいい学生」との見解を示し，ジュンが「支えとするストーリー」を生きられるよう，手助けしたのだと想像できる。

ある評価の背景をナラティブ的に理解していけば，ジュンが「支えとするストーリー」を生きようとすることに対して，そこに関与する登場人物の固有の条件下での見解が示される。たとえば，授業中の，D先生とジュン，また周囲の友達らとの関係によって創られる固有の環境という文脈が浮き上がり，その状況でジュンの「支えとするストーリー」を生きることへの見解が示される。そう辿れば，ジュンが「ある1つの評価は，特別な環境で，そのときの周囲の人と行為に関係がある」との評価観を示したのも理解できる。評価をめぐる2つのストーリーの展開に沿って，登場人物のジュンに対する見解を辿れば，さまざまなジュンが浮かび上がる。この探究の過程で，ジュン自身に，自分が何者であるのかという問いが生まれていったというのも納得できる。

3.5 ストーリー③『将来の夢』

さて，ストーリー②の『一生で一番良くない先生』には続きがある。そして，この続きの先には，もう1つ別のストーリー③が見えてきた。

> E先生は悪い先生ではないが，ジュンにとっては一生で一番良くない先生だ。許せないのは，この騒動で，ぎくしゃくしていた父親との関係が決定的に悪くなったことだ。父親はジュンの幼少時から，考古学者になる夢を「おまえにはできるはずがない」と，支持していなかった。その上この騒動で，父親の理解は益々得られにくくなった。これが契機で，大学進学に関して，自宅から遠い場所を選び，一年に一度しか帰省しなくてよいようにした。

ジュンがE先生を，ジュンの生涯で一番良くないとするのは，騒動によって父子関係が決定的に悪化したからだ。この件からも「能力試験みたいな結果は小さい。教師のコメントのほうが大きい」という評価観が示された理由がいくらか理解できる。

当初，筆者は，評価をめぐる2つのストーリーを辿り直し，評価観が導かれた経緯を示し，背後にある経験を明らかにしていくことで，ジュンの評価観に迫るだろうと考えていた。ところが探究が進む中，2013年1月の授業中と同年3月の卒業試験で述べられたことばがきっかけで，ジュンの評価観により深く迫るには，もう1つ別のストーリーを同時に辿るべきだと気づいた。それはジュンの『将来の夢』のストーリーで，ジュンの人生に脈々と流れている，より規模の大きなストーリーである。

> 歴史的遺物を探究し，将来に活かしていく考古学者のような人になるという夢が生まれたのは，ジュンが小学校の頃である。途中何度も，将来のことに悩み，夢を諦めようとも考えた。特に，父親や教師とのことは大きい壁だった。けれども，夢が生まれた頃のことを思い出しては元気を取り戻し，夢を叶えようとしてきた。今もそのために，日本での大学院進学を目指している。

『将来の夢』のストーリーとは，ジュンの小学生時代に生まれた，歴史的遺物を探究する学者を目指して生きるというものである。途中，周囲との関係で

夢を諦めようかとも考えたが，なんとか追い続けてきている。ジュンはちょうどこのとき，日本に留学し，日本語学校で学び，研究生として進学を控え，このストーリーをこう語り，そう生きる只中にいた。

3.6 課題(2)に関連する考察

この『将来の夢』のストーリーと，『一生で一番良くない先生』と「能力試験みたいな結果は小さい。教師のコメントのほうが大きい」という評価観の関係を見てみる。この評価観は，E先生と父親との関係において，ジュンの「支えとするストーリー」が中断した『一生で一番良くない先生』のストーリーから展開する。ここでE先生が「一生で一番良くない」とされるのも，父親との関係悪化につながったからだ。つまり，ジュンの「支えとするストーリー」が中断するきっかけの，E先生のコメントなるジュンへの評価は，父子関係を決定的に悪化させた上に，それらが「大きい壁」となり，ジュンの『将来の夢』のストーリーまで中途で断ち切る危険性を孕んでいたことになる。言い換えると，ジュンの生涯に影響する，より規模の大きい『将来の夢』のストーリーの中に，評価をめぐるストーリーおよび評価観を位置付けてみると，このストーリーと評価観が語られた重みが理解できると言える。

4. おわりに

(1)および(2)の課題への応答をまとめると，以下のようになる。1つ目の『手紙交換事件』から導かれた評価観「ある1つの評価は，特別な環境でそのときの周囲の人と行為に関係がある」は，ジュンの「支えとするストーリー」が，担任教師や事件を起こした友人とは生きられず，別の親しい友人や母親とは生き続けられたという経験に基づく。2つ目の『一生で一番良くない先生』から導かれた評価観「能力試験みたいな結果は小さい。教師のコメントのほうが大きい」は，教師のコメントによってジュンの「支えとするストーリー」が，教師や父親と生きられなくなった経験に基づく。いずれも，ジュンへの「教師のコメント」が影響し，ジュンの「支えとするストーリー」が中断された経験に基づくものである。

これらの経験に基づくストーリーが語られた理由は，評価をめぐるストーリーの2つとも，「支えとするストーリー」の中断によって，ジュンが「悪い評価」を受けたという印象を抱いていたからである。さらに，特に2つ目のストーリーと評価観が語られたのは，「支えとするストーリー」の中断が，ジュ

ンの『将来の夢』のストーリーにまで大きく影響し，危機的状況をもたらしたからだと考えられる。

　以上より，ジュンが被った評価に関する弊害を減らす工夫が，当の教育実践の中で実現することの模索としてどう位置付くのか，考えてみる。

　まず，評価がテーマであるからといって，成績評価が第一の関心となるわけでもない。「教師のコメント」を媒介に，教師や周囲の人に，学生が何者であるとみなされていくのかという評価に関心が払われたことを重視したい。これらは，成績評価やその方法に苦心するあまり，見過ごしてきたかもしれない「教師のコメント」なる評価が学生に与える影響について，議論を尽くすべきだという課題を示してくれていると思う。

　次に，ジュンの評価観が示されたことについては，経験に基づく評価をめぐる具体的な出来事を抽象化し，概念的に示した営みである，と単純化できない。ジュンは筆者と語り合い，探究を重ねることで，教師や父親との強い葛藤を含む評価をめぐるストーリーを，ジュン自身で辿り直し，ジュンなりに理解を深め，また納得しつつ，概念化し評価観を表した。この過程ではジュン自身も，当時のジュンの「支えとするストーリー」と，その中断に気づいたはずである。それを経て評価観が示されたということは，一度は中断された「支えとするストーリー」をジュン自ら復権[6]したことを意味する。これらは，学生一人ひとりの評価観の背後にある「支えとするストーリー」を生きることが，学生の人生にどのように影響するのかという重みの程度を考慮して評価活動を考えていくとすれば，どうなるのかという課題を与えてくれているように思う。

　さらに，ジュンに限らず，ほかの学生の評価観に注目して探究すれば，また新たな，重要な課題が示される可能性も拓いてくれるだろう。

［付記］本研究は，平成25～27年度日本学術振興会科研費基盤研究(B)「言語運用に対する個人の評価価値観の形成と変容に関する研究」(研究課題番号：25284098)(研究代表者：宇佐美洋)の成果の一部である。

---

[6] ジュンの中断された「支えとするストーリー」は，日本語を媒介に再び語り出された。すなわち，ジュンの将来に重くかかわる「支えとするストーリー」はジュンの母語ではなく日本語で復権を迎えたことになる。この場面での日本語の果たした役割は大きい。筆者は，第二言語教育におけるナラティブ的探究の可能性が示されたと考えている。この点については稿を改めて述べたい。

参考文献

倉地曉美(2010)「ジャーナル・アプローチとアセスメント―評価からこぼれ落ちるものの重要性に鑑みて―」佐藤慎司・熊谷由理(編)『アセスメントと日本語教育―新しい評価の理論と実践―』くろしお出版, pp. 215-226.

クランディニン, D. ジーン(2013)「ナラティブ的探究の可能性―動きの中で一人ひとりの生をとらえる―」『臨床教育学研究』1, 197-199.

クランディニン, D. ジーン・ヒューバー, ジャニス・オア, アン, マリー・ヒューバー, マリリン・ピアス, マーニ・マーフィー, ショーン・スティーブス, パム(2011)『子どもと教師が紡ぐ多様なアイデンティティ―カナダの小学生が語るナラティブの世界―』(田中昌弥訳)明石書店

佐藤慎司・熊谷由理(編)(2010)『アセスメントと日本語教育―新しい評価の理論と実践―』くろしお出版

田中昌弥(2011)「臨床教育学の課題とナラティヴ的探究―教師の専門性と子どもの世界を読み開く―」『臨床教育学研究』創刊特別号, 44-57.

デューイ, ジョン(2004)『経験と教育』(市村尚久訳)講談社

二宮祐子(2010)「教育実践へのナラティヴ・アプローチ―クランディニンらの「ナラティヴ探究」を手がかりとして―」『学校教育学研究論集』22, 37-52.

Clandinin, D. J., & Connelly, F. M. (2000) *Narrative inquiry: Experience and story in qualitative research.* San Francisco, CA: Jossey-Bass.

▷ コメンテータ（林さと子，八木公子）からのコメント ◁

　工藤さんがジュンとの対話的活動を通してジュンの評価観を丁寧に紐解いていく過程を追いながら，教師として自己の言動の重さをあらためて感じました。また学生自身にとっても，自らの経験を振り返り自身の評価観を掘り下げ，深く理解することが，その後の人生に少なからぬ影響を与え得る可能性を感じました。

　さらに，工藤さんもご指摘のように，ナラティブ的探究を通して学生が自己を再発見し，同時にその過程が第二言語習得につながるという新しい可能性を考えると，この論文の意義の大きさを感じます。

　実際にジュンとの共同作業を重ねてきた過程において，日本語習得的観点において何らかの示唆は得られたのでしょうか。

▶ 執筆者（工藤育子）からの回答 ◀

　2011年10月の来日以降，ジュンから「自信がない」ということばを何度も聞きました。日本語学校を卒業する2013年3月には「自分が小さい頃はずっと弱くて，存在感も弱いです。今はだんだん強くなりました」と語ります。そして，ジュンにとって，研究生として進学するという状況は「あのときと大体同じ」とのことです。それは，大学院に進学できていない上に未婚。両親と離れて留学を続け，未就職。周囲から帰国を迫られるように言われるのは，『将来の夢』のストーリーが中断される危険性を孕んでいる点で大体同じという意味でした。「今のわたしがあのときのわたしになると，帰るかもしれない」けれども，「やりたいことをまだやっていない。今は絶対帰国しない」と，力強い声の記録が残っています。

　また，このナラティブ的探究の過程には教務主任G先生も探究仲間として参加してくれました。2015年1月のこと，ジュンが「修士終わったら，ヨーロッパに行こうかなー。新しいことばを勉強すると新しい出会いがあるからね」と言います。これをG先生に伝えたところ，「彼らにとって，母語で語るのと，日本語で語るのはたぶん違うんだろうと思うんですね。違う言語で，違う環境で，今までとは違う，新しい物語を手に入れるんじゃないでしょうか」と語ります。ヨーロッパを目指そうとするジュンには無意識にも，新しい言語で新しい物語を手に入れ，さらに人生を広げたいという気持ちがあるのではないかと，二人で理解を深めました。G先生も私も，日本語学校で学ぶ学生のみなさんは，日本語で新しい物語を綴っているのだという認識のもと，日本語教育に携わっているところです。

第12章 教師教育における評価活動を通した学び
模擬授業時の相互評価に見られる多様な評価の観点とその拡がり

林 さと子・八木 公子

1. はじめに

　学習者の増加と多様化への対応を必要とする時代を迎え，教師養成はトレーニング型のものから教師の成長型への転換が図られ，自己研修型の教師が望まれるようになった（人見他, 1991；岡崎・岡崎, 1997）。トレーニング型の教師研修ではあるべき姿に向けて成長することが期待されたのだが，学習者が多様化し，学習環境も教師の経験を超える場合には，固定的な対応ではなく，教師が置かれた環境での学習者への柔軟な対応が求められるようになってきた（林, 2006）。また，学習者も，教育機関内の学習に限らず，生活の中で学ぶなど自律的な学習が必要となってきた。自律的に評価を行いながら学習を進める学習者に向き合う教師にもまた，自律的に自己研修を重ね，常に教育の改善を図る姿勢が求められる。そのためには，教師の自己評価力が欠かせない。他者評価の力も借りて，自己研修を続ける力が必要となる。本章では，教師教育における評価活動を通した学びについて考えてみたい。

2. 研究の背景

　日本語教員養成課程の授業である「日本語教授法」の授業には「評価」を考えることが含まれる。教師としての評価力を高めることをねらいとして，一年を通してさまざまな評価活動が組み込まれている。「日本語教授法」の中心的活動は，前期の外国語のミニレッスンと後期の模擬授業であるが，その中にも，コメントを書き，コメントをまとめて共有するという評価活動が含まれている。

　前・後期の開始時に，学生各々は「この授業における自己目標と自己評価基準」を提出し，学期末にはそれを自己評価して提出する。また後期レポートでは，その一部として，一年を通しての「日本語教授法」における自分の学習

を振り返り，自己評価し，成績(A～D)も自己申告することになっている。

後期の模擬授業後には，授業で「評価」について考える機会を設けている。その中で強調されるのは，第一に，評価とは決して特定の者(例えば教師)だけが行う行為ではなく，私たちは日常の中で常に互いに評価し評価されているということ。第二に，教育の改善を目的とした形成的評価の重要性(梶田，2010)である。学習者の主体的な学びを支える評価をするには，学習がよりよく進むために，診断し，助言・指導することを重視する形成的な評価観が求められるからである。そして，第三に，教師の頭の中には言語観，言語能力観，言語学習観，言語教育観が存在しており(古川，1988)，教師として，自分とは全く異なる経験や背景を持つ多様な学習者に対峙する際，無意識のうちに自分の教授活動に影響を与えているこれらの存在を意識化し，常にそれでいいのか問い直す姿勢が非常に重要だ(岡崎・岡崎，1997)ということである。

これらは，教授法担当者の評価観であり，言語教育観ともいえるが，この評価観の下で，コメントを書き，共有するという評価活動が実施されている。

3. 模擬授業時の相互評価活動

模擬授業時のコメントは，自律的な評価力の育成をねらいとするため，教師が設定したチェックリストで評価するのではなく，自由記述によるコメントとしている。本章では，そのコメントを分析し，評価活動を通した学びのプロセスを探る。

前期は，主だった8つの外国語教授法[1]を3，4名のグループで一つずつ担当し，まずその背景にある言語観・言語学習観等をレポートした後，担当の教授法を用いて，韓国語，スペイン語，タガログ語，中国語など日本語・英語以外の言語によるミニレッスンを行う。学生は，教師，学習者，観察者のいずれかの立場からその教授法による言語教授・学習を体験する。後期は，初級日本語の教科書の一つの課をグループで担当する。まず，その課で扱われるさまざまな学習項目を分析し，それらを立体的に組み合わせ，一つの流れを持った授業を組み立てて，グループで設定した学習者を対象とする模擬授業を実施する。

模擬授業は，90分の授業の中で2つのグループが実施し，各模擬授業後，学生は，A5の用紙に，T(教師)，L(学習者)，O(観察者)のそれぞれの立場を

---

[1] オーディオリンガル・メソッド，TPR，サイレント・ウェイ，CLL，サジェストペディア，ナチュラル・アプローチ，コミュニカティブ・アプローチ，タスク中心の教授法の8つである。

明記した上でコメントを書く。教育実習では，教師によって設定された評価項目のリストを用いて相互評価を行うこともある(岡崎・岡崎,1997；近藤ブラウン,2012)が，ここでは，担当教員からはいかなる評価の観点も示されない。「生産的で，建設的なコメントを」という指示のみが与えられており，学生のコメントは，意識的であれ，無意識的であれ，さまざまな観点から各自の基準に基づいて記述されることになる。この自由記述のコメントを共有する中で，学生各々が自己の観点や基準とは異なる多様な評価に気づくことをねらいとしている。書かれたコメントは教員が回収し，名前を削除した状態のコピーが模擬授業担当者に渡される。担当グループは，コメントを整理し，ハンドアウトにまとめ，次回の授業の始めにそのまとめを発表し，前回の模擬授業の振り返りを行う。その際に，担当教員がコメントを補足することもある。例年，初級前半を中心に10課ほどの模擬授業が行われる。

　前期のミニレッスンにおいても，後期と同様，学生は教師，学習者，観察者のいずれかの立場からコメントを書き，共有する活動を行っている。

4．模擬授業時のコメントの分析
4.1　データ

　今回の分析対象は，2013年度後期の模擬授業におけるコメントである。研究協力の承諾を得た17名分のコメントを分析した[2]。模擬授業は，『みんなの日本語　初級[第2版]』[3](スリーエーネットワーク,2012)の2，3，4，5，6，7，11，12，18，21課の計10課分行われた。学生は22名であったが，すべての模擬授業に全員が出席したとは限らない。

　コメントは，まずエクセルに入力しデータ化した後，筆者2名で，学生が模擬授業の何についてコメントしているのか観点の抽出を行い，分類を試みた。分類に際して，小笠・楊・金・郭・池田(2002)，八木(2004)を参照した。また，分類に関して筆者間で意見の不一致が見られた場合は，同意に至るまで協議した。次に，模擬授業が進むに従って，コメントがクラス全体として，また学生個人においてどのように変化しているのか分析した。

---

[2]　最終回の授業時に文書で研究協力の依頼を行い，学期終了後，承諾の有無を確認して，分析を開始した。

[3]　模擬授業の準備にあたっては，『みんなの日本語　初級[第2版]　翻訳・文法解説[英語版]』の他，学生の希望する各国語版(韓国語版，スペイン語版，中国語版，ドイツ語版，フランス語版など)を使用している。

4.2 コメントの分類とそこから見えるもの

　まず，大きく模擬授業の何についてのコメントかによって，「教材・教具」「教室活動」「授業」「教師」「学習者」「その他」に分類し，この大カテゴリーを観点1とした（表1参照）。「その他」には，例えば「説明と授業デモンストレーションの切り換えがよくわからなかった」など模擬授業ゆえのコメント等が分類されたが，今回分析対象とはしなかったため表に記載されていない。

　ここでは，「何についてのコメントか」を分類するに際しての，「何について」を「観点」とする。観点1をさらに下位区分化したものが中カテゴリーの観点2である。観点3は，観点2の下位カテゴリーで，より詳細で具体的な観点であり，言わば小カテゴリーである。

　観点3は，例えば，「教室活動」（観点1）の「内容」（観点2）に関しての観点3「役立つ」であれば「役立つかどうか」，「生活に使える」ならば「生活に使えるかどうか」といった観点を表している。

　いくつかコメントの記述例をあげる。

　　・声が良く通っていて，聞き取りやすかった
　　・声の大きさがちょうどよかったし，聞き取りやすい発音だった

　これらの例では，「教師」（観点1）の「話し方・声」（観点2）に関し，観点3の「聞き取りやすい」かどうかについてコメントがなされている。また，次の2例では「授業」（観点1）の「例文」（観点2）に関し，観点3の「自然・不自然」について，コメントが書かれている。

　　・「○○売り場」「○○を売っているところ」というのが，会話の中で自然に説明
　　　されていて，「いかにも語彙を学んでいる」という感じではなかった
　　・ちょっと気になったのは，不自然な「レストランで卵を食べます」といった文
　　　章を，日常生活において，いったいどのような場面で，誰を相手にして発話す
　　　るのだろうか，ということです

　分類は，学生が模擬授業のどこを観て何を感じているのかをとらえるためのものであるので，1つのコメントが1つの観点に分類されるとは限らない。例えば，「ロールプレイが少し機械的すぎる気がしたので，…学習者が意欲的に取り組めるような工夫があればもっと良かった」というコメントは，「教室

活動」(観点1)の「種類」(観点2)の「ロールプレイ」(観点3)と,「教室活動」(観点1)の「工夫の有無・内容」(観点2)の「機械的」(観点3)に分類される。下に,コメントを分類したものを表1として示す。

　表1を一見してわかるのは,学生が模擬授業の実にさまざまな側面を観ているということであり,また多様なコメントを記しているということである。教師が設定した評価リストによる相互評価ではうかがい知ることができない多様性である。例えば,「教師」(観点1)の「態度・ふるまい」(観点2)一つを取ってみても,「緊張,自信,しっかり,落ち着き,堂々と,明るい,にこやか,柔らかい,親しみやすい,静か,一生懸命,ユーモア,うまくリード,ペースを作る,おもしろい会話をはさむ,歩き回る,身振り手振り」(観点3)と,実にさまざまな観点についてコメントを書いている。

表1　コメントの分類

観点1	観点2	観点3
教材・教具	名札	名札,ネームカード
	表記	ルビ,ふりがな,漢字,分かち書き
	FC,PCなどカード	文字・フォント,イラスト・絵,パネル,写真,地図
	配布教材	ロールカード,スクリプト,家系図
	その他	時計(模型),実物,他の物(カレンダー,矢印,毛糸他),黒板使用,視覚情報,大きさ(文字の大きさ含む),色,工夫(凝っている,入念な準備,丁寧に作成,親しみ)
教室活動	種類	導入・復習,文型提示,練習(パターン練習,代入練習,文型練習,単語練習,発音練習,反復練習,発話練習,場面練習,実践練習),ゲーム,ペアワーク,ロールプレイ,タスク
	内容	複雑,役立つ,生活に使える,理解しやすい・理解しにくい,学習者には難しい
	実用性	場面,実践形式,身近な話題,役立つ
	工夫の有無・内容	バリエーション豊富,体を動かす,いろんなものを使う,好きに文を作らせる,待っている学習者への対処,発想が良い,実物を見せる,単調,教師中心の授業,参加型,機械的

授業	流れ・雰囲気	流れ・進行，テンポ，パターン化，明るい，親しみやすい，リラックス
	内容	人数に合っている，基本をしっかり，親しみやすい，まとまり，明確な目標，効率的，わかりやすい，不足・疑問
	学習項目	コソア，〜売場，お〜，形容詞，趣味，親族名称，程度，エアメール・航空便
	例文	自然・不自然，わかりやすい，長め，たくさん，おもしろい，ユニーク，ユーモア
	時間	配分，確認，管理，無駄な時間
教師	教材の扱い	持ち方・見せ方，手間取る，貼り間違い
	話し方・声	聞き取りやすい，大きい，はっきり，丁寧，不自然，ゆっくり・早口，発声が安定，教師らしい，尻つぼみ
	ことばの使い方	説明（わかりやすい，難しい，丁寧，不足），難しいことば，指示（明確，わかりやすい，ゆっくり），言い間違い，書き間違い，「先生は」（呼称），英語使用
	工夫	手順，具体的に見せる，文を長くしていく，明るくなるような会話，質問を挟む，段階を踏む，指名の仕方，会話の終わり方，覚えやすい工夫，飽きない工夫，発音の見本
	態度・ふるまい	緊張，自信，しっかり，落ち着き，堂々と，明るい，にこやか，柔らかい，親しみやすい，静か，一生懸命，ユーモア，うまくリード，ペースを作る，おもしろい会話をはさむ，歩き回る，身振り手振り
	学習者への態度	学習者の様子を見る，進み具合を見る，コメントをくれる，話しかけ，学習者との距離（感），ほめる，うなずく，名前を呼ぶ，笑顔，一方的
	事前準備	準備（入念，しっかり），教案（しっかり），名前を用意
学習者	参加しやすさ	見やすい（教師，教材，互いの顔），聞きやすい，理解しやすい，わかりやすい，安心して参加，緊張せず参加，混乱なく参加，構えることなく参加，学習がスムーズ，考える時間
	発話	機会・練習（発表，発話，発音），繰り返し
	定着	定着しやすい，定着がはやい，定着につながる

　また，同じ授業の同じ活動についても，学生の評価は必ずしも一致しない。例えば，下に示すように，6課では，授業の雰囲気についてのコメントが

コメントを書く者によって全く違うものとなっている。また，11課の黒板の使い方についても，評価が大きく分かれている。さらに12課では，教師の声について全く異なる評価が記されている。

以下，コメントは原則，原文のままであるが，[　]にことばを補っているものもある。なお，（　）は原文通りである。

〈6課〉
・授業の最初の方に行っていたパターン練習の時，クラス全体の雰囲気があまり明るくなかったので，途中でペアワークなど活動を入れると緊張がほぐれるのではないかと感じた
・教師がペースを作っていたので，学習しやすそうな雰囲気だった

〈11課〉
・黒板に全て(ルビもふくめ)書いてしまうと，とても混みあった印象をうける。もっと広々と分けて書くか，プリントにした方が良くないか
・プリントや黒板，物など工夫がされていて，分かりやすく定着しやすいと思います

〈12課〉
・2人とも声の大きさや速さなどはちょうど良くて聞こえやすいと思いました
・2人ともあがっていたのか，もう少しゆっくり，ハッキリ，区切って発音した方が良かった。また，発声が安定しておらず，尻すぼみになってしまう文が多かったように思う

このように，コメントを分類し共時的に眺めると，上記の「教師」の「態度・ふるまい」の例に見るように，学生が模擬授業についてコメントする際の観点の多様性が見えてくる。また，6課，11課，12課の例に見るように，同じ活動についても異なる評価をすることがあることも見えてくる。

それでは，学生のコメントは，模擬授業が進むに従ってどのように変化していくのであろうか。次に時間軸に沿って通時的分析を試みる。

4.3 コメントの変化に見られる学び

コメントを書き，もらう評価活動を通して，互いの評価の観点を共有し，学生一人ひとりがその多様性と拡がりを体験する。10回の模擬授業に比較的多く登場し，したがってコメントも多く見られた「カード」「ペアワーク」「タ

スク」に関するコメントの変化に，学びをとらえてみたい。各項目について，クラス全体としてのコメントの変化と，学生個人のコメントの変化を探る。

4.3.1 カード

「教材・教具」(観点1)の中の「FC，PCなどカード」(観点2)に分類されるフラッシュカード(FC)，絵カード(PC)等の「カード」についてのコメントを見ていく。時間軸に従い，クラス全体としてカードについてのコメントはどのように変化していったのだろうか。

〈3課〉
- カード教材があることによって耳だけではなく目からも情報を得られ，学習がスムーズだった
- 黒板やカードの使い方が効果的で，学習者にわかりやすい授業内容だった

〈4課〉
- 時計や動詞カードは見ていてかなり分かりやすくて良かった
- 単語もイラストカードだったので理解しやすいと思った

〈5課〉
- 教材カードの字が小さかった
- 黒板にはっていた動詞カードや絵も良かったのですが，小さくて見づらいなと思ったので，もう少し大きければもっと良かったです
- 一学習者として参加したのですが，席がはじの方だったため，カードが見えにくいことがありました。(手に持っている時)また，動詞カード(文字だけのもの)は少し字が小さすぎて黒板にはった時読めなかったです。もう少しカードが大きかったらよかったと思います

〈6課〉
- 黒板に貼るカードを変えたらすぐにその単語を声に出してもいいと思いました

クラス全体のコメントを見ると，模擬授業が始まって間もない3課，4課では，カードを使っていることが良かった，カードがあってわかりやすい，理解しやすいなど，カード使用そのものへの肯定的コメントが大半である。5課では，学習者への見えやすさの観点から，カードの大きさや字の大きさ，教師の見せ方などについての具体的なコメントが現れている。6課では，カードの使い方についての具体的提案がなされるようになる。

〈11課〉
- 学習者役の人に1人ずついろんな設定のカードを用意していたのも良いと思いました
- 単語カードの文字情報だけでなく，実物を見せながらやる方法は記憶にも残りやすいと思った
- 新出語彙の切手，はがきなどは，繰り返して言うときも実物を見せながらできたらもっといいと思いました。絵カード＋文字にしたり等できたと思います

〈12課〉
- 絵カードが用意してあったので，それをタスクシートの問題の順番に合わせて黒板にはるなどした方が，学習者にとって理解しやすいと思った
- カードを学生一人一人が見えるよう動かしていてもカードの色合いの問題でみづらそうだったのでそこは気になった

〈21課〉
- 場所と一番えらい人の対になったカードが，分かりやすかった
- | 会社 | 社長 | と半分ずつ紙に書いてある単語カードもわかりやすくてよかった

　模擬授業後半の11課では，練習の設定をカードにして配布する，実物と文字カードを組み合わせて使うなど，カードの使い方そのものに工夫が見られ，その工夫を着眼点とした肯定的コメントやさらには「繰り返し練習の際にも複数のカードを組み合わせたらどうか」といった詳細かつ具体的な提案を行っている。また，12課では，「タスク問題の順に黒板にはった方が理解しやすい」といったカードの使い方についてさらに具体的な提案がコメントされ，加えてカードの色合いについても見えやすさの観点から指摘があった。模擬授業最後の21課では，使用したカードそのものに場所とロールが対になっているといった工夫が見られ，その具体的な点についてのコメントが複数見られた。

　このように，「カード」についてのコメントを時間の経過に従って眺めると，カード使用そのものについての肯定的なコメントから，カードの文字の「大きさ」や「色」，「絵」についてなどカードのさまざまな側面に着目したコメントへと拡がり，さらに，「教材」としてのカードから「教師」の教材の使い方についてのコメントへと観点が拡がっている。と同時に，「タスク問題の順に黒板にはった方が理解しやすい」といったコメントに見られるように，コメントがより具体的に詳細に変化していく様子も見てとれる。

　次に，学生個人のコメントにおける変化を見る。例えば，ある学生のカー

ドについてのコメントは，以下の通りである。

〈3課〉
・イラストカードが良かった！！！
〈4課〉
・時計やカードなどが用意されていたのが良かったです
〈5課〉
・一学習者として参加したのですが，席がはじの方だったため，カードが見えにくいことがありました。（手に持っている時）また，動詞カード（文字だけのもの）は少し字が小さすぎて黒板にはった時読めなかったです。もう少しカードが大きかったらよかったと思います
〈12課〉
・フラッシュカード(天気など)の絵がうすくて見えにくいことがあったので，外線を太いペンでなぞったらよいのかなと思います。あとフラッシュカードが絵入りにするには少し小さいかなと思いました

「イラストカードが良かった」(3課)という一言コメントから始まり，カードの「見せ方」，「字の大きさ」，カードの「大きさ」など，学習者からのカードの見やすさへと観点が具体化し(5課)，細分化が見られる。さらに，「外線を太いペンでなぞったらよいのかなと思います」(12課)とより具体的な提案へとコメントが深化していく様子がうかがわれる。

4.3.2 ペアワーク

クラス全体のコメントを見ると，6課のコメントは，ペアワークを取り入れることのメリット，ペアワークの「説明」ややり方(「手順」)についてであるが，11課のコメントでは，活動中の教師の「ふるまい」や，「場面設定」，日常生活を意識した「実践練習」など観点は拡がり，記述も具体的になっている。12課では，ペアワーク時の教師の「動き」や「学習者との距離感」「話しかけ」へと観点がさらに拡がるだけではなく，「教材(シート)」について学習者の視線と関連づけた言及がなされたり，練習内容についての提案がなされたりと，コメントの深化も見られる。さらに，18課のコメントでは，ペアワークの際の教材シートに必要な情報が提案されたり，教師の想定と実際の練習内容のずれが指摘されたりと，記述の内容はより詳細に深くなっている。

〈6課〉
- 途中でペアワークなど活動を入れると緊張がほぐれるのではないかと感じた
- ペアワークをやる時，教師が発音しているのと，黒板の写真やイラストと何回かちがうときがあったので，そろえたほうが学習者の混乱をさけられると思いました

〈11課〉
- ペアワークのときに，教師がわかりますかと声をかけていたことや，Xさん[教師役]が先に郵便局員です，と明確な指示を出すことができていて，スムーズに授業が進んでいた。場面設定して授業を組み立てると，一貫性があるし，目標もはっきりしていて1つのことができるようになったという達成感につながりとても良いと思った。実践練習として日常の生活の中で本当にある場面を使っていて，日本語だけでなく，物を覚[える]方法を学習できると思った

〈12課〉
- 教師役の人がペアワークの時ちゃんと回っていて生徒と距離感を縮めようとしてるのが伝わってきました
- シートを使って，ペアワークをしている時，学習者の視線がどうしても紙にいって下を向いてしまうので，実際の会話をする時のように，相手の顔を見ながらというところまで，練習ができると，より理想的なのではと思う。Xさん[教師役]がペアワークに参加して少しでも話しかけていた様子が印象的だった

〈18課〉
- 導入からペアワークへの移行も自然で，次に何をすれば良いのか困惑することなく取組むことができた。Xさん[教師役]のペアワーク活動も雰囲気が良かったので緊張せず，参加できたけれど，ワークシートに何を書きこむのか，という一連の説明が，この段階の学習者にとっては一度聴いただけで理解するには少し難しいのではないかとも思った。教材のシートのくわしくという項目に何を書いたら良いのか，困ってしまったので「どんな○○がV[動詞]か」などの文型も合わせて記しておくと，安心するのかもしれません。ピアノを弾くという趣味で「どんな曲を弾きますか」と他の学習者から質問されることもあって，想定されていた「誰が（どんな作曲家が）好きか」とおりにはいかないこともありました

次に一人の学生のコメントを追ってみると，ペアワークのよさを示唆した6課に比べ，11課では実際の生活で使える内容を指摘し，さらに12課では，教

師の発言や動きへの言及が加わっている。

〈6課〉
・ペアワーク前までの部分が少し単調で，学習者があきてしまうのではないかと思いました

〈11課〉
・自分の国の料金などを記入させ，ペアワークさせ，最後に実際のロールプレイをすることで生活に使える内容が身についてとても良いと思いました。ペアワークの時に相手の国のことはわからないので黒板を見る，2回考える作業があったのが良かったです

〈12課〉
・ペアワークの時に先生がまわり，「私もビールが好き」というようなコメントをそれぞれのペアにしていたのがとても良いと思いました

4.3.3 タスク

「タスク」には，その一部にペアワークやロールプレイが含まれていることもあるが，「タスク」ということばを用いてコメントしたものを対象に分析している。タスクについての，6課，7課のコメントは，タスクのやり方に関するものであるが，11課ではタスクシートと黒板に用意された情報の違いについての指摘があり，後半の12課，21課になると教師の動きやタスクの内容に関するコメント，アイディアを提供するコメントとなる。また，「みんなで協力して作る」(21課)といった「タスクの性質」に言及するようになったり，「内容が複雑に感じ」たけれども，「このようなタスクは初めてだったのでとても面白かった」(21課)というふうに「活動への積極的な参加状況」が語られるようになったりと，コメントの述べ方がより多様なものとなっている。

〈6課〉
・最後のタスクのやり方が少しややこしかったのではと思いました

〈7課〉
・何かする前必ず「たとえば」で例を提示していたので学習者も混乱することなくタスクができていた

〈11課〉
・2人目のタスクシートは相手の送りたい場所ではなく自分が送りたいところま

での値段，期間を書くようになっていたのでペアワークでは結局，相手の送り先までの情報を黒板で見つけなければならなかったので少し工夫がほしかったです

〈12課〉
- タスク後に教師自身の答えを言うことで教師と生徒の距離感をうめる働きもあると思いました

〈21課〉
- 後半のタスクでは「新しい市を作る」という大きなテーマだったのでクラスみんなで協力して作るという気持ちで取り組むことができました。メモを取るタイミングと場所がなく，せっかくのタスクを少し生かしきれなかったのが反省です。最初は少し内容が複雑に感じましたが，このようなタスクは初めてだったのでとても面白かったです。教材はどこのグループよりも手がこんでいたと思いました！もう少しシンプルなタスクがあったらやってみたいです[笑顔マーク]対象者は学生に限らず大人でも大丈夫な内容だと感じました！

学生個人のコメントを見ても，課が進むと記述内容が具体的で詳細になっているようすがうかがえる。以下はある学生のコメントである。

〈7課〉
- 英語を共通言語としたことで，あのタスクシートが使えたのだと思います。（前半），ゲーム感覚でできそうで，面白いのではないかと思いました

〈21課〉
- 自分で院長になって，っていうワークシートがやっていておもしろかったです。ワークシートを渡された時のわくわく感とか，とても良かった！！！反面，1番と2番のちがいや，自分がつくりたいものに出会えなかった時の反応をどうしたらよいかなど不明な点も多かった。改良したら，とても楽しくて良いタスクになりそうです。あと，会社｜社長と半分ずつ紙に書いてある単語カードもわかりやすくてよかった。はじめはそんなに一気に出したら混乱するのではないかと思ったけれど，タスクのおかげで定着しそう。

実際に行われた活動は課によって異なるため，これらのコメントを一概に比較することはできないが，全体として，課が進むに従ってコメントの観点が拡がり，その内容が深化していることがわかる。

以上，コメントの変化に見られる学びを見てきた。学期末に行う学生の振り返りアンケートには，「模擬授業では，前の週の人たちのをふまえ，良いところをまねし，逆に反省点や失敗を自分たちのときにはないようにし，週を追うごとによくなっていったのが面白いと思いました」「みんなで高め合っている雰囲気」といった記述が見られる。教師，学習者，観察者のそれぞれの立場で模擬授業に参加し，コメントを書き，コメントをまとめてクラス全体で共有するという作業を積み重ねる過程において，学生一人ひとりが，自分が気づかなかった点についてのコメントに触れ，新たな視点に気づき，その気づきが回を追うごとの模擬授業自体への工夫や深化につながったと考えられる。また，それに伴って，コメントの観点はさらに拡大し，コメントの内容もより具体的にかつ詳細になっていったとも言えるのではないか。

　もちろん，学生一人ひとりのコメントの変化の過程は多様であり，変化の程度にも個人差がある。けれども，それぞれがこの活動の中で多様な観点からのコメントを目にし，時には同じことに着目しても異なる解釈・判断があるということを経験して，変化していっていると考えられる。古川(1991)は，教育コースの目的を「何らかの意味で変化をもたらすこと」としているが，変化を学びととらえれば，今回の分析は，学びのプロセスを可視化した試みであると言えよう。

4.4　コメントに見られる教師への期待と「教師」としての学び

　コメント全体を眺めると，「安心」「安心感」ということばが多数出現している。ここでは，少し角度を変えて，この「安心」「安心感」と関連があるのはどのような観点からのコメントなのか分析を試みた。最も多かったのは，「教師」(観点1)についてのコメントである。「安心」「安心感」ということばの出現したコメント22件のうち13件が，「教師」についてのものであった。その中でも教師の「態度・ふるまい」が最も多く，他には教師の「ことばの使い方」，「学習者との距離(感)」に関するものが目立った。また，それ以外には，授業の「流れ・雰囲気」に関するもの，「配布教材」に関するコメントも見られた。

教師(態度・ふるまい)	・2人ともおちついた態度で，安心／安心感…
	・教師が自信をもって教えているようだったので
	・教師の態度がしっかりしてたので
	・3人ともすごくはきはきしていて，とても教師らしく
	・教師役の2人がしっかりしていて
	・先生が堂々としていて
教師(ことばの使い方)	・指示が明確に出されたので
	・きちんと言葉の意味を説明してくれたので
教師(学習者との距離)	・教師が，サポートに入ったり，様子を近くで見守ってみたら
	・教師・生徒の距離を近く感じられるので
教師(進み具合を見る)	・必ず「わかりましたか？」「できましたか？」と聞いていて
教師(教材の扱い)	・資料などででばたつくこともなく

　この分析から見えてくるのは，学生が期待する教師の姿や授業の雰囲気である。「安心」「安心感」のある授業は，教師の態度やことばの使い方，学習者との距離の取り方などに支えられ，また，授業の流れや雰囲気が安心感に関係していると考えられる。「安心」「安心感」に関するコメントの頻出には，学生が心理的学習環境として，安心できる場を望んでいることがうかがわれる。この発見は，教授法担当の教師としての筆者自身の学びである。と同時に，学生たちも，それぞれがいだく教師観に基づいてコメントを書きつつ，それはまた，教師の立場に立つ自分に期待されるものでもあるという気づきを得ていると思われる。

5. まとめ

　模擬授業に対してコメントを書き，共有するという相互評価活動のコメントをデータとして分析し，学生の持つ観点の拡がりと多様性を確認すると同時に，時間軸に沿って見られる変化に教師教育を受ける学生の学びを見てきた。この活動の中には，模擬授業の担当者が，受けとったコメントをまとめ，クラスに発表して共有する活動も含まれ，そこでは，コメントをメタ的に見る経験もすることになる。また，コメントに関して，質疑応答の時間もあり，このやり取りが変化を促している可能性もあるが，これらを含めての相互評価活動で

あり，この一連の評価活動を通した学びがあると言えるのではないだろうか。

　学生個人がコメントを書く一瞬一瞬に，何に着目し，何を基準として判断しているのかは，今回のデータからは知り得ない。インタビューなどの手法を用いて，ある種の意思決定プロセスを探る研究がなされれば，コメントを書く瞬間の判断の基準やその基準による判断に影響を及ぼしている要因を探ることができるかもしれない。ただし，日常の授業活動の中で実施することは難しい。興味深いテーマではあるが，教師教育としては，このような評価活動の実践とその活動を通した学びをとらえようとすることが重要ではないかと考えている。

　また，コメントを書く作業を重ねるにつれて，観点が拡がり，コメントは詳細に深化していくが，しかし，実際の模擬授業ですぐに体現できるとは限らない。学生の発言や学期末アンケートには，コメントを書きながら自分の授業への応用を考えたということばも出てくるが，実現はそれほど容易ではなく，気づくこと，意識化できるということと，自分の授業で実現できるということは必ずしも一致しない。しかし，気づくこと，意識化できることが実現への一歩であることは間違いない事実であろう。

6. おわりに：教師教育と評価活動

　教師は学習者や同僚による他者評価と合わせて，自己評価する中で成長し，教育の改善が図られていく。教師の評価観は，それまで受けた教育，言語教育を含め，個人の人生経験の中で培われたものと考えられるが，評価の多様な観点に触れることで，背景にある言語教育観や価値観の多様性に気づき，自分とは異なる価値観について学ぶ。

　本章で取り上げた模擬授業時の評価活動において学生は，教師と学習者双方の視点からコメントを書いており，双方の視点を持って評価するという活動を経験する。また，教師教育の教師自身も，学生のコメントを分析することにより，学生の期待する教師像や教師観を発見したり，再認識する可能性がある。教師も含めての相互評価活動を通した学びがあると言える。

　教師教育におけるこの評価活動を通して，学習者の多様性に配慮する教師への成長，多様な価値観を認め合う教育実践への可能性，さらには，一生活者としての多様な価値観を認め合う態度の育成が期待される。

参考文献

岡崎敏雄・岡崎眸(1997)『日本語教育の実習―理論と実践―』アルク

小笠恵美子・楊晶・金孝卿・郭末任・池田玲子(2002)「実習授業における教師の成長をめざす教授活動評価のあり方―大学院日本語教育実習の場合―」『内省モデルに基づく日本語教育実習理論の構築』平成11〜13年度科学研究費補助金研究報告書(研究代表者:岡崎眸), 73-80.

梶田叡一(2010)『教育評価[第2版 補訂2版]』有斐閣双書

近藤ブラウン妃美(2012)『日本語教師のための評価入門』くろしお出版

スリーエーネットワーク(2012)『みんなの日本語 初級[第2版]』(本冊, 翻訳・文法解説)

林さと子(2006)「教師研修モデルの変遷―自己研修型教師像を探る―」春原憲一郎・横溝紳一郎(編著)『日本語教師の成長と自己研修―新たな教師研修ストラテジーの可能性をめざして―』凡人社, pp.10-25.

人見楠郎他(1991)『自己評価, 自己研修システムの開発をめざして』平成2年度文部省科学研究費補助金研究「日本語教師の教授能力に関する評価・測定法の開発研究」報告書(研究代表者:人見楠郎)

古川ちかし(1988)『日本語教育評価法』(NAFL Institute 日本語教師養成通信講座8), アルク

古川ちかし(1991)「教室を知ることと変えること―教室の参加者それぞれが自分を知ることと変えること―」『日本語教育』75, 24-36.

八木公子(2004)「現職日本語教師の言語教育観―良い日本語教師像の分析をもとに―」『日本語教育論集』20, 50-58.

▷コメンテータ(近藤彩)からのコメント◁

　大学の日本語教員養成課程の「日本語教授法」で行われた教師教育における評価活動の実践には，さまざまな形での評価活動(自己評価・相互評価)が組み込まれており，大変興味深く読みました。模擬授業時の相互評価においては，授業に対する捉え方が多様であることを「教師」「学習者」「観察者」の複数の視点から気づいていくという，そのプロセスに意味があると思いました。学生の書いたコメントの質的変化から，教師として成長につながっていることも見てとれました。

　私も教授法の授業を大学院で担当しており，評価活動や内省を多く取り入れています。評価観点の拡がりや深まりは，教授法の考え方が固定化しないためにも重要だと考えております。

　私の経験では，前期の早い段階から評価観点の拡がりが見られる年と，拡がるのに時間を要する年がありました。学びのプロセスは一様ではありませんし，グループダイナミックスの影響も考えられますが，林さんと八木さんが「評価観点の拡がり」を促すために工夫をしていることがありましたら教えてください。

▶執筆者(林さと子，八木公子)からの回答◀

　観点の拡がりや深まりは，何よりも学習者の多様性に対応するために必要だと感じています。授業という場では，教授法が固定化しないためということになりますが，いわゆる教室内での学習に限らない日本語学習を考えると，その多様性への対応はさらに柔軟性が求められます。多様な日本語学習者に柔軟な形で対応するためにも，評価観の多様性，評価方法の多様性に意識的になることができるようにとこの活動を取り入れています。

　学生の学びについては，拡がりもペースも，人それぞれではないかと考えています。評価について，先入観を取り払い，その多様性に対して意識的になれれば，拡がりや深まりはそれぞれのペースでもかまわないのではないでしょうか。このような分析から得られた観点をチェック項目として用いてみると，観点の拡がりにつながるかもしれません。時間が許せば，自由記述で書いたコメントを自分たちで分析して，分類し，その観点をチェックリスト化して使ってみることもできそうです。既存のリストを用いるのとは異なり，面白い発見があるかもしれません。授業活動や内容によって評価の観点が異なることも見えてくるのではないかと思います。

第13章 学習者によるアノテーションを用いた協調学習過程観察支援システムの設計

山口 昌也・大塚 裕子・北村 雅則

1. はじめに

本章では，協調学習過程の観察を支援するシステムの設計について述べる。このシステムは，協調学習時の学習者同士の対話を記録し，学習者の振り返り活動や教師による指導を支援する。想定する実践は，大学における話し合いの方法を学ぶための教育である。実践時の課題はグループで取り組むものであり，そこで行われる対話が本システムの記録対象となる。

本システムの設計において，特に焦点を当てるのは，やりとりを記録したデータを，その後の実践で即時的に活用できるようにすることである。具体的には，次のような利用方法である。

- 複数の学習者がリアルタイムで話し合いを観察し，観察結果を電子的に共有しつつ，振り返り活動で活用する。
- 自分の行った話し合い活動をビデオ映像で振り返り，実際の場面と対応付けながら，評価する。
- 教師が学習者の協調学習の状況をすばやく把握して，話し合い活動や振り返り活動の後に適切なフィードバックを行う。

以上のような実践を可能にするためには，話し合いを録画，録音したデータを用意するだけでは不十分である。具体的には，(1)リアルタイムで進行する話し合いに対して，学習者がアノテーション(annotation，コメントや記号を注釈的に付すこと)できること，(2)録画，録音したデータに対して，学習者がアノテーションしたり，活用したりできること，(3)複数の学習者のアノテーション結果を録画・録音データとリンクさせた形で共有できること，が必要である。

以上の背景を考慮して，協調学習過程の観察を支援するシステムを設計する。まだ研究の第一段階ということもあり，特定の実践を想定した上でシステムの設計を行う。システム上は特定の実践に依存した形になるが，有効性を確認しつつ拡張するというスタンスを取る。

本章の構成は，次のようになっている。まず，2. では，本システムを適用する実践環境について説明する。3. では，実践において必要となる支援内容について考察した後，本システムの設計を行う。4. ではプロトタイプシステムの実装結果，5. では関連研究を示したのち，6. で本章をまとめる。

2. 想定する実践
2.1 議論教育のスタイル

ここでは，既存の議論教育を概観し，本システムが想定する実践の位置づけを明確にする。高垣(2010)では，議論教育のスタイルとして，次の四つを提示している。

- ルール提示型：話し合いのルールを提示し，それらを守らせることによって議論活動を促進する
- 気づき支援型：議論の中で学習者が自らの気づきをとおして，スキルや態度を獲得する
- 枠組み提示型：議論の基盤となる少数のスキルについて反復練習を行い，議論に生かす
- 協調学習型：協調学習型の問題解決を実践し，その中で議論のスキルを学習する

本研究はこのうち，「気づき支援型」「ルール提示型」の教育スタイルを基本として，システムの設計を行う。ただし，学習者はグループで共通の課題に取り組むため，協調学習的な側面もあわせ持ったものとなる。

実践自体は，それぞれ別の大学で行う。「気づき支援型」は議論教育専門の授業，「ルール提示型」は日本語表現の授業の一環として実施する。以下の節で，それぞれの内容を詳しく説明する。

2.2 気づき支援型の実践

本研究で想定する気づき支援型の実践は，議論教育関連の授業(森本・大塚

編著,2012)の一環として実施する。半期15回の授業では，多様な立場・価値観を持った人々の中で自律的な対話ができるよう，「話し合いにおいて，進行上の問題に気づき，それを課題化して解決するための行動ができる力」(森本・大塚編著,2012: 22)を養成する。本システムの利用を想定しているのは，問題解決のための議論をグループで行う実践である。実践の流れを図1に示す。

図1　気づき支援型の実践の流れ

実践では「フィッシュボウル」(バークレイ・クロス・メジャー,2009)と呼ばれる議論の方法が用いられる。この方法では，グループをAとBに分ける。グループAはStep1で議論し，グループBはその観察者となる。Step2では，議論と観察の役割を交代した実践を行う。そして，議論後の振り返りの時間(Step3)に，両グループ全員で観察結果を話し合う。Step1，2の議論は，ビデオ録画するものとする。

Step1，2の議論実践において，それぞれの観察者は自分の観点から気づいたことを記録しておく。Step3の合同振り返りでは，ビデオから実例を参照したり，評価の根拠となるデータを実際に示したりすることにより，学習者同士が相互評価を行う。また，教師は全員の評価結果を参照しつつ，実践内容の概略を把握し，適宜学習者にフィードバックする。

アノテーションの例としては，ディスカッションの「診断シート」(大塚・森本編著,2011)を作成するための基礎的なコメントが考えられる。診断シートには，「誠実な参加態度」「対等な関係性」など七つの評価項目がある。このような評価をする上で参考となるような場面に対して，自分の気づいたことを自由にコメントしていき，最終的な評価を記述するための手がかりとしたり，振り返り時に実例として参照したりするのである。

2.3 ルール提示型の実践

ルール提示型の実践は，協調学習時の話し合いを円滑に進めるためのメタ的な演習として実施する．したがって，短期間で実践的な技能が習得できるように，話し合いは，教師が事前に提示したルールに則って進め，話し合いの評価は，教師の提示したルールを基準として行う．

本システムの設計に際して想定する実践は，日本語表現の授業[1]の一部として実施する．実践的な知識を習得するために，通常の授業の他にグループでの実習活動も行う．例えば，「悪文課題」では，課題文に含まれる誤り[2]を発見し，誤りの理由とともに，どのように修正すればよいかを答える．このような課題を，個人で行った後に，グループに結果を持ち寄り，話し合いで統一した結果としてまとめる．

話し合い練習のための実習は，このような綴り方の課題に先立って，次のような流れで実施する．

Step1 教師から話し合いのためのルールの説明を受ける．例として，次のようなルールを挙げておく．
・主張は，理由とともに述べる．
・相手の主張には，メンバーの誰かが必ず意見を述べる．

Step2 各自が綴り方の課題(話し合いの練習のための小規模なもの)を実施する．この際，Step3での話し合いがうまく行えるよう，あらかじめ悪文課題の結果として書くべきことを決めておく．例えば，前述の悪文課題では，誤り箇所・誤りの理由・修正候補の3点を明確に区別して記述する．

Step3 グループで話し合い，グループとしての悪文課題の結果をまとめる．この時に発生する話し合いを音声データ，もしくは，映像＋音声データとして収録する．

Step4 事前に決めたルールに則り，話し合いを評価する．この段階は，基本的に個々の学生が行う．

アノテーションの例としては，Step4で自分の発言や自分の対応(例：他者

---

[1] この授業では，半期15回で綴り方(敬語，語彙，主述の不一致，修飾関係など)を学ぶ(北村・大塚・山口, 2013)．

[2] 教師が提示したルールに抵触する箇所．

の発言への対応)を振り返り，評価結果をコメントとして残すことが考えられる。ルールに反した箇所のコメントには，自己確認を促すため，間違っている理由と改善点を書くものとする。また，学生が自分の評価に対して良否のラベルを付けておけば，本人・教師が評価の概略を量的にすばやく把握するのに役立つだろう。

3. システムの設計
3.1 前提条件

システムを実際の授業で運用するためには，システムの動作環境や，話し合いの収録機器を用意できることを事前に考慮しておかなければならない。そこで，システムの設計に先立ち，話し合いを収録するための機器と本システムとの関係を定義しておく。図2は，フィッシュボウルを用いた実践での機器構成である。なお，フィッシュボウルを用いない実践では，観察者がいないだけで，使用機器は変わらない。

まず，アノテーションするのに利用するコンピュータは，図2のとおり，通常のパソコンとした。タブレットやスマートフォンではなく，パソコンを用いたのは，現在多くの大学において，パソコン教室などで一人1台のパソコンを利用する環境が整っていること，また，後述するように，アノテーション時にコメントなどの文字入力が発生するためである。ただし，もし，ボタン操作のみで可能なアノテーションであれば，タブレットやスマートフォンの利用も考えられるだろう。

次に，収録機器は，音声単独での収録，映像＋音声の収録の両方を想定する。音声単独での収録の場合は，アノテーション用のパソコンのうちの1台が音声収録を兼ね，収録は本システムから操作する。一方，映像＋音声での収録を行う場合は，民生用のビデオカメラを用いる。この場合，基本的にパソコンから収録機器を制御することはせず，メモリカードなどを用いて，単純に映像機器から収録データをパソコンへ受け渡すことにした。これは，映像機器を外部から制御する一般的な枠組みが普及していないためである。

第 13 章　学習者によるアノテーションを用いた協調学習過程観察支援システムの設計　227

図 2　使用機器の構成（フィッシュボウルを用いた実践の場合）

3.2　システムを使用する状況と必要とされる支援内容

2.に示した実践において，本システムを使用する状況は，大きく分けて，(a)話し合いの時，(b)振り返りの準備の時，(c)振り返りの時である．ここでは，これら三つの状況において必要とされる支援の内容を考える．

3.2.1　話し合いの際の支援内容

(a)の話し合いは，気づき支援型の実践の Step1, 2，および，ルール提示型の支援の Step3 で行われる．この段階で必要とされる支援は，目の前で行われている話し合いに対して，いかに容易にアノテーションし，その結果を後続の実践で利用できる状態にするか，ということである．本システムでは，次の二つの方法で学習者を支援する．

［支援 1］　段階的にアノテーションできるようにする

　リアルタイムでのアノテーションでは，話し合いが常に進行しているので，必ずしも，十分なアノテーションができるわけではないと思われる．そこで，話し合いの途中では，簡易的にアノテーションし（例えば，候補選択のみで完結するようなアノテーション），話し合いが終わった後に詳細な内容を追記できるようなインターフェイスを実現する．

［支援 2］　アノテーション内容をユーザが定義できるようにする

　すでに述べたように，話し合いを評価するための基準は，授業の内容や観

察者の考えに応じて決定される．したがって，アノテーションの種類を表すラベルの種類や量，自由記述の有無といった，アノテーション内容も評価基準に合わせて，ユーザが柔軟に設定できるようにする．

3.2.2 振り返り準備の際の支援内容

　話し合い時のアノテーションが終了し，振り返りの実践を行う前の段階で，アノテーション結果を修正したり，話し合い評価のためにアノテーション結果を利用したりするプロセスが発生すると考えられる．前者の例としては，支援1の簡易的なアノテーションを補完する場面がある．後者の例としては，合同振り返り前に観察者グループでデータ分析や，意見のすり合わせを行う場面が挙げられる．このような活動を支援するために，本システムでは次の三つの方法を用いる．

［支援3］　複数のパソコンの結果をまとめて扱えるようにする

　図2に示したとおり，フィッシュボウル型の議論形態をはじめとして，アノテーションは複数のパソコン上で個々に実施される．したがって，振り返り活動などでアノテーション結果を使う前には，すべてのアノテーション結果を一つにまとめなければならない．支援が必要なのは，各パソコンで行ったアノテーション結果と，映像や音声などの収録データの時間情報を同期させる処理である．

［支援4］　アノテーション結果の編集ができるようにする

　収録データを再生しながら，既存のアノテーション結果を修正したり，新規のアノテーションを追加したりするといった，アノテーション結果を編集する機能を実現する．また，発言者などの条件指定によるアノテーションの検索，アノテーション箇所の映像・音声の再生など，編集時の利便性を高める機能も併せて実装する．

［支援5］　アノテーション結果をエクスポートできるようにする

　話し合いの評価をする場合，個別の発話を評価するだけでなく，アノテーション結果を集計して，話し合い全体を評価することが必要になる．このような処理は，統計的な処理やデータの整形など多岐にわたるが，さまざまなツー

ル³がすでに存在する。そのため，本システム自体には対応する機能は持たせず，アノテーション結果を外部のツールにエクスポートするための機能を実現する。

3.2.3 振り返りの際の支援内容

振り返りの活動は，次の2種類の実践が想定されている。

まず，ルール提示型の実践では，グループでの話し合いを映像や音声で振り返り，事前に提示されたルールに基づいて，自分の発言や自分の対応を評価する。したがって，収録データを再生しながら，アノテーションを行うことになる。このような活動は，支援4で対応することができるだろう。

一方，気づき支援型の実践では，メンバー各自が事前に設定した評価基準で，実践した議論を評価する。グループ合同で振り返りを行うため，振り返りの場では，アノテーション結果から総合的に導き出された評価結果が示されるのが理想である。これには，観察者全員のデータを集計するための支援3, 5が有効であろう。また，評価結果を例証するために，話し合い時のデータを個別に参照して，該当箇所の映像を再生する場合もありうる。このような場合は，支援4を用いることができる。

以上のことから，振り返り活動に対する支援は，前節までに示した支援方法で対応することができると考える。

4. プロトタイプシステムの実現
4.1 全体的な構造

3.で考察した支援内容に基づいて，プロトタイプシステムを実現した。このシステムは，Java言語で記述され，Windows, Mac, Linuxなど，多くのOS上で動作する。プロトタイプシステムの動作例を図3に示す。画面右上が録画した映像の表示，左上が時系列にプロットした音声波形とアノテーション結果の表示である。これらの下にアノテーションの一覧が時系列順に表形式で表示され，個々のアノテーションを編集できるようになっている。最下部にあるのが，リアルタイムにアノテーションするための入力インターフェイス（この例では，四つのボタンが表示されている）である。

---

[3] 例えば，統計的処理であればR <http://www.r-project.org/>，テキスト処理であればPerl <http://www.perl.org/> などがある。いずれもオープンソースで公開され，利用も無料である。

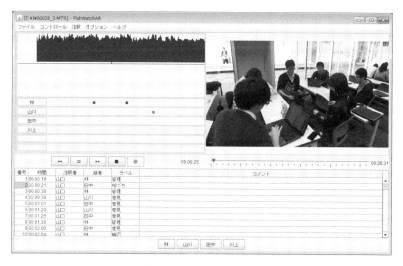

図3　プロトタイプシステムの動作例

システムの内部構成は，大きく分けて「アノテーション用インターフェイス」「アノテーション編集系」「メディア処理系」の三つの部分からなる．システムの全体構成を図4に示す．

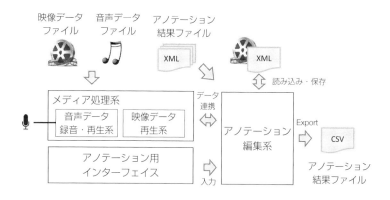

図4　システム全体構成図

ここでは，各部の関係を処理の流れと対応付けて説明する．まず，リアルタイムにアノテーションする場合は，アノテーション用インターフェイスのボ

タン群(図3の下部)から入力を行う．入力された結果は，アノテーション編集系に読み込まれ，すぐに編集できる状態になる．

一方，他のパソコンでアノテーションした結果は，アノテーション結果ファイル(図4上部)を介して，アノテーション編集系に読み込まれる．この際，すべてのアノテーションの時間情報を映像・音声データと同期させる処理を行う(詳細は，4.2.2参照)．後述するように，同期処理は完全に自動でできない部分があるため，グループで複数のアノテーション結果ファイルをまとめる場合は，1台のパソコンで同期させ，それをグループのメンバーに配布する．

アノテーションの編集結果は，XML形式でファイル出力することができる．また，他のアプリケーションとの連携(支援5)を考慮して，CSV形式[4]でのファイル出力機能も実装した．

収録データの録音・再生に関わる処理は，メディア処理系で行う．メディア処理系は，「映像データ再生系[5]」「音声データ録音・再生系」の二つに分かれている．映像データ再生系は，外部で収録された映像データを再生する．一方，音声データ録音・再生系は，音声データだけを収録する場合の録音，再生を担う．この場合，録音は，図4(左)のように，当該パソコンに接続されたマイクから行う．

アノテーション結果は映像・音声データと同期しているので，メディア処理系とアノテーション編集系は連携して動作する．これにより，例えば，指定したアノテーション箇所の映像を再生したり，再生している場所に付与されているアノテーションを表示したりすることができる．

4.2 各部の詳細
4.2.1 アノテーション用インターフェイス

アノテーション用インターフェイスは，主として，リアルタイムのアノテーション用に用いられる．リアルタイムでの入力であることから，入力形態はボタン選択のみで，必要最小限のアノテーションをするよう設計した．より詳細なアノテーションは，話し合い後などに別途編集画面で行う．このような段階的なアノテーションは，3.2.1の支援1の考えを反映している．

次の例は，発話のタイプを入力する場合のボタン群である．ボタンを押す

---

[4] カンマ区切りのテキスト形式．
[5] 映像データの再生には，オープンソースとして公開され，マルチプラットフォームで動作するVLC Media Player <http://www.videolan.org/vlc/> を内部的に用いている．

と，選択した発話タイプがアノテーションされる。この際，ボタン押下時の時刻とアノテーションしたユーザ名も自動的に付加される。

図5　発話タイプ入力用ボタンの例

1か所のアノテーションに対しては，最大2種類の情報をリアルタイムで入力できる。現在，上記の発話タイプの他，次のように，アノテーション対象の話者名が入力できるようになっている。なお，2種類の情報を入力する場合は，一つの情報を入力すると，もう一つの情報のボタン群にインターフェイスが変化する。例えば，発話タイプと話者名を入力する場合，発話タイプを選択し終わると，話者名の入力待ち状態になる。

図6　話者名入力用ボタンの例

アノテーション用インターフェイスの特徴は，アノテーションとして付与する情報の内容をユーザが定義できることである(支援3)。例えば，上記で説明したボタンの項目は，ユーザが話し合いの評価基準，グループのメンバーに応じて，アノテーション前に定義する。

さらに，1か所のアノテーションに対して付与する情報の種類を調節できるようにした。これは，付与する情報によっては，入力に時間がかかる場合も考えられるからである。上記の例であれば，「発話のタイプのみ」「話者のみ」「両方」のいずれかを選択できる。発話のタイプのみの場合は，話者の情報はアノテーション時には入力されず，アノテーション編集画面で別途追加することになる。なお，「両方」の場合は，「発話タイプ」「話者」の提示順序を設定することも可能である。

4.2.2 アノテーション編集系

アノテーション編集系の主な役割は，アノテーション結果ファイルの読み込み，編集，編集結果のファイルへの出力である．まず，編集について見てみよう．図7がアノテーション編集系の編集画面である．このように，各アノテーションは時系列順に表形式で表示される．

番号	時間	注釈者	話者	ラベル
1	00:00:19	山口	林	管理
2	00:00:21	山口	田中	意見
3	00:00:30	山口	林	質問
4	00:00:39	山口	山川	管理
5	00:01:01	山口	田中	相づち
6	00:01:20	山口	山川	確認
7	00:01:25	山口	田中	その他
8	00:01:38	山口	林	

図7　アノテーション編集画面

編集する項目は，アノテーション用インターフェイスで入力する「注釈者」「話者」「発話タイプ」の他，「コメント」がある．このうち，「話者」「発話タイプ」などユーザ定義した項目はメニュー形式での入力，コメント欄は自由記述形式の入力である．現時点では，このように限定された項目しか用意しておらず，例えば，時間情報については，アノテーションの開始時間だけであり，終了時間がない．編集する項目は，今後，実際の必要性に応じて，拡張していく予定である．

編集を補助する機能としては，一般的な表計算ソフトと類似した機能として，文字列検索やフィルタ機能を持つ．また，編集時に収録データを参照しやすいよう，編集画面をクリックすると，当該のアノテーション箇所の収録データが再生される．また，収録データの再生箇所と連動して，表中のデータを自動的にスクロール表示させることもできる．

次に，他のパソコンで行ったアノテーション結果の読み込み時の処理について説明する．すでに述べたように，アノテーション結果をアノテーション編集系に読み込んだ時点で，すべてのデータの時間情報が同期していなければならない．想定する機器構成(図2)では，映像・音声データ，および，各アノテーションには時刻情報が付与されており，これらの情報に従って，同期すれ

ばよいはずである．しかし，十分な精度の時刻情報を利用できない場合[6]を考慮し，次のような，手動での同期を支援する機能を用意した．

- 複数のアノテーション結果ファイルを読み込む場合，各ファイルの最初のアノテーションで同期させるモードを設けた．
- メディアデータの時刻情報に補正用のオフセットを加えられるようにした．

話し合いを開始する直前に，拍手などの合図で全パソコン一斉に同期用のアノテーションを行うとともに，その様子を録画・録音しておけば，上記の機能を用いて手動で同期する手がかりとなる．

5. 既存の類似システムと本システムとの比較

話し合いを記録し，各種の情報を付与するためのツールは，さまざまな目的の下で研究・開発されている．まず，会話研究などの言語研究の分野では，映像や音声データに対するアノテーションシステムとして，ELAN が有名である．ELAN は，研究者が研究用のデータにアノテーションすることを目的としたツールであり，詳細で多様なアノテーションが可能である．教育分野でも，授業の録画ビデオを観察・評価するのを支援するシステム（大倉，2009；小川・小川・掛川・石田・森広，2012）が提案されている．これらのシステムの目的は，ビデオに対するコメント（アノテーション）を複数の教師で共有することにより，授業改善の環境を構築することである．以上のシステムに対する本システムの相違点は，(1)本システムがリアルタイムでのアノテーションを志向していること，(2)アノテーションするのが話し合いの当事者であることである．

話し合いの当事者がリアルタイムで利用するシステムとしては，土田・大平・長尾（2010）が会議支援システムを提案している．このシステムは，会議のメタデータの獲得を目的としたシステムで，会議の参加者はディスカッションレコーダと呼ばれるリモコン型のデバイスを用いて，発話者・発言時間，議論

---

[6] パソコンはインターネットに接続されていれば，NTP(Network Time Protocol)を用いて，誤差数 ms の時刻情報にアクセスできる．ただし，ネットワークの状態や時刻合わせ用のソフトウェアにより誤差が大きくなる場合がある．例えば，Windows では，「常に時刻差異が僅少である(1 秒単位の誤差など)状態を保証することはできません」<http://support.microsoft.com/kb/2722681/ja>とされている．また，ビデオカメラの時刻合わせは人手で行うものが多く，人為的な誤差を含む可能性がある．

構造などの入力ができるようになっている。また，市丸・山下・加藤・鈴木（2007）は，協調学習時の相互評価を即時的に行うことを目的に携帯型の入力デバイスを含む，データの収集・結果表示システムを提案している。以上のシステムと本システムの相違点は，本システムのアノテーション自体が教育に組み込まれており，その内容に則ってユーザがアノテーション内容を定義できる点である。

6. おわりに

本章では，議論教育における協調学習過程を観察するシステムの設計として，五つの支援方法を示し，プロトタイプシステムを実装した[7]。本システムを用いれば，話し合いに対するリアルタイムでのアノテーション，グループで行ったアノテーション結果の統合・編集，さらに振り返り活動でのアノテーション結果の活用を行うことができる。このことは，単に対話するだけでは難しかった，実証的データに基づいた自己・他者評価を可能にすることにつながると考える。

今後，議論学習における指導目的に適したアノテーションを整備し，予備的な実践を行うことを計画している。この実践により，アノテーションのしやすさ，指導目的上の有効性を確認した上で，実際の授業で運用する予定である。

［謝辞］本研究は，JSPS 科研費挑戦的萌芽研究科研費「即時性と教育効果を考慮した協調学習過程の構造化手法に関する研究」（研究課題番号：26560135），および，JSPS 科研費挑戦的萌芽研究「協同による知識の体系化・視覚化システムを用いたライティング指導法の研究」（研究課題番号：25560123）の助成を受けたものである。

参考文献

市丸俊亮・山下淳・加藤浩・鈴木栄幸(2007)「共同活動において即時的に相互評価を行える携帯端末の開発」『電子情報通信学会信学技報』107(109), 25-30.

大倉孝昭(2009)「授業ビデオ評価学習支援システムの開発と評価」『日本教育工学会論文誌』32(4), 359-367.

大塚裕子・森本郁代(編著)(2011)『話し合いトレーニング―伝える力・聴く力・問う力を育てる自律型対話入門―』ナカニシヤ出版

小川修史・小川弘・掛川淳一・石田翼・森広浩一郎(2012)「動画アノテーションシステム VISCO を

---

[7] 国立国語研究所の Web サイト（<http://www2.ninjal.ac.jp/lrc/>）の「ディスカッション観察支援ツール」のページ）から入手することができる。

用いた協調的授業改善のケーススタディ」『日本教育工学会論文誌』35(4), 321-329.
北村雅則・大塚裕子・山口昌也(2013)「相互教授型日本語ライティング授業における受講者による論理的な説明手法の分析」『日本教育工学会第 29 回全国大会予稿集』433-434.
高垣マユミ(2010)『授業デザインの最前線Ⅱ―理論と実践を創造する知のプロセス―』北大路書房
土田貴裕・大平茂輝・長尾確(2010)「対面式会議コンテンツの作成と議論中におけるメタデータの可視化」『情報処理学会論文誌』51(2), 404-416.
東新順一・竹内和広・水上悦雄・森本郁代(2008)「書き起こし困難点の作業コストを低減する支援ツールの設計」『言語・音声理解と対話処理研究会』54, 15-20.
バークレイ, エリザベス・クロス, パトリシア・メジャー, クレア(2009)『協同学習の技法―大学教育の手引き―』(安永悟監訳)ナカニシヤ出版
森本郁代・大塚裕子(編著)(2012)『自律型対話プログラムの開発と実践』ナカニシヤ出版
ELAN(2015)The Language Archive <https://tla.mpi.nl/tools/tla-tools/elan/>(2015 年 3 月 31 日)

▷ コメンテータ(金田智子)からのコメント ◁

　話し合いを振り返るいい方法はないものか，「こう言うべき」といった枠に押し込めるようなことなく，話し合いについての考えや，感じ方を出し合えるような機会は作れないものか，などと思っていた矢先に，このシステムの話を聞きました。ぜひ使わせてほしいと思った最大の理由は，話し合いを観察しつつ，リアルタイムでアノテーションができるということです。映像や音声のどの部分を指摘しているのかが明確に残る形で，です。これにより，振り返りの際に，話題の焦点化がたやすくなり，何らかの事象についての見方や感じ方の違いなども言いやすくなるのではないかと考えました。

　質問(お願い)が二つあります。まず，機械操作が苦手な私のような人でも，一連の作業や，応用作業(ボタンの項目を変える，など)は簡単にできるものでしょうか。少し心配です。そして，参加者自身が，話し合いながらアノテーション作業をする，ということも可能になるでしょうか。話し合いの当事者もいろいろ感じながら話し合いを進めていますので，それが簡単に記録できるといいなと思いました。

▶ 執筆者(山口昌也・大塚裕子・北村雅則)からの回答 ◀

(1) 操作の難しさについて

　本章執筆時点では，プロトタイプシステムを構築し終えた段階であり，実践で利用者がうまく運用できるかの検証はこれからの課題になりますが，今回実装している機能については，マニュアルの充実やチュートリアルの実施などで対応するつもりです。一方，プロトタイプシステムは，二つの実践を想定した設計・実装を行っているため，今後は，対象とする実践を徐々に拡大しつつ，システム全般の洗練・拡張を行う予定です。

(2) 参加者によるアノテーション作業について

　システムの機能的には，リアルタイムのアノテーションも可能です。ただし，参加者によるアノテーションが，リアルタイムで行っている活動自体への参加を妨げないかを検証することが必要です。本研究は，アノテーション専用機器を用いるアプローチ(土田・大平・長尾, 2010など)とは異なり，アノテーション自体を実践に取り入れていくアプローチです。したがって，システム自体の改善はもちろんですが，実践方法自体を教育者の方々と開発していかなければならないと考えています。

第 **4** 部

評価表現の集約による
行動規準の探索

第14章 小学生の話し合い活動に対する評価基準策定のための評価表現の帰納的探索

森 篤嗣

1. はじめに

　平成23年度より施行された小学校学習指導要領において,「言語活動の充実」が強調されたことは,小学校教育現場に大きな影響を及ぼしている。本章では,小学校のクラス全体での話し合い活動に対し,小学校教員志望者が与えた評価データに基づき,評価基準の帰納的な探索を試みる。

　「話し合い活動」に関する研究として,富田・水上・森本・大塚(2010)がある。この研究は大学生6名程度のグループが第三者の援助なしに自らの話し合いを進めるスキルである「自律的対話能力」の獲得を推進する要因として,議論への参加順序およびグループサイズの効果を検討している。本章では対象としないが,これらの要因の効果は小学校教育における「話し合い活動」でも調べる価値がある。

　このように,大学生を対象にした研究はあるものの,教育現場からのデータ取得に基づいた実践的研究や実証研究が進んでいない。「よい話し合い」の評価基準とは何かという根幹的な問題が放置されたまま,「学習指導要領に定められたから」,「教科書に話し合いをしようと書いてあるから」という理由だけで,話し合いをさせているという実態も見られる。

　本来,「よい話し合い」の評価基準の策定のためには,現場の小学校教員はもちろんのこと,当事者である小学生自身や,その保護者,その他,教育の専門家など多様な評価者による「話し合い活動のどこに注目して,どのように評価しているのか」というデータが必要である。本章では,手始めに小学校教員志望者から「話し合い活動のどこに注目して,どのように評価しているのか」というデータを取得・分析し,「よい話し合い」の評価基準を策定するために評価表現の帰納的探索をおこなう。

2. 調査対象と調査方法

本章で調査対象とするのは，奈良女子大学附属小学校の「しごと」実践である。「しごと」実践は，いわゆる「総合的な学習の時間」の原型となるもので，奈良女子大学文学部附属小学校学習研究会編(2003)などにまとめられているように，既に教育実践として広く知られている。積み重ねのある実践をモデルとすれば，「よい話し合い」の評価基準策定のための評価表現を効率よく収集できると考えた。その意味で，「しごと」実践における話し合い活動は格好のモデルであると言える[1]。

調査方法は，小学校教員志望者の主観判定に基づく。2013年7月に奈良女子大学附属小学校で録画した5年生の「しごと」実践における「採れた小麦の粒を粉にするにはどうしたらよいか」という話し合い活動の動画を小学校教員志望者20名に視聴させた[2]。プラス面でもマイナス面でも「気になった発話」に，エクセル上でコメントを入力させた(+3から-3まで6段階で評定)。なお，話し合いに貢献しない発話(次の発言者の指名など)については，評定もコメントもしないよう調査者から指示した。動画は個人で再生し，何度も見直すことを許可した。

調査期間は，2014年1月16日～23日である。評定者は全員が小学校教育実習を終えたT大学教員養成系学科の3・4年生(当時)で，小学校教員採用試験受験済み(4年生)ないし受験予定者(3年生)である。

表1 評定者の属性

	男性	女性	計
3年生	5	4	9
4年生	5	6	11
計	10	10	20

---

[1] 森(2015)では，本章で扱った「しごと」実践について，評価ではなく話し合い活動そのものを計量的に分析した。
[2] 「しごと」実践とは，年間を通した学習者主体の総合プロジェクトである。調査対象としたこのクラスの当該年度の「しごと」は，「小麦を植えて，育成・収穫・脱穀・製粉を経て，パンなど食品を作るまでの全てのプロセスを子どもたちが話し合って方法を模索し実行する」である。そして，調査対象の話し合い活動は，このプロセスの中の一つである。なお，クラスの人数は38人(男子19人，女子19人)である。

各評定者の評定の合計値について，性別および学年で t 検定により検討すると，性別は $t(18)=-1.038$, n.s., 学年は $t(18)=0.539$, n.s. であり，いずれも統計的に有意な差は見られなかった。

3. 児童の発話に対する評定

「しごと」実践における「採れた小麦の粒を粉にするにはどうしたらよいか」という話し合い活動(約40分)における総発話ターン数は，197ターンであった。このうち，児童の発話ターン数は133ターンであったので，この133ターンに対する評定者20名の平均評定値(+3から-3まで6段階)，標準偏差(SD)，コメント数の割合(評定をしたターン数/133)を平均評定値順にグラフで示すと下記の通りとなる。

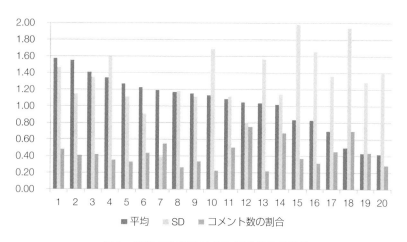

図1　児童の発話に対する各評定者の評定

評定は0が中央値となるが，もっとも平均評定値が低い評定者20番であっても0.42と，中央値である0よりもやや高めとなった。これは，調査対象である実践の質が高いと考えることや，そもそも小学校教員志望者は比較的子どもに対する理解が深く，小学生の話し合い活動に肯定的であることも影響していると考えられる。

次に，標準偏差を見てみると，平均評定値の低い評定者ほど，標準偏差が高いことがわかる。平均評定値が低い評定者は，数は少ないもののマイナス評価も付けており，6段階を満遍なく使って評定をしていた。

最後にコメント割合についてである。コメント数の割合は,「評定をしたターン数／児童の発話ターン数」で計算しているため,1.00 が最大値となる。平均評定値および標準偏差に対して,特に傾向は見られなかった。

これらのデータに基づき,本章では下記の3点の研究課題を立て,解決を目指していくこととする。

(1) どのような発話に注目が集まるか(プラスでもマイナスでも)
(2) 評価コメントをテキストマイニングで解析することによって話し合い活動の評価基準を探索できるか
(3) 発話ターン別評定と全体評定にはどのような相関があるか

4. 発話ターン別評定

まず,研究課題(1)を検討するために,それぞれの発話ターンの平均評定値とコメント数を散布図で示して相関を見てみる。児童の発話ターン数は,133ターンあったが,そのうち21ターンについては,次の発言者の指名などであり,20名のうち1名もコメントを付けていなかったターンであったため,コメントの付いていた112ターンについて示す。

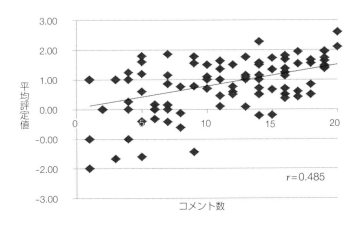

図2　平均評定値とコメント数の散布図

平均評定値とコメント数の相関係数は0.485であり,比較的強い正の相関があった。つまり,平均評定値が高い発話ターンほど,コメント数が多い傾向に

あり，小学校教員志望者はプラス評価をしたいターンには積極的にコメントを付ける傾向があることがわかる。

逆に，平均評定値がマイナスになる発話ターンは112のうち12しかなく，その12の発話ターンもコメント数は少ない傾向にあった。本来であれば，小学校教員は児童の望ましくない発話に対して，きちんと指導をする必要があるため，プラス評価だけではなく，マイナス評価もできるようにならなければならない。今回のこの結果は，評価についての教員養成の一つの課題を示唆していると言える。

5. 発話ターンの質的分析

研究課題(1)をさらに追究するために，平均評定値が高い／低い発話ターン，標準偏差が大きい発話ターンについて取り上げ，評価コメントを質的に分析していく。ただし，コメント数が少ないと平均評定値，標準偏差ともに有効な数値であると言いがたいため，コメント数5以上の発話ターンに限って取り上げることとする。

5.1 平均評定値が高い発話ターン

平均評定値がもっとも高かったのは，授業の序盤，発話ターン番号6(平均評定値2.60, SD=0.58, コメント数20)であった(児童は仮名)。

4	ヤマダ君	はい。小麦を小麦粉にするときには，確か小麦を潰したら小麦粉になって白い粉が出てきてたので，その潰したりするのを，仕方を考えたらいいと思います。
5	進行役	タナカさん言ってください。
6	タナカさん	はい。私は前脱穀のときにポケットに入ってた小麦があったので，家でちょっと潰してみました。そしたら白い粉が出てきました。でも一粒一粒そうやって潰してるわけにはいかないから，潰して粉が出るのを一気にするにはどうしたらいいのかっていうのを考えていきたいです。

平均評定が2.60ということで，ほとんどの評定者が+3を付けており，標準偏差も小さくなっている。評定値+3のコメントとして「めあてを明確に答えている」(評定者4番，評定+3)や，「ヤマダ君の発言に，さらに実際に起きていたことをわかりやすく話し，作業の効率化を考える発想が素晴らしいと感じ

た」(評定者3番，評定+3)など，明確さや根拠の提示を高く評価している。

　ここで注目したいのが，評価コメントに現れる「明確」や「効率」という評価表現である。冒頭でも述べたように，「よい話し合い」かどうかを判定するための評価基準が提示できていないというのが現状の問題である。経験に基づき「よい話し合い」の評価基準を主観で設定する方法もあるが，もう一つの方法として，複数人による評価コメントから評価表現を抽出し，帰納的に評価基準を設定する方法を提案したい。具体的には，評価コメントを形態素解析し，処理した語を統計的かつ探索的に分析するテキストマイニングを援用する。具体的な手順と方法については，**6.** で述べていくこととする。

5.2 平均評定値が低い発話ターン

　平均評定値がもっとも低かったのは，発話ターン番号132(平均評定値-1.60，SD=1.50，コメント数5)であった。話し合いの流れを把握するために，発話ターン番号123からの児童同士のやりとりを引用する。

123	**ホンダさん**	スズキ君だけじゃないですけれど，さっきから叩くとか言ってる人におたずねです。特にサトウ君がかき氷って言ってくれましたが，かき氷とかそういう回したりしてやるやつだったら，かき氷って氷の円盤みたいなのを作って入れるじゃないですか。そういうふうに，固めることはできないけれど，そういうふうに固体にしないと，そういうものを使うことはできないと思います。
124	**サトウ君**	小麦は固体ですよ。
125	**ホンダさん**	固体やけどさらさらして動くじゃないですか。
126	**サトウ君**	さっき電動って言いましたけど。
127	**ホンダさん**	電動とかそういうことじゃなくて，ある程度の大きさにしないと，さっきも誰かが言ってくれたけど，刃の間をするするするって抜けて。
128	**サトウ君**	あの，言っていいですか。僕，家でやったときにぼろっぼろの氷でしたけどできました。
129		……ざわつき……
130		……氷でしょ。氷やからや。……
131	**ホンダさん**	私にはこういうものが刃で分解できるとは思えないんです。
132	**サトウ君**	できましたよ。

発話ターン番号131でのホンダさんの「こういうものが刃で分解できるとは思えない」は，小麦の粒をかき氷器で潰すことはできないのではないかと言っているわけである。サトウ君は発話ターン番号128で「ほろっぽろの氷」については潰すことができたと言っているが，小麦については実際に試したわけではない。

この点について，発話ターン番号132のサトウ君の「できましたよ」という発話について，「実際に麦はやったことがないと思うので，この発言はおかしい」(評定者14番，評定-2)や，「小麦では試していない。けんか口調」(評定者18番，評定-3)，「相手の意見を全く聞き入れないで話し合いにならない」(評定者13番，評定-3)などの評価コメントが付いている。

論理的に「やっていないはずだからおかしい」のように，発話内容的側面に対しての評価コメントもあれば，「けんか口調」や「話し合いにならない」など，話し合いにおける発話態度的側面にも言及されている。プラス評価の場合は，基本的に発話内容的側面が評価されていたことを考えると，発話態度的側面はマイナス評価のときに強く気になるようである。

また，評価表現の探索という観点から言うと，上記評定者の評定コメント中の「発言」や「意見」など，語そのものは中立的で，プラス評価でもマイナス評価でも使われる。そのため，当該語を含む発話ターンを加重平均した場合，評定値の評価が低くなる傾向があることを考慮しておく必要があることがわかる。

5.3 標準偏差が大きい発話ターン

次に，評価のばらつきが大きかった発話ターンの中から，前節で検討した発話内容的側面と発話態度的側面の乖離が見られるものを見てみる。標準偏差がもっとも大きかったのは，発話ターン番号168(平均評定値0.50, SD=1.84, コメント数14)であったが，評定者の着目する点が発話内容的側面か発話態度的側面かで揺れた発話ターン番号40(平均評定値0.50, SD=1.50, コメント数14)を取り上げる。発話ターン番号40に至るまでの場面を引用する。

33	**先生** サトウ君。
34	**サトウ君** はい。ミキサーを使えばいいと思います。
35	……ざわつき……
36	**サトウ君** 小麦を中に入れて蓋をするんだから危なくはないと思います。

第14章 小学生の話し合い活動に対する評価基準策定のための評価表現の帰納的探索　247

37	……ざわつき……
38	**サトウ君**　学校にあるんだから自分たちの力で。
39	……ざわつき……
40	**サトウ君**　ジュースとかでもたとえばバナナとか入れた場合でも，回ったときに上と下が換わっていって，ほんで全部が粉に。

　上記を見ればわかるように，サトウ君が一方的にクラスに対して意見を述べている場面である。サトウ君以外の子どもたちが，口々に疑問を言う様が「ざわつき」となっている。こうしたサトウ君の一連の発話に対して，発話内容的側面と発話態度的側面のどちらを評価するかによって，評定がわかれる結果となった。
　まず，発話ターン番号40の発話内容的側面をプラスに評価したコメントとしては，「バナナが大丈夫だから小麦も大丈夫だと仮定した」(評定者12番，評定+2)，「ジュースなどで粉(原型がなくなる)になる事実から，小麦も粉になるだろうと予想」(評定者14番，評定+2)のように，体験を拡張して仮定や予想を述べているものがあった。また，「聞かれていることではないが，観察力のある意見である」(評定者7番，評定+1)というコメントもあった。
　一方で，発話態度的側面に言及してマイナスの評価をしたコメントとしては，「手を挙げている子がいるのに，一方的に話してしまっている」(評定者11番，評定-2)や，「周りがうるさいのを構わずさらに大きい声で話しているので，話し合いになっていない」(評定者17番，評定-1)などがあった。これらマイナス評価のコメントは，発話内容的側面には一切言及しておらず，話し合い活動の妨げとなる発話態度的側面にのみ言及している。先にも述べたように，発話態度的側面はプラス評価の場合は言及されず，発話態度的側面に問題がある場合は，発話内容的側面の評価はせずに，発話態度的側面だけで評価が下がるという傾向が見て取れる。これは話し合い活動の評価基準や指導方法を策定するにあたっての有効な示唆となるだろう。

6. テキストマイニングによる評価表現の探索

　本節からは，研究課題(2)「評価コメントをテキストマイニングで解析することによって話し合い活動の評価基準を探索できるか」を検討していく。日本語は英語などとは異なり，単語が分かち書きされていないために，語を切り分けることが困難であったが，自然言語処理研究の進展により，形態素解析とい

う技術によって語を切り出し，品詞などの形態論情報の自動付与が可能となっている。さらに形態素解析済みのデータを統計的かつ探索的に分析する手法はテキストマイニングと呼ばれている。本章では，テキストマイニングツールであるKH Corder 2.b.28bを用いて分析をおこなう[3]。

6.1 評価コメントに含まれる語

先にも述べた通り，評定者には各発話ターンを+3から-3まで6段階で評定してもらった。1名でも評価コメントの付いていた児童の発話は，112ターンであったので，この112ターンに対する20名分の評価コメントを+3から-3まで6つのグループに分け，各グループの出現頻度別に集計した。表2は出現頻度30以上で，品詞を「名詞・サ変名詞・動詞・形容詞・形容動詞」に限定して抽出し，「+3を6～-1を1」として加重平均値を計算したものである[4]。

表2 評価コメントに含まれる語(全体頻度30以上)

	品詞	+3	+2	+1	-1	-2	-3	加重平均値
良い	形容詞	18	25	18	3	0	0	4.91
方法	名詞	21	31	29	0	2	0	4.83
経験	サ変名詞	7	13	13	0	0	0	4.82
子ども	名詞	12	40	17	6	0	0	4.77
疑問	形容動詞	13	11	11	3	2	0	4.75
出る	動詞	9	13	7	1	3	0	4.73
新しい	形容詞	11	30	22	2	1	0	4.73
出す	動詞	10	10	14	2	2	0	4.63
説明	サ変名詞	3	25	22	0	0	0	4.62
石臼	名詞	6	12	13	0	2	0	4.61

表2を見ると，高評価コメントに「良い」が出るのは当然であり，かつ

---

[3] KH Coderについては，作成者である樋口耕一氏による樋口(2014)に詳しい。KH Coder 2.b.28bでは，形態素解析には形態素解析器ChaSen2.1ならびに形態素解析辞書IPAdic2.4を使用している。

[4] KH Coderでは，平仮名で表される「つぶす」などの動詞を「動詞B」，同じく平仮名の副詞「とても」「しっかり」などを「副詞B」，接辞的な名詞「案」「人」などを「名詞C」，副詞としても使用可能な副詞「時間」「今」などを「副詞可能」として抽出するが，今回の分析にはこれらは含めなかった。なお，サ変名詞とは「経験(する)」「説明(する)」など，サ行変格活用の動詞になり得る名詞のことである。

「子ども」「出る」「出す」など評価表現とは言いがたいものも含まれているが，その他は20名の小学校教員志望者がどのような評価基準で評価をしているのかを探索するという目的に適した語が並んでいると言える。

6.2 内容的側面に特有な語の抽出

ただし，表2のうち「石臼」は明らかに「採れた小麦の粒を粉にするにはどうしたらよいか」(以下，「小麦粉」実践とする)という話し合い活動の内容的側面に偏った語で，評価表現としてふさわしくない。そこで話し合い活動の内容的側面に偏った語を取り除く方法として，異なる2つの話し合い活動の形態素解析データの突き合わせをおこなった。具体的には，本章で調査対象としている「小麦粉」実践の記録は，続きを1時間分録画しており，計2時間のデータがある。また，2013年2月に同学級(学年は前学年で4年生時になるがクラス替えはなし)で録画した「国産割り箸をこれからどうするのか」という話し合い活動のデータも2時間分あったため，この2時間ずつのデータを付き合わせ，「小麦粉」実践にしか出てこない語を抽出したところ，「小麦粉」実践の内容的側面を表す語と思われるものとして，本章の対象とする品詞ならびに「小麦粉」実践での出現頻度10以上という条件で下記の語が抽出された。

発表，場合，振り返る，石臼，強度，予想，小麦，一気に，潰す，精米，小麦粉，金槌，水分，イメージ，大きい，ミキサー

上記には「発表」「場合」「大きい」など，一般的な語も含まれてしまっているが，これは小学校の授業2時間分ずつ(計90分)という限られたデータ量に起因するものであり，データが多く得られれば解消すると思われる。今後の課題としたい。今回は客観性を重視し，上記で得られた語は「小麦粉」実践の内容的側面に特有な語とみなし，分析から除く。

6.3 話し合い活動の評価基準探索のための評価表現リスト

ここまで述べてきた品詞の限定条件および，「小麦粉」実践の内容的側面に特有な語を除くと，頻度30以上で21語(表2はこのうちの加重平均値上位10語)，頻度10以上で88語あった。頻度10以上を基準としたとき，88語の加重平均の最大値は5.38，最小値は3.50で，中央値は4.44であった。そこで，加重平均値4.44以上の48語を下記に示す。

> 調べる，要約，子供，発問，投げかける，新た，実体験，部分，視点，修正，出来る，促す，明確，良い，効率，発想，方法，経験，見る，子ども，答え，疑問，児童，出る，新しい，踏まえる，押しつぶす，活動，良い，実際，的確，体験，出す，感じる，説明，言える，大事，聞ける，面白い，話し合い，考え，伝える，述べる，作る，話せる，もう一度，提案，内容

6.2 の方法で除いた語以外にも，「小麦粉」実践の内容的側面に特有な語と思われる「押しつぶす」が含まれていたり，評価表現とは言いがたい「子供」「見る」「子ども」「児童」なども含まれていたりするが，これは先にも述べた通り，限られたデータ量に起因するものであると思われる[5]。今回は主観は交えず，仮にこの 48 語を「話し合い活動の評価基準探索のための評価表現リスト」（以下，「評価表現リスト」とする）とする。

6.4 評価表現リストを基にしたコロケーションによる評価表現の再探索

前節で示した「評価表現リスト」を基に，小学生の話し合い活動の評価基準を策定すれば，全くの無から主観で評価基準を策定するよりも幾ばくかの客観性に基づくのではないかというのが本章の主張である。

ただし，この主張には様々な問題もある。まずはデータの問題で，わずか 45 分の実践に対する評価コメントから抽出したリストでよいのかということ，評定者は小学校教員志望者では不十分で，経験豊富な現役教師の方がよいのではないかということ，データ量不足で「評価表現リスト」には一般的な語も含んでしまっているということなど，残念ながら問題は山積しており枚挙に暇がない。しかし，個人の主観ではなく，現実の言語活動の場で得られたデータに基づいているという点で一日の長がある。

ただし，あくまで評定と評価コメントは別物であり，無意識的に書いた評価コメントに含まれている語が偶然に高い評定値であったという「評価表現リスト」の性質にも留意したい。つまり，「評価表現リスト」と言いながら，評定者はリストの語それぞれを直接に評価したわけではないという特徴がある。

---

[5] 「子供」と「子ども」が別語として扱われているのは，表記違いを別語としているためであり，KH Corder の形態素解析結果としては誤りではない。もちろん，本来は「子供」と「子ども」は同一語として扱うべきである。これは形態素解析辞書の IPAdic2.4 の問題であり，たとえば国立国語研究所などによる unidic-mecab2.1.2 では，「子供」と「子ども」は「子供」という一つの語彙素という概念にまとめられ，同一語として扱われる。

これには一長一短があり，「評定」と「評価コメント」という直接的ではない二つを扱っているので，語そのものに対する主観が関わりにくいという長所がある一方，「評定」と「評価コメント」の関係が間接的であることが直接的な語そのものの評定に比べ，一貫性を欠くという短所を持つこととなる。したがって，加重平均値の微妙な差が十分な意味を持つのかは検討の余地がある。

そこで，敢えて再探索を試みたい。「評価表現リスト」には，「新しい」と「視点」，「実体験」と「踏まえる」など，明らかに共起しやすいと思われる語の組み合わせを多数見いだすことができる。そこで，「評価表現リスト」の48語をひとまとまりのコーディングルールとして，この48語と同一文内で共起するのはどのような語であるかを再探索してみた。全体での出現頻度10以上を基準に，「確率比」順に上位10語を示す[6]。ただし，6.2で挙げた内容的側面に特有な語は除いた。

表3 「評価表現リスト」48語と文内共起する語（全体頻度10以上）

	品詞	全体頻度	共起頻度	確率比
想像	サ変名詞	10 (0.008)	9 (0.012)	1.5069
自分	名詞	113 (0.092)	93 (0.127)	1.378
具体	名詞	35 (0.028)	28 (0.038)	1.3395
相手	名詞	10 (0.008)	8 (0.011)	1.3395
根拠	名詞	12 (0.010)	9 (0.012)	1.2558
反対	サ変名詞	19 (0.015)	14 (0.019)	1.2338
先生	名詞	22 (0.018)	16 (0.022)	1.2177
授業	サ変名詞	11 (0.009)	8 (0.011)	1.2177
使う	動詞	42 (0.034)	30 (0.041)	1.196
思う	動詞	124 (0.101)	88 (0.120)	1.1883

＊括弧内は出現確率である

表3では，「自分（の考え）」や「相手（の意見）」など相対的立場を表す名詞や，「使う」や「思う」のような，頻度も汎用性も高い動詞もある。改善は必要であるが，「想像」「具体」「根拠」「反対」といった「評価表現リスト」には

---

[6] 「確率比」とは条件確率（同一文内の中での共起が出現した確率）を前提確率（全体での出現確率）で除したものである。樋口（2012: 51）によれば，前提確率と条件確率との差で求める「確率差」に比べると，「確率比」では文書数が小さい特殊な語が多くリストアップされる傾向にあるとされる。

現れなかった評価表現を得られたのは成果と言える[7]。

次に，表3では動詞が手薄となったので，全体頻度の条件を10以上から5以上にまで下げて，同じく「評価表現リスト」と同一文内に共起した動詞を改めて示してみる。

表4 「評価表現リスト」48語と文内共起する動詞（全体頻度5以上）

	品詞	全体頻度	共起頻度	確率比
取り入れる	動詞	8 (0.007)	8 (0.011)	1.6744
受ける	動詞	5 (0.004)	5 (0.007)	1.6744
広げる	動詞	5 (0.004)	5 (0.007)	1.6744
取り出す	動詞	5 (0.004)	5 (0.007)	1.6744
活かす	動詞	5 (0.004)	5 (0.007)	1.6744
戻す	動詞	7 (0.006)	6 (0.008)	1.4352
進む	動詞	7 (0.006)	6 (0.008)	1.4352
向ける	動詞	6 (0.005)	5 (0.007)	1.3953
付け加える	動詞	5 (0.004)	4 (0.005)	1.3395
試す	動詞	5 (0.004)	4 (0.005)	1.3395

出現頻度を抽出の基準にすると，名詞に比べて動詞は頻度が低くなりがちである。今回の評価コメントでは，分析の対象とした「名詞・サ変名詞・動詞・形容詞・形容動詞」のうち，「名詞＋サ変名詞＋形容動詞」の延べ語数が3,293語であるのに対して，動詞は1,748語と約半数である[8]。

一文として評価基準を作成するためには，名詞だけではなく，述語部分も必要となる。したがって，出現頻度を一律に決めるのではなく，品詞別に調整する必要もあるかもしれない。今後の課題である。

7. 発話ターン別評定と全体評定の相関

最後に研究課題(3)として，発話ターン別の評定と「話し合い活動全体の印

---

[7] ちなみに，この4語の加重平均値は，「想像」(4.20)，「具体」(4.37)，「根拠」(3.83)，「反対」(4.26)であり，「評価表現リスト」の基準とした頻度10以上の88語の中央値である4.44を上回っていなかった。この点からも加重平均値だけに基づく語の抽出の信頼性についてはさらなる検討が必要であると言える。

[8] 品詞としての形容動詞は形容詞の一種とする考え方もあるが，「必要」「明確」「簡潔」など，今回のような分析では，形容動詞の語幹部分だけを見て，名詞として扱う方が整合性が高い。また，形容詞は200語，副詞は132語であった。

象」を聞いた全体評定との相関について見ておきたい。評定者ごとの発話評定の平均（最大値1.58，最小値0.42，平均値1.05）と，全体評定（3＝1人［評定者5番］，2＝15人，1＝4人［評定者9，18，19，20番］，平均値1.85）の相関係数は0.606と，やや強い正の相関があった。したがって，今回のデータに限っては，話し合い活動における発話ターン別評定と全体評定には，相関があったと言ってよい。

8. まとめ

本章では，小学生のクラス全体の話し合い活動に対する小学校教員志望者の評価コメントを計量的に分析することにより，評価基準の帰納的な探索を試みた。

本章のデータは限られたものであり，また評価者についても小学校教員志望者が適切であるとは言い切れないが，本章で述べた評価表現の帰納的探索を，評価基準策定の新たな一つの方法として提案したい。それは，本章で取り上げた小学生の話し合い活動はもちろんのこと，学習指導要領をはじめとする教育の基準・目標は，まずは客観的なデータに基づき，それを修正しながら作成していくべきだと考えるからである。

［謝辞］本章の研究は平成24～26年度帝塚山学園学術・教育研究助成金の助成を受けて実施したものである。また，研究データの取得をご許可くださった奈良女子大学附属小学校ならびに堀本三和子教諭に深く感謝申し上げたい。

参考文献

富田英司・水上悦雄・森本郁代・大塚裕子(2010)「大学生の対話力の自発的成長を促す学習環境の探索―話し合いに対する自己評定値からの分析―」『日本教育工学会論文誌』33(4), 431-440.

奈良女子大学文学部附属小学校学習研究会(編)(2003)『「学習力」を育てる秘訣―学びの基礎・基本―』明治図書

樋口耕一(2012)「KH Coder 2.x リファレンスマニュアル」(KH Coder 2.b.28b に同梱)

樋口耕一(2014)『社会調査のための計量テキスト分析―内容分析の継承と発展を目指して―』ナカニシヤ出版

森篤嗣(2015)「「しごと」実践における話し合い活動の言語計量分析」『学習研究』473, 30-35.

▷コメンテータ(俵山雄司)からのコメント◁

　小学校学習指導要領における「言語活動の充実」の強調は，習得した基本的な知識を基盤として，「思考・判断」した内容を「表現」する力の育成を目指したものとされています。森論文で取り上げた「話し合い活動」も，その具体的手法の1つです。しかし，「よい話し合い」を評価・検討する基準を示さないままでは，教育的な効果はもちろんのこと，実践を深めたり，共有したりすることも難しくなる。そんな問題意識が本論文の背景にあるように感じました。

　今回の調査対象であった小学校教員志望者以外にも，対象となり得るものとして，現場の教員や小学生などを挙げられていますが，「話し合い」を行った児童・学生自身の自己評価にも興味があります。そのような方向での研究はできそうでしょうか。また，本章で調査方法として採用した，「話し合い」のビデオを見て，それに評定やコメントを付けるという行為は，それ自体が「言語活動の充実」に資する活動として取り入れられる可能性があるのではないかと思いますが，いかがでしょうか。

▶執筆者(森篤嗣)からの回答◀

　コメントありがとうございます。客観テストならいざしらず，話し合いのような形がはっきりしないものの評価が難しいことは確かです。本論文では，「帰納的に」というところがポイントかと思います。主観に偏りすぎず，かといって客観ばかりでも味気ないということで，その間を狙いました。小学校教員志望者の評定やコメントそのものは主観です。しかし，その主観をそのまま扱わず，埋め込まれた言葉から評価基準を導くということをしています。コメントしてくださったように，このような主観と客観の狭間に，実践の共有や深化のヒントがあればよいなと思います。

　問いかけについてですが，児童自身の自己評価は確かに重要で，何とかしてやりたい研究です。ただ，多忙な学校現場で，実験的な申し出を受けてくださるところはなかなかありません。信頼関係を築きあげていく必要があると思います。また，「話し合い」のビデオを見て，評定やコメントをすること自体が学習になり得るというのは，その通りだと思います。実際，私はこのデータを使って，大学1年生の授業で一部の評定をさせ，「このデータ(実習に行った先輩)とどれぐらいの差がありますか？」ということを問うという教育実践をおこなっています。

第15章 価値観をあぶりだす道具としての評価表現

佐野 大樹

1. はじめに

　評価という社会行為は，人，組織，物品，思想，行為などあらゆる事態間の関係を，構築，保持，拡散，縮小，変更，破壊する上で重要な手段である。特に，多様に存在する「価値観」（本章では，ある事態が評価者にとって肯定的なものか否定的なものかを判断する際に基準となる観点）の中から相手と自分の関係，話の話題などを踏まえコンテクストに最適な価値観を選択して評価を表せるか否かは，個人が社会との関係性を形成していく上で重要なスキルとなる。このような観点から，あるコンテクスト的な共通点を有するテクスト群（レジスター）において，どのような価値観が選択される傾向があるか，もしくは，選択されない傾向があるかを調査することは，言語学的観点からだけでなく教育学的観点からも重要視されている。例えば，Hood(2004)はアカデミックコンテクストに関する研究で，アカデミックエッセイには書き手の意見を主観的な意見と判断されぬようにするための特有の価値観の選択パターンがあることを示しており，このような選択パターンを習得することがエッセイライティングスキルを向上させる上で重要であると述べている。

　このような研究には，少量のテクストに対して質的アプローチを用いる場合が多いが，少量のテクストから得られた知見の一般性を検証する際や多量のテクスト群からそれに特徴的な価値観の選択パターンを模索する際には，量的アプローチを補完的に用いる必要性がある。ここで問題となるのが，同じ（類似した）価値観に基づく評価を表す場合でも，多様な表現が用いられるという点である。例えば，(1)〜(4)に含まれる「卓越」「格別」「際立つ」「おいしい」という評価表現について考えてみると，

(1) そのシェフの一品は，卓越したものだった。

(2) そのシェフの一品は，格別なものだった。
(3) そのシェフの一品は，際立っていた。
(4) そのシェフの一品は，おいしかった。

この文脈では，「おいしい」と比較した場合，「卓越」「格別」「際立つ」は表現が異なるが同じ(類似した)価値観を基準とした評価だと考えられる。いずれも肯定的立場を表すものと考えられるが，(4)の「おいしい」は「一品」を食べた結果として味わう感情を基準とした評価であるのに対して，「卓越」「格別」「際立つ」は他の料理と「一品」との比較を基準とした評価であるという点で共通しており，「おいしい」が表す基準とは異なる観点から「一品」を評価するものである。このように同じ(類似した)基準を反映する評価表現が複数あるため，これを集約する方法無くしては，多量のデータを自動処理して，あるレジスターに特徴的な価値観の選択パターンを量的に特定することは困難である。さらに，あるレジスターにおける価値観の選択パターンを見いだせるだけの量を備えるコーパスがほとんど無かったこと，また，言語処理分野を除けば，日本語を対象とするテキスト研究では，コーパスなどから得られる多量の情報を処理する手法が存在していたものの広く普及してこなかったことなどもあり，量的アプローチを用いてレジスターに特徴的な価値観の選択パターンを特定するような手法は確立されてこなかった。

　しかし，このような状況は近年大きく変化している。まず，同じ，もしくは，類似した表現を自動で集約する方法については，『基本的意味関係の事例ベース』(風間・デサーガ・鳥澤・村田，2009)，『日本語 WordNet』(Bond et al., 2009)などのデータベースが構築され，評価表現に特化すれば『日本語アプレイザル評価表現辞書』(佐野，2011)が公開されており，同義語や類似表現を自動的に集約することが可能となってきた。また，コーパスに関しては『現代日本語書き言葉均衡コーパス』(前川・山崎，2009)をはじめとして，『KY コーパス』<http://www.opi.jp/shiryo/ky_corp.html> など，様々なコーパスが構築・公開されている。さらに，言語学分野でコーパスから抽出された多量の情報を解釈する手段として，コレスポンデンス分析，決定木分析，因子分析などの多変量解析を活用した研究も増えており，これを紹介する書籍も増えつつある(石川・前田・山崎編，2010)。このような研究環境の変化の結果，質的アプローチだけでなく，量的アプローチを用いて，あるレジスターに特徴的な価値観の選択パターンを特定することも可能になってきたと考えられる。そこで本節では，レ

ジスターに特徴的な価値観の選択パターンについて量的アプローチを用いて調査する一方法を示す。具体的には『現代日本語書き言葉均衡コーパス』(前川・山崎, 2009),『日本語アプレイザル評価表現辞書』(佐野, 2012), コレスポンデンス分析を用いて、レジスターに特徴的な価値観の選択パターンを、専門性が高いテクスト群を例として実証的な手段で特定する。以下、まず、本手法の概要を示し、分析データの編纂、評価表現の特定・分類方法、コレスポンデンス分析の概要について説明する。続いて、結果と考察を述べる。

2. 分析方法と枠組み

2.1 分析方法の概要

本手法では、図1に示すとおり、①まず、専門性が高いテクストと比較対象となるテクストのサンプルを収集したデータを編纂した。

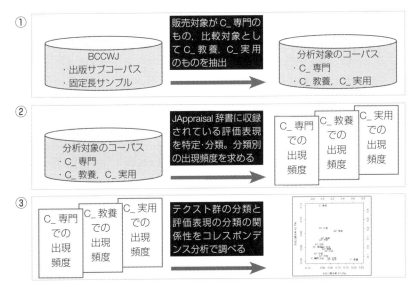

図1 分析方法の概要

②続いて、①で構成した分析データに出現する評価表現を特定、評価表現が表す価値観ごとに分類し、それぞれの出現頻度を求めた。③最後に、②で求めた出現頻度データから専門性が高いテクスト群と比較対象のテクスト群の価値観の選択パターンについて多変量解析を用いて比較し、専門性が高いテクス

トで特徴的だと考えられるパターンを特定した。言語資源として，①では『現代日本語書き言葉均衡コーパス』(以下，BCCWJ)，②では『日本語アプレイザル評価表現辞書』(以下，JAppraisal 辞書)を用いた。分析手法として③ではコレスポンデンス分析を用いた。以下に詳細を示す。

2.2 分析データの編纂

本手法では現代日本語書き言葉の縮図となるようにサンプルを抽出してある BCCWJ(丸山ほか, 2011)に含まれるテクストのうち，条件1「出版サブコーパスの書籍，固定長サンプル」と条件2「Cコードの1桁目が1, 2, 3のもの」に合致するものを抽出して分析対象とした。

条件1に関してだが，BCCWJには書籍だけでなく，新聞，雑誌，ブログ，白書など多様なジャンルからサンプルが収録されている(前川・山崎, 2009)。書籍サンプルのみを指定したのは，条件2で用いるCコードの情報が書籍媒体にのみ付与されている情報であるためである。また，BCCWJには固定長と可変長サンプルの2種類のサンプルが用意されている。可変長サンプルは，節や章などといった文章的な意味のあるまとまりを単位として抽出されたもので1サンプルの長さは異なる一方，固定長サンプルは1サンプルあたり1,000文字を基準として抽出されたもので，統計的情報を抽出するのに適している(丸山ほか, 2011)。そこで本手法では固定長サンプルを用いた。

条件2に関しては，BCCWJの書籍データにはNDC(日本十進分類法)やCコードの情報も付与されている。Cコードは4桁からなり，1桁目は書籍の販売対象，2桁目は発行形態，下2桁は内容を表す。本手法では，1桁目の販売対象の情報を用いて，出版コーパスから専門性が高いと想定できるテクスト群と比較対象となるテクスト群を抽出するという方法をとった。具体的には，1桁目が1(教養，以下「C_教養」と表記)，2(実用，以下「C_実用」と表記)，3(専門，「C_専門」と表記)のものを抽出した。それぞれのカテゴリの定義(日本図書コード管理センター, 2010)と，参考までに，BCCWJに含まれるサンプルが収集された書籍タイトルの例(該当する書籍の全リストから無作為に3件抽出)を表1に示す。

表1 Cコード1桁目「教養」「実用」「専門」定義と書籍タイトル例

分類	定義
教養	教養面を主体とした内容のもので，知識階層を対象としたもの 『事典・お金のかけどころ削りどころ家計リストラ術』 『楽器の音響学』 『天文学への招待』
実用	主として実務に役立つ実用的な内容のもので，実務家が対象 『新広告心理』 『中国投資・会社設立ガイドブック』 『手編みの本。』
専門	主として学術・専門的なもので，専門家・学究者層が対象 『講座戦後社会福祉の総括と二一世紀への展望』 『交通事故「過失割合」の研究』 『小児整形外科テキスト』

　条件1と条件2を満たすサンプルをBCCWJから収集した結果，表2に示すサンプル数，語数のテキスト群を編纂できた。語数は『現代日本語書き言葉均衡コーパス』DVD公開データに収録されている形態素解析済みデータの短単位数を基準として計算してある。

表2 販売対象別の分析対象データのサンプル数と語数

分類	サンプル数	語数
教養	442 件	335,915 語
実用	600 件	440,952 語
専門	1,956 件	1,454,404 語

2.3 評価表現の特定と分類
2.3.1 評価表現の特定
　分析データを編纂したのち，評価表現を特定，分類した。評価表現を特定する方法のひとつとしてSentiment Analysisの素性として利用される評価極性辞書(小林・乾・松本・立石・福島, 2005；東山・乾・松本, 2008)を用いる方法もあるが，本手法では評価極性(肯定的・否定的)だけでなく価値観も分類基準として評価表現を体系的に分類しているJAppraisal辞書ver.1.2(佐野, 2011)を利用した。具体的には，JAppraisal辞書に収録されている語と分析データに出現する語の語彙素が一致した場合，それを評価表現として特定した。分析データ

中の語の語彙素を特定する際には，BCCWJ(DVD版)の形態素解析済データ[1]（短単位）を用いた。

評価表現を特定するために用いたJAppraisal辞書は，アプレイザル理論（Martain & White, 2005）を基底として日本語に対応するよう構築されたもので，評価表現7,758語(8,544語義)が収録されている（佐野，2011）。収録語は，『岩波国語辞典［第五版］』に掲載されている51,317語(85,438語義)から人手で評価表現（肯定的，もしくは，否定的な態度を表す表現）を特定した結果，抽出されたものである。ただし，語によっては，特定の語義で用いられる場合でのみ評価表現となるものもある。例えば「青い」という表現は『岩波国語辞典［第五版］』において「青い色をしている」((5)の場合)と「未熟だ」((6)の場合)などに区別されるが，後者の場合にのみ評価表現として機能する。評価表現を自動で特定する場合，このような表現まで加えてしまうと，評価表現でない用法まで特定してしまう可能性がある。

(5) その指先には青いマニキュアが塗られている。　　　（渡辺淳一『化身』）
(6) フッ，青いね。ビッグツインが新しく旧車の販売を始めたことを知らないようだな…　　　（枻出版社『ちょっと旧いハーレーに乗りたい』）

このような問題に対応するため，JAppraisal辞書では，『岩波国語辞典［第五版］』に掲載されている全ての語義が評価表現となるもの(mono)と語義が2つ以上あり2つ以上の評価カテゴリに属するが，全ての語義で評価表現となるもの(ambisense_multifeature)，語義が2つ以上あるが全ての語義が1つの評価カテゴリに属するもの(ambisense_monofeature)，一部の語義でのみ評価表現となるもの(ambisense_partial)などが区別されている。本手法では「mono」と「ambisense_monofeature」に該当する表現5,930件を分析データから特定した。

2.3.2　評価表現の分類

特定した評価表現をさらに，JAppraisal辞書（佐野，2011）を用いて分類した。JAppraisal辞書では，評価表現が含意する価値観の違いに基づき語が体系的に分類されている。例えば，本節冒頭で示した「卓越」「別格」「際立つ」は全て評価対象と他要素との比較を必須とする価値観を表す表現が該当する「評定」

---

[1] 「DVD版公開データ」<http://www.ninjal.ac.jp/corpus_center/bccwj/dvd-index.html>

(以下，AP_評定)というカテゴリに集約されており，「おいしい」は評価対象が及ぼす感情的な影響を示すことを必須とする表現が該当する「反響」(以下，AP_反響)というカテゴリに分類されている．本手法では，この分類を用いて，以下に示す 14 カテゴリに評価表現を自動で分類した．なお，以下の説明からも分かるとおり，JAppraisal 辞書ではカテゴリ間の関係が明示的に分かるよう，あるカテゴリとあるカテゴリがどの点で類似しており，どの点で異なるかが示されている．なお，本手法では用いていないが，JAppraisal 辞書では，評価表現が評価極性によっても区別されている．また，ここで詳細は示さないが，14 カテゴリ中で共通点をもつものは同じ上位カテゴリに属するように体系化されている(佐野，2012)．例えば，「評価表現が評価者の感情・行為を表すもの」(AP_情動，AP_心状，AP_希求，AP_満願)は「内評価」という上位カテゴリに属し，「他の対象との比較を必須」とするもの(AP_位地，AP_評定)は「相対」という上位カテゴリに属する．

- AP_情動：評価表現が評価者の感情・行為を表すもののうち，評価表現が受動的感情・行為を示すが，評価者の心身の安定性・安全性を示さないもの(例：「喜び」「感動」「興ざめ」)
- AP_心状：評価表現が評価者の感情・行為を表すもののうち，評価表現が受動的感情・行為を示すが，評価者の心身の(不)安定性・(不)安全性を示すもの(例：「恐怖」「心痛」「安堵」)
- AP_希求：評価表現が評価者の感情・行為を表すもののうち，評価表現が能動的感情・行為を示し，評価者の趣向・好みとの一致，もしくは，不一致を表すもの(例：「好む」「嫌悪」「惚れる」)
- AP_満願：評価表現が評価者の感情・行為を表すもののうち，評価表現が能動的感情・行為を示し，評価者の目的や達成度との一致，もしくは，不一致を表すもの(例：「満足」「後悔」「呆れる」)
- AP_位地：評価表現が評価対象の特徴を表すもののうち，他の対象との比較を必須とし，かつ，基本的に，人間活動の主体・行動・生産物にのみ用いられるもの(例：「超人」「一流」「英俊」)
- AP_評定：評価表現が評価対象の特徴を表すもののうち，他の対象との比較を必須とし，かつ，人間活動の主体・行動・生産物に限定されず用いられるもの(例：「最良」「希世」「珍宝」)
- AP_利害：評価表現が評価対象の特徴を表すもののうち，評価対象の評価を

他の要素への影響(感情的なものに限定されない)として示し,かつ,基本的に,人間活動の主体・行動・生産物にのみ用いられるもの(例:「功利」「毒害」「乱暴」)

AP_効用:評価表現が評価対象の特徴を表すもののうち,評価対象の評価を他の要素への影響(感情的なものに限定されない)として示し,かつ,基本的に,人間活動の主体・行動・生産物に限定されず用いられるもの(例:「安全」「便利」「危ない」)

AP_衝動:評価表現が評価対象の特徴を表すもののうち,評価対象の評価を他の要素への感情的な影響として示し,かつ,基本的に,人間活動の主体・行動・生産物にのみ用いられるもの(例:「愛くるしい」「痛ましい」「憎たらしい」)

AP_反響:評価表現が評価対象の特徴を表すもののうち,評価対象の評価を他の要素への感情的な影響として示し,かつ,基本的に,人間活動の主体・行動・生産物に限定されず用いられるもの(例:「清々しい」「難儀」「悲況」)

AP_世評:評価表現が評価対象の特徴を表すもののうち,他の要素との比較や影響を表すことを必須とせず,評価表現自体が評価対象に内属する特徴のうちどれを基準として評価するか限定せず,かつ,基本的に,人間活動の主体・行動・生産物にのみ用いられるもの(例:「公正」「正当」「不適当」)

AP_価値:評価表現が評価対象の特徴を表すもののうち,他の要素との比較や影響を表すことを必須とせず,評価表現自体が評価対象に内属する特徴のうちどれを基準として評価するか限定せず,かつ,基本的に,人間活動の主体・行動・生産物に限定されず用いられるもの(例:「好適」「名花」「無意味」)

AP_性情:評価表現が評価対象の特徴を表すもののうち,他の要素との比較や影響を表すことを必須とせず,評価表現自体が評価対象に内属する特徴のうちどれを基準として評価するか限定し,かつ,基本的に,人間活動の主体・行動・生産物にのみ用いられるもの(例:「美形」「健康」「幼弱」)

AP_性質:評価表現が評価対象の特徴を表すもののうち,他の要素との比較や影響を表すことを必須とせず,評価表現自体が評価対象に内属する特徴のうちどれを基準として評価するか限定し,かつ,基本的に,人間活動の主体・行動・生産物に限定されず用いられるもの(例:「温順」「清

らか」「アンバランス」)

　このような方法で，分析データに含まれる評価表現を特定，分類し，Cコードの販売対象とJAppraisalのカテゴリごとに出現頻度を求めた。

2.4 レジスターに特徴的な価値観の特定

　大規模コーパスから算出した出現頻度などの情報を解釈する方法として，言語学分野でも，因子分析，決定木分析，コレスポンデンス分析などが利用されるようになってきている。本手法では，Cコードの販売対象カテゴリ(C_教養，C_実用，C_専門)と14のJAppraisalカテゴリとの関係性を解釈する手段として，コレスポンデンス分析を利用した。コレスポンデンス分析は，カテゴリカルデータの解析方法で，基本的に数量化Ⅲ類や相対尺度法と同様のものである。分割表において行の項目と列の項目の相関が最大になるように並べ替えを行い，関連性が強いものやパターンが類似したもの同士が近似になる値をとる(散布図上にプロットした場合，類似した傾向をもつものは近い値をとるので，近い位置にプロットされる)ように処理する方法である(金, 2007)。マーケティングなどでも取り入れられている手法で，例えば，ブランド各社(A社，B社，C社，D社)と顧客の年齢層(10代，20代，30代，40代)の関係性を調査する際に，仮に，A社は他社に比べて10代の顧客数が相対的に多いのであれば，コレスポンデンス分析はA社と10代の値が近似した値をとるよう処理する。多数のカテゴリが存在しカテゴリ間の関係を出現頻度のみから解釈することが難しい場合や，カテゴリを分ける基準が多数ある場合に有効な手段となる。本手法では，比較対象のC_教養・C_実用に比べて，C_専門と関連性が強い価値観を特定するために利用している。C_専門と関連性が高い価値観は，コレスポンデンス分析の結果，C_教養・C_実用に比べて，C_専門と近似になる値をとるように処理される。上述した，①分析データの編纂，②評価表現の特定と分類，③レジスターに特徴的な価値観の特定という3つの過程を経て，専門性が高いテキスト群に特徴的な価値観の選択パターンを特定した。

3. 分析結果と考察

3.1 評価表現の出現頻度

　上述した方法で分析データに含まれる評価表現の出現頻度を，Cコードの販売対象カテゴリ3種(C_教養，C_実用，C_専門)とJAppraisalカテゴリ14種

ごとに算出した結果を表3に示す。なお，出現頻度の総計は，C_教養で5,924件，C_実用で8,131件，C_専門で23,971件である。

表3 Cコードの種類×アプレイザルカテゴリ別の出現頻度

Cコード	情動	心状	希求	満願	位地	評定	利害
教養	143	200	375	487	122	326	588
実用	166	194	256	540	89	362	602
専門	265	590	973	1,594	321	1,546	2,256

Cコード	効用	衝動	反響	世評	価値	性情	性質
教養	478	134	117	1,231	928	528	267
実用	833	206	246	1,941	1,692	631	373
専門	2,367	467	457	4,715	5,256	1,786	1,378

3.2 コレスポンデンス分析の結果

表3のデータをコレスポンデンス分析[2]した結果を図2に示す。次元1の寄与率が57.2%，次元2の寄与率が42.7%である。

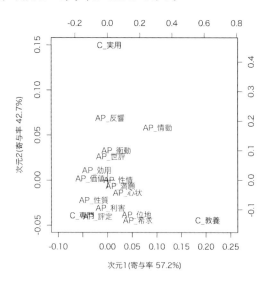

図2 Cコードの種類×アプレイザルカテゴリ別の出現頻度に基づくコレスポンデンス分析の結果

---

[2] 分析にはR <http://www.r-project.org/> を使用した。

各次元において，C コードの販売対象ごとに位置づけをみると，次元 1 では，C_教養が正の方向に位置づけられており，C_専門と C_実用は負の方向に位置づけられている。次元 2 では，C_実用が正の方向に位置づけられており，C_専門と C_教養は負の方向に位置づけられている。このことから，次元 1 は C_専門・C_実用と C_教養の違いを表す軸(C_専門・C_実用と関連性が高いものほど負の方向に位置づけられ，C_教養と関連性が強いものほど正の方向に位置づけられる)であると考えられる。一方で次元 2 は C_専門・C_教養と C_実用の違いを表す軸(C_専門・C_教養と関連性が高いものほど負の方向に位置づけられ，C_実用と関連性が高いものほど正の方向に位置づけられる)と解釈できる。アプレイザルカテゴリ別に位置づけをみると，次元 1 では他のカテゴリと比べて AP_情動，正の方向に AP_情動，AP_希求，AP_位地，AP_心状，AP_満願と並び，負の方向からは AP_価値，AP_性質，AP_効用，AP_評定と並ぶ。次元 2 では，正の方向から，AP_反響，AP_情動，AP_衝動，AP_世評と並び，負の方向からは，AP_希求，AP_評定，AP_位地，AP_利害と並ぶ。特徴的なのは，他の JAppraisal カテゴリに比べて，先述した「内評価」という上位カテゴリに属する AP_情動，AP_心状，AP_希求，AP_満願が全て次元 1 の正の方向に位置づけられている点と，「相対」という上位カテゴリに属する AP_評定，AP_位地が，次元 2 において共に負の方向に位置づけられている点である。

3.3　C_専門の価値観の選択パターン

　C_専門が次元 1，および，次元 2 で負の方向に位置づけられている一方で，C_教養は次元 1 で正の方向，C_実用は次元 2 で正の方向に位置づけられていることから，次元 1，および，次元 2 において負の方向に位置づけられている JAppraisal カテゴリが，C_教養と C_実用と比較した場合，C_専門に特徴的な価値観であると考えられる。これに該当するものは，AP_評定，AP_利害などである。

　また，次元 1 において AP_情動，AP_希求，AP_位地などが他に比べ正の方向に位置づけられていることから，相対的にみて，これらの価値観を表す評価表現は C_専門とよりも C_教養とより関連性が強いといえる。

　さらに，次元 2 において AP_反響，AP_情動，AP_衝動などが他に比べて正の方向に位置づけられていることから，相対的にみて，これらの価値観を表す評価表現は C_専門とよりも C_実用とより関連性が強いといえる。

以上のことから，C_専門の価値観の選択パターンについて，量的アプローチから，以下のことが明らかになった。

パターン1：AP_情動，AP_希求，AP_反響，AP_衝動など，評価者の感情，もしくは評価対象が与える感情的な影響を基準とした評価を選択する傾向が，相対的にみてC_教養，C_実用に比べ，C_専門は弱い。
パターン2：AP_評定，AP_利害が選択される傾向が，相対的にみてC_教養，C_実用に比べ，C_専門は強い。

まずパターン1であるが，これは，専門家の経験や質的アプローチなどからも得られている知見を量的アプローチから裏付けるものであると考えられる。一般的に，感情に関連した価値観を選択することは，個人の主観的な意見を表すことにつながるため，販売対象として研究者等を想定しているC_専門で用いた場合，主張の一般性や客観性について批判される原因となりうる。これを回避するため，このような価値観は選択されない傾向にあると考えられる。本手法は，実データに基づき，量的観点からこれを実証したものと位置づけられよう。

次にパターン2であるが，なぜAP_評定やAP_利害がC_専門と特に関連性が強いのかその原因を特定するためには，さらに，評価表現が使用されているコンテクストを質的観点から調査することが必要であるが，ひとつには，AP_評定やAP_利害を使用することで，評価者が評価対象に対する背景知識の深さを表現しているということが挙げられると考える。AP_評定やAP_利害は，共に，JAppraisal辞書の用語でいうところの意味的構成要素(SCE: semantic compositional element)が他のJAppraisalカテゴリに比べて多いカテゴリである。具体的にどういうことかというと，AP_評定は評価対象の「比較対象」(類縁物)を，AP_利害は評価対象が「影響を及ぼす対象」(受容物)を，明示的であれ非明示的であれ意味的に必須とするカテゴリであり，これはAP_情動やAP_希求などといったカテゴリと異なる特徴である。例えば，(7)のAP_評定「最善」，(8)のAP_利害「改良」，(9)のAP_情動「歓喜」という表現について考慮してみると，以下のような例がみられる。

(7) 輸入代替工業化のような産業育成政策は最善な政策手段をとったと言えよう。　　　　　　　　　　　（陳振雄『台湾の経済発展と政府の役割』）

(8)　石灰や泥灰土をまいて，酸性土を改良する
　　　　　　　　　　　　　　（樋脇博敏『古代ローマを知る事典』）
　(9)　革命に歓喜した知識人　　（丸畠宏太『近代ドイツの歴史』）

(7)の AP_ 評定「最善」という表現を使用するには，評価対象となっている「政策手段」を知っているだけでは不十分で，他の「政策手段」について評価者が知識をもち，さらにそれらと「輸入代替工業化のような産業育成政策」とを比較できてはじめて使用できる。同様に，(8)の AP_ 利害「改良」という表現も評価対象「石炭や泥灰土をまく」ことについて書き手が知識を有するだけでは不十分で，これが「酸性土」という他要素にどう影響するかを知っている場合のみ使用可能となる。これに対して，AP_ 情動「歓喜」に関しては，「革命」を評価する上で，AP_ 評定や AP_ 利害が必須とするような他要素に関する背景知識を必要とせず，当該評価対象に対して評価者が感じた感情を示すだけで使用することができる。このように，当該表現を用いるために必要となる背景知識は異なり，より多くの背景知識を必要とする AP_ 評定や AP_ 利害を選択することがテクストの専門性を高めることに貢献するため，このような傾向がみられるのではないかと考える。

4.　まとめと展望

　本章では，専門性が高いテクスト群を例として，あるレジスターにおける価値観の選択パターンを量的アプローチによって特定する一方法について示した。BCCWJ のサンプルに付与されている C コードの販売対象情報を用いて，C_ 専門と比較対象として C_ 教養・C_ 実用に該当するテクスト群を抽出することで分析データを編纂した。次に，JAppraisal 辞書を用いて評価表現を特定・分類した。最後に，販売対象と JAppraisal のカテゴリの関係性についてコレスポンデンス分析を用いて解釈することで，当該レジスターに特徴的な価値観の選択パターンを特定した。

　分析の結果，C_ 専門では，感情的な判断を基準とする価値観の選択が C_ 教養・C_ 実用に比べて避けられる傾向がみられた。また，C_ 専門は，AP_ 評定や AP_ 利害など，評価対象を評価する際に，評価対象だけでなく他要素に関する背景知識を必要とする価値観との関連性が C_ 教養・C_ 実用に比べて強かった。書き手が C_ 専門というレジスターの特徴に合わせて，多様な価値観の中から AP_ 評定や AP_ 利害を選択し，テクストの専門性を高めているの

ではないかと考える。このことは，専門性の獲得とは個人が慣れ親しんでいるいくつかの価値観だけでなく日本語で表現することができる多様な価値観を知り，かつそれらをレジスターに合わせて適切に使い分けられるようになることを意味するものと考える。

　コーパス，辞書，多変量解析等を組み合わせることで，評価の研究は質的アプローチだけでなく量的アプローチからも検証することが可能となってきた。補完的に両方のアプローチを用いて，価値観について研究できる環境が整ってきたわけである。評価という社会行為を理解する上で，量的アプローチも有効な手法となっていくのではないかと考える。

参考文献

石川慎一郎・前田忠彦・山崎誠(編)(2010)『言語研究のための統計入門』くろしお出版
風間淳一・デサーガ，ステイン・鳥澤健太郎・村田真樹(2009)「係り受けの確率的クラスタリングを用いた大規模類似語リストの作成」『言語処理学会 第15回年次大会 発表論文集』84–87.
金明哲(2007)『Rによるデータサイエンス―データ解析の基礎から最新手法まで―』森北出版
小林のぞみ・乾健太郎・松本裕治・立石健二・福島俊一(2005)「意見抽出のための評価表現の収集」『自然言語処理』12(2), 203–222.
佐野大樹(2011)『日本語アプレイザル評価表現辞書(JAppraisal 辞書 ver1.0) ―態度評価編―』言語資源協会
佐野大樹(2012)「アプレイザル理論を基底とした評価表現の分類と辞書の構築」『国立国語研究所論集』3, 53–83.
日本図書コード管理センター(2010)『ISBNコード／日本図書コード／書籍JANコード利用の手引き 2010年版』日本図書コード管理センター
東山昌彦・乾健太郎・松本裕治(2008)「述語の選択選好性に着目した名詞評価極性の獲得」『言語処理学会 第14回年次大会 発表論文集』584–587.
前川喜久雄・山崎誠(2009)「現代日本語書き言葉均衡コーパス」『国文学：解釈と鑑賞』74(1), 15–25.
丸山岳彦・山崎誠・柏野和佳子・佐野大樹・秋元祐哉・稲益佐知子・田中弥生・大矢内夢子(2011)「『現代日本語書き言葉均衡コーパス』におけるサンプリングの概要(5)―サンプリングの最終結果―」『特定領域研究「日本語コーパス」平成22年度公開ワークショップ予稿集』241–250.
Bond, F., Isahara, H., Fujita, S., Uchimoto, K., Kuribayashi, T., & Kanzaki, K.(2009) Enhancing the Japanese WordNet. *Proceedings of the 7th Workshop on Asian Language Resources, ACL-IJCNLP 2009*, Singapore. 1–8.
Hood, S.（2004）*Appraising research: Taking a stance in academic writing*. Sydney, Australia: University of Technology.
Martin, J. R., & White, P. R. R.（2005）*The language of evaluation: Appraisal in English*. New York, NY: Palgrave Macmillan.

第 15 章　価値観をあぶりだす道具としての評価表現

▷ コメンテータ(森篤嗣)からのコメント ◁

　コメントが二つあります。一つ目は，経験や質的な分析結果について，仮に当然と思われる結果であっても，量的に検証するという点です。評価や価値観の研究は，言語活動の産出物(作文やスピーチなど)を質的に検討したり，アンケートを量的に検討したりする手法が主でした。質的アプローチに対する量的アプローチによる検証という手法に賛同します。ただ，そこには「危うさ」もあるかと思います。大規模データを用いて質的アプローチの結果を量的に検証するとき，注意すべき点は何でしょうか。

　二つ目は，評価や価値観は選択的なものであるという点です。研究という名のもとに，価値観というものを切り替え不可能なパラメータとして単純化してしまうこともあります。しかし，本章では，レジスターの違いに基づき，選択可能な価値観という可能性を示し，さらには最適な価値観の選択ができるということこそ，専門性なのであるという回答を示しています。こうした考え方は，教育の重要な命題である多様性を保障し，新たな価値観のあり方を提案するものであると思います。もし，レジスター以外にも本手法で研究対象にできそうな見込みがある分野があれば，教えてください。

▶ 執筆者(佐野大樹)からの回答 ◀

　コメントありがとうございます。「質的アプローチの結果を量的に検証するとき，注意すべき点」ですが，本章で同義語等の集約という点については述べましたが，さらに，質的アプローチの結果を量的に検証するのに適切なコーパスとは何かを十分に検討するということが挙げられます。極端な例を挙げると，数人の日本語学習者の書いたエッセイで特徴的であった言語表現が，他の日本語学習者が書いてあったエッセイでも特徴的かを検証するのに，いくら代表性があるからといってBCCWJは使用できません。検証したいことが検証できるコーパスを使用しているか十分な検討が必要です。次に，「レジスター以外にも本手法で研究対象にできそうな見込みがある分野」について，抽象的になりますが，新しい価値観の存在の気付きを促す授業等に利用できるかと思います。森氏が指摘されるとおり，本手法では，評価を行う際の選択肢として価値観を体系的に分類しています。授業等で日常的に書き手・話し手が使用しない価値観を基準とする言葉を使用するタスクを設定することで，普段とは異なった観点から対象をみる見方を習得するきっかけを作ることができるかもしれません。

第16章 日本語音声教育の方向性の探索
音声教育に対する日本語教師のビリーフの自由回答をデータとして[1]

阿部 新・嵐 洋子・須藤 潤

1. はじめに

　本章では，国内外の様々な経歴の日本語教師を対象に行った調査の結果から，日本語教育における発音指導や音声指導(以下，「音声教育」とする)の現状と音声教育に対する教師のビリーフ(言語教育・言語学習に対する価値観)の多様性を把握し，今後の日本語音声教育における方向性を探索する。

　このようなことが必要となった背景には，近年の日本語教育の現場において，音声教育をより定着させる取り組み(嵐・中川・田川, 2012)が増えてきてはいるが，教師に十分浸透していないという現状がある。発音指導が現場の教師に任されているだけ(谷口, 1991)という状況が20年近く経っても未だに変化していないということも指摘されている(小河原, 2009)。上記のような取り組みが十分浸透するには，新しい教育実践(田川・渡部, 2013等)を広めることに加えて，音声教育の現状や音声教育に対する日本語教師のビリーフの多様性を把握し，その内容から音声教育の現状や改善の方向性を把握することが重要だと考える。しかし，それはまだ不十分であると言わざるを得ない。

　そこで，本章では，教師が音声教育に対して持つ様々なビリーフについて，パイロットスタディーとして実施したアンケートの回答データから，今後の日本語音声教育の方向性を探索的に検討してみたい。

---

[1] 本章は，第41回日本語教育方法研究会での発表(阿部ほか, 2013)と，2014年度日本語教育学会春季大会での発表(阿部・須藤・嵐, 2014)を大幅に改稿したものである。連名発表者ならびに，アンケートを実施した「みんなの音声プロジェクト」<http://www.kyorin-u.ac.jp/univ/user/foreign/onsee/>のメンバー，研究会・学会にてコメントをくださった皆様に感謝申し上げる。

2. 調査
2.1 対象

　国内外の日本語教師を対象に調査協力依頼を行い，Web 上に設置したフォームを通じてアンケートに回答してもらった。回答期間は 2013 年 7 月 7 日から 8 月 6 日の 1 ヶ月間で，92 名から回答を得た。今回はパイロットスタディーであるので回答期間・回答者数ともにやや小規模である。以下，日本語非母語話者の教師や現職ではない方のデータ 8 名分を除き，日本語を母語とする現職日本語教師のデータ 84 名分を分析対象とする。84 名の概要は以下の表 1 の通りである。

表 1　分析対象者の概要

性別	男性 12 名，女性 72 名
年代	20 代 4 名，30 代 16 名，40 代 34 名，50 代 25 名，60 代 5 名
教育歴	最短 1 年，最長 40 年，平均 14 年
教育機関所在地	日本国内 66 名，国外 18 名
教育機関・種別	大学・高専 56 名，大学・高専以外 28 名

2.2 内容

　調査の内容[2]は，今後の日本語音声教育や教員養成における音声学の在り方を検討するために，次の(a)から(c)の教育指導に対する考え方に関する 3 種類の質問と，(d)のフェイスシートを準備した。すなわち，(a)言語学習一般や音声教育における指導方法や指導内容についての考え方(言語学習ビリーフ)11 項目[3]，(b)音声や発音の教育指導について(教育指導経験の有無，教育指導の困難点，自分の教育指導の改善の希望の有無，改善を希望する理由，具体的な教育指導内容，教育指導における目標)，(c)日本語教員養成における音声学の受講経験や音声学の授業に対する印象・感想・改善希望，(d)フェイスシート(上記表 1 で示した項目の他，担当学生の出身国，担当授業の技能別の種類，担当授業のレベル)である。

---

[2] 調査項目は章末の「資料」を参照のこと。
[3] Horwitz(1987)，阿部(2009)を参考にして作成した。

3. 分析

まず，3.1では，回答者が言語学習や音声教育・日本語音声学に対してどのような考えを持った人たちに分類できるのか把握する。ここでは，(a)～(d)の多肢選択式23項目の回答データ(調査項目のうち，(a)1～11番，(b)12，13番，(c)20，21番，(d)25～32番。ただし，27は年数を，30は学習者の主な国籍を回答してもらった)を「林の数量化Ⅲ類」という多変量解析にかける。数量化Ⅲ類は，質問項目の選択肢同士(どんな人が選んでいるか)や回答者同士(どんな選択肢を選んでいるか)の回答選択パターンの類似度を計算し，相互の関連を調べることによって，新しいファクターを発見し，そのファクターをものさしとして，選択肢や回答者の類似性や関係を明らかにする手法である(菅，2001)。似た回答選択パターンの選択肢や回答者が近くに並ぶように並べ替え，選択肢と回答者のパターンの相関係数(固有値)が1に近い並べ替え方を採用する。具体的には，回答者の各回答をスコア化し，「サンプルスコア」を求め，そのスコアを元に，各選択肢間の距離を求める。そこから回答者と選択肢の相関係数(固有値)を求め，それを元に各選択肢の「カテゴリースコア」を求める。近い数値のスコアの選択肢や回答者がグラフ上で近い位置にプロットされる。3.1.1では，カテゴリースコアの並び方を散布図から考察し，選択肢間の回答選択パターンの類似性を検討して，全体の回答パターンを分析する。3.1.2では，サンプルスコアの散布図上での並び方から，回答者間の回答選択パターンの類似性および回答者全体の回答選択パターンを分析する。さらに，23項目の回答をクラスター分析にかけ，回答者をいくつかのクラスターに分け，「各クラスターの回答選択パターンの特徴」を把握する。

次に，3.2では，今後の日本語音声教育の方向性を検討するために，(b)の自由回答データを使用する。音声教育に関する自由回答をテキストマイニングにかけ，3.1.2で把握した各クラスターに関連の強い語や各クラスター独自に現れる語がどういった文脈で用いられているか探る。

以上の分析から，どのような特徴の教師が，音声教育に対してどのような考えを持つのか検討し，そこから今後の方向性を探索的に模索する。

3.1 質問項目と回答者の回答パターンから見た回答者の分類

日本語を母語とする現職日本語教師84名分のデータについて，上記(a)～(d)の多肢選択式23項目の回答を，統計処理言語Rを用いて「林の数量化Ⅲ類」にかけた。なお，分析にかける際に以下のような選択肢の統合を行った。調査

項目のうち，(a) 1〜11 番は「1 = 強く賛成，2 = 賛成，3 = どちらでもない，4 = 反対，5 = 強く反対」の五者択一であったが，1 と 2，4 と 5 を統合し 3 段階で集計した。(c) 20 番(音声学の受講場所)は「大学」と「大学以外」に統合した。(d) 27 番(日本語教育歴)は「1 年から 9 年」「10 年から 19 年」「20 年以上」の 3 つに統合した。(d) 29 番(教育機関種別)は「大学・高専」と「それ以外」の 2 つに統合した。

3.1.1 質問項目の回答パターン

まず，質問項目の選択肢間に見られる回答パターンの分析として，カテゴリースコアに関する散布図(図 1)の軸を解釈する。カテゴリースコアの解 1 の相関係数が 0.40，解 2 の相関係数が 0.35，解 3 の相関係数が 0.31 となっていた。解 3 以降は相関係数が小さく分析にはあまり有用でないと判断し，解 1 を横軸(第 1 軸)，解 2 を縦軸(第 2 軸)に置いた散布図(図 1)を作成した。

(a) 言語学習に関するビリーフについては，肯定的選択肢(図 1 の左端の楕円)が横軸左のほうに，「どちらでもない」という選択肢(図 1 の中央の楕円)が横軸と縦軸の交点付近に，否定的選択肢(図 1 の右端の楕円)が横軸右のほうにプロットされた。ここから，横軸は「11 項目の言語学習ビリーフへの賛否」軸と解釈できる。また，(b) 音声指導に関する質問については，まず，「指導経験なし」という選択肢が縦軸上のほうに，「あり」という選択肢が縦軸下のほうにプロットされた。ここから，縦軸は「音声指導経験の有無」軸と解釈できる。さらに，(c) 教員養成の音声学に関する質問のうち，受講経験については「なし」が横軸右のほうに，「あり」(大学での受講経験と，大学以外での受講経験)が，「なし」の回答に比べて横軸左のほうにプロットされた。また，音声学の印象については「良い印象」と「どちらでもない印象」が縦軸上のほうに，「悪い印象」が縦軸下のほうにプロットされた。ここから，横軸は「音声学の受講経験の有無」の軸，縦軸は「音声学の印象の良し悪し」軸とも解釈ができることがわかる。(d) のフェイスシートについては，教育機関所在地は国外という回答が縦軸上のほう，国内という回答が縦軸下のほうに，教育機関種別は大学以外という回答が縦軸上のほう，大学という回答が縦軸下のほうに，それぞれプロットされた。ここから，縦軸は「教育環境」の軸とも解釈できることがわかる。

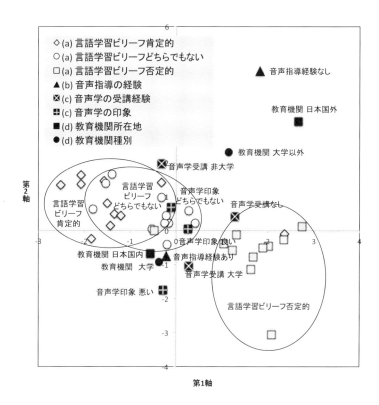

図 1　多肢選択式質問の選択肢のカテゴリースコアの散布図

　以上の軸の解釈を整理すると次ページの図2のようになる。教育指導に対する考え方や経験についての選択肢のプロット状況から，横軸が「言語学習ビリーフへの賛否」「音声学受講経験の有無」，縦軸が「音声指導経験の有無」「音声学への印象の良し悪し」を表す軸であると解釈できた。また，フェイスシート項目のプロット状況から，縦軸は「教育環境」（教育機関の所在地や機関種別）を表す軸であると解釈できた。

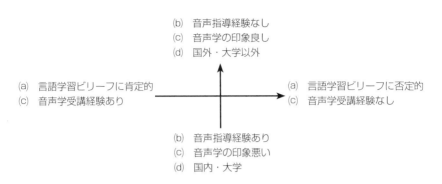

図2　カテゴリースコア散布図(図1)の軸の解釈

3.1.2　回答者の回答パターン

　さらに，先ほどの「林の数量化Ⅲ類」によって算出された，84名の回答者のサンプルスコアを図1と同じ座標にプロットし，図3を作成した。回答選択パターンが似た回答者同士は似た値のサンプルスコアになるため，この図では，そういった回答者が近くにプロットされている。しかし，それだけでは全体的な分布傾向は掴みにくい。そこで，全員の(a)〜(d)の23項目の回答をウォード法による階層的クラスター分析にかけ，84名を4つのクラスターA，B，C，Dに分けて，各クラスターに属する回答者のサンプルスコアの平均値を出し，それらも図3上にプロットした。その分布を上の図2の軸の解釈に照らせば，各カテゴリーの特徴がある程度把握できる。

　結果として，クラスターBは横軸左側にプロットされているので，言語学習ビリーフに対して肯定的で，音声学受講経験ありという回答選択パターンを持つ傾向があることが予想される。また，クラスターA，C，Dは横軸右側にプロットされているので，クラスターBとは逆の傾向があると予想される。さらに，クラスターAは縦軸上側に，クラスターDは縦軸下側にプロットされている。ここから，クラスターAは音声学への印象は良いものの，音声指導経験がなく，国外の大学以外の教育機関で教えているという回答選択パターンを持つ傾向があることが予想され，クラスターDはその逆のパターンを持つことが予想される。

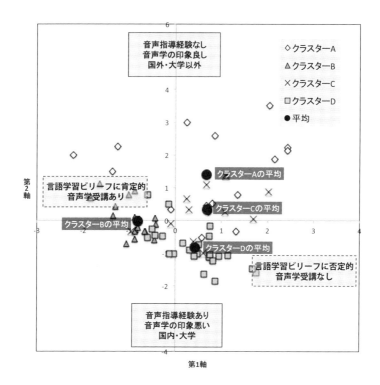

図3　回答者のクラスター別サンプルスコアの散布図

　また，これらのクラスターの特徴を見出すために，各クラスターに属する回答者の(a)〜(d)の23項目の回答をクラスカル・ウォリス検定(順位尺度や名義尺度データの3群以上のグループの有意差の検定方法)にかけ，各項目の回答にクラスター間の有意差があるか検定した。有意差がある項目はさらにマン・ホイットニーの検定で多重比較を行い，ボンフェローニの補正によって，検定結果を調整し，どのクラスターとどのクラスターに有意差があるか比較した。以上の検定と比較の結果，以下の表2のようなp値を得た。

表2　クラスカル・ウォリス検定と多重比較の p 値
（$p < 0.05$ のみ，小数点以下第4位を四捨五入）

調査項目	p 値（検定）	p 値（多重比較）
1　語彙学習が大事	$p < 0.001$	A-D, B-D $p < 0.001$ C-D $p = 0.019$
3　目標言語のみ使わせる	$p = 0.008$	B-D $p = 0.013$
4　正確さを要求すべき	$p < 0.001$	A-B $p = 0.038$ B-D $p < 0.001$
5　詳しい文法説明をすべき	$p < 0.001$	B-C $p < 0.001$ B-D $p = 0.002$
6　文字学習が大事	$p < 0.001$	A-B $p = 0.006$ B-C, B-D $p < 0.001$
7　学習者が正しい発音で話すよう注意すべき	$p = 0.005$	B-D $p = 0.003$
8　文法学習が大事	$p < 0.001$	B-C, B-D $p < 0.001$
10　誤りをすぐ訂正すべき	$p < 0.001$	B-D $p < 0.001$
12　指導経験	$p < 0.001$	A-B, A-C, A-D $p < 0.001$
28　教育機関所在地	$p < 0.001$	A-B, A-C, B-C, C-D $p < 0.001$ A-D $p = 0.001$
29　教育機関種別	$p < 0.001$	C-D $p < 0.001$

　以上の各調査項目の検定と多重比較で得られた有意差の結果から得られた各クラスターの特徴を表3に示す。

表3　各クラスターの特徴

A（n=16）	4 正確さ要求・5 詳しい文法説明というビリーフに比較的否定的，音声指導経験なし，国外の教育機関
B（n=31）	3 目標言語のみ使わせる・4 正確さ要求・5 詳しい文法説明・6 文字学習が大事・7 正しい発音・8 文法学習が大事・10 誤りをすぐ訂正というビリーフに比較的肯定的，国内の教育機関
C（n=12）	5 詳しい文法説明というビリーフに比較的否定的，国外の教育機関，大学以外の教育機関での教育
D（n=25）	1 語彙学習が大事・4 正確さ要求というビリーフに比較的否定的，国内の教育機関，大学での教育

3.1.3　まとめ

　以上の表3にまとめた結果から，今回の回答者は，以下のような特徴を持った人たちに分類できるであろう。

まず，クラスターA，C，Dは図3の右のほうに，クラスターBは左のほうに位置し，クラスターAは文法や正確さを重視するビリーフに否定的なパターン，クラスターCは文法を重視するビリーフに否定的なパターン，クラスターDは語彙や正確さを重視するビリーフに反対と回答するパターンが多く，クラスターBは文法や文字，正確さを重視するビリーフに賛成すると回答するパターンが多い。

また，クラスターAとCは，図3の上のほうに位置しており，国外の教育機関で教えている教師が多く含まれている。特にクラスターAは音声指導経験がない回答者のグループで，クラスターCは大学以外の教育機関で教えている回答者のグループである。一方，クラスターBとDは図3の下のほうに位置しており，国内の教育機関で教えている教師である。また，クラスターDは特に大学で教えている回答者グループである。

つまり，クラスターAは「正確さやルールを重視しない傾向の，国外の，音声指導経験がない教師」，Bは「正確さやルール重視の国内の教師」，Cは「ルールを重視しない傾向の国外の大学以外の教師」，Dは「正確さを重視しない傾向の国内大学教員」という特徴が見出せるだろう。

3.2 各クラスターの自由回答の特徴の分析
3.2.1 概要

次に，今後の日本語音声教育の方向性を検討するために，(b)音声や発音の教育指導についての自由回答をテキストマイニングにかけ，各クラスターに関連の強い語や各クラスター独自に現れる語がどういった文脈で用いられているか探る。このような分析から，今後の日本語音声教育の方向性を探索し，検討することを試みる。前節 **3.1** で分析対象とした84名のうち，音声教育を行ったことがないと答えた14名(全員クラスターA)を除き，70名を対象とする。概要は以下の表4の通りである。

表4　分析対象者70名の概要

性別	男性9名，女性61名
年代	20代3名，30代15名，40代28名，50代21名，60代3名
教育歴	最短1年，最長40年，平均14年
教育機関所在地	日本国内58名，国外12名
教育機関・種別	大学・高専49名，大学・高専以外21名
クラスター	A: 2名，B: 31名，C: 12名，D: 25名

3.2.2 分析

計量テキスト分析を行うためのフリーソフト KH coder (ver.2.beta.32c)を用いて，調査内容(b)音声や発音の教育指導についての質問のうち，4つの質問，(1)指導の困難点(調査項目14番)，(2)自分の指導の改善をしたいと思う理由(以下，改善希望理由，16番)，(3)指導内容(18番)，(4)指導目標(19番)に対する自由回答の分析結果を見ていく。

まず，形態素解析ソフト「茶筌」によって，上記の4つの質問への自由回答を解析した結果，以下のように語を抽出した。

表5　各質問の自由回答の形態素解析の結果

	総抽出語数	異なり語数	文数
(1) 指導の困難点	3,442	629	142
(2) 改善希望理由	2,222	464	102
(3) 指導内容	2,595	535	109
(4) 指導目標	2,562	497	112

上記表5の抽出語の結果を用いて，さらに，KH coder の「関連語検索」を行い，質問(1)～質問(4)に対する各クラスターに属する回答者の自由回答の中に特徴的に現れる語，すなわち各クラスターと関連(共起関係)の強い語を探索した。その結果，各クラスターの結果について，関連の強さを示す Jaccard 係数が大きいものから上位5語[4]を取り出した(表6)[5]。なお，クラスターAは2名しかおらず(表4参照)，音声指導経験がないという特徴のクラスターであることから，今回の分析からは除外する。

---

[4] 表6において上位4語のみ示した部分と上位6語まで示した部分がある。クラスターBの(1)，クラスターCの(2)は上位4語までとし，5位以降を省略した。5位以降の抽出語は同じ Jaccard 係数の語が複数抽出され，共起の度合いが小さく，分析してもはっきりした結果が出にくいためである。クラスターCの(3)は上位6語まで示した。Jaccard 係数が同じで，同率3位の語が4つあったためである。

[5] 表6中，下線を付した語は同じ質問項目において他のクラスターにも表れていることを意味する。

表6　関連語検索の結果

		クラスターB		クラスターC		クラスターD	
		抽出語	Jaccard係数	抽出語	Jaccard係数	抽出語	Jaccard係数
(1) 指導の困難点		学生	0.2571	多い	0.2105	発音	0.3125
		正しい	0.1667	気	0.1667	学習者	0.2683
		時間	0.1667	言う	0.1333	指導	0.2683
		場合	0.1389	必要	0.125	音	0.2414
				授業	0.1111	難しい	0.2059
(2) 改善希望理由		発音	0.25	思う	0.1852	学習者	0.2571
		指導	0.25	方法	0.15	発音	0.2564
		指導法	0.2286	時間	0.1429	指導	0.225
		改善	0.1892	効果	0.1	発音指導	0.2
		音声	0.1765			自分	0.1875
(3) 指導内容		イントネーション	0.3889	音	0.25	発音	0.3023
		アクセント	0.2703	意識	0.1875	音声	0.2333
		指導	0.2667	聞く	0.1667	教育	0.2143
		学習者	0.1944	思う	0.1667	説明	0.1923
		音	0.1579	出す	0.1667	矯正	0.1875
				通じる	0.1667		
(4) 指導目標		学習者	0.2195	日本人	0.35	聞き手	0.2903
		目標	0.1622	思う	0.25	自分	0.2
		正確	0.1429	意味	0.1875	コミュニケーション	0.1944
		音	0.129	出来る	0.1667	学習者	0.1892
		自然	0.1212	行う	0.1538	日本語	0.1818

　さらに，各クラスターの特徴と関連の強い語との関係を質的に検討するため，KH coderの「KWICコンコーダンス」機能を用いて，表6の単語(以下，「　」に入れて示す)が現れる自由回答の文を取り出し，4つの質問の自由回答にどのようなことが記載されているか，探索した。

　まず，(1)指導の困難点について検討した。

　クラスターBは，「学生」によって困難な内容や指導方法の希望が異なっており，そのためクラス内での指導が難しいということが挙げられていた。また，練習では「正しい」発音ができても，別の場では正しくできないことがあるなど，「正しい」発音指導が困難点として挙げられていた。「時間」については，個別に指導する時間は取れないこと，指導中にはできるようになっても，

その時間以外の発話では元に戻ってしまうこと，そもそも指導の時間が取れないことなどが困難点として挙げられた。「場合」という語については，特定の場面や一部の学生に対しての指導がうまくいかないことが指摘されている。

クラスターCは，音声や発音の学習がシラバスにほとんど含まれていないために，音声のことを「気」にしない教師が「多い」ことが困難点として挙げられていた。また，音声の指導が少ないために，気になる発音が改善されず残ってしまうこと，ただ「言わ」せるだけでは改善できないこと，指導時の言い方が画一的になることも困難点として挙がった。さらに，指導が「必要」であることはわかっていてもうまくいかないこと，カリキュラム等の都合で音声指導を「授業」に取り入れられないことも困難点として挙がった。

クラスターDについては，「発音」「音」という語が現れる文を見てみると，特定の単音（ラ行の音やツの音など）を指している場合と，発音という活動一般を指している場合があった。また，「学習者」については，特定の母語話者の指導が難しいという意見や，発音に興味がない学習者，意識が向かない学習者への指導が難しいという点が困難点として挙がっていた。また，特定の単音に対する「指導」が難しいことや，いくら「指導」してもうまくならないことへの失望などが挙がっていた。「難しい」についても，個別対応と一斉授業の難しさ，そもそも発音上の問題点を把握することの難しさが挙がっていた。

次に，(2)改善希望理由について検討した。

クラスターBでは，当然のことながら学習者の「発音」「音声」の「指導」を「改善」したいという希望は挙がっていたが，改善がうまくいかない理由として，教師自身の「発音」に対する能力や感覚の低さ，知識の不足が挙がっていた。また，「指導法」については，効果的な，汎用性の高い，体系的な指導法を知りたいという希望が挙がっていた。

クラスターCでは，効率的な，新しい，個々にあった最適な「方法」への希望が見られた。また，指導の「時間」がないので，「時間」がかからない指導をしたい，指導にもう少し「時間」をかけたいという希望，より専門的知識を得て「効果」的な指導をしたいという希望が見られた。

クラスターDでは，「発音」がなかなか上手にならない「学習者」や，発音に自信がない「学習者」などに対して，「学習者」に合った指導法を模索したいという希望が見られた。また，「指導」や「発音指導」という語については，必要な時に適切な「指導」ができるようになりたい，より効果的に指導できるようになりたいという希望が見られた。一方，「自分」の教え方や発音に

自信がない，「自分」の経験を元に指導しているが，確かなやり方を持っていないという意見も見られた．

さらに，(3)指導内容について観察した．

クラスターBでは「イントネーション」と「アクセント」の「指導」に加えて，相手に伝わるような発音の「指導」が挙げられた．また，「学習者」の様子を見て指導するということも挙げられた．例えば，学習者が意図せず聞き手によくない印象を与えないように指導したり，学生の発音や発話から不自然なものを指摘したり，学生によって不適切な点が異なることに注意をしたりしているとのことだった．また，正しい「音」，「音」のルール，「音」の聞き取りも指導内容として挙げられた．

クラスターCでは，正しい「音」，いい「音」，似ている「音」など，「音」を「聞か」せたり，「出さ」せたり，また，学習者に「意識」させるという指導内容が挙がった．さらに，「通じ」ない箇所を指摘したり，この発音では「通じ」ないことを「意識」させたりするという内容も挙がった．

クラスターDでは，まず「発音」の間違い，気になる「発音」，正しい「発音」，不自然な「発音」や「音声」，すでに身につけてしまっている「発音」といった表現が見られ，これらに対する指導内容が挙がった．また，「教育」と言えるほど体系的・全体的に音声を扱えているわけではないという消極的意見，また，「音声」やアクセント，イントネーションの「説明」を行い，「矯正」まで行っているわけではないという意見も挙がった．

最後に，(4)指導目標について観察した．

クラスターBでは，「学習者」に自然で通じる日本語の発音を身につけさせたいという目標とともに，「学習者」中心の考え方に立った回答も見られた．学習者によって「目標」は異なることを指摘したり，学習者に目標を立てさせたりするといった回答である．また，言いたいことを相手に伝えられる程度の「正確」さを身につけさせること，「音」に興味を持たせること，「音」の違いを意識させること，「自然」な発音を身につけさせるという目標も挙がった．

クラスターCでは，「日本人」を意識した目標が挙がった．「日本人」に近い発音，「日本人」のような発音を目指すという意見もあったが，そこまでは目指さなくてもよく，「意味」が正しく伝わることを目標とするという意見も挙がっていた．

クラスターDでは，「聞き手」にわかりやすい，誤解を与えない，伝わりやすい，理解を妨げない「日本語」の発音を身につけさせたいという目標や，

「自分」の意図することや感情を伝えられる発音を身につけさせるよう指導したり，自分の発音を意識させるように指導したりしたいという目標も挙げられた。つまり，「コミュニケーション」を円滑に行い，支障がないようにするということである。また，「学習者」のニーズを考慮するという意見も見られた。

4. 考察

3.1 で得られたクラスターの特徴と，3.2 で得られたクラスターごとの自由回答の内容について，以下 4.1 ではそれらを整理し，4.2 ではクラスターの比較を行う。その結果から，4.3 では日本語音声教育の方向性を検討する。

4.1 自由回答内容の整理

まず，正確さやルール重視の国内の教師が多いクラスターBは，相手に伝えるために必要な音の正確さやルールを重視し，個々の学生の発音の問題点や希望に応じて適切に指導したいと考えている。しかし，教師自身の「発音」に対する能力や感覚の低さ，知識の不足のため，あるいは，個別に指導する時間が取れないため，そこがうまくいかないというジレンマを抱えているようだ。このような状況において，効果的，体系的な音声の指導方法を知りたいという希望が見える。発音の指導がうまくいかず悩みながらも，効果的・体系的な指導に積極的に取り組む姿勢が窺えた。

また，国外の大学以外の教育機関で教える教師が多いクラスターCは，音声や発音の学習がカリキュラムやシラバスに入っていないために，指導時間が多く取れず，周囲の教師も発音の指導について無理解だったり消極的だったりすることで，発音の指導がうまくいかないことに悩んでいる。発音指導の時間が少ないために，聞かせたり言わせたりという活動しかできないことにも失望感を抱いているように見える。また，「日本人」のように象徴化された具体性に乏しい指導目標が設定されているところからも，国内に比べて日本語の話しことばに接する機会が少ない環境を念頭に置いた発音指導を意識していると言えよう。

クラスターDは，クラスターBと同じように国内の教師が多く含まれるが，11 項目の言語学習ビリーフには否定的な傾向を有している。正確さや音のルールよりも，コミュニケーションに役立つ発音の指導を目指している。一方で，発音の困難点として具体的な音の項目の指導を多く挙げている他，発音に興味がない学習者への指導の難しさ，自分自身の教え方や発音に自信がない

ことからくる指導の難しさを指摘していることから，正しい発音やその指導を意識していることが窺える。自分の指導が体系的・全体的に音声を扱えていないこと，説明をするに留まることなどの問題も指摘しているが，必要な時に適切な指導ができればいいという意識が見られた。

4.2 クラスターの特徴と教師が考えていることの考察

4.1 で整理した自由回答の内容から，3つのクラスターの特徴とそれぞれのクラスターの教師が音声教育について考えていることを考察すると，まず，音声指導経験の有無(クラスターAとそれ以外)，そして，国外と国内の違い(クラスターCとクラスターB・D)といった教育環境が影響しているということが見えてくる。国外(クラスターC)では，まず日本語の話しことばに接する機会が限られているために，発音の重要性が認識されにくい，または，認識されていても，象徴化された目標を描くことが精一杯である様子が見てとれる。このような状況においては，音声に関する指導項目がカリキュラムやシラバスにないと授業に取り入れにくい状況が窺える。

また，国内では，正確さやルール重視(クラスターB)でも，コミュニケーション重視(クラスターD)でも，学習者に応じた指導をしようとしているが，学習者の興味や関心・能力を重視しすぎると，正確さやルールを重視する姿勢とは相容れなくなり，教師が悩む様子が見られた。また，両者とも教師が発音に自信を持てずにいる様子も見られた。

ただ，このように両者には共通点が見られるものの，ビリーフの傾向には相違があり，それが「指導内容」や「指導目標」における違いに反映しているようにも解釈できる点がある。例えば，「指導内容」については，クラスターBは具体的な指導項目をいくつも挙げているが，クラスターDは不自然な発音，気になる発音などに注目した非体系的な指導を行っているように読み取れる。一方で，「指導目標」としては，どちらのクラスターも正しい発音を意識する傾向はあるようだが，クラスターDはコミュニケーションを円滑に行うための発音，聞き手にわかりやすく，意図や感情を伝えられる発音という，コミュニケーションの枠に位置付けられた大きな目標が挙げられている。クラスターBもその傾向はあるが，同時に「音」の違いの意識や興味という，比較的小さな目標も設定される傾向がある点で，クラスターDとは異なっている。これらの解釈から両者の違いを考察してみると，クラスターBは目標に向かって，ある程度の具体的な指導内容や段階的な小目標といったプロセスを

イメージし，体系的な指導を積極的に目指していると思われるのに対して，クラスターDはクラスターBと目標はさほど変わらないものの，到達するためのプロセスのイメージには違いがあり，体系的な指導には消極的であるという違いがあるように思われる。そのため，クラスターDでは，発音の習得が到達困難な高い目標とイメージされやすく，学習者が興味を持たないという困難点が挙げられたり，「失望」「自信がない」といった回答が悩みとして挙げられたりしているのではないかと考えられるのである。

4.3 今後の日本語音声教育の方向性の検討

上記をふまえて今後の日本語音声教育の方向性を検討する。

国内の教師が多くを占めるクラスターBとクラスターDの比較から，比較的小さな学習目標を積み上げつつ，コミュニケーション全体における音声表出を学習できるようなプロセス，つまり体系的なシラバスと教材の開発が求められていると言えるのではないだろうか。また，音声に対して自信のない教師でも，自信を持って教えられるように，必要に応じて参照ができるような教師向けの指導書を充実させたり，学習者音声の評価に必要な指標を提示することも必要であろう。また，国外の教師が多くを占めるクラスターCの回答を整理し分析した結果，海外では日本語の話しことばに接する機会が少ないことから，音声現象の多様性や豊かさを示すなどして，発音の重要性を訴えかけるような教材等も開発する必要があるだろう。教師やクラスによる差を作らないためには，国内同様，体系的なシラバスやカリキュラムを提示し，音声を教える環境を整えることも重要であると思われる。

5. おわりに

以上，言語学習に関するビリーフの多肢選択式回答を多変量解析によって分析し，また，教師が行っている音声指導の目標，指導の具体的内容，指導の困難点，指導の改善希望を尋ねた質問の自由回答をテキストマイニングの手法により分析し，教師が持つ価値観から今後の日本語音声教育の方向性を探索的に検討した。

3.1において，教師の考え方や属性を数量化III類やクラスター分析にかけ，回答者を分類した結果，属性として，音声指導経験や教育の環境（国内・国外，大学・大学以外）といった属性や「正確さ・ルール重視」のビリーフが，教師の価値観を解釈するための軸として重要であることがわかった。また，

3.2 において，音声教育に対する教師の自由回答を分析した結果，音声指導に対する考え方(価値観)として，国内では，「正確さ・ルール重視」の考え方の他に「コミュニケーション重視」という考え方があることがわかったが，どちらの価値観を持つにしても，「学習者中心」の教育観によって，学習者の興味・関心や能力を重視しようとすると，指導がうまくいかなくなるという悩みがあることがわかった。前者は目標に向かって，より具体的なプロセスをイメージし，体系的な指導を積極的に目指しているのに対し，後者は，到達するためのプロセスはイメージできておらず，体系的指導にも消極的である。国外では，日本人が周りに少なく，そもそも音声に対する興味・関心が低い場合も少なくない。国内でも国外でも教師をサポートできるような教材・教育内容等の開発が必要であると言えるだろう。

今回の結果を受けた今後の課題としては，音声に対する教師の自信の低さにどう対応するかという考察をさらに掘り下げる必要があろう。そのためには，教員養成から教師経験に至る，教師としての成長過程における音声学に対する印象や考え方をさらに分析する必要があるように思われる。今回，音声教育に対して自信を持てない教師がいることがわかったが，そのような自信喪失の背景の一つには，教員養成や研修における音声学の学習において，教師がどのような印象を持ち，どのようなことを感じたかが関係しているのかもしれない。2.2 で紹介した，本研究で収集したデータのうち「(c)日本語教員養成における音声学の受講経験や音声学の授業に対する印象・感想・改善希望」を分析していく必要がある。

また，今回のデータは表1に示したように，国内の教師が多く，国外の教師は少なく偏りがある。国外には国内よりも多くの教師がおり，国外の教師の指導内容や考えを把握する必要もある。外国語発音習得研究会[6]では，主に海外の日本語教師による韻律指導の内容やそれに対する考え方のデータを収集しており，そういったデータの分析も今後待たれるところである。

以上のような結論は，今回のような手法を使わずとも，多くの教師や研究者が漠然と直感的に思っており，共有している考えかもしれない。しかし，それを客観的に導き出すことは，直感に対して客観的根拠を与え，その考えを強化し，改善等の次の行動につながるであろう。特に，今回のテキストマイニングによる自由回答の分析方法を適用した研究は，言語教育の分野ではわずかに

---

[6] 「外国語発音習得研究会」<http://www.hatsuon.org/>

見られるだけである。今後の評価研究においても，今回の分析手法が広まっていくことが期待される。

　さらに今後は，ビリーフそのものについての研究を掘り下げ，ビリーフの多様性の様相をさらに追究する必要もあろう。河野(2014)では，学習者のビリーフも教師のビリーフもかなり固定したもので変容は難しいとされているが，今回，3.1において，教師の考え方や属性を数量化Ⅲ類やクラスター分析にかけ，回答者を分類した結果，指導経験や教育環境によってビリーフが異なることが示された。学習者や教師がいろいろな経験を経て環境が移り変わることで，ビリーフは変容しうるのか。変容するとしたらどのように変容するのか，変容しにくい部分と変容しやすい部分があるのか，など，学習者や教師の個人内にも多様性がある可能性が考えられる。こういったことを知るには従来の量的なアンケート結果の分析と，質的な自由回答の分析を組み合わせて，多面的に分析・検討することが必要となる。今後，分析・検討をさらに進めて研究を発展させ，日本語教育の質の向上につなげていきたい。

参考文献

阿部新(2009)「スペイン・マドリードの大学における日本語学習者の言語学習ビリーフ」『名古屋外国語大学外国語学部紀要』37, 25-62.

阿部新・嵐洋子・木原郁子・篠原亜紀・須藤潤・中川千恵子(2013)「音声教育や日本語教員養成における音声学について日本語教師が考えていること―現状と課題を探るパイロット・スタディ―」『日本語教育方法研究会誌』20(2), 2-3.

阿部新・須藤潤・嵐洋子(2014)「日本語教育における音声教育について日本語教師が考えていること―音声教育の目標・具体的内容・困難点・改善希望の分析から―」『2014年度日本語教育学会春季大会予稿集』229-234.

嵐洋子・中川千恵子・田川恭識(2012)「日本語音声教育方法再構築のために―「みんなの音声教育」プロジェクトについて―」『日本語教育方法研究会誌』19(2), 34-35.

小河原義朗(2009)「日本語音声教育を振り返る」河野俊之・小河原義朗(編)『日本語教育の過去・現在・未来　第4巻　音声』(水谷修監修)凡人社，pp. 23-45.

河野俊之(2014)『音声教育の実践』(日本語教師のためのTIPS 77　第3巻)くろしお出版

菅民郎(2001)『多変量解析の実践―初心者がらくらく読める―〈下〉[2版]』現代数学社

田川恭識・渡部みなほ(2013)「初級日本語教科書で音声指導を行うための補助教材の開発と活用―日々の授業で音声指導を行うために―」『2013年度日本語教育学会秋季大会予稿集』242-247.

谷口聡人(1991)「音声教育の現状と問題点―アンケート調査の結果について―」水谷修・鮎澤孝子(編)『シンポジウム日本語音声教育―韻律の研究と教育をめぐって―』凡人社，pp. 20-25.

Horwitz, E. K. (1987) Surveying student beliefs about language learning. In W. Anita, & J. Rubin (Eds.), *Learner strategies in language learning* (pp.119-129). London, UK: Prentice-Hall.

資料

「みんなの音声プロジェクトアンケート」質問項目
(なお，［　］は選択肢，〈　〉は入力(記述)による回答を意味する．)

(a) 言語教育や指導の方法・内容に関する考え方
 1. 外国語学習で一番大切なのは語彙の学習だ．
 2. コミュニケーションができれば，発音は直さなくてもいい．
 3. 授業中学習者に目標言語(教えている言語)以外を使わせてはならない．
 4. 学習者には正確さを要求すべきだ．
 5. 教師は授業で詳しい文法説明をする必要がある．
 6. 外国語学習で一番大切なのは文字の学習だ．
 7. 教師は常に学習者が正しい発音で話すように注意するべきだ．
 8. 外国語学習で一番大切なのは文法の学習だ．
 9. 授業の中で必ず発音の学習をすべきだ．
 10. 授業中学習者の誤りはすぐ訂正すべきだ．
 11. 外国語学習で一番大切なのは発音の学習だ．
 ［1＝強く賛成，2＝賛成，3＝どちらでもない，4＝反対，5＝強く反対］

(b) 音声や発音に関する教育や指導について
 12. これまで担当したクラスで，音声や発音に関する教育や指導を行なったことがありますか．［ある・ない］
 13. これまで担当したクラスで，音声や発音に関する教育や指導として，どのようなことを行なったことがありますか．(複数回答)［音読，リピート，リズム指導，イントネーション指導，アクセント指導，一つ一つの音の発音指導，シャドーイング，ディクテーション，その他］
 14. 音声や発音に関する教育や指導で，困ったことや難しかったことはありますか．具体的にお答えください．〈自由回答〉
 15. 音声や発音に関するご自分の教育や指導を改善したいと思いますか．［はい・いいえ］
 16. 上記の質問で，「はい」または「いいえ」と答えた理由を具体的にお答えください．〈自由回答〉
 17. ご自分のクラスで行っていることに一番近いのは，次の用語のうちどれだとお考えですか．［音声教育，音声指導，音声矯正，発音教育，発音指導，発音矯正］
 18. それは具体的にどのようなことですか．〈自由回答〉
 19. ご自分の授業での，音声や発音に関する教育や指導の「目標」はどんなことだとお考えですか．具体的にお答えください．〈自由回答〉

(c) 日本語教員養成における音声学の授業について
20. 日本語教員養成課程やその他の場で，音声学または日本語音声学の授業を受けたことがありますか。[大学の日本語教育主専攻で，大学の日本語教育副専攻や大学の日本語教師養成プログラム等で，大学のその他の専攻(言語学，英語学等)の科目で，養成講座(通学)で，養成講座(通信教育)で，受けたことがない]
21. 音声学や日本語音声学の授業に対する印象は以下のどれに当てはまりますか。一つお選びください。[1＝良い印象〜3＝悪い印象]
22. 音声学や日本語音声学の授業内容の印象(感想)はどのようなものでしたか。具体的に感想を教えてください。〈自由回答〉
23. 音声学や日本語音声学の授業内容をどのように改善したら良いと思いますか。具体的に教えて下さい。〈自由回答〉

(d) フェイスシート
24. 母語[日本語，その他]
25. 性別[男，女]
26. 年代[20代，30代，40代，50代，60代，70代]
27. 日本語教育歴〈年数を入力〉
28. 現在の教育機関所在地[日本国内，その他]
29. 現在の教育機関の種類[大学・高専，専門学校，日本語学校，その他]
30. 現在担当している学習者の主な国籍〈国籍を入力〉
31. 現在担当しているクラスの種類(複数回答)[総合，会話，聴解，発音，作文，読解，語彙，その他]
32. 現在担当しているクラスのレベル(複数回答)[入門，初級，中級，上級，超上級]
33. その他，音声の教育について，ご意見やコメントがあれば，自由にご記入下さい。〈自由回答〉

▷ コメンテーター(佐野大樹)からのコメント ◁

　本章は，音声教育に対する教師のビリーフの多様性について，アンケート調査を複数の統計的手法を用いて分析し，その結果を質的観点からも検討するというものでした。アンケート結果を統計的に分析する研究は多々ありますが，本研究の優れた点は，そこに留まらず，統計的解析から得られた教師のビリーフに関する特徴をさらにコンコーダンスを用いながら質的にも分析することで，統計的手法からだけでは得られない知見を導き出すというアプローチをとったところにあると思います。

　今後このような研究が評価研究にも増えていくことが予想されますが，複数の統計手法を用いてその結果を総合的に解釈する際に特に注意すべきことはどのようなことでしょうか。また，統計的手法を質的観点からも解釈する際に，注意すべき事項や利用できる言語分析手法があれば教えてください。

▶ 執筆者(阿部新・嵐洋子・須藤潤)からの回答 ◀

　佐野さん，コメントをどうもありがとうございました。

　まず，複数の統計手法を用いて総合的に解釈する際の注意点は，事あるごとに調査研究の目的に立ち返るということだと思います。数量化Ⅲ類では軸の解釈，クラスター分析ではクラスターの特徴の解釈において，出力される分析結果自体は客観的に出てきたものであっても，分析者の主観が入り込む余地があります。その際に，何を明らかにしようとしているのかということをいつも念頭に置く必要があるのではないかと思います。

　また，ある程度多量のデータを量的に分析したのち，質的に分析・解釈する際には，手法の限界を認識しておくことが必要だと思います。例えば，機械による言語処理では，同義語の処理，複数の語を抽象的な概念にまとめることなどが不得意であるとされています。その場合，人間の目でデータを再確認して解釈する必要があります。分析者の主観が試される場面ですが，研究の醍醐味でもあると思います。

　最後に，テキストマイニングはさらに多くの分析手法があります。データは，アンケートの自由回答だけでなく，インタビューや談話資料を文字化したものも使えます。分析手法についても，頻度や共起についてだけでなく，係り受けの分析も可能ですし，時系列による変化や地域的変異も扱えるでしょう。今後の研究の展開が楽しみです。

第17章 非母語話者は母語話者の「説明」をどのように評価するか

「やさしい日本語会話」の評価観点の抽出

栁田 直美

1. はじめに

　日本語非母語話者に情報をわかりやすく伝えるための母語話者側の言語的調整は「やさしい日本語」とも呼ばれる。阪神淡路大震災や東日本大震災を機に，近年，「やさしい日本語」について，さまざまな提案が行われている。例えば，地震など非常時における情報伝達方法(弘前大学人文学部社会言語学研究室,2006)，市役所など公的機関が発行する公的文書の書き換え(庵,2013)，口頭での情報やりとりのストラテジー(栁田,2015)などである。しかし，日本語非母語話者(以下，非母語話者)にとって，それらの調整された日本語は本当にわかりやすいのだろうか。

　現在，調整された日本語が非母語話者からどのように評価されるかについての研究は，その日本語の文書に関しても会話に関しても非常に少ない。しかし，調整された日本語に対する非母語話者の評価を分析し，日本語母語話者(以下，母語話者)の日本語の調整が真に非母語話者にとって有効か否かを測ることは，今後の「やさしい日本語」研究にとっても重要であると考える。そのためには，まず，非母語話者が母語話者の発話をどのような観点から評価しているのかを探る必要がある。

　そこで本章は，非母語話者に母語話者が情報を伝達する「説明」について，非母語話者がどのような観点から評価しているかを分析し，非母語話者が母語話者の「説明」を評価する際の観点を抽出する。

2. 先行研究と本研究の立場
2.1 「やさしい日本語」と「フォリナー・トーク」

　「やさしい日本語」とは，母語話者と非母語話者双方が，相手に合わせて日本語を調整する過程において共通言語として成立するものであるとされる(庵,

2013)。「やさしい日本語」には，書き言葉も話し言葉も含まれるが，従来，母語話者と非母語話者が会話に参加する接触場面において母語話者が使用する調整された話し方は「フォリナー・トーク(Foreigner Talk)」(Ferguson, 1981)と呼ばれ，分析が進められてきた。

　フォリナー・トークとは，言語能力的に優位な立場にある者が不利な立場にある者に対して配慮し，調整を加えて話す話し方を指す。日本語のフォリナー・トークの特徴としては，別の表現や外来語への言い換え，繰り返し，質問や確認の多用，文法の簡略化，明瞭な発音，話題の制限，非言語行動などがあるとされている(スクータリデス, 1981；志村, 1989 など)。つまり，母語話者と非母語話者との接触場面において用いられるフォリナー・トークは，母語話者側が使用する口頭コミュニケーション上のやさしい日本語といえよう。

　また，フォリナー・トークについては，非母語話者との接触経験が母語話者の会話ストラテジーに影響を与えることも指摘されている(村上, 1997；増井, 2005；栁田, 2015 など)。

2.2 非母語話者による母語話者発話の評価

　坂本ほか(1989)は，フォリナー・トークに対する日本語学習者の反応について分析し，学習者の言語能力が高くなるほどフォリナー・トークに対する好感度が低くなるという結果が得られたとしている。

　一方，二度の大震災をきっかけに，「やさしい日本語」の概念が広く知られ，その必要性が指摘されるようになった。弘前大学人文学部社会言語学研究室(2006)が提案する，災害時に非母語話者に情報をわかりやすく伝えるための「やさしい日本語」はその先駆けとなったものである。緊急時の情報提供において日本語を用いて非母語話者に情報を提供するためのマニュアルとして「やさしい日本語」が開発され，「やさしい日本語」によるニュースと一般のニュースとを使って留学生へ聞き取りテストが行われた。その結果，ニュースの内容に関する質問の正答率は，「やさしい日本語」が 90.7%，普通の日本語が 29.3% という結果となり，両者には明らかな違いが見られた(松田・前田・佐藤, 2000)。この結果から，話し言葉の「やさしい日本語」が理解度の点において，非母語話者への情報提供に有益であることが明らかになったといえる。

　ただし，これらの調査は対面のコミュニケーションではなく，非母語話者に一方的に文や文章を聞かせて評価してもらうものであり，会話参加当事者としての非母語話者が，母語話者の発話をどのように評価するかについての分析

はまだ進んでいないといえる。

2.3 発話に対する評価尺度の開発

2名以上が参加する場面での，参加者の発話に対する評価尺度を策定するために，渡部(2003)，森本・水上・鈴木・大塚・井佐原(2006)らは次のような手法をとっている。

渡部(2003)は，日本語学習者の発話に対する日本語母語話者の評価尺度開発を目的として，以下のような手順で調査・分析を行った。

(1) 日本語学習者と母語話者によるペア自由会話を別の母語話者に視聴してもらい，インタビューを行い，「全体的評価」項目と「評価の対象」項目を抽出
(2) (1)の結果から「全体的評価」と「評価の対象」の質問紙を作成し，他の母語話者にペア自由会話の一部を視聴してもらい，印象評定調査を実施
(3) (2)のデータについて因子分析を行い，「全体的評価」と「評価の対象」から評価尺度を設定

また，森本ほか(2006)は，日本人大学生のグループ・ディスカッションに対する評価尺度開発を目的として，以下のような手順で調査・分析を行った。

(1) グループ・ディスカッションを大学院生に視聴してもらい，それを評価する単語や短文から評定語を抽出
(2) (1)の結果から質問紙を作成し，大学生によるグループ・ディスカッションとそれに対する印象評定調査を実施
(3) (2)のデータについて因子分析を行い，評価尺度を設定

渡部(2003)と森本ほか(2006)に共通するのは，3段階の手法を用いて発話の評価尺度開発を行っている点である。まず，第一段階として，会話の映像資料を第三者に視聴してもらい，インタビューや自由記述から評価の項目を抽出している。次に，第二段階として，第一段階のデータから質問紙を作成して多数の第三者に印象評定調査を実施し，第三段階で因子分析を行って評価尺度を設定している。

本章では，渡部(2003)，森本ほか(2006)らの手法を参考にし，非母語話者

が母語話者の「説明」を評価するための評価尺度策定の第一段階の分析(発話の評価項目の抽出)を行う。

3. 分析データと分析方法
3.1 「説明」談話の収集手順

さまざまなタイプの「説明」を収集するために，増井(2005)，村上(1997)，柳田(2015)などで言語行動に差が出ることが指摘されている「接触経験」に着目し，非母語話者との接触経験が少ない母語話者(nsN)，接触経験が多い母語話者(nsE)，母語話者日本語教師経験者(nsT)と非母語話者(nns)の同性・同年代のペア会話を計10会話収録した。協力者の属性と組み合わせは表1の通りである。

表1 調査協力者の属性と組み合わせ

非母語話者 (nns)	母語話者		
	接触経験少 (nsN)	接触経験多 (nsE)	日本語教師 (nsT)
nnsA (女)	nsNA (女)	—	nsTA (女)
nnsB (女)	nsNB (女)	—	nsTB (女)
nnsC (男)	nsNC (男)	nsEC (男)	nsTC (男)
nnsD (男)	nsND (男)	nsED (男)	nsTD (男)

収録した談話は，母語話者2名または3名が同一の非母語話者に対して単語，文，文章(表2)の説明を行うというものである。単語は各3分間，文は各5分間，文章は10分間両者に提示し，母語話者に時間内に説明してもらった。非母語話者からの質問等は自由とした。評価の偏りを避けるため，母語話者グループの順番と各セクション(単語・文・文章)の順番はランダムに設定した。非母語話者には，収録前に「これから会話をする2人(または3人)のうち，誰の説明がもっともわかりやすいかを考えながら，説明を聞いてください」と指示をした。

表2　各セクションの刺激材料

単語	予防接種／公共の交通機関／身分証明書／ライフライン／クールビズ
文	安否を確認してください。／この先，通行止めのため，迂回してください。／その他，ご不明な点は下記へお問い合わせください。／検診時には，本人確認できるものをお持ちください。／食事は朝・昼にしっかりと，夜は軽くとる習慣をつけましょう。
文章	【市役所からのお知らせ】 11月11日（月）から15日（金）までの5日間，インフルエンザの無料予防接種を実施します。 ★予防接種に当たっての注意事項 接種を判断する際に，疑問等があれば，あらかじめ，かかりつけ医や保健所，お住まいの市区町村の予防接種担当課に確認して，十分納得したうえで，お申し込みください。

3.2　分析データ：母語話者の「説明」に対する非母語話者の評価

　次に，各セクション終了直後に母語話者・非母語話者ともに質問紙に記入してもらい，非母語話者には全セクション終了後，「説明がわかりやすかった順」に母語話者に順位をつけ，その理由を書いてもらった。そして，会話収録後4日以内に質問紙及び収録映像を見ながらのフォローアップインタビューを協力者全員に対して行った。母語話者に対するインタビューは一人あたり約1時間，非母語話者に対するインタビューは一人あたり約2時間であった。

　本章の分析対象は，母語話者・非母語話者に対するフォローアップインタビューのうち，非母語話者に対するインタビューである。データとするインタビューの総時間数は約8時間である。

　渡部(2003)と森本ほか(2006)は，会話の映像資料を第三者に視聴してもらい，インタビューや自由記述から評価の観点を抽出している。このように第三者が視聴することにより，より客観的・多角的な観点の抽出ができると考えられるが，**3.1**で述べたように，本調査において非母語話者は複数の母語話者から「説明」を受けており，それらを比較することが可能である。よって，本調査に参加した非母語話者は会話参加当事者として多角的な観点を十分に提供しうると考え，非母語話者のフォローアップインタビューを分析の対象とすることとした。

　非母語話者に対するフォローアップインタビューでは，「説明のわかりやすさ」という観点について，以下の3点を語ってもらった。

(1) 全体的な印象や各セクションについて印象に残っていること
(2) (「説明」談話の映像を見せ，非母語話者自身に自由に映像を止めてもらいながら)収録時に感じたこと，気づいたこととその理由
(3) 非母語話者が考える「わかりやすい説明」とは何か

非母語話者は2回または3回，同じ刺激材料に関する説明を異なる母語話者から受けている。そのため，インタビューは2名または3名の母語話者が行った「説明」を比較しながら行った。

3.3 分析方法

非母語話者のフォローアップインタビュー中に出現した以下の2つについて述べられた部分を抽出し，KJ法を参考に分類を行った。

(1) 母語話者の「説明」に対する評価に相当する部分
(2) (1)の評価の対象となった言語行為及び非言語行為に言及する部分

4. 母語話者の「説明」に対する評価と評価の対象

非母語話者のフォローアップインタビューを分析し，(1)「説明」の方法，(2)「説明」の程度，(3)非言語行動・パラ言語，(4)非母語話者への対応，(5)会話への参加態度の5つのカテゴリーを抽出した。さらに各カテゴリーは複数のサブカテゴリーに分かれる。以下に各カテゴリーについて，サブカテゴリー名とそのサブカテゴリーに当てはまる断片例[1]を示す。

4.1 カテゴリー1：「説明」の方法

「説明」の方法について，以下の12のサブカテゴリーが抽出された。表3に示す。なお，断片例の左の(+)は肯定的な評価内容を，(-)は否定的な評価内容を示す。

---

[1] 断片例は発話意図が伝わるよう，適宜修正を加えている。

表3 カテゴリー1:「説明」の方法

サブカテゴリー	断片
1 具体的なイメージがわくような事例を示す	(+) 具体的なことを言って，それは外国人にとって，今この言葉は何について話しますかとすぐ想像できます。 (-)「例えば（例示）」がなくて，とてもわかりにくいです。
2 表現を言い換える	(+)「お問い合わせ」という言葉はわからないから，それは他の言葉で言い換えて，これはわかりやすかったです。
3 表現を翻訳する	(+) 説明するとき，英語の言葉で説明してくれて，それは説明がすぐわかりました。 (-) ここは英語を書いてくれましたけど，よくわからない。何を言ってるのかよくわからない。
4 絵を示す	(+) 最初，あまりわからなかったけど，絵を描いてくれてわかったかもしれない。 (-) この絵を描いた後，意味がわからなかった。
5 文字を示す	(-) カタカナ（を聞くの）は苦手です。だから，カタカナを書いてくれたらよかったと思います。 (-) 漢字の説明は字がなかったら無理。
6 擬音語・擬態語を使う	(-) 私が日本語を勉強しているから「ザーザー」ということがまだわかるけど，他の擬態語などはわからないときもある。
7 表現を分解する	(+) カタカナの言葉を分けて説明するとすごくわかりやすい。分けるということは大切だと思います。
8 表現を使った例文を示す	(-) 使えるためにはとても大切だと思いますから，例文を出してくれたらよかった。
9 他の表現と比較する	(+) 似ている言葉を対比的に説明すると，もっと深く理解できます。
10 複数の方法を組み合わせる	(+) 説明のしかたはいろいろありますね。言葉からもありますし，全体的の意味もありますし，どんなときに使うかもありますし，固定的な説明のしかたじゃなくて，いろいろな説明の方法があった方がいいです。
11 全体から始めて部分に移行する	(+) 場面とか全体的に（説明してから）言葉を説明するといいと思います。
12 前述との関連を示す	(+) 前に説明してわかったものを使った方がいいと思います。

　非母語話者からは，母語話者の「説明」の方法についてさまざまな指摘があった。「1 具体的なイメージがわくような事例を示す」には非母語話者全員から特に多くの指摘があり，「説明」を行う際に抽象的な表現を具体化することが効果的であることがうかがえる。また，「2 表現を言い換える」ことによって理解が促進されることも指摘された。

「3 表現を翻訳する」に関しては，その効果だけでなく逆効果も述べられた。「4 絵を示す」，「5 文字を示す」は音声以外の説明の方法としての有効性が，「6 擬音語・擬態語を使う」は日本語特有の表現であるとして，その難解さと適切な説明の必要性が指摘された。「7 表現を分解する」では，長い表現を分解してから説明することによって理解が促進されることが示された。

さらに，「8 表現を使った例文を示す」や，説明対象の表現を「9 他の表現と比較する」という方法を使って説明することは，単に意味の理解にとどまらず，自分がその表現を使えるようになるために必要であり，それらの方法を用いることに対する期待が述べられた。

また，「10 複数の方法を組み合わせる」，「11 全体から始めて部分に移行する」，「12 前述との関連を示す」に関して，説明を行う際には逐語的な言い換えや説明だけでなく，談話構成に関する大局的視点や複眼的視点が重要であることが指摘された。

以上のように，非母語話者は母語話者の「説明」をさまざまな点から評価していることがわかる。その他のカテゴリーに比べ，多くのサブカテゴリーが抽出されたことから，非母語話者は「説明」の方法にかなり注意を払っていることがうかがえる。

4.2 カテゴリー 2：「説明」の程度

「説明」の程度については，以下の 2 つのサブカテゴリーが抽出された。表 4 に示す。

表 4　カテゴリー 2：「説明」の程度

サブカテゴリー	断片
1 説明の量	(+) 徹底的に説明してくれますので，本当にありがたいです。 (-) 説明がちょっと少ない。それはよくないと思う。
2 説明の詳しさ	(+) 言葉の説明だけではなく，この言葉の表すプロセスも説明しようとした。

まず「1 説明の量」では，理解度とは別に，説明が時間をかけて行われているかどうかについて指摘があった。また，「2 説明の詳しさ」では，単なる表現の意味理解にとどまらず，より深く理解するためには，その表現の由来や文化的背景まで説明することが必要であると指摘された。

以上のことから，非母語話者は母語話者の「説明」を評価する際に，「説

明」の方法だけでなく，時間をかけて説明が行われているか，また，表現に関する周辺情報の有無についても意識を向けているといえる。

4.3 カテゴリー3：非言語行動・パラ言語

非言語行動・パラ言語については，以下の3つのサブカテゴリーが抽出された。表5に示す。

表5　カテゴリー3：非言語行動・パラ言語

	サブカテゴリー	断片
1	ジェスチャー	(+) たくさんジェスチャーを使っていた。ほんとに一番大きなことじゃないか。日本人はそんなにたくさんのジェスチャーを使わないから，私がわかるように色んなジェスチャーをしてくれた。ほんとにわかりやすくなる。
2	アイコンタクト	(+) いつも私の顔をよく見て。もし何かわからなかったら，すぐ対応できますね。
3	スピード	(+) すごくゆっくり話してくれた。 (-) 話すスピードがちょっと速い。よく聞き取れなかったことがあった。

非言語情報では「1ジェスチャー」，「2アイコンタクト」，パラ言語情報では「3スピード」の有効性が指摘された。これらのことから，非母語話者は母語話者の用いる非言語行動・パラ言語にも注意を払っていることがわかる。

4.4 カテゴリー4：非母語話者への対応

非母語話者への対応について，以下の3つのサブカテゴリーが抽出された。表6に示す。

表6　カテゴリー4：非母語話者への対応

	サブカテゴリー	断片
1	不理解への対応	(+) もし私がわからない言葉とかわからないことがあったら，○○さんもよく対応できました。 (-) 私は質問しました。でも，よく説明しなかった。
2	理解確認	(+) 確認する質問とかとてもいい。説明する言葉を説明するのにとてもいいと思います。
3	気配り	(+) 気持ちいいです。いつも私のことを気にしてます。

「1不理解への対応」では，非母語話者が不理解を言語的・非言語的に示した際の対応について述べられた。「2理解確認」では，母語話者が非母語話者に明示的に理解を確認する行為の有効性が示された。さらに，言語的には明確に示されないものの，非母語話者が理解しているかどうかに対する「3気配り」についても指摘された。このことから，母語話者が非母語話者に適切に対応しているかどうかも非母語話者の評価の観点となっているといえる。

4.5 カテゴリー5：会話への参加態度

母語話者の会話への参加態度について，以下の5つのサブカテゴリーが抽出された。表7に示す。

表7　カテゴリー5：会話への参加態度

	サブカテゴリー	断片
1	先生らしさ	（+）やっぱり日本語の先生ですね。○○さんの方がわかりやすかった。 （-）いっぱい話して。ちょっと長すぎて面倒くさい感じがちょっと出る。先生みたい。
2	距離感	（-）3番目の方はたぶん優しすぎるという感じがあって，ちょっと礼儀とか距離感があって。でも私はそんな感じがあまり好きじゃないので。
3	自信	（+）○○さんの方が自信があった。 （-）彼女が心配してるから，あまりうまくできなかった。
4	努力	（+）医学の言葉だったけど，そんな難しい言葉でも（説明を）よく頑張りました。
5	意欲	（+）感情も持ってお話をやっていました。 （-）言葉を説明するとき，ちょっと受身みたいな感じ。あんまり説明しなかったです。

会話への参加態度について，「1先生らしさ」に対する肯定的評価と否定的評価が示された。「2距離感」については，それぞれが親しみを感じるタイプが示された。また，「3自信」，「4努力」，「5意欲」についても，それらの項目が感じられたかどうかについての指摘があった。これらのことから，非母語話者は，母語話者が会話にどのような態度で臨んでいるかにも注意を向けているといえよう。

4.6 母語話者の「説明」に対する評価と評価の対象

分析の結果をまとめると，表 8 のようになる。「評価の対象」は，フォローアップインタビューで言及された言語行動や非言語行動のカテゴリーを，「評価語」は，評価の対象にどのような表現で評価が付与されたかを示す。なお，評価語には肯定的評価も否定的評価も含まれる。

表 8　母語話者の「説明」に対する評価と評価の対象

評価の対象			評価語
「説明」の方法	1	具体的なイメージがわくような事例を示す	わかりやすい／わかりにくい／簡単／上手／効果的／いい／よくない／あいまい／正しくない／イメージできない／役に立たない／具体的な／抽象的な
	2	表現を言い換える	
	3	表現を翻訳する	
	4	絵を示す	
	5	文字を示す	
	6	擬音語・擬態語を使う	
	7	表現を分解する	
	8	表現を使った例文を示す	
	9	他の表現と比較する	
	10	複数の方法を組み合わせる	
	11	全体から始めて部分に移行する	
	12	前述との関連を示す	
「説明」の程度	1	説明の量	詳しい／徹底的な／いい／よくない
	2	説明の詳しさ	
非言語行動・パラ言語	1	ジェスチャー	わかりやすい／いい／
	2	アイコンタクト	
	3	スピード	
非母語話者への対応	1	不理解への対応	わかりにくい／自然な／いい／嫌な
	2	理解確認	
	3	気配り	
会話への参加態度	1	先生らしさ	丁寧／先生っぽい／先生っぽくない／自信のある／頑張った／友だちになれそう／礼儀正しい／距離／受身
	2	距離感	
	3	自信	
	4	努力	
	5	意欲	

5.「わかる」の段階性

非母語話者へのフォローアップインタビューからは，母語話者の「説明」に対する評価と評価の対象だけでなく，「わかる」とはどのような状態かについてのコメントも得られた。表9に断片例を示す。

表9　理解の程度

断片
意味だけ，言葉の意味だけわかったけど，あ，この言葉の使い方が実際には使えないので，実際，本当のわかるとは言えないじゃないんですか。
わかると理解の違いはあんまりわからないんですけど，でも理解はもっと深いもの。
場面によって，言葉によって，自分の目的によって，わかるっていうこと，理解が違う。自分の質問も違うと思います。

表9の断片例から，非母語話者が母語話者から「説明」を受ける際，「わかる」は一様ではなく段階があり，それぞれの段階で評価の対象が異なり，それはどのような目的で対象を理解したいかによることがわかる。

さらに，非母語話者は，単純な意味理解を求める場面では言い換えや翻訳などで短時間に問題を解決したいとする一方，対象を理解して自分も使えるようになるためには，その対象の文化的背景や表現の由来などまで説明してほしいと述べていた。これらのことから，母語話者が非母語話者に対して説明を行う場合，非母語話者が何を目的としてその説明を要求しているのかを把握し，その目的に応じた説明を行うか否かが，非母語話者からの評価を左右すると考えられる。

6. まとめと今後の課題

本章の目的は，非母語話者に母語話者が情報を伝達する「説明」について，非母語話者がどのような観点から母語話者の「説明」を評価しているかを分析し，非母語話者が母語話者の「説明」を評価する際の観点を抽出することであった。

そこで，会話参加当事者としての非母語話者のフォローアップインタビューを対象に，非母語話者がどのような観点から母語話者の「説明」を評価しているかを分析した結果，非母語話者は母語話者の「説明」について，「評価の対象」(言語行動・非言語行動)への言及とその「評価の対象」に対する「評価」を行っていた。さらに，「「わかる」の段階性」も指摘され，何を目的に「説

明」を聞くかによって，評価の対象も異なることがわかった．

　今回の分析結果については，「評価の対象」及びサブカテゴリーの分類と評価の表現（「評価語」）が，他の非母語話者が母語話者の「説明」を評価する際の評価の観点として妥当か否かを検証する必要がある．非母語話者の「説明」に対する評価の観点が明らかになれば，非母語話者にとってのよりよい「説明」とは何かを探ることが可能になるからである．その検証を元に，非母語話者が母語話者の「説明」をどのように評価するかを大規模に調査し，母語話者の「説明」を測る評価尺度を策定することを直近の課題としたい．そのうえで，対面のコミュニケーションにおいて非母語話者にとって真に「わかりやすい説明」を明らかにすることが今後の課題である．

［付記］本研究は，平成 26～28 年度文部省科学研究費（若手研究(B)研究課題番号：26770178）「地方自治体の窓口における外国人対応支援のための研究」（研究代表者：柳田直美）の助成を受けている．

参考文献

庵功雄(2013)「「やさしい日本語」とは何か」庵功雄・イヨンスク・森篤嗣(編)『「やさしい日本語」は何を目指すか』ココ出版，3-13．
坂本正・小塚操・架谷眞知子・児崎秋江・稲葉みどり・原田千恵子(1989)「「日本語のフォリナー・トーク」に対する日本語学習者の反応」『日本語教育』69, 121-146．
志村明彦(1989)「日本語の Foreigner Talk と日本語教育」『日本語教育』68, 204-215．
スクータリデス，アリーナ(1981)「日本語におけるフォリナー・トーク」『日本語教育』45, 53-62．
弘前大学人文学部社会言語学研究室(2006)『「やさしい日本語」の有効性と安全性　検証実験　解説書―みんなで減災 2005 in ひろさき：災害情報を「やさしい日本語」で―』<http://human.cc.hirosaki-u.ac.jp/kokugo/kaisetsusyohtml/kai-mokuji.html>（2015 年 11 月 18 日）
増井展子(2005)「接触経験によって日本語母語話者の修復的調整に生じる変化―共生言語学習の視点から―」『筑波大学地域研究』25, 1-17．
松田陽子・前田理佳子・佐藤和之(2000)「災害時の外国人に対する情報提供のための日本語表現とその有効性に関する試論」『日本語科学』7, 145-159．
村上かおり(1997)「日本語母語話者の「意味交渉」に非母語話者との接触経験が及ぼす影響―母語話者と非母語話者とのインターアクションにおいて―」『世界の日本語教育』7, 137-155．
森本郁代・水上悦雄・鈴木佳奈・大塚裕子・井佐原均(2006)「グループ・ディスカッションの相互行為過程の評価と分析のための指標―フォーカス・グループ・インタビューデータの分析から―」『ヒューマンインターフェース学会論文誌』8(1), 117-128．
柳田直美(2015)『接触場面における母語話者のコミュニケーション方略―情報やりとり方略の学習に着目して―』ココ出版
渡部倫子(2003)「日本語学習者の発話に対する日本語母語話者の評価―評価尺度開発の試み―」『広島大学大学院教育学研究科紀要』2(52), 175-183．
Ferguson, C. (1981) 'Foeringer Talk' as the name of a simplified register. *International Journal of the Sociology of Language*, 28, 9-18.

▷ コメンテータ(阿部新)からのコメント ◁

　柳田さんの論文は，日本語非母語話者が日本語母語話者の調整された発話をどのように評価しているのか，その評価の観点を明らかにしています。非母語話者の日本語を評価することが多いであろう母語話者が，非母語話者による評価の対象となっており，評価の多様なあり方の一端が示され，大変興味深い論文になっています。結果として，非母語話者による評価の観点が5つ示されました。非母語話者とコミュニケーションをとるすべての母語話者が知っておくべき評価の実態といえるでしょう。

　さて，コメンテータから筆者の柳田さんへ質問があります。今回，非母語話者の評価の観点が明らかになり，今後，非母語話者による評価尺度が開発されるものと思われますが，非母語話者による評価の結果は母語話者にフィードバックされるのでしょうか。されるとしたら，どのように行われ，どのように利用されるのでしょうか。さらに，非母語話者による評価結果に対する母語話者の反応(評価)はどのようなものになるとお考えですか。「評価は双方向的なもの」という考え方に立つと大変興味深く思いますので，今後の展望をぜひお聞かせください。

▶ 執筆者(柳田直美)からの回答 ◀

　素敵な「評価」をありがとうございます。まず，母語話者へのフィードバックについてですが，現在，地域の外国人支援に当たるボランティアの方たちに対するやさしい日本語研修で，本研究で得られた結果を紹介しています。また，今後は仕事で外国人と関わる方たち向けに，外国人とのコミュニケーション支援プログラムを開発することを計画しています。

　次に，母語話者の反応ですが，上述したやさしい日本語研修では，5つの観点のうち，「非母語話者への対応」と「会話への参加態度」に対して，興味深い反応が得られました。最初，やさしい日本語に言い換えるのは難しいとおっしゃっていた研修参加者に「外国人は，日本語のわかりやすさだけでなく，一生懸命会話に参加しているか，うまく対応してくれるかも重視していますよ」と伝えたところ，母語場面・接触場面に関係なく，会話をする際に大事なことは何かを考える機会にしていただけたようでした。

　このようなことから，本研究は，会話をする際の基本的な姿勢の重要性や，書き言葉には現れにくい会話ならではの視点，そしてやさしい日本語会話への示唆を示すことができたのではないかと思っています。

第18章 講義における一般語の語義説明に対する日本語学習者の評価
理工系専門講義における「わかりやすい日本語」を探る

俵山 雄司

1. はじめに

　近年,大学に優秀な留学生を呼び込む目的で,英語講義のみで学位が取得できるコースの充実が図られてきた。東京工業大学国際室・留学生センター・教育工学開発センター(2002)の調査結果からも,英語講義は留学生を引き付ける魅力となり得ることがわかる。他方で,このようなコースを開設し,維持していくためには,教職員の英語能力向上(あるいは新規採用)や,日本語力の乏しい留学生への生活・学習支援体制などに,相当のコストや手間がかかるという課題もある。また,コースの目的・体制とも関わってくるが,そのコースに在籍する留学生が,他の日本人学生などの日本人や日本社会と隔絶されてしまう可能性がある点も見過ごせない。

　上述のコストや手間を軽減し,日本人学生との接触機会も保持できる方法の1つとして,「わかりやすい日本語」による専門講義の提供がある。これは,つまり,「日本語能力が十分でない留学生でも理解可能な程度に,難しい表現をやさしい表現に言い換えながら専門分野の講義をする」ということである。そのためにも,大学の専門教員が実現可能な「わかりやすい日本語」での講義の方法を検討する必要がある。

　筆者は,俵山(2013)で,ケーススタディとして実際に講義で用いられる「専門用語の説明」を基にした調査を行い,その結果から留学生にとってわかりやすい「専門用語の説明」の方法について提案した。ここでデータとした講義には,「専門用語の説明」に類似したもので,留学生向けの「一般語の語義説明」も出現していた。

　本章では,この「一般語の語義説明」に焦点を当てた分析を行う。まず,**2.** で俵山(2013)の調査結果に触れながら,本研究の位置付けについて述べた後,**3.** と **4.** で「一般語の語義説明」について行った2つの調査結果を報告す

る。**5.** では，調査結果をまとめ，また，本研究の意義と今後の課題について述べる。

2. 本研究の位置付け

「わかりやすい日本語」による講義提供を検討する上で，従来のフォリナートーク（以下 FT）に関する研究が参考になる。FT は，ある言語の母語話者が，その言語の習得途中にある外国人と話す際の言葉変種を指す。例えば，ロング(1992)は，談話データを基に，語彙面・文法面・音声面・談話面における「対外国人行動」の特徴を整理している。講義という場面の FT については，講義における語彙の修正パターンについて分析した池田(1998)がある。ここでは，ある記事の内容についての仮想講義において，「繰り返し型・言い換え型」「意訳型・拡大型」「説明型」「例示型」「回避型」の5種が見られたという。これは，教員が講義で行い得る FT の事例として解釈できる[1]。一方で，厳密に言えば，このような送り手側（教員）の配慮が，受け手側（日本語学習者）の「わかりやすい」という反応につながるかどうかは別に検証する必要がある。

この受け手側の考える「わかりやすさ」を考える上で参考となる研究に，坂本ほか(1989)がある。ここでは，様々な日本語レベルの学習者に，実験的に作成した普通の話し方の日本語と，それに対する FT（初級レベル向け）とを聞かせ，それぞれの好感度を尋ねた結果，日本語能力の低い学習者ほど FT に対する好感度が高まったと報告されている。

先に触れた俵山(2013)も，この手法を参考に受け手側にとっての「わかりやすさ」を探っている。具体的には，専門教員が実際に留学生対象の講義中で使用した「専門用語の説明」の表現を抽出し，これを基に作成した複数の「専門用語の説明」を日本語学習者に提示した。それぞれの「わかりやすさ」について評価をしてもらった結果，「提題型」「質問型」「挿入型」「後置型」の4タイプのうち前2者が，学習者の日本語レベルに関わらず，高い評価を得た。

本章の分析は俵山(2013)の手法を踏襲するものである。しかし，「専門用語の説明」と，本章で分析対象となる「一般語の語義説明」とでは，FT としての位置付けが異なると考える。以下に，実際のデータからそれぞれの例を1つ

---

[1] 講義で教師が用いる簡略化された言語変種については，「ティーチャートーク」という名称が用いられることもある。しかし，Chaudron(1988)の分析のように，この語は第二言語学習を目的とした場面について言及する際の使用が一般的であるため，本章では，より包括的な「フォリナートーク」の語を用いている。

ずつ示す。

(1) 仕事率っていうのは，1秒当たりどれぐらいの力，あの，仕事をするかだよね。　　　　　　　　　　　　　　　　　　　　　　　　　（講義B）
(2) 直接って言葉，みんな知ってるよね。ね。他のもの，他のものを使わないで測ってしまう。　　　　　　　　　　　　　　　　　　　　（講義B）

　前者では専門用語の「仕事率」，後者では一般語の「直接」という言葉の意味を，教員が説明している。前者の知識は，講義を聴く上で前提となってはおらず，日本語母語話者であっても知っているとは限らない。一方で，後者の知識は，この講義の内容の理解が期待される年齢・立場の日本語母語話者であれば，当然有していると期待されるものである。
　その意味で，「専門用語の説明」については，説明が行われるのは講義の進行上要請されるもので，FTではない。しかし，この説明に，聞き手である留学生の日本語能力や日本に関する知識を考慮した表現や談話構造上の調整が加われば，それはFTとなる。それに対して，「一般語の語義説明」は，聞き手が日本語母語話者であればおそらく生起しないものであり，行為を行うこと自体がFTであると言える。ただ，その説明内容は，日本語母語話者向けの国語辞書の語釈の記述のようなものではなく，その表現や談話構成に対して，留学生の日本語能力・日本に関する知識を考慮した調整がなされることが予想できる。すなわち，「一般語の語義説明」は，FTが二層に構造化されたものであると捉えられる。
　本章が調査・分析対象とするのは，上記のうち，「一般語の語義説明」における表現や談話構成に対しての調整である。

3. 講義における一般語の語義説明の実態
3.1 データとなる講義
　まず，機械工学分野の教員による大学院留学生向けのオムニバス講義(90分)2種をデータとして，「一般語の語義説明」の使用実態を調査した。このデータは，俵山(2013)で用いたものと同一のものである。講義内容は，学部レベルの工学系の1分野(トピック)について，配布資料とパワーポイントを用いて，基礎的な概念を解説するもので，授業の後半は30分程度の問題演習の時間を含んでいる。それぞれの講義の情報を以下に示す。

講義 A
　　名称：機械加工の基礎
　　担当教員：大学教員(40代男性)
講義 B
　　名称：計測法
　　担当教員：大学教員(30代男性)

　講義 A・B の担当者ともに，大学の授業や研究指導で，日本語学習者に日常的に接触している。

　受講者は，日本の大学に所属している留学生10名(修士8名・博士2名)で国籍の内訳は，中国8名，タイ・ベトナム各1名であった。日本語レベルは，上級(JLPTのN2合格以上)4名，中級6名である。

　参加学生の約半数は，日本語能力が中級レベルであり，講義の聞き取りに困難を抱えることが予想された。そのため，担当教員には，筆者から「講義でお話しになる際のコツ」として，「できるだけ短い文を使う」「簡単な語にできるだけ言い換える」「オノマトペは，できるだけ使わない」の3点について，具体例とともに，書面で伝えていた。

3.2 講義で使用された一般語の語義説明

　調査において，まず，講義 A・B から「一般語の語義説明」と筆者が認定したものを抽出した。ここでの，「一般語の語義説明」とは，ある語 X について，日本語母語話者が対象であれば行わないと想定される説明内容 Y が加えられているものである。例えば，以下のようなものである(囲みは説明対象の語，下線は語義の説明部分を表す)。

(3)　公園にシーソーってあるよね。シーソーってわかる？　シーソーって公園にこういうおもちゃがある。子どもが棒の両側に乗ってさ，どっちが重いかって，おもちゃがあるよね。
　　　　　　　　　　　　　　　　　　　　　　　　　　　　　　　(講義 B)

(4)　みんなのいつもの生活で，どんな時に測るってことをしているかっていうと，みんな，体重を量ったりしますよね。自分自身の重さ。ちょっとお正月に食べすぎちゃって，いま太ってるんです，僕。ちょっと70キロを超えちゃって，(中略)やばいかなって状態なんですけど，そういう風に体重を量る。
　　　　　　　　　　　　　　　　　　　　　　　　　　　　　　　(講義 B)

上記2例はいずれも，この講義の内容の理解が期待される年齢・立場の日本語母語話者であれば，囲み部分の意味についての語義説明（下線部）は講義の進行上，特に必要とされないものだと思われる。

データ中には，以下の(5)のように，ある語Xは一般語と解釈されるが，その語義説明が，日本語母語話者に対しても講義の進行上必要であると解釈される例も観察された。

(5) 標準っていうのは，この単位を決定するための方法や装置のことです。
（講義B）

ここでの「標準」に対する語義説明の内容は，一般的な国語辞書には掲載されていないか，下位のブランチとして掲載されているものである。このような例は，「専門用語の説明」として扱い，今回の調査対象には入れない。

上記の基準により抽出した「一般語の語義説明」を講義別にまとめる（表1・2）。表1・2において，各表現を，「一般語→語義説明」（X→Y）の順なのか，「語義説明→一般語」（Y→X）の順なのかで二分した。各表現類の見出しの表現は，出現したものの中で最も基本的な形だと筆者が判断したものである。〈　〉の中に出現数を示す。

表1　講義Aの「一般語の語義説明」の表現

情報順	表現
X→Y 〈2〉	①「Xわかりますか？Y」類〈1〉 ②「Xと呼ばれるY」類〈1〉

※情報順Y→Xの例は観察されなかった。

表2　講義Bの「一般語の語義説明」の表現

情報順	表現
X→Y 〈32〉	①「Xってわかる？Y」類〈25〉 （「Xってわかるよね？Y」「Xってわかりますか？Y」「Xってわかりますよね？Y」「Xって言葉，みんな知ってるよね？Y」「Xってわかる人，いますか？Y」「Xって知ってる？Y」含む） ②「X，Y」類〈7〉
Y→X 〈1〉	③「Y，X」類〈1〉

以下に，講義Aの①②，講義Bの①②③の具体例を一例ずつ挙げる。

(6) 粘土わかりますか。粘土，あのー土ですね。　　　（講義A①の例）
(7) 薄い鉄の板を金型と呼ばれるえー，ま，金型と呼ばれるま，何ていうか，ある形をした工具の間に挟むんだよね。　　　（講義A②の例）
(8) 比較ってわかるよね。比べるってことだよね。　　　（講義B①の例）
(9) こっから下はデメリット，気を付けなくてはいけないところです。
　　　　　　　　　　　　　　　　　　　　　　　　　（講義B②の例）
(10) 測る方法，計測法について勉強していきます，ね[2]。　（講義B③の例）

　表1・2を見ると，講義Aでの「一般語の語義説明」は2例で，両方とも情報の提示順はX→Yであった。それに対して，講義Bでは33例が観察された。情報の提示順としては，全33例中の32例がX→Yであり，Y→Xは1例のみである[3]。全体の数が少ないこともあるが，講義A・Bに共通して用いられている表現は「Xってわかる？Y」類（ただし，講義Aでは，「Xわかりますか？Y」の形）のみである。
　ここでは，表1・2に示したものを「専門教員が実行可能なわかりやすい説明の方法」と仮定し，次に述べる調査の基礎データとして用いることにする。

4. 一般語の語義説明に対する日本語学習者の評価の調査
4.1 調査方法
　ここでは，前節での調査結果を基に，ある一般語（わいろ）に対して，表現や談話構成が少しずつ異なる3種の説明を行っているビデオを作成し，それらに対する日本語学習者の評価から，一般語の説明の方法として，どのようなものが「わかりやすいという印象」を与えるのかについて探る。今回，説明対象語として「わいろ」を選んだのは，多くの大学で開講されている技術者倫理の

---

[2] 前にある「測る方法」ではなく，後ろにある「計測法」をXとした理由は，①受講者の手元にある資料にタイトルとして「計測法」と入っていること，②少し前の教員の発話に「計測」という言葉の意味を尋ねている部分があり，(10)がその話題のまとまりの最後に出現していることからである。

[3] 出現した表現を時間帯別に見ると，講義前半に出現が集中している。開始から10分までに，講義Aでは全2例が，講義Bでは全33例中17例が出現している。この理由として，「冒頭は教員のFTの意識が高く，時間経過に従って，その意識が薄れていく」「学習者の日本語レベルが把握できないため，冒頭でFTを多くして様子をうかがっている」などが推測される。

講義で取り扱われる可能性があること，教員役(筆者)が十分にその意味を理解できるという理由である．

ビデオ中の説明の内容は，筆者が，調査協力者にとっての理解しやすさを念頭において独自に作成した．ビデオは教員役の男性(筆者)が，「わいろ」と書かれたホワイトボードを背に，言葉の説明を行っているもので，話し方は，専門講義として不自然ではない程度に，スピード・ポーズ・発音の面で以下のような調整を加えている．

スピード：全体的に少しスピードを落とす．
ポーズ：いわゆる「文」の境界では，少し長めにとる．
発音：口をはっきりと動かして発話する．

ただし，上記は，いずれも先に見たデータ中の，専門教員の発話で観察されたものと同程度の調整になるようにしている．

次に，3種のビデオの発話スクリプトを示す．ⅠとⅡは講義A・Bの両者で観察された，質問表現を含む「XわかりますかⅠ?Y」(「Xわかる?Y」)類を参考に，Ⅲは講義Bで一定数が観察された「X, Y」類を参考に作成したものである．

Ⅰ 質問型A (質問→具体例→要点)
　エンジニアが気を付けるべきことの1つに，わいろがあります．わいろって知ってますか? 例えば，ある工場の責任者が，新しい機械を買おうと思っています．それに対して，A社とB社が機械を売りにきました．A社の機械のほうが性能が良くて安いです．でも，B社は，自分の会社の機械を買ってほしいので，責任者に個人的にお金とか物をあげました．それで，責任者はB社から買うことにしました．つまり，これは，本当はもらってはいけないお金です．

Ⅱ 質問型B (質問→要点→具体例)
　エンジニアが気を付けるべきことの1つに，わいろがあります．わいろって知ってますか? これは，本当はもらってはいけないお金です．例えば，ある工場の責任者が，新しい機械を買おうと思っています．それに対して，A社とB社が機械を売りにきました．A社の機械のほうが性

能が良くて安いです。でも，B社は，自分の会社の機械を買ってほしいので，責任者に個人的にお金とか物をあげました。それで，責任者はB社から買うことにしました。

Ⅲ 連続型（対象語→具体例→要点）
　エンジニアは気を付けなければいけないことがいくつかあります。1つは，わいろです。わいろ，例えば，ある工場の責任者が，新しい機械を買おうと思っています。それに対して，A社とB社が機械を売りにきました。A社の機械のほうが性能が良くて安いです。でも，B社は，自分の会社の機械を買ってほしいので，責任者に個人的にお金とか物をあげました。それで，責任者はB社から買うことにしました。つまり，これは，本当はもらってはいけないお金です。

　実際の講義中の語義説明は，上記のように長いものはさほど多くなく，以下のように短いものが多い。

(11)　このメモリの間を目測で読みます。目測ってわかる？　まあ「だいたいで」という意味です。

　しかし，説明部分が短い場合，集中して聞き取っていたかどうかに左右される部分が多く，表現や談話構成の違いによる影響を検証するのには適していないと思われる。そのため，上記のスクリプトは，いずれも，説明部分がある程度の長さを持つようにしている。
　ⅠとⅡの質問型は，質問表現に続く説明の順を変えた2種を用意した。質問型Aは「要点→具体例」の順，質問型Bは「具体例→要点」の順である。質問型Aは，講義データの中で観察された構造である。質問型Bは，実際のデータでは，「要点」がなく「具体例」のみの形で出現したものである。ただ，これと質問型Aとを比較する場合，「要点」がないことで，情報量に大きな違いが生まれてしまうため，「要点」を最後に補っている。連続型は，データ中に出現したもので，実際に出現したものを基に，説明は「具体例→要点」の順のみとした。

4.2 調査協力者

調査協力者は，同じ大学に属する中国人日本語学習者12名である。6名は中級前半(筆者の所属大学のプレイスメントテストと面談で判断)，あとの6名は上級(過去のプレイスメントテストで判断，JLPTのN1あるいは旧1級合格済み)である。12名全員が現役の修士学生であり，日本人教員による専門講義を少なくとも半年以上受講した経験を持っている。

4.3 調査の具体的手順

調査は，以下の手順・方法で行った。

(1) 調査用紙を配布(被験者は指示文を読む)
(2) 3つのビデオを2回ずつ視聴(メモ可)
　　※被験者によって視聴の順番は変える。1つ見終わるごとに止め，次に行ってよいか確認。
(3) ビデオ視聴の途中で(または視聴後)評価記入
　　※「5(大変わかりやすい)」「4(わかりやすい)」「3(普通)」「2(わかりにくい)」「1(大変わかりにくい)」のいずれかに印を付ける。
(4) 被験者による「わいろ」の意味の説明
　　※口頭で行う。
(5) 被験者に対するフォローアップインタビュー
　　※評価の理由や気づいたことを尋ねる。
(6) 普段の講義の理解についてのアンケート

なお，被験者のうち中級学習者に対しては，ビデオ視聴以外のすべての手順において，中国語の翻訳及び通訳を付けた。

4.4 調査結果

以下では，被験者の日本語レベル別に結果を見る。それぞれの結果では，まず，「わいろ」の意味の理解(ビデオ視聴後の被験者による「わいろ」の意味の口頭説明により判断)を確認した後，3つの説明の型に対する「わかりやすさ」の印象評価を示す。

まず，中級学習者(被験者A～F)の結果を見る。「わいろ」の意味の理解については，被験者Cは，中国語で「ある責任者がプロジェクトを立ち上げる

ので，A社とB社に機械を買いに行った。A社のほうがコストパフォーマンスがよかったけど，B社は商品を売るために，わいろとしてお金を責任者に渡した。それで，彼らはB社の商品を買った」と述べており，「わいろ」の意味を理解したと判断された。被験者A・E・Fについては，聞き取った単語を2～3個挙げるのみであった。被験者B・Dは，それぞれ中国語で「A工場とB工場を比較して，どちらがより安い，そうしやすいかについてそれぞれの理由を言った」，「B社は自分の内部の会社，つまり認証した会社で買い物する。会社双方で，買ったり，買ってもらったりする方式」と述べたことから，説明を誤って理解したと判断した。すなわち，ビデオ視聴により「わいろ」の意味を理解したと判断されたのはCだけであった[4]。

次に，3つの説明の型に対して被験者が行った評価の結果について，以下の表3に示す。

表3　被験者(中級学習者)の評価結果

	Ⅰ質問型A	Ⅱ質問型B	Ⅲ連続型
A	4	5	5
B	3	4	2
C	5	5	5
D	3	4	3
E	3	4	5
F	4	3	2
平均	3.7	4.2	3.7
SD	0.75	0.69	1.37

(平均値は小数点以下第3位，SDは第4位を四捨五入)

表3を見ると，質問型Bは，平均が4.2と最も高い上に，ばらつきも少なく，全体的に高評価だと言える。質問型Aと連続型は，いずれも平均は3.7であるが，連続型は評価点の範囲が5点から2点と広くなっており，ばらつきも大きい。

質問型Bについてさらに詳しく見ると，被験者個人内での最高評価(同点で並ぶものがある場合を含む)が与えられている場合が4名と多い。このうち2名が，その理由を「質問」という表現，あるいは「質問を投げかけ，それに対

---

[4] 説明の型に対する評価は，「わいろ」の意味を理解できたC以外の被験者も行っている。しかも，表3からわかる通り，それぞれの型についての印象は異なっている。これは，たとえ説明の内容自体は理解できなくとも，表現や談話構成次第で，「わかりやすい」という印象は向上するということを示唆している。

して自ら答えることでどの語に焦点を当てているかを際立たせる」という談話構成と関連付けており，Bは「質問の方法を使った」，Dが「途中で質問があります。そして，中心が何か，注意が必要かわかる」と述べている。

では，質問型Bに最高評価を与えなかった2名(E・F)は，いかなる基準で評価をしていたのか。まず，Eは，連続型を最も高く評価しているが，「最初のところに二種類の手段があるみたいだから」と述べるなど，その理由はスクリプトの内容を反映しているものではなかった。一方のFは，質問型Aを最も高く評価している。理由としては，＜テーマ→例を挙げての説明→「つまり」を伴った要点＞という構成について言及し，かつ，質問型Bの最後に要点がないことも触れるなど，要点の出現位置が評価に影響を与えていたことがわかる。

中級学習者群において，各説明における表現や構成の異なりへの気づきに言及したものは，上記で触れた3名(B・D・F)であった。他の3名(A・C・E)は，特定の基準についての言及はなく，感覚的な印象に基づき評価を行っていた。

次に，上級学習者群の結果を見る。「わいろ」の意味の理解については，全員が口頭で質・量ともに十分な説明ができており，完全に理解できたと判断した。なお，そのうち1名は，調査用紙の指示文を見た時点で，「わいろ」の意味を理解していた[5]。

次に，3つの説明の型に対して被験者が行った評価の結果について，以下の表4に示す。

表4　被験者(上級学習者)の評価結果

	Ⅰ質問型A	Ⅱ質問型B	Ⅲ連続型
G	4	4	3
H	3	4	3
I	4	5	4
J	5	4	3
K	4	3	5
L	5	4	5
平均	4.2	4	3.8
SD	0.69	0.58	0.9

(平均値は小数点以下第3位，SDは第4位を四捨五入)

---

[5] この1名は，表4中のHである。指示文を見た時点で「わいろ」の意味を理解していたことから，Hは他の被験者とは異なる視点から評価を行っていたと言える。

表6を見ると，最も評価が高い型は質問型 A で，次いで，質問型 B，連続型の順となっている。しかし，平均点の差は，中級学習者群ほど大きくない。ばらつきは，いずれも1.0以下であるが，質問型 B が特に，ばらつきが少ない。

　質問型 A と質問型 B は，いずれも評価が4点以上と高いが，G 以外は，両者の評価点に差が見られる。この差は，「要点」を述べる順（説明の構成）に対する各人の好みを反映している。実際，両者を等しく4点と評価した G 以外の全員に，「要点」の位置についての言及がある。例えば，質問型 A を高く評価した J は「最初は，技術者として，やらなければならないことの1つとして強調して，そして，あの，わいろという言葉の実例を挙げて，最後，やるべきではないことを，最後，まとめています」と「要点」を含む構成について日本語で詳細に解説している。また，質問型 B を高く評価した H は「もらってはいけないお金です，ということを最初に言ってくれたので，その後の説明がわかりやすかったという感じですね」（日本語での語り）と内容とその叙述上の位置を明確に関連付けて述べている。なお，評価の理由についてのインタビューでは，G を含む全員が説明の構造について比較的詳細に言及していた。

　一方で，「質問」という表現自体への言及は1名（K）のみで，また，触れ方も比較的軽い。具体的には，K は質問型 B について「最初の質問はよかったと思いますが（以下略）」（日本語での語り）と構造の説明の前提として触れている。この扱いの異なりの理由として，上級学習者は，最初該当の語を提示する表現形式が「質問」か名詞（あるいはフレーズ）そのままかによって，その後の説明の理解が影響されるようなレベルを超えているということが推測される。

　一方，評価の平均が最も低い連続型であっても，K・L は，最高評価の5点を付けていることが目を引く。K は，説明の最初の文の中に未知語である「わいろ」が入っている質問型 A・質問型 B より，「わいろ」がどんなカテゴリー（K の用語では「領域」）に入る語なのかについて最初に1文で言い切っている連続型を評価している。L は，「1つは，わいろです。わいろ」と，対象語を連呼したことが，わかりやすかったとしている。

　以上のように，上級学習者群では，被験者全員が，自らの評価理由を明白に述べることができていたことが特徴的であった。

　中級と上級を照らし合わせると，中級では質問型 B，上級では質問型 A と質問型 B が高評価（平均4点以上）である。また，質問型 A と質問型 B は，中級・上級の両者で2点以下がなく，ばらつきも比較的少ない。そのため，さま

ざまな日本語学習者が混在する講義であれば，両者ともに評価の高い質問型 B (要点→具体例)を「わかりやすい」方法として提示すべきだと考えられる。

さらに，今回の調査に関しては，図を示すことがさらに「わかりやすい」という印象を上げる可能性が高い。中級学習者 D・上級学習者の G は，インタビューの中で，わいろを渡す側と受け取る側をそれぞれ A・B として意味を図示したものがあると理解しやすいと述べていた。今回の説明は，説明のタイプの影響を見ることが主眼であったため，他の「わかりやすさ」に貢献する手段を併用しなかったが，実際の場面では，可能であれば，図などの視覚的補助の利用も積極的に検討すべきだと言える。

5. おわりに

本章では，「わかりやすい日本語」による専門講義提供の1つの方法として，「一般語の語義説明」に焦点を当てた調査の結果を分析し，そこから，質問型 B(要点→具体例)を「わかりやすい」方法として提示すべきだと述べた。

一方で，今回の調査は，あくまで「わかりやすい」という印象に対するものであり，「実際にわかりやすかった(理解できた)説明の型はどれか」を判定することはできない。しかし，送り手側の「想定」ではなく，受け手側が感じた「印象」を明らかにする点で，説明の「わかりやすさ」を判断する上で有益なデータが得られたと言える。

今後の課題としては，この「わかりやすい日本語」による専門講義の方法を，講義を担当する専門教員にどのように伝えていくべきかということがある。

まず，前提として，FT として発話を調整することは，専門講義を担当する教員に対して，心理的・物理的な負担を与える可能性があることを忘れてはならない。尾崎(1999)は，FT の負担が原因となり，日本語母語話者が非母語話者との会話を避ける恐れがあることを指摘している。すなわち，FT の調整に関する負担が，留学生への拒否感につながらないように注意を払う必要がある。

そのため，日本語教育の専門家には，専門教員に受け入れやすく，納得してもらえる理由を示しての提案が求められる。例えば，「わかりやすい日本語」での講義によって，より多くの留学生が大学に引き付けられれば，その学生が帰国後に海外の大学・研究機関で就職し，学術交流の窓口となる可能性や，授業料収入の増加により大学の財政に貢献する可能性が生み出されるなどの理由

が挙げられる[6]。いずれにしても，提案と同時に，提案が実現される環境を整備することも併せて考えなければならない。

[付記]本研究は平成24～25年度日本学術振興会科研費若手研究(B)「大学講義をデータとした「わかりやすい」日本語の研究」(研究課題番号：24720229)(研究代表者：俵山雄司)の成果の一部である。

参考文献

池田隆介(1998)「日本語フォリナー・トークにおける語彙の修正に関する一考察」『比較社会文化研究』4, 31-38.
尾崎明人(1999)「フォリナー・トークの功罪」『月刊言語』28(4), 68-69.
坂本正・小塚操・賀谷眞知子・児崎秋江・稲葉みどり・原田千恵子(1989)「「日本語のフォリナー・トーク」に対する日本語学習者の反応」『日本語教育』69, 121-146.
俵山雄司(2013)「講義における専門用語の説明に対する日本語学習者の評価―わかりやすい説明の方法を探るために―」『専門日本語教育研究』15, 27-34.
東京工業大学国際室・留学生センター・教育工学開発センター(2002)『留学生満足度調査(留学生用)結果報告書(平成14年度)』東京工業大学
松尾慎・菊池哲佳・モリス, J.F.・松﨑丈・打浪(古賀)文子・あべやすし・岩田一成・布尾勝一郎・高嶋由布子・岡典栄・手島利恵・森本郁代(2013)「社会参加のための情報保障と「わかりやすい日本語」―外国人，ろう者・難聴者，知的障害者への情報保障の個別課題と共通性―」『社会言語科学』16(1), 22-38.
ロング，ダニエル(1992)「日本語によるコミュニケーション―日本語におけるフォリナー・トークを中心に―」『日本語学』11(13), 24-32.
Chaudron, C. (1988) *Second language classrooms: Research on teaching and learning.* New York, NY: Cambridge University Press. [クレイグ，ショードロン(2002)『第2言語クラスルーム研究』(田中春美・吉岡薫訳)リーベル出版]

---

[6] この他に，「わかりやすい日本語」を授業のユニバーサルデザインの一部として位置付ける方法も考えられる。松尾ほか(2013)は，外国人住民・ろう者・難聴者，知的障害者への情報保障において，すべてに共通する方法として「情報のかたちを多様化すること」「情報と人のあいだに支援者をつける」ことを挙げ，これを総称して「情報のユニバーサルデザイン化」と呼んでいる。既に，障害を持つ学生への配慮を行っている大学であれば，こちらが比較的受け入れやすい可能性もある。

第 18 章　講義における一般語の語義説明に対する日本語学習者の評価　319

▷ コメンテータ（栁田直美）からのコメント ◁

　現在，高度人材獲得を目的とした留学生 30 万人計画など一連の留学生政策において，英語での学位取得を可能とすることなどが推進されています。しかし，英語で教育可能な教員の不足や日本人と留学生の隔絶，留学生の日本留学の意義などが憂慮されていることも事実です。俵山論文は，「わかりやすい日本語」の型を明らかにし，「わかりやすい日本語」を使った大学の講義によって上記のような問題解決を図るという，留学生受け入れ側の大学が採るべき一つの対策を提案されていると思います。

　そこで，今後の展望について 2 点うかがいます。本論文では，実験的にかなり統制された「一般語の語義説明」の型に対する留学生の評価が分析されていますが，今後，専門教員の実際の発話やそれに対する評価の分析などは予定されていますか。また，今後，実際に専門教員に「わかりやすい日本語」を啓蒙していくためには，専門教員が自ら実践している工夫とフォリナートーク研究の知見を融合させていくことが必要だと思いますが，その方法についてお考えがあれば，お聞かせください。

▶ 執筆者（俵山雄司）からの回答 ◀

　日本の留学生受け入れは，従来の国際貢献や学術交流といった目的だけでなく，世界を舞台とした人材獲得や，輸出産業としての高等教育による経済の活性化といった目的も意識されるようになってきたと言われています。しかし，出口である日本企業の大部分が社員となる留学生に日本語能力を求めている現状があります。また，講義の英語化のみで留学生を安定的に引き付けられるのかという疑問もあります。その解決の糸口が，「わかりやすい日本語」にあると考えます。この点は，ご指摘の通りです。

　今後の展望についてですが，専門教員の実際の発話を聞かせて，それに対しての評価を尋ねる方法は十分ありうるものだと思います。その場合，今回のように複数の型を比較するようなことは難しいため，質的な調査の比重がより高くなるかもしれません。また，「わかりやすい日本語」の普及には，一方的な提案より，専門教員の工夫と従来の研究で得られた知見のすり合わせが効果的だということはおっしゃる通りです。その際，そういった工夫の効果や印象が，日本語レベルや国籍によって異なる点を伝えられたらと思っています。そのために，また新たな視点でデータ収集や分析を行って，納得のいく「証拠」を集めていこうと思っています。

第5部

「言語そのものに対する評価」が
もたらすもの

第19章 母語に対する評価の諸相
在日パキスタン人の言語使用意識調査を手がかりに

福永 由佳

1. はじめに

現代社会は，ヒト，資本，情報が地域や国境といった境界を越えて行き来し，社会のさまざまな局面において多様性や流動性が生み出されているグローバリゼーションの時代である。日本もその例外ではなく，1980年代以降に新たに来日したニューカマー（新来外国人）の急増から約30年以上が経過し，彼らが持ち込んだ言語や文化は現代日本の一部と化している。そして，このような日本社会の多民族・多言語化の進展はこれまで日本人が自明のこととして敢えて問うてこなかった文化，言語，コミュニケーション等に対する評価意識を問い直すトリガーとなる。本章では，グローバリゼーションの時代における言語，特に「母語」という概念に焦点をあて，母語観の諸相を先行研究から整理し，さらに在日外国人を対象とした調査結果から，多様な母語観の実態について考察する。

2. 背景と問題提起

第二次大戦前後に日本に移住したオールドカマーと呼ばれる，コリアン，中国系の人々は言語教育を含む民族教育活動に熱心で，韓国・朝鮮語や中国語による授業を行う民族学校を有している。ニューカマーを対象とした民族学校にはブラジル人学校，インド人学校，ネパール人学校等があり，コミュニティやボランティア団体を中心にした母語教室も運営されている（高橋, 2013；中島, 2010a）。これらの母語教育への関心の背景には移民の子どもたちの教育に関する調査や研究の蓄積があり，移民の子どもの十全な人格形成や発達のためには母語が重要な役割を果たしていることは（言語教育）研究者の常識であると言われている（塚原, 2010, 括弧は筆者）。

しかし，欧米の移民先進国に比べ，日本における母語教育の実践は立ち遅

れており，庄司(2010)は母語教育の根幹である「母語」についての議論が尽くされていないことが遅滞の主たる原因であると主張する。さらに，高橋(2013)は母語教育の課題として，母語に対する評価が人によって異なることを理解すべきだと述べている。

筆者の問題意識はこれらの指摘と軌を一にするものであり，本章では母語に対して抱いている価値評価，特に外国人当事者が持つ母語に対する評価をデータをもとに述べる。筆者の印象を先に言うならば，民族のアイデンティティや子どもの十全な発達のために母語は欠かすことができないという母語優位の図式には包摂されない多様な母語観があり，それは多言語社会のアフリカやインドといった遠く離れた土地の特殊な事象ではなく，日本国内にもあることは知られていない。筆者は在日外国人の言語使用に関する研究に取り組むなかで，いわゆる研究者の常識として通用している母語概念とかけ離れた母語観に幾度もなく遭遇してきた経験を持つ。しかし，この乖離感は外国人が母語という概念を理解していないからとか，母語の重要性を理解していない，といった単純な理由で片づけるべきではないと筆者は考える。外国人当事者が語る母語観には日本以外の多言語社会をフィールドとする文化人類学研究で論じられている言語観の多様性と少なからぬ重なりが認められることから，研究者の常識との乖離とは研究者の意識に潜む「日本語対外国人の母語(と研究者が推定する言語)」の二元論的世界観の限界なのではないかと筆者には感じられてならない。

次節では母語の概念を先行研究から整理し，4.では在日外国人の一例として在日パキスタン人のケースから外国人の母語観について考察する。5.では4.の結果を先行研究と照らし合わせて論じたい。

3. 母語をめぐる言説
3.1 母語と母国語

日本語には「母語」と「母国語」という二つの表現があり，区別されることなく用いられることがある。日本の場合，日本国籍保有者としての日本人と日本語を母語とする者はほぼ重なるが，このように言語と国家・国民が一対一で対応することは世界的には極めて稀なことであろう。

社会言語学者の田中克彦は母国語を「国語に母のイメージを乗せた扇情的でいかがわしい造語」(2014: 41)と批判し，それに対して，「母から流れ出すことば」としての母語は「言語を純粋に個人の関係で捉える視点」(前掲: 44)を

提供すると論じている。田中の主張は「言語＝民族＝国民国家」という近代国民国家の枠組みに対する疑義が一般的ではなかった時代においては，言語を政治や国家から切り離し個人に還元する点で意義があった(塚原, 2010: 75)。しかし，現代社会の多様性や流動性を考慮するならば，このような普遍的定義は現実的ではないだろう[1]。さらに，庄司(2010: 11)は，「〜語」として整合的な文法と書きことばをもって標準化された瞬間から言語は国家や民族イデオロギーから逃れることができない運命にあり，母語もその例外ではないと論じている。

また，異国籍や異民族間の結婚で父親と母親のことばが異なる場合，子どもの母語は誰のことばなのか。母語は文字通り母親からのことばであるべきなのか。父親のことばは母語にはなれないのか。山本(2013: 293)は母語という用語がジェンダーバイアスによる混乱を招きかねないと警鐘を鳴らしている。このように湧き出る問いはつきない。

3.2 第二言語習得の条件としての母語

外国語教育では，学習者の母語の知識が第二言語に転移し，場合によっては負の転移として間違いの原因となることが知られている。それに対し，バイリンガル教育では，母語は第二言語の習得にプラスの影響があると考える(中島, 2010b: 19)。この考え方によると，母語で読むことができる子どもは第二言語では読みの習得が早くなると言われている。社会の少数派言語を母語とする子どもたちの場合は，社会において母語の発達が阻害されるために，母語からの正の転移なしに第二言語を習得しなければならないということになる。その結果，教育的配慮がなければ，そういった子どもたちは第二言語を習得するものの母語を喪失する減算的バイリンガリズム(subtractive bilingualism)になる傾向があると言われている(Lambert, 1977)。さらに，カミンズは二言語相互依存仮説(Cummins, 1989, 2000)および敷居仮説(Cummins, 2000)において，母語による認知発達が第二言語習得や学力発達におおいに貢献していると述べている。

日本では，これらの仮説は「母語の習得は日本語学習の条件である」とい

---

[1] 一例をあげると，多言語国家インドネシアのスンバワ語話者の多くは自らの言語を価値の低い言語だと評価し，自らの言語(母語)が大切であり失うのが嘆かわしいという考えがすべてのコミュニティにおいてそもそも共有されているわけではないことが指摘されている(塩原, 2009)。砂野(2012)は母語をフォークロアに喩えたうえで，公用語が普及した段階でようやく母語の文化を振り返る余裕ができると述べている。

う言説に結びついて一般化し，母語教育推進の理論的根拠として汎用されている。この言説の大きな関心は第二言語との接触や教育にあるため，母語そのものはどれほど重要視されず，往々にして外国人の母語＝外国人の出身国と単純化されているようである。例えば，「インド人」（インド国籍を持つ人たち）の母語と言えば国家としてのインドの連邦公用語であるヒンディー語を想起しがちであるが，インド国内のヒンディー語話者は約40％に留まり，圧倒的に優勢というわけではない。一言で「インド人」と言ってもその内実はベンガル人（ベンガル語を用いる民族）やタミル人（タミル語を用いる民族）だったりするのである（鈴木，2004: 77-78）。さらに，インドからイギリスやカナダ等に移住した人までも含めると，国家としてのインド，民族としてのインドと言語との関係が一対一対応ではないことは明らかである。このようなインド人のケースは特殊な例ではなく，ヒトの移動と言語の接触が多様で流動的な現代社会においては珍しいことではない。われわれは，「言語＝民族＝国民国家」というイデオロギーがすでに前近代的なものとなってしまっていることに自覚的であるべきだろう。

3.3 母語の多面性

　母語は理想化された唯一の言語であるという言説が一般化しているなかで，複数の母語を持つことを認める立場もある。小野原（2004）はフィリピンの高校生の言語選択意識を調査し，「母語の変質化」という現象を見出している。小野原によると，母語には「発生論的母語」と「機能的母語」があり，前者が周囲の人々が話すことばを通して子どもが臨界期までに第一言語として獲得した言語であるのに対して，後者は子ども時代に獲得し，正しい文法を用いてさまざまな状況や領域で適切に使用できる言語を意味する。そして，社会生活を送るなかで，さまざまな葛藤を経て，母語が発生論的存在から機能的存在に置き換わると述べている。原初的な感情との結びつきは発生論的母語だけではなく機能的母語にも含まれるという小野原の指摘は，**3.1** で示した「母からのことば」という母語論の主張とは相反するものであり興味深い。

　Skutnabb-Kangas（2000: 108）は，表1に示すように母語をさらに多面的に捉えている。

表1　母語の定義(Skutnabb-Kangas, 1984: 18)

基準	定義
起源	最初に学んだ（諸）言語
アイデンティティ 　a. 内的 　b. 外的	a. 自らのものとして認識する（諸）言語 b. 他者によってネイティブスピーカーとして認識される（諸）言語
運用能力	最もよく知っている（諸）言語
機能	最もよく使用する（諸）言語

　例えば，学校場面では，移住者の子どもたちが最も使用する言語あるいは最も知っている言語は移住先の社会の優勢言語である。運用能力と機能の基準から，この子どもたちの母語は優勢言語であると定義される。

　グローバリゼーションにより価値観が多様化する時代において，表1が示すように母語の多面性を整理し，複数の基準を組み合わせて母語を定義するSkutnabb-Kangasや小野原の提案は示唆に富む。つまり，母語を唯一の定義でまとめることは難しく，目的や状況に応じて判断することが必要であると言えよう。

4. 在日パキスタン人の母語に対する認識

　3. の先行研究の概観を踏まえ，ここでは在日パキスタン人を事例として，在日外国人の母語に対する評価を検討する。

4.1　言語使用意識調査

　本章では，在日パキスタン人を対象に実施した言語使用意識に関する調査で収集したデータを用いる。調査はアンケート調査とインタビュー調査から構成され，いずれも北陸地方と関東地方に在住する在日パキスタン人およびその家族(配偶者と子弟)を対象に実施した。

　アンケート調査は家庭や職場等の場面ごとの使用言語，言語能力，言語継承等に関する意識調査で，2014年10月3日から10月18日にかけてスノーボールサンプリング法(先に選ばれた回答者から次の回答者を紹介してもらう調査協力者の抽出法)によって実施した。調査協力者の日本語能力に配慮し，調査紙は日本語版，英語版，ウルドゥー語版を用意し調査協力者に自由に選んでもらった。最終的な回答数は21名(回収率70.0%)である。

インタビュー調査は 2011 年から 2015 年にかけて複数回にわたり実施し，日本語の習得と使用，家庭や職場等での言語使用に関する質問を半構造的な聞き取りの方式で尋ねた。使用言語は主として日本語および英語で，必要に応じてウルドゥー語の通訳を介した。

なお，本章では研究倫理の観点から調査協力者の名前はすべてアルファベットで記号化し，調査協力者の属性等を示す一覧表は掲載しない。

4.2 調査協力者の背景
4.2.1 送出国パキスタンの社会と言語状況

在日パキスタン人の送出国パキスターン・イスラーム共和国（以下，パキスタン）は多民族・多言語国家で，72 もの言語が使用されていると言われている。1988 年の国勢調査によると，最も母語話者数が多いのはパンジャービー語で，パシュトー語，スィンディー語が続く（表2）。

表2　主要言語別母語話者数

パンジャービー語	パシュトー語	スィンディー語	サラーエキー語	ウルドゥー語	その他
44.2%	15.4%	14.1%	10.5%	7.6%	8.3%

<http://www.census.gov.pk/MotherTongue.htm> をもとに筆者が作成

ウルドゥー語は母語話者が約 7.6% に留まるものの，憲法により「国語」(national language)に規定され教育を通して国土の隅々まで浸透が図られている。そして，出自の異なる民族を結ぶ言語「連接言語」(link language)として機能している。

その一方で，イギリス統治時代のエリート言語であった英語は 1947 年の分離独立後も事実上の公用語としてビジネスや政府機関で頻用されている。そのため，特に都市部では中流階級以上の層を中心に英語に対して強い執着があり，英語教育熱も高い（萬宮, 2004: 87）。

4.2.2 在日パキスタン人コミュニティ

日本のパキスタン人コミュニティは約 1 万人で，日本に住む日系ブラジル人やコリアンに比べて人口規模は格段に小さい。現在の「外国人労働者」の代表的存在である日系ブラジル人（福田, 2012a: 4）の多くが製造業の単純労働に従事する非正規労働者であるのに対し，在日パキスタン人は中古車輸出業を中心

とするエスニック・ビジネスの企業家として活躍している(福田, 2012b: 221)。そのほかに，イスラームの宗教施設であるモスク設立をはじめとする宗教活動にも積極的である。

彼らの言語生活では母国と同様に複数の言語が用いられている(福永, 2014)。例えば，ビジネスの場面では日本語，英語，ウルドゥー語，場合によってはロシア語という4言語併用が見られる。出自民族が異なるパキスタン人同士ではウルドゥー語が連接言語として機能し，同じ民族同士のコミュニケーションでは民族語が使われているようである。

多言語社会の典型とも言える地域から日本に移住してきたパキスタン人はこのように複数の言語を巧みに使い分けながら生活を送っている。換言すると，日常生活において言語を使い分けるたびに言語に対して評価を下しているのである。本研究では母語に対する評価の多様性を捉えるうえで，彼らの言語使用意識が有効な手がかりになると考えた。

4.3 調査結果

ここでは，アンケート調査およびインタビュー調査から，母語に関する結果を提示し，その背後にある価値観を考えてみたい。

4.3.1 アンケート調査から

本章では，アンケート調査の回答者数21名のうち，日本で生まれ育った日本人配偶者1名を除く，20名を分析対象とした。分析対象者の属性は次の通りである。

【性別】　　　男性8名，女性12名
【年齢】　　　10歳代2名，20歳代3名，30歳代8名，40歳代1名，
　　　　　　　50歳代4名，60歳代2名
【現在の職業】就労者14名，学生2名，専業主婦4名
【出身民族】　表3の通り

表3　出身民族の内訳

出身民族	回答数（実数）	比率（%）
ムハジール	4	20.0%
パンジャービー	5	25.0%
ハザーラ	1	5.0%
その他（メーマン，カシミール　その他）	5	25.0%
無回答	5	25.0%

(1) 母語について

調査では母語を「最初に覚えて今でも使える言語」と定義し，回答欄を2つ設け，該当する言語をリストから選択してもらった。その結果をまとめたのが表4である。

表4　母語の内訳

言語	回答数（実数）	比率（%）
ウルドゥー語	12	60.0%
パンジャービー語	4	20.0%
英語	6	30.0%
日本語	7	35.0%
その他	2	10.0%
無回答	10	50.0%

複数回答可のため，合計は回答数20名以上，比率100%以上になる。

表4を回答者の出身民族内訳(表3)と照らし合わせてみると，パンジャービー語を母語とするパンジャービー民族は25.0%で，母語をパンジャービー語と答えた回答者(パンジャービー語母語話者)は20.0%である。この結果からパンジャービー語母語話者とパンジャービー民族の対応には大きな乖離はないことがわかる。それに対して，ウルドゥー語を母語とするムハジールは20.0%だが，母語をウルドゥー語と答えた回答者(ウルドゥー語母語話者)は60.0%にのぼる。ウルドゥー語の場合は，民族と母語話者間には3倍ほどの隔たりがある。この差はウルドゥー語を民族の母語とするムハジール以外の民族でウルドゥー語を母語と考える回答者がムハジールの倍近くあることから来ている。この結果から母語としてのウルドゥー語の卓越性が読み取れる。また，母語についての無回答が50.0%と高いことも注目される。

(2) 母語使用について

本調査では，①家庭内，②家庭外(近隣，仕事・学業，余暇)，③宗教，④ボランティア等の活動，⑤メディア，⑥インターネットやソーシャルメディア，⑦夢の中・数を数えるとき，という7種類の場面・状況における言語使用に関する質問を設けた。これらの質問では日本語，英語，ウルドゥー語，母語(民族語)，アラビア語の5言語の使用頻度が7段階尺度のいずれに当たるかを答えてもらった。その結果としてまず言えることは，母語使用については，質

問を提示してもそれに対して回答されないことが多かったということである。分析対象の20名のうち，母語使用に関しては全く回答しなかった者は18名にのぼる。

このような回答の限界を踏まえつつ，ここでは母語について何らかの回答があった設問15項目の分析を試みることにした。表5によると，家庭内の場面が特段に多いというわけではなく，むしろ家庭外の仕事や学業，宗教，ボランティアの活動において母語が使われているようである。アンケート調査では母語を「最初に覚えて今でも使える言語」（＝小野原の発生論的母語，スクトナブ＝カンガスの起源的定義）と定義したが，この定義が含意するのは「子どもの頃に自然に獲得した言語，特に家庭内で使用された言語は究極的なアイデンティティ機能と結びつく原初的感情を呼び起こす」という可能性である（小野原，2004: 38-39）。表5に示した結果は，家庭内だけではなく，教会やモスクといった宗教の場では母語は原初的な感情を表す言語として使われていることを示している。その一方で，他者と関わるボランティア等の社会的活動の場では機能としての母語（＝小野原の機能的母語，スクトナブ＝カンガスの機能的定義）が使用されていると言えよう。このように使用場面の広がりからは，母語が発生論と機能論の両面で使われている実態が垣間見える。

表5　母語使用の回答があった項目の内訳

場面・状況	回答数（実数）	比率（％）
家庭内	2	13.3%
家庭外：仕事・学業	3	20.0%
宗教	4	26.7%
ボランティア等の活動	4	26.7%
メディア	1	6.7%
夢の中	1	6.7%

4.3.2　インタビュー調査から

ここではインタビュー調査で得られた定性的データから，母語使用と母語教育に対する評価に関わる語りを事例として取り上げる。

(1)　**母語への評価について**

パキスタン人男性Aさんは家庭内の言語使用を次のように描写した。

【事例1】母語のパンジャービー語は農民が使うような野卑なことばだから，家庭では決して使いません。日本で生まれた娘もパンジャービー語がわかりますが，家族で話すときはウルドゥー語しか使いません。（日本語インタビュー）[2]

　事例1では，Aさんはパンジャービー語を低位な変種(Low)，ウルドゥー語を高位な変種(High)と評価している。すなわち，Aさんの家庭内言語状況はダイグロシアであると解釈できる。このような価値判断は，Aさんのみならず，在日パキスタン人家庭から少なからず聞かれる話である。
　このことは母国パキスタンで社会的に共有されている，国家語としてのウルドゥー語と国家語になりえなかった民族諸語に対する評価が個人の評価観の形成に無縁ではないと解釈できよう。民族語の母語に対する低い評価は事例2のような態度からも読み取れる。

【事例2】あなた（=筆者）には母語はウルドゥー語だと言いましたが，実はスィンディー語です。夫の母語もスィンディー語ですが，家庭で使うのはウルドゥー語です。（英語インタビュー翻訳）

　筆者はパキスタン人女性Bさんに対しインタビューを複数回行ったが，彼女はウルドゥー語が母語であると主張し続けた。事例2の"告白"は，最初のインタビューから数か月が経過し，家族ぐるみのつきあいを重ね，ようやくラポールが形成された頃の出来事である。あらためて母語について尋ねた筆者に，Bさんは申し訳なさそうにこう打ち明けたのだった。
　事例1や事例2のように，自分の母語を卑下したり隠したいという態度をとったりすることは，「母から流れ出すことば」（田中，2014）に代表される母語の優位性が普遍的ではないことを示唆する。

---

[2] 事例として引用したインタビューの発話には記録方法や使用言語の違いがあるため，本章では下記のように表示する。(1)調査協力者が日本語インタビューに対し日本語で回答しそれを文字化したものを引用した場合は，事例の最後に（日本語インタビュー）と加える。(2)調査協力者が英語インタビューに英語で回答しそれを日本語に翻訳したものを引用した場合は，事例の最後に（英語インタビュー翻訳）と書き加える。(3)フィールドノートに記録された日本語の発話を利用する場合は，事例の最後に（フィールドノート日本語）と記す。

(2) 家庭内言語と母語について

事例3はパキスタン人女性Ｃさんによる家庭内言語の語りである。

【事例3】パキスタン人の両親同士はパンジャービー語で話しています。母と話すときはウルドゥー語です。でも，気持ちが高ぶって叫んだりしたいときはパンジャービー語になります。（英語インタビュー翻訳）

パキスタンで高等教育を修了したＣさんはパキスタン人の父親の仕事の都合で日本に移住し，現在学校で日本語を学んでいる。インタビューによると，Ｃさんは民族語のパンジャービー語が母語であると認識しているが，現在の家庭内言語は主としてウルドゥー語であると述べている。興味深いのは，原初的な感情を吐露するときはパンジャービー語に切り替わることを自覚している点である。

子どもは母語を意識的に選択するわけではなく，親や兄弟姉妹等の最も親しい人たちが家庭内で使用する言語を獲得する。したがって，そこには親の価値観や人生観，さらにはその国の言語政策や社会状況が投影されている。小野原（2004: 32）は「「どの言語を獲得すれば人生を送るうえで有利か」という基準に照らして，親が決定した言語を子どもは母語として獲得している」と指摘している。Ｃさんの場合，パキスタンの学校教育でウルドゥー語習得が進んだ段階で，両親は家庭内言語をパンジャービー語から国語として威信が高いウルドゥー語に切り替えたと解釈できる。しかし，家庭内言語が変更されたとはいえ，完全にパンジャービー語が消失したのではなく，Ｃさんの身体には二つの母語が共存している。

(3) 母語教育の必要性について

ウルドゥー語と母語としての民族語に対して，在日パキスタン人が抱く評価意識は次世代を担う子どもたちへの教育戦略に投影している。

【事例4】子どもたちにはウルドゥー語や母語よりも英語や数学の教育が大切です。（フィールドノート日本語）

筆者のフィールドでは外国人住民が子弟の教育プログラムを立ち上げ，南アジアやアフリカ出身の留学生や教師経験者が算数や英語等を教えている。事

例4はこの教育プログラムのパキスタン人責任者が発したことばである。グローバルな社会を生き抜くには，アイデンティティを表象する母語よりも，社会的上昇につながる資産としての英語を子どもに積極的に推奨したいという大人の価値観が表れている。

5. 考察

3. では母語に関する先行研究から異なる見方に立つ言説を取り上げ，母語定義と母語観の多様性を概観した。さらに，**4.** で取り上げた在日パキスタン人のデータからは当事者が抱く母語に対する複雑な価値評価を垣間見ることができた。特に，事例1と事例2が示すような，母語に対するマイナス評価は **3.** の先行研究では言及されていない観点であり，注目に値すると言えよう。さらに，アンケート調査ではウルドゥー語母語話者の自己申告率が圧倒的に高かった一方で，母語としての民族語使用の回答がほとんどなかったという結果はインタビューで語られた母語へのマイナス評価と連関する可能性を示唆する。

そもそも本章で用いたデータは実際の言語使用データではなく，言語の使用に関する意識調査のデータである。言語使用に関する意識調査において，調査協力者の在日パキスタン人はウルドゥー語，英語，日本語等を比較し回答することで，普段は意識することのない母語や母語使用を相対化し，結果的にアイデンティティや規範意識を強く意識することになった。そして，実際の言語使用はどうであれ，自分がありたいと思う姿，所属したいと願う集団や階層を反映した言語が回答として選択されたのではないだろうか。

ありたい姿とは，ありたくない，望まない姿を理解する手がかりでもある。つまり，筆者はアンケート調査で答えられなかった回答にも意味があると考える立場から，**4.3.1** のアンケート結果において，母語に関する質問に対して50.0％もの無回答があったことや母語使用に対する質問に対してほとんど回答がなかったことは，本来の母語(民族語)については答えたくないという意思の表れだと解釈する。その選択行動は本来の母語は望むべき姿ではないという評価意識の表明であると言えよう。

しかし，母語に対するマイナス評価は在日パキスタン人だけに見られる特殊なケースではない。鈴木(2004: 91)は母語を大切にしない，母語を捨て去るという行動は決して珍しいことではなく，それは強制的ではなくむしろ自分自身の意志によって行われ，その場合母語はアイデンティティのよりどころに

なっていないと指摘している。

　本章では詳しく触れなかったが，在日パキスタン人は豊かな言語レパートリーを有している。彼らの言語的世界は決して日本語と母語だけではない，ダイナミックな様相を呈しているのである。したがって，母語もそのダイナミズムのなかにあり，3. で触れた先行研究の一部にあるような固定的な母語観では捉えることが難しいと言えるだろう。

6. おわりに

　移民の言語使用を移住先の優勢言語と移民の母語の言語移行や言語維持から捉えようとする研究はこれまで国内外で多くの成果が重ねられている分野である。しかし，本研究は在日パキスタン人の言語生活が「日本語」と「母語」という二元論的世界ではないこと，そもそも母語に対する価値評価自体も一枚岩ではないことを示唆する。母語を含む言語の使用については，背景にある言語評価観とそれを形成する社会的世界や歴史との相互作用のプロセス（現在，過去，未来）のなかで読み解かれなければならないだろう。

　本章では在日パキスタン人を事例に母語観の多様性について考察したが，母語対移住先の優勢言語という単純な二項対立の枠組みでは，在日パキスタン人を含む「現代の移動する人びと」が有する多言語性（言語レパートリー）が見えなくなる可能性があるのではないか，現代社会の多言語性という視点を日本語教育や第二言語習得研究等の外国人の言語生活に関する学問諸領域が持ち得ているのか，という二つの問題を提起するのが本研究のもう一つの目的であった。

　本研究で分析対象としたデータ数や範囲は限定的である。さらに既存のデータを精査すると同時に，社会言語学的な調査の実施と統計検定によって考察をより深めることを今後の課題としたい。

参考文献

小野原信善(2004)「アイデンティティ試論―フィリピンの言語意識調査から―」小野原信善・大原始子(編)『ことばとアイデンティティ―ことばの選択と使用を通して見る現代人の自分探し―』三元社，pp. 15-76.

塩原朝子(2009)「インドネシア東部の少数言語コミュニティ―「多言語主義」は普遍的価値を持つか―」森山幹弘・塩原朝子(編)『多言語社会インドネシア―変わりゆく国語，地方語，外国語の諸相―』めこん，pp. 153-182.

庄司博史(2010)「「資産としての母語」教育の展開の可能性―その理念とかかわりにおいて―」『こ

とばと社会』12, 7-47.
鈴木義里(2004)「インド人とはだれなのか？―言語とアイデンティティ―」小野原信善・大原始子（編）『ことばとアイデンティティ―ことばの選択と使用を通して見る現代人の自分探し―』三元社，pp. 77-98.
砂野幸稔(2012)「多言語主義再考」砂野幸稔（編）『多言語主義再考―多言語状況の比較研究―』三元社，pp. 11-48.
高橋朋子(2013)「移民の母語教育」多言語化現象研究会（編）『多言語社会日本―その現状と課題―』三元社，pp. 89-105.
田中克彦(2014)『ことばと国家[第 49 版]』岩波書店
塚原信行(2010)「母語維持をめぐる認識と実践―ラテン系移民コミュニティと日本社会―」『ことばと社会』12, 48-78.
中島和子(2010a)「日本の外国人児童生徒教育」中島和子（編）『マルチリンガル教育への招待―言語資産としての外国人・日本人年少者―』ひつじ書房，pp. 161-189.
中島和子(2010b)「バイリンガル教育の基礎知識」中島和子（編）『マルチリンガル教育への招待―言語資源としての外国人・日本人年少者―』ひつじ書房，pp. 11-44.
福田友子(2012a)『トランスナショナルなパキスタン人移民の社会的世界―移住労働者から移民企業家へ―』福村出版
福田友子(2012b)「パキスタン人―可視的マイノリティの社会上昇―」樋口直人（編）『日本のエスニック・ビジネス』世界思想社，pp. 221-250.
福永由佳(2014)「在日外国人の多言語使用に対する Ethnolinguistic Vitality Theory の適応可能性―在日パキスタン人の事例―」『国立国語研究所論集』8, 33-50.
萬宮健策(2004)「地域語のエネルギーに見る国民統合と地域・民族運動」黒崎卓・子島進・山根聡（編）『現代パキスタン分析―民族・国民・国家―』岩波書店，pp. 83-119.
山本ベバリーアン(2013)「「文化」継承のための親の戦略における言語の意義」志水宏吉・山本ベバリーアン・鍛治致・ハヤシザキカズヒコ（編著）『『往還する人々』の教育戦略―グローバル社会を生きる家族と公教育の課題―』明石書店，pp. 284-299.
Cummins, J. (1989) *Empowering minority students.* Sacramento, CA: California association for bilingual education.
Cummins, J. (2000) *Language, power and pedagogy: Bilingual children in the crossfire.* Clevedon, UK: Multilingual Matters.
Lambert, W. E. (1977) The effects of bilingualism on the individual: Cognitive and sociocultural consequences. In P. A. Hornby (Ed.), *Bilingualism: Psychological, social and educational implications.* New York, NY: Academic Press, pp. 15-27.
Skutnabb-Kangas, T. (2000) *Linguistic genocide in education-or worldwide diversity and human rights?* Mahwah, NJ & London, UK: Lawrence Erlbaum Associates.

▷ **コメンテータ（鑓水兼貴・三井はるみ）からのコメント** ◁

　福永さんの論文は，多言語社会パキスタンから日本に移住してきた外国人当事者が，自らの母語に対して抱いている価値評価意識について，フィールド調査に基づいて明らかにしました。私自身，外国人日本語学習者は，日本語を学習する以前に，子どもの頃から身につけている最も使いやすい言語を一つ持っている，というふうに漠然と考えていましたので，福永さんが提起された，「何をもって母語とするか」という問題設定に，まず意表を突かれました。そのうえで，母語が出身社会で劣位に位置づけられた民族語である場合，それが母語であると名乗ることすら避けられるという点に，問題の複雑さを感じました。私たちが研究対象としている日本語の方言の置かれた状況を考えるうえでも示唆を受けました。

　論文からは，学習言語の選択だけでなく，母語の申告に関しても，どの言語が有利か，という言語経済的な要因が強いことがわかります。一方母語には，学習言語と異なり，価値評価とは別種の「愛着」とでも言うような意識が働くように思います。そのせめぎ合いがどのような現れ方をするか，これも一つの観点となりそうな気がしました。いかがでしょうか。

▶ **執筆者（福永由佳）からの回答** ◀

　在日パキスタン人の言語使用というと非常に特殊な事例と受け取られることが多いので，日本語の方言の置かれた状況と共通する点があるというコメントはとても励ましになりました。

　さて，母語に対する「愛着」についてですが，在日パキスタン人の方々がそのような評価意識を持っていないわけでありません。例えば，「出自民族の異なるパキスタン人の友人と話すときはウルドゥー語を使うが，自分の母語（民族語）ではないので肩がこる。民族が同じなら，民族語の母語で話したい」といった具合です。本章では主にマイナスの評価意識だけを取り上げましたが，愛着を含むプラス評価も当然あるだろうと推測します。二つの相反する評価意識がどのようなバランスにあるのか，それが発現する要因は何なのか等，さまざまな問いが湧き出てきますが，これらの問いを解明するための方法論を含めて今後の課題として慎重に検討していきたいと思います。

第20章 首都圏在住者の方言話者への評価意識

鑓水 兼貴・三井 はるみ

1. はじめに

本章では，首都圏在住若年層の間にみられる方言使用をめぐる言語的摩擦に着目し，そのような行動と方言への評価意識との関連を探る試みを行う[1]。分析に際しては，首都圏[2]と隣接地域，および，首都圏内部の状況をつぶさに把握することが有効と考え，地理的分布調査の手法を用いる。

以下，2. で方言をめぐる社会的状況の変化について述べ，首都圏若年層にみられる言語的摩擦の例を報告する。3. で方言意識に関する先行研究を検討し，本研究のテーマと手法の位置づけを行う。4. で本研究の方言意識調査の枠組みと調査項目を示す。5. で調査結果を分布地図の形で提示して，6. で考察を行い，7. でまとめを述べる。

2. 方言は復権したのか

2.1 方言復権の時代

現代は「方言復権の時代」と呼ばれる(井上, 2000)。方言を題材としたテレビ番組も多く，インターネットではSNSや動画サイトなどで方言が常に話題となっている。観光地では方言を観光資源として活用している。

かつては「方言撲滅」「方言蔑視」などといわれたように，公的場面での方言使用に否定的な時代が続いた。方言使用によるトラブルから事件に発展した事例も報告されている(田上, 1993)。

そうした時代に比べて現代では方言使用に肯定的評価がなされるようになった。各地の伝統的方言自体は衰退傾向にあり，全国的に共通語化が進行し

---

[1] 本研究はJSPS科研費 25580103, 25370538 の助成を受けたものである。
[2] 本研究における「首都圏」は，1都3県(東京都・神奈川県・埼玉県・千葉県)を指し，特に東京への通勤圏(約50km)を意識している。

ている。しかし共通語化によって，著しかった地域間の方言差が縮小し，かえって適度に差異を強調できるようになったり，地方から全国への方言による発信がしやすくなったことが関係していると思われる。

　現代では，どの地域の出身者でも共通語を使いこなすことが可能である。首都圏以外の出身者(以下「他地域出身者」)であっても，首都圏に行けば共通語を使い，出身地に帰ると方言に戻る，というように，言語の切り替えが可能である。他地域出身者の首都圏出身者との意思疎通における支障はほとんどなく，支障が起きても，冒頭のようにマスコミやインターネットで「楽しい話題」にされるほどである。

2.2 首都圏で生じる言語的摩擦

　首都圏出身者の多くは，自身を「共通語(標準語)[3]」の使用者と認識している。自身の使用する言語はすべて日本全国に通用すると考える傾向がある。前述のように，他地域出身者も首都圏出身者の前では共通語に切り替えるため，首都圏出身者は他地域出身者が行う共通語と方言[4]の切り替えを実感することが困難である。

　首都圏出身者は，自身の使用できない「方言」に対して非常に興味を持つ傾向がある。方言に対する評価が，かつてのマイナス評価からプラス評価に変化してきているのもこのためだろう。

　ところが首都圏では隠れた「言語的摩擦」が存在している。筆者が首都圏の大学の授業内アンケート[5]で「方言使用に関して困ったこと」をたずねたところ，他地域出身者から数多くの報告があった。報告は大きく「指摘型」「せがみ型」の2種類に分類された。以下に典型例[6]を示す。

　　指摘型：「友人たちに方言を度々指摘されるので，人前で方言を使わないよう気をつけている。」

---

[3] 「共通語」と「標準語」は異なる概念であるが，一般では同様に扱われることが多いため，アンケートでは区別しなかった。本論文でも「共通語」に統一する。

[4] 首都圏で使用される言語変種も「方言」であり，共通語との切り替えはみられる。しかし多くはスタイルによる切り替えであり，他地域のように言語体系の切り替えではない。そのため本論では，首都圏で使用される言語に対して「共通語」に準じる扱いをする。

[5] 鑓水が2010年代前半に複数回実施した。公開を前提としない調査であるため，情報は非公開とする。今後，データ公開可能な調査を実施したいと考えている。

[6] 実際の回答そのものではなく，回答を総合して作成した作例である。

せがみ型：「友人たちに方言を話すようせがまれて困った。『なまって，なまって』と言ってくる友人もいた。」

　上記の「友人たち」は首都圏出身者を指していると推測される。「指摘型」の摩擦は，話したことばが非共通語であることを指摘されることで方言使用を抑制するもので，方言に対してコンプレックスを感じる従来的な言語的摩擦に近い。逆に，「せがみ型」の摩擦は方言使用を要求されるもので，一見方言への好感のようにみえるが，方言使用を何か珍しいものを見るように思われることに不快を感じる言語的摩擦といえる。

2.3　言語的摩擦の実態把握の必要性

　首都圏出身者は共通語に近い言語のみの単一言語使用者であるのに対して，他地域出身者は方言と共通語の二言語使用者ということができる。
　通常，他地域出身者は首都圏出身者と話す際，共通語に切り替えようとする。意図的でない限り，共通語使用時に方言的要素が出るのは，言語的な切り替えに失敗した場合と考えられる。
　方言は生育環境の中で習得する日常の言語である。共通語を使用しているつもりでも意図せず方言的要素が混入することがある。使用頻度の低い語や，共通語と同形で意味が異なる語，アクセント，イントネーションといった書き言葉では問題にならない音声事象などは切り替えの制御が難しい。一方で，言語の切り替えは，周辺の言語環境との関係で行われる。共通語を使用している最中に，その場に自身の母方言の使用者がいないにもかかわらず，方言に切り替えようとしても容易ではない。
　単一言語使用者である首都圏出身者は，二言語使用者の言語の切り替えに対して想像が及びにくい。他地域出身者も共通語で話しているため，彼らの切り替え失敗や切り替え困難に思いが至らない。「指摘型」のように修正が容易だと思って鋭く指摘してしまったり，「せがみ型」のように切り替えが容易だと思って方言使用を要求してしまったりするのだと思われる。しかも方言への指摘や好奇は，方言使用の背景にある生活や生育環境といった，方言使用者の人格形成への指摘や好奇につながりうるのだが，首都圏出身者は無自覚と思われるため問題は深刻である。
　また，「指摘型」の摩擦は方言使用に対してマイナス評価であるために起こる従来的な摩擦といえるが，「せがみ型」の摩擦は方言使用に対してプラス評

価であるために起こる新しい摩擦である。「方言復権の時代」にあって，もし方言使用に対する評価がマイナスでもプラスでも言語的摩擦が起きるのだとすれば，問題は複雑である。

首都圏における他地域出身者の方言抑制の実態はあまり知られておらず，現状の把握が重要である。本研究では，このような問題意識のもと，首都圏における大学生の方言使用に関する意識調査を実施し，言語的摩擦の背後にある意識を探る。

3. 調査方法
3.1 先行研究

方言使用による言語的摩擦は，方言研究において「方言コンプレックス」(柴田, 1958)の問題として扱われ，研究の歴史は長い。

井上(1989)は，母方言に対するイメージ評価を調査し全国区分を行った。その結果，北関東出身者は母方言の評価が低く，強い方言コンプレックスを持っていることがわかった。同様にNHK放送文化研究所編(1997)の「全国県民意識調査」でも北関東(栃木県・茨城県)において方言を恥ずかしいという回答が多いことがわかった。また，田中・前田(2011)は，方言と共通語に対する意識調査から，地域別のタイプ分類を行ったが，首都圏周辺部(北関東・甲信越)において，自身の方言も共通語もそれほど好きではない上に使い分けも不明確な「消極的使い分け」がみられることがわかった。

佐藤(1996)は，津軽方言使用者への調査を通じて，方言が「スティグマ(社会的に望ましくないと思われている特徴)」であり，方言しか話せないことで方言コンプレックスを持つとした。さらに共通語が話せるようになっても，共通語とのわずかな差を意識して新たな方言コンプレックスを生むと指摘した。

「方言復権」の研究も進んでいる。特に関西方言の研究が多く，陣内(2002)，陣内・友定(2005)，田中(2011)などの研究から，若年層で関西方言に対するイメージが上昇し，関西以外の出身者が関西方言を使用することがあると指摘されている。言語編集部(1995)，佐藤・米田(1999)は，全国規模のさまざまな方言に関する意識調査を実施し，総合的な方言意識の解明を試みた。その結果，若年層が方言寄りの共通語や，共通語寄りの方言といった，中間的な言語の使い分けをしていることを明らかにした。方言を笑われた経験についても調査が行われているが，結果は一部しか示されていない。

これらの研究から，若年層の方言コンプレックスは全体的には改善傾向に

あるといえる。しかし首都圏近郊である北関東においては，依然として方言に対する自信が低い。本研究では，この背景にあると推測される首都圏における言語的接触や言語的摩擦について考える。

3.2 首都圏における言語的接触と言語的摩擦

　関東地方の若年層の言語は，全体としては共通語に近い。特に首都圏（東京都・神奈川県・埼玉県・千葉県）の言語は共通語の基盤である上に，共通語化によって，かつては存在していた方言差が大幅に薄まり均質性が高い。とりわけ語彙では方言形がほとんど認められない。一方，北関東（群馬県・栃木県・茨城県）では依然として方言的特徴が残存している。特に栃木県・茨城県は無型アクセントという目立つ特徴を持っている。

　首都圏に立地する大学に進学する学生の多くは首都圏出身者であるが，首都圏以外では北関東出身者が多い。北関東から通学する場合，首都圏南部に立地する大学は距離が遠いため，埼玉県など首都圏北部に立地する大学への通学者が多いと思われる[7]。

　方言に対する意識は，方言との接触の有無が影響を与える。接触経験の少ない方言に対してはイメージが浮かびにくく，単なる地域イメージの反映になりやすい。首都圏において，北関東方言との接触頻度が高い首都圏北部と，接触頻度の低い首都圏南部とでは差が生じる可能性がある。

　ここで予測したような，北関東，首都圏北部，首都圏南部の違いは，カテゴリカルに捉えるのではなく，現実に即して連続的に捉えることが望ましい。方言使用や言語的接触の状況を連続的に把握するには，調査結果を回答者の出身地によって地図上に布置する言語地理学的手法が有効であると思われる。

　以上から，本研究では，首都圏に通学する関東地方出身者について，方言に関する意識を調査し，地理的分布から分析する。

4. 調査
4.1 「言語的摩擦」を解明するための調査項目

　方言意識に関する先行研究の多くは，方言そのものに対する評価の調査が中心であった。研究結果から首都圏（南関東）と北関東との間に依然として大き

---

[7] 今回調査を実施した首都圏の大学の所在地と，回答者の出身地，現住地を照らし合わせてみると，実家からの通学でなく大学近郊に住む場合でも，より実家に近い地域の大学を選択しやすいことがうかがわれる。

い意識の差が存在することが指摘されている。

　一方，本章が取り上げているような方言使用を発端として生じる言語的摩擦を解明するためには，方言使用という言語行動に対して，どのような評価意識を持っているかを調べる必要がある。このため，コミュニケーションにおいて方言使用がどのようなことを引き起こすかを考慮した調査が必要である。

　図1は，方言意識[8]を分類し，相互関係を示したものである。「方言そのもの」「（一般的な）方言使用」「自身の方言使用」に3分類し，さらに「定義／認識」「評価／志向」「規範／行動」に3分類[9]した。そのうち7つの意識について取り上げる[10]。

　「A 方言の定義」は自身の共通語化の程度によって大きく意識が異なり，「E 自身の使用方言」をどう捉えるかに影響する。特に首都圏方言は共通語に近く，共通語との切り替えをしないため問題となる。また「B 方言の評価」や「C 方言使用の評価」は，自身の「D 方言使用の規範」や「F 方言志向」の意識形成に影響すると思われる。図1では，最終的に「G 方言選択行動」に至る意識の関連性を矢印でつないで示している。

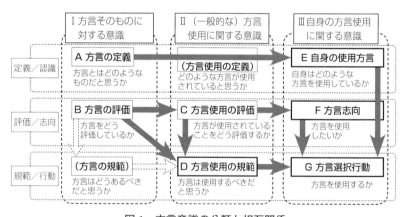

図1　方言意識の分類と相互関係

---

[8] 表現上「方言意識」としたが，「言語意識」としてもよい。言語変種すべてにあてはまるため，共通語の意識についても適用可能である。

[9] 「定義・評価・規範」が基本だが，自身の意識においては，能動的側面から「認識・志向・行動」とした。

[10] 「方言の規範」「方言使用の定義」は，あまり調査されないがどちらも重要な意識である。

先行研究の従来の方言イメージ研究は「B方言の評価」に相当し，言語意識研究では「E自身の使用方言」，「G方言選択行動」の部分が多く調査されてきた。特に使用相手など場面差による調査が多い。
　「指摘型」「せがみ型」の言語的摩擦が観察される現場では，「気にせず方言をどんどん話せばいいと思う」，「自分には方言がないので方言を話せることにあこがれる」といった，方言使用に対するプラス評価から生じると考えられるコメントがしばしば聞かれる。話者にダメージを与えかねない言語的摩擦の発生が，首都圏のどのような言語状況と関係するかについてみるためには，方言使用に影響する「D方言使用の規範」や「F方言志向」の調査が重要であると思われる。

4.2　調査概要

　2012年6月から2015年6月にかけて，首都圏の大学に通学する大学生を対象とした方言使用に関するアンケート調査を実施した。有効回答者数938名である。調査文と選択肢を以下に示す。

　問1　自分の話すことばは何だと思いますか。
　　　a. 標準語　b. 共通語　c. 東京方言　d. 関東方言　e. その他（自由記述）
　問2　人と話すときに方言が出ることを気にしたほうがよいと思いますか。
　　　a. 気にせず方言のまま話せばよい　b. なるべく共通語になおした方がよい
　　　c. 場合による
　問3　あなたは人と話すときに方言が出ることを気にしていますか。
　　　a. 気にせず方言のまま話す　b. 共通語になおすようにする　c. 場合による
　　　d. 方言は話せない
　問4　方言が使えたらいいと思いますか。
　　　a. すでに使える　b. 使えるようになりたい　c. 使えるようになりたいとは思わない

　図1において，問1は「E自身の使用方言」，問2は「D方言使用の規範」，問3は「G方言選択行動」[11]，問4は「F方言志向」に対応する。
　分析手法として言語地理学的手法を用いるため，調査では，回答者の言語

---

[11] 問3は2014年の調査で追加したため，回答者数は599名と他の項目より少ない。

形成に関わる情報として5歳から15歳までの間に最も長く居住した場所をたずねた。市区町村単位では分布をみるには粗すぎるため，さらに詳細な町丁目・大字単位までたずねることにした[12]。

5. 結果
5.1 項目別言語地図

問1〜4の回答を，回答者の出身地にしたがってプロットした，関東地方の地図を図2〜5に示し，各地図の地理的分布を考察する。

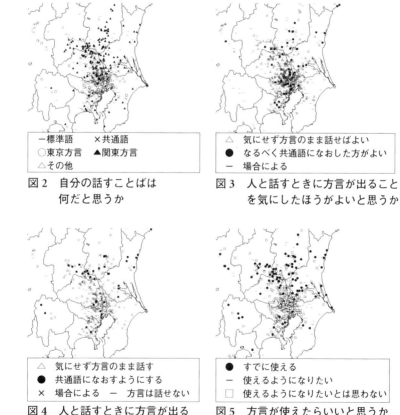

図2　自分の話すことばは何だと思うか

図3　人と話すときに方言が出ることを気にしたほうがよいと思うか

図4　人と話すときに方言が出ることを気にしているか

図5　方言が使えたらいいと思うか

---
[12] 鑓水(2013)では首都圏内部の差異をみる場合は，細密な分布をみる必要があり，詳細な生育地を利用することが効果的であると指摘している。

5.1.1 自分の話すことば(問1，E自身の使用方言)

図2は，自分の使用言語についての意識である。全体的に「標準語」「共通語」という回答が多い。特に首都圏(東京都・神奈川県・埼玉県・千葉県)では「標準語」「共通語」が圧倒的である。また，「東京方言」は東京23区南西部に多い一方，首都圏の外周部，特に北関東の群馬県・栃木県・茨城県においては「関東方言」が多い。

使用言語意識の上から「首都圏」という言語圏が浮かび上がる結果となった。

5.1.2 方言が出ることを気にすべきか(問2，D方言使用の規範)

図3は人前での方言使用に関する規範的意識である。全体的に「気にせず方言のまま話せばよい」(肯定的)もしくは「場合による」(中立的)という回答が多い。図2で「関東方言」を使用すると回答した人が多かった北関東を中心に，「なるべく共通語になおした方がよい」(否定的)という回答が，割合は少ないものの，一定数みられる。

肯定的回答か中立的回答かについては，首都圏内で若干の地域差がみられ，首都圏北部(埼玉県〜東京23区北東部)において肯定的回答が多く，首都圏南部(神奈川県〜東京23区南西部)では中立的回答が多い。

肯定的回答の多い地域と否定的回答がみられる地域とが隣接している点は，何らかの意味があると思われるため，5.2でさらに考察する。

5.1.3 方言が出ることを気にしているか(問3，G方言選択行動)

問2が方言使用を「気にすべきか」という規範意識に関する質問であるのに対して，問3は実際に方言使用を「気にしているか」という行動意識に関する質問である。

ただし方言使用能力がないと意識している場合は回答できないため，「方言は話せない」という選択肢をもうけた。図4をみると首都圏において，この「方言は話せない」という回答が優勢である。首都圏は問1(図2)でも「標準語」「共通語」という回答が多かった。

それを除くと，全体的に「場合による」という回答が多い。北関東では「共通語になおすようにする」と方言を抑制する人も目立つ。ただし群馬県では「気にせず方言のまま話す」という回答が，栃木県，茨城県より多い。方言区画上，関東方言は大きく東西に分かれ，北関東の中でも，群馬県は埼玉県，

東京都，神奈川県と同じ区画に含まれるため，栃木県，茨城県よりも自身の方言と共通語との差を感じていない可能性がある。

5.1.4 方言が使えたらいいと思うか(問4，F方言志向)

問4は方言志向についてたずねたものである。問3とは逆に，日常的に方言を使用していると意識する人は回答しにくいため，「すでに使える」という選択肢をもうけた。

図5をみると，首都圏以外の地域では「すでに使える」という回答が多い。それを除くと，「使えるようになりたい」という回答が多いものの，「使えるようになりたいとは思わない」という回答も目立っており，地域差も明確でない。この点については次節で検討する。

5.2 複数項目による言語地図

問1～4によってわかった方言意識について，関東地方内部の地域差の観点から，全体的な傾向をまとめたものが表1である。

表1 問1～4による方言意識のまとめ

問1	E 自身の使用方言	首都圏は共通語，北関東は方言
問2	D 方言使用の規範	首都圏内に南北差がみられる
問3	G 方言選択行動	北関東で方言の抑制がみられる
問4	F 方言志向	地域差は明確でない

問1と問3は予想された結果の確認となったが，問2において首都圏内部に地域差がみられることや，問4において意見が分かれたことについてはさらに検討する必要がある。そのため複数項目を組み合わせた言語地図を作成して考察する。

図6 「方言は話せない」人(問3)の方言志向(問4)

図7 「方言を使えるようになりたいとは思わない」人(問4)の方言使用の規範意識(問2)

5.2.1 方言が話せない人の方言志向

方言が話せない(共通語しか話せない)首都圏出身者と,方言と共通語とを使い分ける北関東出身者の間では,言語的摩擦が生じやすいと推測される。首都圏出身者が方言に対して距離を置いているかどうかみるためには,方言を話せないと自認するかどうかだけでなく,方言への志向も関係する。

図6は,問3の「方言は話せない」と回答した人を取り出して,問4の方言志向をみたものである。問3(図4)で見たとおり,「方言は話せない」と回答した人は,ほぼ首都圏に限られる。全体的には,「方言を使えるようになりたい」という回答が多いが,その中で「方言を使えるようになりたいとは思わない」という回答の分布地域をみると,埼玉県を中心とした首都圏北部に比較的多いことが見て取れる。

問4(図5)では,方言志向に地域差はみられなかったが,「方言は話せない」という人に限ると,首都圏の南北で意見が分かれる結果となった。

5.2.2 方言志向のない人における方言使用の規範意識

方言志向の分布は,問4(図5)では傾向がみられなかったが,図6から首都圏北部の方が南部よりも方言志向が低いことがわかった。また,問2(図3)では首都圏北部の方が南部よりも「気にせず方言のまま話せばよい」という肯定的な傾向がみられた。

総合すると，方言志向が低い首都圏北部で他者の方言使用に肯定的ということになる。この結果は矛盾するようにもみえる。そこで，両者の関係を明確に捉えるため，問4で方言を「使えるようになりたいとは思わない」と回答した人を取り出して，問2の方言使用の規範意識を確認する。

図7をみると，全体としては「場合による」が多いが，北関東において「なるべく共通語になおした方がよい」という回答が多く，また，埼玉県など首都圏北部において「気にせず方言のまま話せばよい」という回答が多い傾向がある。

この傾向は図2と同じだが，首都圏の南北差はより明確になったといえる。すなわち，首都圏北部には，方言志向が低くても，他者が人前で方言を使用することには肯定的という傾向があると思われる。

6. 考察

以上，言語地図の結果をみてきた。まず図2～5によって項目別に分析し，さらに詳細な分析が必要な部分について図6・図7を作成した。

以上から関東地方における方言に対する意識の特徴について，表2にまとめる。なお，これまでの検討で明らかなように，ここに挙げる特徴は，当該地域の大多数の人が持っている意識，ということでは必ずしもない。他地域と比較して当該地域に目立つ，という意味の特徴である。

表2 首都圏の方言に対する意識の違い

	E 自身の使用方言	F 方言志向	D 方言使用の規範
北関東	関東方言	すでに使える	否定的
首都圏北部	共通語	低い	肯定的
首都圏南部	共通語	高い	中立的

6.1 首都圏北部出身者の傾向

首都圏北部出身者は，方言志向が低いにもかかわらず，人前での方言使用には肯定的である。特徴を文で表すと，「自分は方言は話せないし，話せるようになりたいとも思わない。しかし人は人前でも気にせず方言のまま話せばよい」のようになる。

方言使用に寛容なのは，首都圏北部が北関東と隣接しており，実際に方言との接触機会が多いため，方言が使用されることへの違和感自体は低いという

ことによると思われる。しかし，首都圏は全体的に共通語使用意識が高い。すなわち首都圏北部出身者は，方言志向が低く共通語志向が高いと考えられる。そのため方言自体の評価は高くなく，方言使用に寛容であっても，自身が方言を使用することは敬遠していると推測される。

近年首都圏では，関東方言の代表格で「田舎言葉」として敬遠されてきた意志・推量等を表す助動詞「ベー」が再普及中である。しかし埼玉県では，東京都・神奈川県と比較して再普及が遅れている（井上・鑓水，2002：Yarimizu & Mitsui, 2013）。隣接する北関東で若年層に残存する伝統方言の「ベー」と接触しているため，「ベー」の使用を避けていると思われる。

接触頻度が高いと，それだけことばの違いについても意識しやすくなる。しかし「方言復権」の時代においては，他地域出身者であっても共通語のできない人はおらず，ことさら矯正する必要はないという意識を持っていると思われる。すなわち北関東出身者の話す方言に気づいて指摘はしても，矯正までの意思を持っているわけではないと推測される。

これは「指摘型」の言語的摩擦を起こしやすい環境となる。

6.2 首都圏南部出身者の傾向

一方，首都圏南部出身者は，方言志向が高いものの，人前での方言使用の規範は中立的である。特徴を文で表すと，「自分は方言は話せないが，話せるようになりたい。人が人前で方言が出ることを気にすべきかどうかは場合による」のようになる。首都圏南部は北関東に近接した首都圏北部と異なり，方言らしい方言と日常的に接する機会が少ない環境にある。しかも方言と共通語の切り替えについて理解していないため，方言選択行動も場合によって制御可能だろうと漠然と想像していると思われる。

このような環境では，方言は日常生活から離れた「バーチャル」（田中，2010）な存在になりやすい。方言が使用できないと意識しているため，「純粋に」方言使用にあこがれるのだと思われる。各地の方言形を，実際の使用者や使用状況から切り離して自身の話し言葉に取り入れる「方言コスプレ」（田中，2010; 2011）などは，首都圏内での地理的分布は不明だが，そうした方言志向の現れといえる。日高（2015）は，このような首都圏出身者の方言に対する態度を「上から目線」と表現している。まさに「せがみ型」の言語的摩擦の現れといえるだろう。

6.3 言語的摩擦の構造

本研究が対象とする言語的摩擦は，首都圏出身者(共通語のみ使用)と他地域出身者(方言と共通語の切り替え)の間の意識の相違によって生じる。佐藤(1996)は，現代でも他地域出身者が方言を「スティグマ」を感じているという指摘をしているが，方言研究ではどうしても方言使用者の観点からの分析が多い。長らく方言を「矯正」「嘲笑」する側であった首都圏出身者は，方言への評価をプラスに転換させたが，前節で述べたように，そのことが，現在の首都圏における「指摘型」「せがみ型」の摩擦と関係している。

図8は，かつてと現在の言語的摩擦の構造を示したものである。「指摘型」の摩擦は，かつてのような「矯正」を意図したものではないものの，方言使用者にとっては，指摘が方言使用を抑制する圧力になっている。また「せがみ型」は，方言への評価が逆転しているにもかかわらず，興味の強さがかえって方言を異質なものと見ているという点で，方言使用者に対して，かつての「嘲笑」と同じ効果を与えてしまっている。

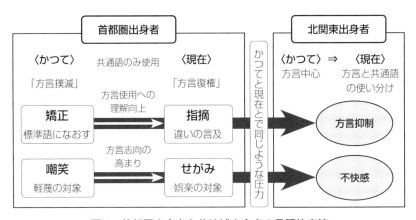

図8 首都圏出身者と他地域出身者の言語的摩擦

つまり共通語しか話せない人からの発信は，方言への理解や興味によって，かつてよりプラスのメッセージになっているのだが，方言使用者にとっては，かつてとあまり変わらないマイナスのメッセージとして受け止められてなっていると思われる。

また，首都圏北部では方言志向は低いが方言使用には寛容であり，首都圏南部では方言志向は高いが方言使用は中立的であることがわかった。方言に対

する意識の違いからみて，「指摘型」は首都圏北部，「せがみ型」は首都圏南部で生起しやすいのではないかと予想される[13]。

7. おわりに

本研究では，首都圏において，他地域，とりわけ北関東出身者が首都圏出身者から受ける働きかけによって生じる言語的摩擦に着目し，その背後にある方言意識を探る試みを行った。言語的摩擦を「指摘型」と「せがみ型」に分類し，首都圏の大学生へのアンケート調査を実施して，摩擦が生じる原因を方言意識の地理的分布から考察した。

首都圏の大学に通学する学生の多くは関東地方出身者だが，首都圏地域と，その外周部(主に北関東)とでは，方言に対する意識が異なっていることが明らかになった。さらに首都圏内部でも南北で異なる傾向が見出された。首都圏内部の差は Yarimizu & Mitsui (2012) で示した首都圏内部の言語的地域差の傾向[14]とおよそ一致していると思われる。

最後に本研究の意義について述べる。第一に，首都圏における方言意識研究の重要性である。従来の方言意識に関する研究は，方言使用者の側からみた研究が中心であった。しかし，実際に起こっている言語的摩擦や，方言使用者が持つ意識は，共通語との関係で顕在化することが多く，そうした摩擦が生じるのは主に首都圏の共通語使用者との関係においてである。そのため，首都圏における方言意識の研究は，非常に重要であると思われる。

第二に，首都圏における言語地理学的手法の導入である。首都圏内部の言語状況は一様なものと考えられがちである。しかし，方言に起因する言語的摩擦が，方言使用者と共通語使用者との接触から生じるとすれば，言語接触の状態が意識に影響すると思われる。本研究では地理的分布をみることで，首都圏内部に差があることを示すことができた。今後は方言意識形成過程の解明にも貢献できるであろう。

第三に，評価研究における貢献である。本研究では，方言研究で行われるように言語地理学的手法を導入したことで，評価に関わる意識に地理的分布があることを示した。また，本研究では直接的な評価語による質問はしなかったが，事前に評価に関わる意識・行動の全体像をモデル化し，評価意識をあぶり

---

[13] ただし本研究では具体的な言語的摩擦事例の地理的分布は調査していない。今後の課題である。

[14] 首都圏北東部(埼玉県南部・千葉県西部・東京23区北東部)と，首都圏南西部(東京23区南西部・多摩地域・神奈川県東部)とで違いを示す言語項目が多く存在する。

出すような調査を実施したことも意義があると思われる。

　今後の課題として，調査内容の充実が挙げられる。本研究では，「指摘」や「せがみ」といった言語的摩擦の事例に関する地理的分布は調査していない。そのため現時点では，方言意識の地理的分布との関係は，あくまで仮説に過ぎない。また回答者の「方言」が何を指しているかが把握されていない。同時に首都圏南部の回答者がやや少ない点についても改善したい。

　さらに，言語的摩擦の実態について明らかにするためには，インタビューや記述式アンケートを実施して質的に迫るなど，多角的なアプローチが必要であろう。

参考文献

井上史雄(1989)『言葉づかい新風景―敬語と方言―』秋山叢書
井上史雄(2000)『日本語の値段』大修館書店
井上史雄・鑓水兼貴(2002)『辞典〈新しい日本語〉』東洋書林
NHK 放送文化研究所(1997)『データブック　全国県民意識調査 1996』日本放送出版協会
言語編集部(1995)「変容する日本の方言―全国 14 地点，2800 名の言語意識調査―」『月刊言語　別冊』95, 24-12.
佐藤和之(1996)『方言主流社会―共生としての方言と標準語―』(地域語の生態シリーズ・東北篇)おうふう
佐藤和之・米田正人(1999)『どうなる日本のことば―方言と共通語のゆくえ―』大修館書店
柴田武(1958)『日本の方言』岩波書店
陣内正敬(2002)『コミュニケーションの地域性と関西方言の影響力についての広域的研究　研究成果報告書』1-3, 研究実績報告書
陣内正敬・友定賢治(編)(2005)『関西方言の広がりとコミュニケーションの行方』和泉書院
田上稔(1993)「方言復権の軌跡」『武庫川女子大学言語文化研究所年報』4, 15-31.
田中ゆかり(2010)『首都圏における言語動態の研究』笠間書院
田中ゆかり(2011)『「方言コスプレ」の時代―ニセ関西弁から龍馬語まで―』岩波書店
田中ゆかり・前田忠彦(2011)「話者分類に基づく地域類型化の試み―全国方言意識調査データを用いた潜在クラス分析による検討―」『国立国語研究所論集』3, 117-142.
日高水穂(2015)「田中ゆかり著『「方言コスプレ」の時代―ニセ関西弁から龍馬語まで―』」『日本語の研究』11(1), 36-41.
鑓水兼貴(2013)「首都圏若年層の言語的地域差を把握するための方法と実践」『国立国語研究所論集』6, 245-271.
鑓水兼貴(2014)「「首都圏の言語」をめぐる概念と用語に関して」『国立国語研究所論集』8, 197-222.
Yarimizu, K., & Mitsui H.（2012）*Linguistic survey in the Tokyo metropolitan area using mobile phone*. New Ways of Analyzing Variation in Asia-Pacific Region 2, Toyko.

▷ コメンテータ(福永由佳)からのコメント ◁

　鑓水さん・三井さんの共著論文は，方言に起因する言語的摩擦を言語地理学的手法によって追求しています。一言で「首都圏」といっても一枚岩ではなく，南部地域と北部地域では方言に対する意識が異なる実態が示され，大変興味深い論文です。方言研究は長い歴史を誇る学問分野で，さまざまな成果が出されています。私自身，方言研究については表面的な知識しかありませんが，方言に対する意識を使用意識と方言意識とに区別すること，方言との接触経験が方言の評価意識と関わりがあること等，本論文では方言の評価意識に関して独自の観点が提示されたと感じました。これらは人の移動が日常的になり，価値観が多様化している社会の「現代性」と関係していると思うのですが，いかがでしょうか。

▶ 執筆者(鑓水兼貴・三井はるみ)からの回答 ◀

　コメントありがとうございます。首都圏若年層の言語使用に関して，地理的分布からの研究は多くありません。もともと首都圏の若年層は，最も共通語に近い言語変種を使用しているため，方言研究においては関心の薄い対象になってしまいます。方言に起因する言語的摩擦についても，やはり方言を使用する側からの研究が中心となっています。「摩擦」という以上は，摩擦を起こす側である首都圏の方言意識研究も重要だと考えています。本研究では言語的摩擦の解明までには至っていませんが，状況の把握はできたと思います。

　ご指摘の「現代性」についてですが，価値観の多様化によって，首都圏においても他者の方言使用を尊重しようとする，表面的な意識の変化が起きたと思われます。しかし首都圏出身者が他地域出身者の言語切り替えを実感できない状態に変わりはなく，「せがみ型」のような新しい摩擦を生んだと推測しています。また，インターネット等，現代的なコミュニケーションの普及により，共通語化以上に，首都圏の俗語的(方言的)な言い方が全国に普及しつつあり，問題はさらに複雑化するでしょう。

　首都圏内部の方言意識の違いについては，まだ研究が少なく，今後もさらに研究を進めていく予定です。

索 引

E
e-rater　34

G
good writing　35, 38

J
JAppraisal カテゴリ　263, 265-267

K
KH coder　279, 280
KJ 法　296
KWIC コンコーダンス　280

L
L2 proficiency　35, 41, 42, 64
L2 ライティング能力　35, 41

P
PAC 分析　124, 125, 138

R
R（統計処理言語）　264, 272

W
writing expertise（WE）　35, 41, 42, 64

あ
アイデンティティ　333
新しい価値観　82
アノテーション　222, 224-235, 237
アプレイザル理論　260

い
意識　107, 110, 113, 116, 118, 119, 122
意識化　157, 219
意識調査　340
異文化間コミュニケーション　168
異文化適応　84, 86
異文化トレーニング　157
イメージ　73, 74, 123-125, 127, 128, 130, 132-135, 138, 340, 341
イメージ形成　124, 135-138
意欲　154
因子分析　20, 26, 27, 31, 293
印象　113, 135, 136, 162-164, 200, 252, 286, 315, 317
印象評定　20, 27, 31

う
埋もれていた価値観　80, 84

お
音声教育　270-272, 283-285

か
解釈　3, 6, 123, 124, 156, 157, 167, 217
階層性　43, 44
会話　18
学習管理　149
学習指導要領　240, 253, 254
学習者オートノミー　143
価値観の選択パターン　255-257, 265-267
価値観の見直し　79, 84, 86
価値判断　3
観察　222, 223

き
基準　206, 219, 225, 255-267
気づき　116-120, 122
「気づき支援型」　223, 227, 229
規範意識　345, 348
キャッチボール　115, 116, 120
教育観　286
強化　136
教師観　218, 219

教師教育　204, 219
協調学習　222, 223, 225, 235
共通語化　337, 338, 341, 342
協働学習　175
切り替え　339, 353
議論教育　223, 235

く
クラスタ分析　22-26, 125, 129, 131, 272, 275, 285, 287, 290
グランド・ルール　123, 133
グローバル人材　171, 172, 187

け
経験　109, 116, 119, 122, 144, 156, 173, 174, 182, 187, 190, 192, 194, 218
形成　128
形成的評価　205
形成プロセス　124, 125, 136
ケース学習　175, 177
ケース教材　175, 177, 187
ケースメソッド　175
言語運用　5, 116
言語学習観　205
言語観　205, 323
言語教育観　205, 219
言語使用　107, 110, 119
言語使用意識　326, 328
言語接触　351
言語地理学的手法　341, 351, 353
言語的接触　341
言語的摩擦　337-343, 347, 349-353
言語能力観　205
『現代日本語書き言葉均衡コーパス』（BCCWJ）　257-260, 267, 269
原動力　96, 101-104, 106

こ
合意形成　18
コーパス　256, 268, 269

語義説明　306-310, 317, 319
国語（national language）　327
国民国家　324, 325
コミュニケーション教育　107, 119, 120, 122, 155-157
コレスポンデンス分析　257, 258, 263, 264, 267
コンピテンス・モデル　146

さ
再生刺激法　158
「支えとするストーリー」　191, 194, 196, 198, 200, 201
査定　15, 87, 88, 102, 104
参加態度　296, 300, 304
三次元的なナラティブ的空間　190
産出　6
産出と理解の連鎖　120

し
自己管理　148
自己研修　204
自己診断　146
自己調整　8, 144
「しごと」実践　241, 242
自己評価　3, 141-154, 204, 205, 219, 221, 254
自己評価力　204
「指摘型」　338, 339, 343, 349-351
指導能力　82, 86
社会の相互作用　88, 89, 91, 104
社会文化的アプローチ　188
尺度　20
習得　87, 102, 104, 106
「柔軟型」　37, 39, 40, 47, 53
受容　112, 113
「少数派採用」　62-64, 66
使用方言　343
情報収集　3, 123
情報伝達　116

自律性　143, 144
自律的　204, 205, 224, 240
深化　213, 216, 219
「新結果の創出」　62, 63, 66
診断　144-146
診断的評価　41
信念　136

す

数量化Ⅲ類　263, 272, 275, 285, 287, 290
スクリプト　35-37, 41, 54
ストーリー　189, 190, 193, 194, 196, 198-201

せ

生活者としての外国人　140-143, 145
生活のための日本語　141-145, 147-149, 154
「せがみ型」　338, 339, 343, 349-351, 353
接触経験　294, 353
接触場面　292, 304
説得　135
説明　291, 294-298, 301-303, 305-307, 316
「前提型」　37, 42, 43, 45-47, 53

そ

総合的評価　37, 38, 40-43, 45, 46, 53
相互関係　82-84
相互行為　19, 26-28, 30, 31, 33
相互作用　102, 104, 168, 190
相互尊重　168
相互評価　206, 208, 221, 235
相互評価活動　218
属性　26, 27, 33, 112, 123
測定　87, 88, 102, 104

た

体験　136, 138
第三者評価　155, 161-167
態度　107, 113, 114, 123, 125, 173, 217, 218, 219, 349
対話　18, 19, 123, 188, 203, 222, 224, 240
対話能力　18, 19
多言語性　334
他者評価　142
「多数派採用」　62-64, 66
達成度　142, 145-147, 151, 154
多文化共生社会　107
多様化　326, 353
多様性　4, 6, 218, 219, 221, 287, 290, 323, 328, 333, 334
談話構成　307

ち

調整　112, 113, 116, 118, 119, 146, 291, 292, 304, 307, 311

つ

「鶴の一声」　62-64, 66

て

定性的コーディング　110
テキストマイニング　243, 245, 247, 248, 272, 278, 286, 290
デンドログラム　125, 126

と

問い直し　156, 157, 167
動機　142, 145, 147, 154
当事者　185, 187, 190, 237, 292, 295, 302, 323, 336
当事者評価　155, 159-161, 163, 164, 167, 170
「独立型」　37, 42, 45, 46, 53
トレイト　36-38, 40-43, 45, 47, 63, 64
トレーニング型　204

な

内省　221
納得　135, 136, 179
納得解　156

索 引 357

ナラティブ 189, 190, 192, 193, 198
ナラティブインタビュー 89
ナラティブ的探究 189-192, 203
ナラティブ分析 91

に

ニーズ 144-146
『日本語アプレイザル評価表現辞書』
　　　（JAppraisal 辞書） 257-261, 266, 267
日本語運用 94, 99
日本語教育プログラム 141, 142
日本語教育文法 5
「日本語グラフ」 89-91, 95, 97-99, 101, 102, 104, 106
「日本語」に対する意味づけ 88, 97, 102, 104
日本語能力 88, 92, 96, 140-142, 145, 147, 151

の

能力観 82-84

は

配慮 113, 114, 118
発話思考法 38, 43
発話態度 246, 247
発話内容 246, 247
パフォーマンス評価 34
判断 15, 154, 157, 158, 184, 217, 219

ひ

非言語行動・パラ言語 296, 299
非言語情報 119
非言語要素 113
「非前提型」 37, 42-47, 53
評価価値観 8, 172-175
評価活動 204, 205, 210, 219, 221
評価観 33, 69, 170, 189, 190, 193, 194, 200, 201, 203, 205, 219, 221
評価観点 43, 221

評価基準 34-40, 55, 154, 232, 240, 241, 243, 245, 247, 249, 250, 252-254
評価規準 13
評価極性 261
評価極性辞書 259
評価語 301, 303
評価項目 206, 294
評価者間ミーティング 34, 38-40, 47, 48
評価尺度 293, 294, 303, 304
評価スキーマ 22, 27, 30, 31, 33
評価対象 83
「評価の一致」 54, 66, 69
「評価の統一」 54, 55, 66, 69
評価表現 240, 241, 245, 247, 249-253, 256, 257, 259-261, 263, 265, 266
評価ビリーフ 123
評価プロセスモデル 7
評価力 205
標準的なカリキュラム案 140, 147, 149, 150
ビリーフ 124, 137, 270, 271, 273, 278, 283-285, 287, 290

ふ

フィードバック 222, 304
フィッシュボウル 224, 226, 227
フォリナートーク（FT） 292, 306, 307, 317, 319
不足感 99-101, 103
振り返り 147, 149, 151-153, 170, 206, 222, 224, 227-229, 235, 237
プロトコル 38, 43, 44, 46
プロンプト 36, 40, 55, 56
文化的背景 80, 84
分析的評価 37, 40

へ

変化 107, 116, 118, 119, 122, 210, 217, 218
変遷 75, 83
変容 8, 76, 88, 104, 156, 174, 185, 287

ほ

方言意識　337, 342, 346, 351, 352
方言コスプレ　349
方言コンプレックス　340
方言志向　346, 347, 349
方言使用　337-342, 345, 348-350
方言復権　337, 340, 349
方言抑制　340
ポートフォリオ　141, 142, 145, 147-149, 152-154
母語　322-330, 332-334, 336
母語観　322-334
母語教育　322, 323, 325, 330
母国語　323
ポリシー　39, 40

ま

「マイウェイ型」　37, 39, 40, 47, 53
マルチプルトレイト評価　37, 38, 40-43, 45, 46, 53, 55, 56

め

メタ的な視点　33

も

模擬授業　204-208, 210-212, 217-219
目標　143-152, 154
モデル　146

や

「やさしい日本語」　291, 292

ら

ライティング観　39, 40

り

リアルタイム　222, 234, 235, 237
リーダー　124, 127, 128, 131, 133-136, 138
理解　6

る

「ルール提示型」　223, 225, 227, 229

れ

レジスター　256, 257, 263, 267-269
連接言語（link language）　327, 328
「連動型」　37, 42, 45, 46, 53

ろ

ロールプレイ　107-110, 142, 152, 154, 170, 185

わ

わかりやすい日本語　305, 306, 317, 319

執筆者一覧

阿部 新 ◇ あべ しん	名古屋外国語大学	.... 3 章，16 章
嵐 洋子 ◇ あらし ようこ	杏林大学	.... 16 章
李 奎台 ◇ い ぎゅて	東京外国語大学(博士後期課程)	.... 4 章
宇佐美 洋 ◇ うさみ よう	東京大学	.... 序章
大塚 裕子 ◇ おおつか ひろこ	公立はこだて未来大学	.... 13 章
金田 智子 ◇ かねだ ともこ	学習院大学	.... 8 章
北村 雅則 ◇ きたむら まさのり	南山大学	.... 13 章
工藤 育子 ◇ くどう いくこ	淑徳日本語学校	.... 11 章
近藤 彩 ◇ こんどう あや	麗澤大学	.... 10 章
佐野 大樹 ◇ さの もとき	Google Japan	.... 15 章
須藤 潤 ◇ すどう じゅん	同志社大学	.... 16 章
田所 希佳子 ◇ たどころ きよこ	ボルドー・モンテーニュ大学	.... 9 章
田中 真理 ◇ たなか まり	名古屋外国語大学	.... 2 章，3 章
俵山 雄司 ◇ たわらやま ゆうじ	名古屋大学	.... 18 章
野原 ゆかり ◇ のはら ゆかり	獨協大学	.... 6 章
林 さと子 ◇ はやし さとこ	津田塾大学	.... 12 章
福永 由佳 ◇ ふくなが ゆか	国立国語研究所	.... 19 章
文野 峯子 ◇ ぶんの みねこ	人間環境大学(名誉教授)	.... 7 章
水上 悦雄 ◇ みずかみ えつお	情報通信研究機構	.... 1 章
道端 輝子 ◇ みちはた てるこ	金沢大学・北陸大学	.... 5 章
三井 はるみ ◇ みつい はるみ	国立国語研究所	.... 20 章
森 篤嗣 ◇ もり あつし	帝塚山大学	.... 14 章
森本 郁代 ◇ もりもと いくよ	関西学院大学	.... 1 章
八木 公子 ◇ やぎ きみこ	津田塾大学	.... 12 章
柳田 直美 ◇ やなぎだ なおみ	一橋大学	.... 1 章，17 章
山口 昌也 ◇ やまぐち まさや	国立国語研究所	.... 13 章
鑓水 兼貴 ◇ やりみず かねたか	国立国語研究所	.... 20 章

所属は 2015 年 12 月現在

編者紹介

宇佐美 洋(うさみ よう)

東京大学文学部卒。東京大学大学院人文科学研究科博士課程単位取得退学。博士(日本語学・日本語教育学)(名古屋外国語大学)。新潟大学,国立国語研究所での勤務を経て,2015年から東京大学大学院総合文化研究科言語情報科学専攻准教授。専門は,日本語教育,評価論,言語能力論。主著に,『「非母語話者の日本語」は,どのように評価されているか―評価プロセスの多様性をとらえることの意義―』(ココ出版,2014),「「やさしい日本語」を書く際の配慮・工夫の多様なあり方」庵功雄・イヨンスク・森篤嗣(編)『「やさしい日本語」は何を目指すか』第12章(ココ出版,2013),「実行頻度からみた「外国人が日本で行う行動」の再分類―「生活のための日本語」全国調査から―」『日本語教育』144号(日本語教育学会,2010)など。

「評価」を持って街に出よう

「教えたこと・学んだことの評価」という発想を超えて

発　行　　2016年1月4日　　初版第1刷発行

編　者　　宇佐美 洋(うさみ よう)

発行所　　株式会社　くろしお出版
　　　　　〒113-0033　東京都文京区本郷3-21-10
　　　　　TEL: 03-5684-3389　FAX: 03-5684-4762
　　　　　URL: http://www.9640.jp　e-mail: kurosio@9640.jp

装　丁　　折原 カズヒロ
印刷所　　藤原印刷株式会社

©Yo USAMI, 2016 Printed in Japan　　ISBN 978-4-87424-686-3　C3081
●乱丁・落丁はおとりかえいたします。本書の無断転載・複製を禁じます。